Angelika Kalbeck XII 98

ALLTAG IM BAROCK

Gabriele Praschl-Bichler

Alltag im Barock

INHALT

EINLEITUNG

Beinahe jedes Buch über Barock versucht, mit Hilfe der Erläuterung des Wortes *barock* in die Epoche einzuführen, woraufhin man erfährt, daß es dem portugiesischen Wortschatz entstammt, übersetzt *unregelmäßig* heißt und sich auf die Form der – heute sogenannten – barocken Perle oder auf die ebenfalls unregelmäßige Oberfläche der Perle bezieht. Und beinahe ebenso jedesmal wirft sich dem Leser die Frage auf, wie er diese Perle mit einer Epoche in Zusammenhang bringen soll, deren Ausstrahlung und Auswirkung alles andere als unregelmäßig erscheint. Zurück zur Perle: Selbst sie, die im Barock einen wichtigen Bestandteil des (Damen-)Schmucks bildet, wird auf Gemälden am öftesten in der regelmäßigen, nämlich runden Form – als Glied eines Colliers, als Teil des Ansteck- oder Haarschmucks oder als Besatz am Kleid – dargestellt. In ihrer unregelmäßigen Erscheinungsform tritt sie äußerst selten auf, und es taucht ad hoc vor dem geistigen Auge nur ein einziges, kurioses, der Kunst oder – besser – dem Kunsthandwerk entstammendes Erzeugnis auf: ein als Schmuckstück gearbeiteter Bettler, dessen Unterleib – mit einem Bein und einem nur noch in wenigen Teilen bestehenden Beinstumpf – aus einer so erscheinenden Perle gebildet wird (siehe S. 8 oben).
Der Verkrüppelte in Luxusausführung soll zum eigentlichen Thema dieses Buches überleiten, dem barocken Alltag, der – um noch einmal auf die Wortklauberei zurückzukommen – genau so unregelmäßig oder regelmäßig ist, wie Alltag eben in Erscheinung tritt – im 17. und 18. Jahrhundert verschärft durch Epidemien und Massenarmut. Als weitere Spezialität der Epoche seien die zahlreichen Kriege angeführt, die das barocke Leben prägen: denn der zeitgenössische Mann geht – egal, welcher Gesellschaftsschichte er entstammt – in erster Linie dem Handwerk des Soldaten nach. Die Frau erfüllt die gegengleiche Rolle als Soldatenbraut, Soldatenfrau oder Soldatenwitwe. Meist ist sie Mutter zahlreicher Kinder, die sie ins Leben setzt, um die Zukunft der Familie, der Wirtschaft, des Kulturkreises und des Staates zu gewährleisten.
In bezug auf die verschiedenen Gesellschaftsschichten läßt sich ein wesentlich stärkerer Unterschied zwischen Arm und Reich feststellen als in nachfolgenden Zeiten, der – im selben Ausmaß, wie Sozialnetze aufgebaut und verstärkt werden – geringer wird. Dessen ungeachtet leben im Barock die Mitglieder unterschiedlichster Herkunft näher beieinander, als es sich zunächst vermuten läßt: Als gesellschaftsverbindend erweisen sich die Wohngelegenheiten (in der Stadt die vielstöckigen Gebäude, die in Bodennähe gewerblich genutzt, in den unteren Stockwerken von den vermögenden Gesellschaftsschichten bewohnt werden, und deren Bewohner – stockaufwärts – sozial immer geringer werdenden Kreisen entstammen; dieselbe Aufwärtsverteilung läßt sich übrigens auch für den reichen ländlichen Haushalt anwenden, mit dem einen Unterschied, daß ebenerdig Festsäle oder Nutzräume eingerichtet sind; und für den noch kleineren Bauernhaushalt gilt, daß Knechte und Mägde mit der meist in drei bis vier Generationen bestehenden Familie auf engstem Raum neben- und miteinander leben). Ansonsten treffen Mitglieder aller Kreise in der Kirche und als Publikum der (Volks-)Bühnen und Wandertheater aufeinander (wenn es sich nicht ausschließlich um höfische oder anders gesellschaftlich abgezirkelte Aufführungen handelt), wobei die sozialen Unterschiede aber sehr wohl ablesbar sind: Denn beinahe während der gesamten Epoche des Barocks gilt eine von Stadt, Regierung oder Kaiser erlassene Ständeordnung, die die Bevölkerung in eine bestimmte Anzahl von Klassen teilt. Je nach Zugehörigkeit zu einem Stand ist ein bestimmtes Verhalten oder Auf-

Die Perle tritt in ihrer unregelmäßigen ‚barocken' Form äußerst selten auf. Hier an der dem Kunsthandwerk entstammenden Kleinplastik eines Bettlers, dessen Unterleib aus einer so erscheinenden Perle gebildet wird (aus: Königliches Dresden).

treten angebracht, vor allem aber nur eine bestimmte Kleidung zulässig. Das heißt, daß der Klassenunterschied auf den ersten Blick von jedermann wahrgenommen werden kann, da er an der Ausführung des Kleidungsstücks, der Kopfbedeckung, des Schmucks und an der Qualität der verarbeiteten Stoffe und Materialien abzulesen ist. Er gipfelt in lächerlich kleinteiligen Vorschriften, wie etwa in der Anzahl der Federn als Schmuck eines vorgespannten Pferdes, soweit der in Betracht Stehende überhaupt befugt ist, ein Pferd oder gar eine Kutsche zu halten.

Auf ähnliche Weise ist das Verhalten der Menschen zueinander geregelt, das durch Zeremoniell oder Etikette schriftlich festgehalten ist. Obwohl diese Regelungen vor allem oberste Gesellschaftsschichten und/oder das öffentlich-repräsentative Leben betreffen, färben sie auch auf die unteren Gesellschaftsschichten ab, die natürlich trachten, sie nachzuahmen, um vornehmer oder bedeutender zu erscheinen, als sie es aus der Sicht der Standeseinteilung sind. Die zeitgenössischen Haushaltungsbücher, die auf die kleinsten Detailregelungen des täglichen Lebens genauen Bezug nehmen, widmen deshalb nicht nur der Lebensmittelhaltung oder dem Ackerbau die hauptsächliche Aufmerksamkeit, sondern auch der Art und der Tiefe einer Verbeugung, die einem Nachbarn beim Gruß entgegenzubringen sind. Im Zusammenhang mit der Aufteilung der Menschen in verschiedene Klassen läßt sich natürlich der Wunsch des einzelnen nach Aufstieg und gesellschaftlicher Verbesserung erahnen. Erreichbar ist dieses Ziel im Barock zumindest genauso leicht oder schwer wie in anderen Epochen. Liebe, Bildung oder eine erfolgreiche

Johann Jakob Raunacher (1705–1757), Elisabeth Rüsterholzer mit zwei Enkelkindern. Ein sehr zärtliches Bild, das die Harmonie zwischen diesen drei Menschen, der reich gekleideten bürgerlichen Großmutter und den beiden Kindern, hervorhebt. Das kleinere Kind, das offensichtlich auf einem erhöhten Kinderstuhl sitzt, trägt eine sehr typische Haube, die in der Größe differieren kann und meist nur die Form eines breiten, gepolsterteten Ringes mit Schließbändern aufweist. Sie soll den Kopf bei Stürzen schützen.

Jan Pieter von Bredael (1683–1737), Landschaft mit Jahrmarkt (1713) als typisches ‚gesellschaftsverbindendes' Beispiel: Mehr als in späteren Zeiten treffen hier – wie in der Kirche, im Theater oder innerhalb eines städtischen Wohnhauses – Menschen aller Gesellschaftskreise aufeinander.

Hand als Geschäftsmann machen Annäherung nach oben hin möglich, die meist auf ein und diesselbe Sache hinzielen: auf eine günstige Heirat. Schon eine Generation später sind vormals trennende Grenzen verwischt.

Die barocke Gesellschaft ist vom Tod geprägt, die Lebenserwartung liegt weniger als halb so hoch wie die heutige, woran vor allem die schlechten hygienischen Bedingungen Schuld tragen. Das Reihumsterben erfaßt die Mitglieder aller Gesellschaftsschichten, in höchstem Maße Gebärende, Säuglinge und Kleinkinder, weshalb zumindest zwei Geburten nötig sind, um einen Erwachsenen zu gewährleisten. Eine große Last hat das weibliche Geschlecht da ziemlich alleine zu tragen, das den Hoffnungsträger künftiger Generationen darstellt und diese Verpflichtung nicht selten mit dem Leben zu bezahlen hat. Positiv gewertet werden muß die zeitgenössische Auseinandersetzung mit Schwangeren und Gebärenden: Wenn man einer Frau auch in den seltensten Fällen einen Arzt als Geburtshelfer zugesteht, so ist es rührend zu lesen, mit wieviel Bevorzugung unter allen anderen Familienmitgliedern und mit wieviel körperlicher und seelischer Fürsorge man sie zu behandeln hat. Genausoviel Aufmerksamkeit schenkt man dem aufkeimenden Leben in ihr, dem Säugling, dem Kleinkind, die alle mit viel Liebe und Aufopferung gehegt und aufgezogen werden. Trotz der hohen Sterbeziffer bei Kindern betrüben Krankheit oder Tod die Familien genauso wie in späteren Zeiten, wenn die Lebenserwartung höher liegt oder Heilmethoden bessere Erfolge zeitigen.

Im Unterschied zu nachfolgenden Epochen spielt sich der barocke Alltag im familiären Großverband ab: Arbeit, Eheleben, Altenfürsorge, Kindererziehung, Krankheit, Tod und psychische Unterstützung werden gemeinsam bewältigt.

Der am häufigsten anzutreffende Haushalt ist auf dem Land oder in ländlich-dörflicher Umgebung angesiedelt (rund drei Viertel der Bevölkerung leben dort) und wird außer von familiären Rhythmen von Jahreszeit, Klima und Uhrzeit bestimmt. Den größten Anteil an der Tagesgestaltung nimmt das Sonnenlicht ein: Bei Sonnenaufgang steht man auf, bei Sonnenuntergang geht man schlafen, denn eine geregelte künstliche Beleuchtung gibt es noch nicht (wenn auch im Handwerk bescheidene Ansätze zur Verbesserung des Arbeitslichts vorhanden sind). Die gängigen und gebräuchlichen Lichtquellen sind nur teuer zu erstehen und verhindern durch ihren Preis, daß sie in ausreichender Menge verwendet werden können, wodurch jede sinnvolle nächtliche Beschäftigung unmöglich wird. Also richtet man seinen Lebensrhythmus nach dem Tageslicht und der Jahreszeit, aus deren Zusammenspiel sich die verschiedenen nötigen und möglichen Arbeiten ergeben: In ländlichen Gebieten setzen sie sich aus denen der Landwirtschaftsführung und den passenden/nötigen Handwerken und Gewerben zusammen, in städtischen Regionen bestehen sie in vielfältigerer Form (Handwerk, Gewerbe, Beamtentum, langsam aufkommendes Bank- und Industriewesen). Die meisten Arbeiten werden gemäß ihres Anfallens oder gemäß des Bedarfs verrichtet, auf große Serienfertigung oder Lagerhaltung ist man noch nicht eingerichtet. Wesentlich geschickter handhabt man die private Lebensmittellagerung, für die man unter Zuhilfenahme altüberlieferten architektonischen Wissens kühle Aufbewahrungsorte errichtet (die sogar sommers mit im Winter gewonnenen Eisstücken versorgt werden), und man versteht sich auf das Konservieren verschiedener Lebensmittel. Weit weniger beachtet man hygienische Vorschriften, welcher Mißbrauch sich vom Einnehmen verdorbener Speisen bishin zur kaum stattfindenden Körperpflege erstreckt. Was die Reinigung mit Wasser betrifft, so ist man der Flüssigkeit gegenüber mißtrauisch eingestellt: Die zeitgenössischen Wissenschaftler vermuten, daß bei der Berührung mit der Haut Wasser durch die Poren dringe und in der Folge Schmutz oder anderen Unrat an die Innenorgane weiterleite und diese schädige. Also *reibt man sich trocken sauber* und kehrt die Reinlichkeit unter Verwendung von weißen Krägen, weißen, bauschigen Ärmeln und weißen Manschetten nach außen hin. Wer es sich leisten kann, macht zwangsläufig aufkommende Gerüche mit dem Einsatz von Parfum

Crispin de Passe († 1671), Badestube. Obwohl das Bild eine Allegorie darstellt, läßt sich die Einrichtung der Badehäuser erahnen, die vorwiegend mit kleinern Becken ausgestattet sind, worin aber nicht nur die Füße gewaschen werden, sondern der gesamte Körper, wie die Frau mit Schwamm im linken Bildvordergrund andeutet. Abgesehen von der körperlichen Reinigung werden dort auch einfachere Heilpraktiken angewendet, wie das Schröpfen (hintere Bildmitte) oder das Zur-Ader-Lassen. Manche Badehäuser verfügen auch über eigene Hinterstuben (am Bild links hinten), wohin sich die Gereinigten zu privaten Vergnügungen zurückziehen.

wett. Fettiges Haar wird – um den Schein der Sauberkeit aufrechtzuerhalten – auch weiß gepudert, anstatt gewaschen, nur die Füße werden ab und zu wirklich naß gereinigt. Für die Zahnpflege gibt es ein Einreibepulver, wie weit und wie oft das aber verwendet wird, läßt sich schwer feststellen.
Der geringen Körperhygiene steht ein großes Modebewußtsein gegenüber, das mit zunehmendem 18. Jahrhundert einen besonderen Ausdruck in den immer kunstvoller und ausladender werdenden Frisuren und Kleidern erfährt. In bezug auf die Kleidermode läßt sich zwar der Renaissance gegenüber eine Verbesserung hinsichtlich der leichteren Handhabbarkeit und der größeren Bewegungsfreiheit feststellen, alles in allem strahlt aber auch das zeitgenössische Damenkostüm mit dem enggeschnürten Mieder, der schmalen Taille, dem weiten Reifrock, dem engen und hohen Stöckelschuh und der Hochfrisur nicht die Bequemlichkeit aus, die der moderne Mensch von Tageskleidung erwartet. Eine größere Reform erfährt da die Männerbekleidung: Das Kostüm wird eindeutig als Ensemble von Hemd, Hose und Jacke festgelegt, welche Kombination die Grundlage des bis heute gültigen Anzugs bildet. Den Kriegszeiten entsprechend, besteht für den Mann neben der zivilen Kleidung eine – erst mit der etwa zeitgleich stattfindenden Einführung des stehenden Heeres – neu aufgekommene einheitliche Uniform, welche Idee nachhaltig auch im Diener- und Beamtenwesen als Livree oder als Amtskleid Fuß faßt.
Interessant für den komfortgewohnten Menschen des 20. Jahrhunderts erscheinen die vielen, mitunter auf einfachen Lösungen beruhenden Geräte und Einrichtungen, die die verschiedenen sich aus dem Alltag ergebenden Probleme mit den Mitteln der Zeit praktisch in den Griff bekommen und die zumindest genauso gut funktionieren wie ihre chemischen oder hochtechnisierten Nachfolger. Das betrifft zum einen die Erfindung eines sehr eleganten Überschuhs oder die an den Schuhsohlen leicht zu befestigenden hohen Eisengestellchen, die den Seidenschuh vor Matsch und Schnee trocken halten und bei eisigem Wetter sogar ein halbwegs sicheres Vorankommen ermöglichen; das betrifft zum anderen die zahlreichen, äußerst praktisch konstruierten Etuis und Behälter für den Transport von Flüssigkeiten, Reiseproviant, das Besteck und die Geschirre oder die im Haushalt – seit der Erfindung des Porzellans – eingesetzten Warm- und Kühlhaltegeräte sowie die wirklich einfach zusammenklappbaren Reisemöbel, die beim Bett angefangen über Sitzmöbel, Leibstuhl, Arbeits- und Waschtisch alle Arten von Notwendigkeiten erfassen.

Aus der Vielzahl der möglichen Berufstreibenden wurde der Postillion herausgegriffen, dessen Kostüm alle Merkmale der im Barock neu eingeführten Männerbekleidung aufweist: zum Hemd mit knielanger Hose kommt die langärmelige, geschlossene Jacke mit Knöpfen und je nach Wetter und Beruf Schuhe oder Stiefel – die Grundlage des späteren Herrenanzuges.

Wesentliche Unterschiede zwischen dem barocken Menschen und seinem Nachkommen im 20. Jahrhundert bestehen in der Wahl der Lebensmittel und in der Einnahmemenge der Speisen. Der Terminus der *barocken Formen* versteht sich bis heute als Ausdruck des üppigen, im 17. und 18. Jahrhundert gültigen Figurenideals.
Wer gesund und vermögend sein oder scheinen möchte, verfügt über ein gewaltiges Körpervolumen. Gegessen werden Unmengen von Eierspeisen, gebratenem Fleisch (wegen der schlechten Haltbarkeit und aus verschiedenen abergläubischen Gründen wird Schweinefleisch äußerst selten verwendet), gebratenen Hühnern, fett- (vor allem schmalz-) und mehlhaltigen Zuspeisen, wozu man riesige Mengen von Wein trinkt (das Bier hat seinen Siegeszug als eines der beliebtesten Getränke noch nicht angetreten). Wein zählt zu den am billigsten und am leichtesten zu erhaltenden Getränken, er wird mancherorts an Kranke und Bedürftige literweise gratis abgegeben, wohingegen Limonade, Trinkschokolade (der man aphrodisierende Wirkung zuschreibt) und Tee zu den unerschwinglichen – weil teuer importierten – Geträn-

David Teniers († 1690), Bauernschenke mit rauchender Frau – ein gutes Beispiel bürgerlichen Lebens der mittleren und unteren Gesellschaftsschichten, wo man Geselligkeit bei Wein und Tabak frönt. Ein seltenes Bilddokument stellt die Pfeifenraucherin dar, denn das Pfeifenrauchen wurde auch damals größtenteils von Männern gepflegt.

ken zählen und nur von den vermögenden Gesellschaftsschichten konsumiert werden können. Einfach zu gewinnende Grundnahrungsmittel werden nach heutigen Gesichtspunkten zweckentfremdet verwendet: die Kartoffel – beinahe ausschließlich – als Schweinefutter und Mais als Wohnungsdekoration. Tabak, der geraucht oder geschnupft wird, zählt wie Klistiere und Aderlässe zu den gängigsten Allheilmitteln der Epoche und wird gegen beinahe jedes Leiden eingesetzt. Gewürze und Kräuter werden importiert und sehr teuer – meist nach Körnern – verrechnet, außerdem dienen sie weniger der Verfeinerung der Speisen als vielmehr dem Übertönen störender Nebengerüche, die aus unachtsamer Lagerhaltung entstanden sind.

Im Zusammenhang mit den immer strenger formulierten zeremoniellen Lebens- und Verhaltensmustern werden ebensolche Tischsitten erdacht, die von der Einführung der Serviette bis zur regelmäßigen Verwendung der persönlichen Gabel zum Zweck der Speisenzufuhr in den Mund reichen – letzteres wird bis dahin in allen Gesellschaftsschichten mit den Fingern erledigt. Der Gabel bedient man sich nur, um Speisen von einer Vorlageplatte auf den Teller zu befördern. Der neue Brauch – das Essen mit der Gabel – wirkt sich in Hinkunft als gesellschaftsspaltend aus, da die frühere Technik vor allem in ländlichen Regionen und in den unteren Gesellschaftsschichten bis in das 20. Jahrhundert Anwendung findet. Ebenso verfeinert wie die Tischsitten werden die Bestandteile, die die Gesamtheit der Speisetafel ausmachen: Tischaufsätze, Schüssel, Platten, Eßbesteck, Trink- und Speiseutensilien werden vereinheitlicht, was durch die im 18. Jahrhundert aufkommende serielle Fertigung der Glas- und Porzellangegenstände möglich wird. Hinsichtlich der küchentechnischen Einrichtungen besteht kein wesentlicher Unterschied zu vorangegangenen oder nachfolgenden Epochen, sie halten sich – was die Vielzahl der Formen und praktischen Geräte betrifft – jahrhundertelang gleich und erfahren ihre Reform erst mit dem Einsatz von elektrischem Strom. Töpfe, die in die Feuerstelle versenkt werden können, Dreifüße als Kochbehelf sowie die korbartigen Fleisch- oder Fischroste zählen zu den Methusalems unter den Kücheneinrichtungen. Neueren Ursprungs hingegen ist aber zum Beispiel der vollautomatische Bratenwender, der – nach dem Prinzip der Turmuhr arbeitend – gleichzeitig mit dieser entsteht. Was die Feuerstellen und Herde betrifft, so bilden sie die schwächsten Glieder der täglich zu gebrauchenden Einrichtungen des Barocks: Sie stellen zum einen ein hohes Brandrisiko (eine regelmäßig Dienst tuende Feuerwehr entsteht erst gegen Ende des 17. Jahrhunderts) und zum anderen eine extreme Gesundheitsbelastung dar, denn der Rauchabzug erfolgt in den meisten Haushalten nicht über eine Kaminwand, sondern durch den Raum, um erst an der Decke in einer diesbezüglichen Vorrichtung zu münden.

Echte Verbesserungen des Lebenskomforts ergeben sich auf dem Möbelsektor: Zahlreiche neue Formen (Kommode, Aufsatzsekretär, Bücherschrank, Vitrine, Speise-, Arbeits-, Toiletten- und Nähtisch, die sich aus den Urformen der Truhe oder dem aus Böcken mit Auflegeplatte zusammengesetzten Tisch entwickelt haben) entstehen, die gemeinsam mit den bequem eingerichteten Sitzmöbeln (neuerdings werden Sitz-, Arm- und Rückenlehnflächen von Bank und Stuhl gepolstert) einen wesentlichen Fortschritt der barocken Alltagsbewältigung markieren. Weniger Entwicklung läßt sich im Bau-

Nach und nach geht man im 17. und 18. Jahrhundert daran, die Straßen und Plätze der Städte zu befestigen. Giovanni Davids († 1790) Pflasterer hat ein Fischgrätmuster gelegt.

wesen feststellen, wo man seit Jahrtausenden denselben Materialien und Techniken anhängt, die zeitentsprechend etwas praktischer gestaltet werden. Wirkliche Reformen können erst mit dem Einsatz von Maschinen und Motoren ab Mitte/Ende des 19. Jahrhunderts verbucht werden. Besonders schlecht ist es um die sanitären Einrichtungen bestellt, kaum ein Haushalt verfügt über ernstzunehmende Waschgelegenheiten, Toiletten oder fließendes Wasser. Die Abflußbeseitigung findet über Rinnsale statt, die unabgedeckt am Rand der Verkehrsstraßen fließen, weshalb vor allem Stadtbewohner unter starker Geruchsbelästigung zu leiden haben. Wege und Straßen sind weder in den Städten – einige wenige gepflasterte Plätze ausgenommen – noch auf dem Land besonders befestigt. Der Wagenverkehr spielt sich in den eingefahrenen Spurrillen ab, der Straßenzustand und die Fahrsicherheit werden schon durch geringe Regenfälle stark beeinträchtigt. Zudem kann sich eine geregelte Beleuchtung der Straßen und Wege nur langsam und wenn, dann hauptsächlich im städtischen Bereich durchsetzen, da die Organisation des Lampenansteckens noch nicht öffentlich geregelt ist, sondern den privaten Hausbesitzern überlassen wird. Diese wiederum leiten die Arbeit an ihre Hausmeister weiter, die sie nach eigenem Gutdünken großzügig handhaben. Die Gefahr, im Dunkeln überfallen zu werden, ist dementsprechend hoch, weshalb Bürger und Stadtregierungen gemeinsam – vor allem – Nachtwachtdienste bestellen, die zumindest die Situation in den größeren Städten verbessern.

Überlandreisen stellen sowohl zu Wasser als auch zu Land mehr Abenteuer als Zweckbefriedigung dar, die durchzuführen dem einzelnen viel Mut, Geduld und Robustheit abverlangen. Abgesehen davon, daß man sich während der Fahrt stundenlangem Rütteln auszusetzen hat, neigen die Wagen wegen der schmalen Radspur und der hohen Kabinen ständig zum Kippen und sind für Gebirgsfahrten zum Beispiel gänzlich ungeeignet. Nicht selten geschieht es, daß man zur Bewältigung einer Paßstraße das Transportmittel in seine Einzelteile zerlegt. Sie müssen von Lastentieren weiterbefördert und zuletzt wieder zum Ganzen zusammengesetzt werden. Dieselbe Technik empfiehlt sich zur Überquerung von jeder Art provisorischer Brücken. Reisen über mehrere Tage werfen dem barocken Menschen das Problem der Nächtigungen auf, für die nur unzumutbare Quartiere zur Verfügung stehen. Denn Hotels in dem Sinne, daß man einzelne Zimmer (von Badezimmern und Toiletten ganz abgesehen) für sich und seine Gesellschaft mieten kann, gibt es noch nicht. Deshalb führt der praktisch eingerichtete, barocke Reisende das eigene Bett mit, das er im besten Fall in *einem* einzigen für diesen Fall vorgesehen Gemeinschaftsraum aufstellt, den er mit der anwesenden Anzahl der anderen Durchreisenden zu teilen hat. Unabhängig von den hygienischen Bedingungen ergeben sich daraus selbstverständlich alle Arten von Problemen der persönlichen Sicherheit, weshalb zum Beispiel eine Frau kaum ohne männliche Begleitung reisen kann. In bezug auf das geschwindere Fortkommen zieht man der Wagenreise die Reise per Schiff vor, die – vor allem flußabwärts – das schnellste und für die Zeit komfortabelste Fortkommen verspricht. Eine echte Neuerung im Zusammenhang mit dem Transportwesen bringt die Einführung des Postwesens, wodurch sich Reise-, Transport- und Übermittlungsgeschwindigkeiten wesentlich erhöhen. In Zwei- bis Dreimeilenabständen werden Stationen eingerichtet, was vor allem für das öftere Auswechseln der Pferde eine besondere Bedeutung hat. Eine vielleicht noch größere Auswirkung nimmt die Post auf die Beförderung jedweder Korrespondenz, die bis ins 17. Jahrhundert von *einem* privat angeheuerten Boten über die gesamte Strecke des Wegs alleine bestritten wird: Unabhängig von den Zeiten, die für Übernachtung und Stärkung abgezogen werden müssen, und unabhängig von der Länge der Strecke erledigt er die Bestellung üblicherweise zu Fuß.

Wie die meisten Einrichtungen befinden sich auch Wirtschaft und Wissenschaft in unausgereiften Stadien und begnügen sich in den einzelnen Abteilungen damit, gesammelte Erfahrungswerte nach Gesetzen zu ordnen, so wie in zunehmendem Maße auch die Staatsverwaltung durch ein neu aufkommendes Beamtentum systematisiert wird. Unabhängig von den wenigen sich mit Wissenschaft und Ordnung beschäftigenden Menschen, braucht es zunächst vor allem des Schreibens und Lesens kundige Personen, um die neuen Gesetze und Regeln festhalten und vervielfältigen zu können. Der Durchführung scheint also nach heutigen Gesichtspunkten nichts mehr im Wege zu stehen. Gefehlte Annahme: denn die meisten der Personen, die das Erwachsenenalter überhaupt erleben, sind – trotz zunehmender Bildungsreformen – Analphabeten. Und selbst ab der Regierungszeit Maria Theresias, in der die Schulpflicht eingeführt wird, besuchen noch lange nicht alle Kinder den Unterricht. Am Land kommen ihm die Schüler nur nach dem Ermessen ihrer Eltern nach, die – letztere – ihre Söhne und Töchter zur Bestellung der Landwirtschaft dringender daheim benötigen und deshalb jedes Anzüchten von Gelehrigkeit im Keim zu ersticken suchen. Abgesehen davon, daß man in den Dorfschulen auch erschreckend wenig Allgemeinbildendes erfährt, da die Eignungsprüfung für Lehrer von jedem des Schreibens kundigen Fleischer bestanden werden kann.

Zurück zur Wirtschaft, die sich vor allem aus den Zweigen Handel, Gewerbe, Landwirtschaft und Bergbau zusammensetzt und mehr oder minder intensiv betrieben wird. Zu den Hauptproblemen der

In Zeiten der zunehmend organisierter werdenden Schulbildung liegt die Förderung begabter Kinder minder bemittelter Gesellschaftsschichten in den Händen geistlicher Orden, unter denen die Piaristen (Bild: Pfarrkirche, Schule und Konvikt der Piaristen im achten Wiener Gemeindebezirk) als einer der ersten und eifrigsten diese Aufgabe wahrnimmt.

Arbeitsbewältigung gehört die hohe Sterblichkeitsrate, weshalb während der gesamten Dauer der Epoche ein Mangel an Arbeitskräften herrscht. Ähnliches gilt für die langsam aufkommende Industrialisierung, die im Manufakturwesen ihren Ausgang nimmt und vor allem die Bereiche Porzellan- und Glasherstellung sowie die Baumwoll- und Metallverarbeitung betrifft. Als Fortschritt kann der Beginn der seriellen und damit auch der kostengünstigeren Fertigung von Erzeugnissen gewertet werden. Mit zunehmender Massenproduktion und stärker aufkommendem Handel gerät viel Geld in Bewegung, das – ebenfalls eine Plage der Zeit – noch jahrzehntelang in Kisten tranportiert und zu Hause aufbewahrt wird, da das Bankwesen erst seine ersten zaghaften (und nicht immer sehr erfolgreichen) Schritte versucht und Papiergeld noch nicht eingeführt ist. Ganz abgesehen von der geringen Sicherheit des Transportes und der Aufbewahrung, läßt sich leicht ausmalen, welches Gewicht – in Form der prall mit Metallmünzen gefüllten Kisten – bewegt werden muß, um eine größere Zahlung leisten zu können. Die gesamte Wissenschaft bewegt sich auf Kindesbeinen, mitunter bringt sie aber doch die eine oder andere lebenserleichternde Erfindung hervor, wie die Möglichkeit, Koks als günstigen Brennstoff herzustellen und Zucker aus Rüben zu gewinnen, einen Nahrungsstoff, auf den bis dato verzichtet werden mußte, da er – als Produkt des in Europa nicht heimischen Zuckerrohrs – nur teuer importiert werden konnte (gesüßt wurde bis dahin ausschließlich mit Honig). Die nach wie vor eifrig betriebene Wissenschaft, Gold aus allen möglichen Grundstoffen herzustellen, bringt zwar als Nebenerscheinung das europäische Porzellan hervor, ansonsten in den meisten Fällen nur um ihr Geld betrogene Förderer.

Zu den weiteren wissenschaftlichen Entwicklungen zählt die (immer genauer werdende) Herstellung von optischen Geräten wie Mikroskope und Fernrohre, die in der Folge die Formulierung von Natur- und Planetengesetzen ermöglichen; Arithmetik und Geometrie werden um viele der bis heute gültigen Sätze erweitert; eine erste mechanische Rechenmaschine wird gebaut; Barometer und Thermometer werden – unter Einführung der nötigen Skalen – immer häufiger zur Wetterbeobachtung eingesetzt; der Blitzableiter wird erfunden; und einige Physiker unternehmen Versuche mit der Luftelektrizität. Als heute vielleicht kurios scheinende Neuerung erhält die – bis dahin mit dem allein arbeitenden Stundenzeiger ausgeführte – Tisch- und Taschenuhr zur besseren Ablesbarkeit der Zeit auch einen Minutenzeiger. Kaum

Zu den wenigen wesentlichen Errungenschaften der Epoche zählen Konstruktion und ständige Verbesserung der Mikroskope. Die ersten Vergrößerungen bringen große Verwirrung unter die Bevölkerung, die die Instrumente als Machwerke des Teufels abtut.

Nennenswertes bewegt sich auf dem Gebiet der Medizin, wenn man davon absieht, daß das Pockenserum gebräuchlich wird. Operationen werden nur dann durchgeführt, wenn der Patient ansonsten dem sicheren Tod geweiht ist. Alles in allem leidet die barocke Gesellschaft unter ständig aufkeimenden Seuchen, schlechtesten hygienischen Bedingungen, falscher Lebensmittelzufuhr, in Zeiten von Krieg und Mißernten unter Massenhungersnöten.

Einen Lichtblick der Epoche bildet die Kunst, die von der Malerei angefangen über Plastik und Architektur ständig aufeinanderfolgende Höhepunkte produziert: Alles Starre und Repräsentative wird unter Einsatz von Lichtfluten zugunsten von freieren Formen und Farben aufgegeben, eine permanent anhaltende Brise durchzieht Räume, Gemälde und Plastiken und durchweht alles Textil. Die Architek-

tur erlebt im Zusammenwirken von Schönheit, Großzügigkeit, Material- und Formenreichtum eine ihrer glanzvollsten Zeiten.
Von den Komponenten ursprünglich ebenso reich bestückt, können Theater, Literatur oder Oper in den Formenbefreiungshymnus nicht mit einstimmen. Sie bleiben vom Aufbau her den starren, repräsentativen Formen verhaftet: Mangels eigenständig arbeitender Künstlerpersönlichkeiten lassen sie noch lange Zeit feine Personen- und Charakterzeichnung, durchlaufende Handlungen und feinsinnige Motivik vermissen. Einzig Volksbühne und Wandertheater huldigen der freien Form, wenn auch die Inhalte sehr vordergründig und spekulativ angelegt sind. Blutrünstige Schauergeschichten und heftig-derbe Wortwechsel kommen der Nachfrage, dem Wunsch des Publikums, entgegen. Das geschriebene Wort erweckt weder in Buch- noch in Zeitungsform besonderes Interesse, was hauptsächlich auf den breitgeschichteten Analphabetismus zurückzuführen ist. Wichtige Nachrichten, Erlässe und Aufrufe werden an allen zugänglichen Orten öffentlich verlesen.

Zum Betrachtungsraum: Beim Titel *Alltag im Barock* wurde bewußt auf den Zusatz *in Österreich* verzichtet, da die Eingrenzung des Gedankenguts auf dieses Gebiet damals kulturell nichts bedeutet. Die meisten Einrichtungen betreffen das gesamte deutsche Reichsgebiet und nur in einzelnen Fällen ausschließlich die österreichischen Erblande. Was alles im 17. und 18. Jahrhundert bedeutet Österreich und was nicht? „Bis in das 18. Jahrhundert gibt es keine kompakte Macht unter der Bezeichnung wie z. B. Frankreich und England ... man sprach von der *maison d'Autriche* ... [Der] Charakter des Hauses als europäische Macht und der Besitz der Kaiserkrone hatten großen Einfluß auf die tragenden politischen Ideen, auf den inneren Bau des Staates und seine Außenpolitik: das Haus Österreich hatte nämlich gar keinen Staat im neuzeitlichen Sinn wie z. B. Ludwig XIV. von Frankreich, sondern Erbländer oder eine *Hausmacht* ... [Einen Höhepunkt der *österreichischen* Macht bildet der Erwerb der ungarischen und der böhmischen Krone zu Beginn des 16. Jahrhunderts:] Böhmen, Mähren, Schlesien und die Lausitz gehörten dem Reich an. Die ungarische Krone umschloß außer Ungarn noch Kroatien, Slavonien und Dalmatien ... Der Begriff einer *Monarchia Austriaca* entsteht nach dem Spanischen Erbfolgekrieg, der vergeblich eine Neugründung der ausgestorbenen spanischen Linie der Habsburger versucht und bloß die spanischen Nebenländer in Europa lose Österreich angegliedert hatte [1713]" (Brunner, S. 4). – „Die Friedensschlüsse, die den Spanischen Erbfolgekrieg beendeten, brachten der deutschen Linie ... die Niederlande ... Außerdem wurden Mailand und Mantua erworben, die die Poebene umfaßten. Neapel und Sizilien [die 1718 gegen Sardinien eingetauscht worden waren] gingen schon 1735 verloren, wofür die Monarchie Parma und Piacenza erhielt. Diese Erwerbungen aus der spanischen Erbschaft wurden der Monarchie nicht einverleibt, sondern durch einen spanischen Behördenapparat, den Karl VI. in Wien eingerichtet hatte und an dessen Spitze der Oberste spanische Rat stand, verwaltet" (ebda., S. 93). – „Behörden für die böhmischen und ungarischen Länder waren: Die böhmische Hofkanzlei als Schreibstelle für den Verkehr des Königs mit dem Land. An ihrer Spitze stand der Oberste böhmische Kanzler. Sie folgte dem Hof und wurde erst 1620 endgültig nach Wien verlegt. Nach 1627 wurde sie die oberste Gerichts- und Verwaltungsbehörde für die Länder der böhmischen Krone ... Im Gegensatz dazu blieb die ungarische Hofkanzlei bis 1848 nur ein königliches Sekretariat und wurde nie eine Behörde" (ebda., S. 98).

ZU DEN QUELLEN

Viele überlieferte Dokumente entstammen dem zeitgenössischen Schrifttum und wurden von den wenigen Leuten verfaßt, die des Schreibens mächtig waren. Diese durchaus als gebildete Schicht zu bezeichnenden Kopisten oder Autoren gehörten einer Minderheitengruppe der Gesamtbevölkerung an. Deshalb stellen mehr als das Schrifttum Gemälde, Skizzen, Stiche, Drucke oder Teile noch bestehender Architektur, Geräte und Apparaturen einen wertvollen Grundstock von Quellenmaterial des Alltagslebens dar.
Gemalt, geschrieben und geforscht wurde dort, wo jemand lebte – ein weltlicher Fürst oder Kirchenfürst, ein vermögender, bildungshungriger, kunstsinniger Aristokrat, ein durch kaufmännische Leistung oder Wissen sozial aufgestiegener Bürger –, der genug Geld besaß, um Aufträge zu erteilen. Daß der Förderer sich damit auch Einspruchsrechte oder die Möglichkeit auf Mitarbeit ertrotzte, ist leicht vorzustellen, weshalb sein Einfluß am Gesamtwerk einen wie auch immer großen Anteil hatte.
Diese Quellenlage soll allenfalls auftretende Mißinterpretationen oder Fehler nicht entschuldigen, sondern nur darauf verweisen, daß es sich schwierig gestaltet, ein wertfreies Bild der barocken Epoche zu entwerfen.

I
BAROCKES LEBEN – LEBEN MIT DEM KRIEG

„Würmer in Gewissen / Kleider wol zerrissen /
Wolbenarbte Leiber / Wolgebrauchte Weiber /
Vngewisse Kinder / Weder Pferd noch Rinder /
Nimmer Brot im Sacke / Nimmer Geld im Packe /
Haben mitgenummen Die vom Kriege kummen:
Wer dann hat die Beute? Eitel fremde Leute."

Friedrich von Logau (1604–1655),
Abgedanckte Soldaten

Bevor an ein barockes, von Prunk und Etikette geprägtes Leben gedacht werden kann, muß man sich vor Augen halten, daß die Gesellschaft, und davon sind *alle* Gesellschaftsschichten betroffen, innerhalb von drei Menschengenerationen zahlreiche Kriege zu bewältigen hat. Für das deutsche Reichsgebiet sind der am Beginn stehende Dreißigjährige Krieg (1618–1648), der Spanische Erbfolgekrieg (1701–1714), die Türkenkriege (1683–1718) sowie der Österreichische Erbfolgekrieg (1740–1748) von nachhaltiger Bedeutung (nicht mit einbezogen zahllose andere europäische Kriege und Streitigkeiten, in die man wegen der Reichsgröße am Rande immer mit hinein verwickelt ist).
Der Dreißigjährige Krieg beginnt als europäischer

Pieter Meulener, König Gustav Adolf in der Schlacht bei Lützen, 16. 11. 1632 – Gefechtsszene zwischen kaiserlichen und schwedischen Reitern im Dreißigjährigen Krieg.

Religionskrieg zwischen Katholiken und Protestanten und wird in der Folge immer stärker von weltlichen Gedanken getragen: Zum einen betreiben die Reichsstände – Reichsfürsten, -grafen, -prälaten und -städte – ein stetes Streben nach Machtvermehrung, zum anderen hegen die jeweils aufeinander folgenden Habsburgerkaiser den Wunsch, ihr Reich einer religiösen und politischen Einheit zuzuführen, zum dritten greifen zunächst unbeteiligt scheinende Nationen in den Krieg ein, wie 1635 Frankreich an der Seite Schwedens, die beide das selbe Ziel – Habsburg zu schwächen – verfolgen. Nach den erfolgreich geschlagenen Schlachten in Süddeutschland gelangt Frankreich als einzig erkennbarer Sieger der am Krieg beteiligten Nationen zu einer Vormachtstellung innerhalb Europas. Denn die Endsituation dieses gesamteuropäischen Konflikts ist nicht leicht bestimmbar, die Sieger sind nicht einfach zu benennen: Der katholische König Frankreichs hatte gemeinsam mit dem protestantischen König von Schweden gegen den Kaiser gekämpft und gewonnen. Nicht eindeutig feststellbar ist die Art des Gewinnes von Frankreich. Als katholische Nation müßte es auf der Verliererseite stehen, denn es hatte als Bundesgenosse der Protestanten gekämpft. Ebenso kompliziert stellt sich die Seite der Verlierer dar. Hatte der Kaiser als Katholik oder die römische Kirche, die – im Gegenteil nach dem Ausgang des Kriegs wahre Triumphe feiert – verloren? Als sicherer Verlierer steht das deutsche Reichsgebiet fest, auf dessen Terrain unzählige Schlachten ausgetragen wurden. Dort hatte der Krieg verheerende Spuren hinterlassen. Neben argen Bevölkerungsverlusten (in den meisten Gebieten bis zu 60 Prozent, in den Gegenden der Kurpfalz und in Mecklenburg-Vorpommern, um Fulda, Coburg, Erfurt, Lützen, Leipzig und Magdeburg lagen die Verluste sogar bei 70 Prozent; die Gesamtverluste werden mit einem Drittel der Bevölkerung beziffert) hatte man die schrecklichsten Verwüstungen ohnmächtig hinzunehmen: Städte, Dörfer und Bauernhöfe wurden niedergebrannt, Frauen und Mädchen vergewaltigt, Kinder niedergemetzelt, das Vieh abgestochen, die Brunnen verseucht. In der Folge brechen Landwirtschaft und Wirtschaft völlig zusammen. Der Wiederaufbau des Landes wird Generationen beschäftigen. Die Bevölkerung benötigt mehr als hundert Jahre, um die Menschenverluste, die Schlachten und die Mißernten, die Hunger und Seuchen verursacht hatten, auszugleichen. Um 1750 zählt Deutschland 16 bis 18 Millionen Einwohner, das entspricht derselben Bevölkerungszahl wie vor Ausbruch des Dreißigjährigen Kriegs.

Die Türkenkriege betreffen die meisten europäischen Staaten, für Österreich bedeutet das Jahr 1678 ein Stichjahr, als sich die Ungarn gegen das Haus Habsburg erheben und die Osmanen zu ihren Verbündeten erwählen. Großwesir Kara (der *schwarze*) Mustafa (1634–1683) gelangt 1683 bis vor die Mauern Wiens. Wie durch ein Wunder hält die von der Umwelt völlig abgeschlossene Stadt der Belagerung drei Monate stand. In der entscheidenden Schlacht am Kahlenberg werden die Türken unter Mithilfe des polnischen Entsatzheeres unter König Johann III. Sobieski und Truppen unter der Führung Herzog Karls V. von Lothringen (1643–1690) erfolgreich geschlagen. Von dem geflohenen Türkenführer behält man ihn Wien ein *Erinnerungsstück* zurück. *„Unter sehr vielen Curiositäten, so allhier* [im Bürgerlichen Zeughaus in Wien Am Hof] *gezeiget werden, ist unter andern auch der Kopff des Türckischen Groß-Veziers, Kara Mustapha … nebst dem seidenen Strick, womit er, nachdem er von Wien weggeschlagen, zu Belgrad stranguliret worden“* (Küchelbecker, S. 36). In der Folge dringen kaiserliche Truppen in Ungarn ein und erobern unter Mithilfe des Markgrafen Ludwig von Baden Temesvár, wodurch Siebenbürgen in den Besitz des Kaisers gelangt. Nach Ernennung (1697) des Prinzen Eugen zum Oberbefehlshaber werden die Türken bei Zenta entscheidend geschlagen und auf der Flucht bis tief in den Balkan hinein weiterverfolgt. In einem weiteren 1716–1718 geführten Krieg gegen die Türkei erringt Prinz Eugen seine größten Siege bei Peterwardein und bei Belgrad: Die Ausgangsstellung aller türkischen Angriffe gilt damit als erobert. Im Frieden von Passarowitz (1718) werden Österreich das Banat mit Temesvár, die westliche Walachei, Nordserbien und ein Streifen Nordbosniens einverleibt.

Der zwischen Österreich und Frankreich um den spanischen Thron geführte Erbfolgekrieg (1701–1714) beginnt mit anfänglichen Mißerfolgen auf der Seite des Kaisers und einer zeitweisen Besetzung Tirols durch die Bayern. Mit gesammelter Kraft alliierter Truppen unter Prinz Eugen und dem Herzog von Marlborough kann man aber 1704 einen ersten entscheidenden Sieg bei Höchstädt erringen. Unter Kaiser Joseph I. wird der Krieg erfolgreich fortgesetzt. Etliche folgende Niederlagen der Franzosen zwingen König Ludwig XIV. zur Einleitung von Verhandlungen. Der Sturz Marlboroughs und der Tod Kaiser Josephs I. verursachen eine Änderung der Haltung Englands zugunsten Frankreichs. Erzherzog Karl, der 1703 in Spanien eintrifft, kann seinen Thronanspruch nur schwach durchsetzen und ist nach dem Tod seines Bruders Joseph, der keine männlichen Nachkommen hinterläßt, kraft des Hausgesetzes – des *Pactum mutuae successiones* – zur Nachfolge in den Erbländern berufen. Die folgende Machtentfaltung des nunmehrigen Kaisers Karl VI. läuft den Interessen der Seemächte zuwider. Sie schließen auf eigene Faust den Frieden von Utrecht, der dem Kaiser nur Belgien, Mailand, Neapel und Sizilien zuspricht. Im Frieden zu Rastatt (1714) erklärt sich Kaiser Karl VI. mit den Bedingungen einverstanden.

Als auch in Österreich die männliche Linie der Habsburger erlischt, versucht Kaiser Karl VI. (1685–1740) mittels Pragmatischer Sanktion, dem Staatsgrundgesetz gewordenen *Pactum mutuae successiones*, das für die Gesamtheit der habsburgischen Länder die männliche und weibliche Erbfolge nach dem Recht der Erstgeburt festlegt, durchzusetzen. Als verschiedene europäische Herrscher – aufgrund von Ehen mit weiblichen Mitgliedern aus älteren Linien des Hauses Habsburg – Rechtsansprüche geltend machen und sich weigern, das Gesetz anzuerkennen, bricht der Österreichische Erbfolgekrieg aus. Der preußische König Friedrich II. tritt in diesen Konflikt als bis dahin Unbeteiligter unter völlig anderen Voraussetzungen ein, indem er Österreich auffordert, Schlesien in Erfüllung eines alten Vertrags sofort abzutreten. Er versichert sich der Mithilfe des Königs von Frankreich und eröffnet mit einem Einmarsch in Schlesien die Auseinandersetzung. Der Kriegseintritt Großbritanniens, Sardiniens und des niederländischen Staatenbundes auf seiten des bis dahin ohne Unterstützung gebliebenen Österreich führt zur Beendigung des Ersten Schlesischen Kriegs, doch weitet sich der Kriegsschauplatz von Bayern, Böhmen und Mähren nach Oberitalien, ins Elsaß und in die Österreichischen Niederlande aus. Die zweite Phase des Österreichischen Erbfolgekriegs entwickelt sich nach dem Tod des bayrischen Kurfürsten und Kurzzeitkaisers Karl VII. (1697–1745), als Franz I. Stephan von Lothringen (1708–1765), der Gemahl der Habsburgerin Maria Theresia (1717–1780), 1745 zum Kaiser gewählt wird.

Die drei folgenden Jahre des Kriegs, in den letztendlich alle Großmächte Europas verwickelt sind, beendet der Aachener Friede, der die Großmachtstellung Österreichs und die Pragmatische Sanktion bestätigt und die politische Niederlage Frankreichs unterstreicht.

Pieter Breda, Gefechtsszene im Krieg gegen die Franzosen unter der Leitung des Prinzen Eugen.

VOM HEERWESEN UND DER GESELLSCHAFT IN KRIEGSZEITEN

Bei dem Versuch, die Fragen zu beantworten, wer im 17. und 18. Jahrhundert die Heere stellt, wer die Soldaten rekrutiert und welche Ausbildung die Kriegsdiener erhalten, stößt man auf eines der Problemkinder der Zeit: die Heeresorganisation, die – vor allem im 17. Jahrhundert – so gut wie nicht vorhanden ist.

DAS SÖLDNERWESEN

Vom Mittelalter bis zur Mitte des 17. Jahrhunderts ist der Söldner, der geworbene, für Sold dienende Krieger, die vorherrschende Form des Kriegsdienstleistenden. Daneben kämpfen an allen Orten wehrhafte Privattruppen, die sich innerhalb der Zivilbevölkerung organisieren und in Eigeninitiative Grund, Boden und Familie verteidigen. In den meisten Städten bestehen mehr oder weniger gut zusammengestellte Bürgerwehren, die ihre *Ausbildung freiwillig* erhalten, in dem sie – wie zum Beispiel die Bürger Wiens – jährlich viermal an sonntäglichen Schießübungen teilnehmen. Generell setzt sich die barocke Landesverteidigung aus diesen Gruppen zusammen, von denen die Söldner das sogenannte Berufsheer bilden. Von der Schulungs- und Ausbildungsseite her unterscheiden sich Hausverteidiger, Bürgerwehrler und Söldner nur wenig voneinander, da prinzipiell jeder Kampfbereite dem Ruf der offiziellen Werbetrommel folgen kann. Vorzugsweise melden sich die zahllosen, durch den Krieg verarmten Landbewohner und die unfreien Bauern, die hoffen, damit ihre Lebensumstände zu verbessern.
Werbungen finden an großen Zulaufstellen statt, in Wirtshäusern zum Beispiel und unter Ausgabe von viel Alkohol, wo den meist um ihre Existenz Gekommenen Freiheit, Heldentum, sicheres Einkommen und das Recht auf Beutezüge in Aussicht gestellt werden. Gesellschaftlich stellen diese Männer eine absteigende Gruppe dar, „etwa die unterbürgerlichen und unterbäuerlichen Schichten, die sich in dieser Zeit offensichtlich vermehren und jenes Reservoir für Glücksritter und Söldner bildeten, auf die dann die Heerführer des Dreißigjährigen Kriegs ... so gleichsam mühelos zurückgreifen konnten" (Lütge, S. 317).
Diese gesellschaftliche Umschichtung, die vordergründig auf eine Verbesserung der finanziellen Situation abzielt, schafft langfristig ein neues volkswirtschaftliches Problem: Ein Untertan, der als

Canaletto (1697–1768), Schönbrunn-Ehrenhofseite: Nachricht über den Sieg der österreichischen Armee über die Preußen bei Kunersdorf.

Krieger Freiraum, Beutezug, Abenteuer und eine sich daraus ergebende, wenn auch nur vorgetäuschte Freiheit ausgekostet hat, ist später schwer in den Status des Hörigen zurückzuführen (obwohl das Herren-Untertanen-Verhältnis auch für die Dauer des Kriegs bestehen bleibt: der Gutsherr, dem die Bauern gehören, ist als Offizier auf dem Kasernenhof mit nicht viel weniger Herrenrechten und -pflichten Vorgesetzter seiner Untertanen und deren Söhne).
Die fortwährenden Schlachten, Belagerungen und

die sich daraus ergebenden notwendigen Verteidigungen bringen eine von Kriegen und Militärwesen geprägte Gesellschaft hervor, die ihren Mitgliedern allerdings auch die Möglichkeit sozialer Verbesserung offenhält. Denn eifriger Kriegseinsatz, Tapferkeit und selbständiges Handeln werden mit verantwortungsvollen Posten, Graduierungen, mitunter auch mit Nobilitierungen belohnt.

Die Notwendigkeit, das Heerwesen zu reformieren, ergibt sich spätestens zu Ende des Dreißigjährigen Kriegs, als sich Leistungsfähigkeit und Zuverlässigkeit der Söldnerheere als großer Unsicherheitsfaktor der besten Kriegsstrategien herausstellen. Eine Heeresreform tut not. Zunächst plant man – unter heftigem Widerstand der Bevölkerung –, die allgemeine Wehrpflicht einzuführen. Berufssoldaten werden herangebildet, die langsam, aber stetig die Söldnerheere ablösen. In Österreich, Brandenburg, Württemberg, Kursachsen, Bayern und in weiteren Territorien beginnt man ab der zweiten Hälfte des 17. Jahrhunderts stehende Truppenformationen zu schaffen. Ihre Größe ist starken Schwankungen unterworfen, da man die meisten Soldaten in Friedenszeiten aus finanziellen Gründen wieder entläßt. Um 1700 gelingt es einigen Landesfürsten, Mittel in Form von Heeressteuern aufzubringen, um dauernd über stehende Heere zu verfügen, welche Entwicklung durch die zahlreichen folgenden Kriege beschleunigt wird. Die Errichtung einer stehenden Streitmacht erfordert aber auch einen gut

ausgebauten Verwaltungsapparat und eine streng aufgezogene Werbung, die sich bei mangelnder Freiwilligkeit rasch in Zwangsrekrutierung wandelt. Diese Zwangswerbungen bewirken einen neuen sozialen Aspekt, da durch den willkürlichen Entzug von Arbeitskräften die ohnehin angespannte wirtschaftliche Lage noch verschärft wird. Manche Landesfürsten befreien bestimmte Berufe, Gewerbezweige, mitunter ganze Städte von der Werbung und zwingen somit die Angehörigen der ärmeren Bevölkerungsschichten in das Heer, die dadurch allerdings eine gesellschaftliche Aufwertung erfahren.

Der in der Geschichte des Kriegs dem Söldner folgende Soldat unterscheidet sich von ersterem vor allem durch die neue Disziplinierung. Er erhält eine eigene Berufsausbildung, wofür er sich einer langen und meist strengen Schulung unterzieht. Er erlernt den Umgang mit Waffen und die Grundsätze militärischer Taktiken und Strategien. Zum Soldaten ausgebildet, wird er einer bestimmten

Werbung von Soldaten (18. Jahrhundert), Kupferstich von H. F. von Fleming. Auf dem Bild wird die Geschichte der Werbung erzählt: An den beiden Tischen erhalten die Geworbenen Geld, das sie (Eingang links hinten) ins Wirtshaus tragen, wo fröhlich gefeiert wird (unterste Fensterreihe). Einige Männer tanzen mit den Humpen in der Hand nach der Musik des Dudelsackspielers auf der Straße, und auch das erste ‚Opfer' ist zu beklagen, das sich (links im Bildvordergrund) entleert.

Rechts oben: Das Theresianum in Wien (im Jahr 1746 zur Zeit der Gründung der Militärakademie) als eine der ersten Ausbildungsstätten für Berufssoldaten.

Rechts unten: Exercitium Fußvolk Fahnensalut (1749) als Beispiel der neuen Einstellung zu regelmäßig stattfindenden militärischen Übungen.

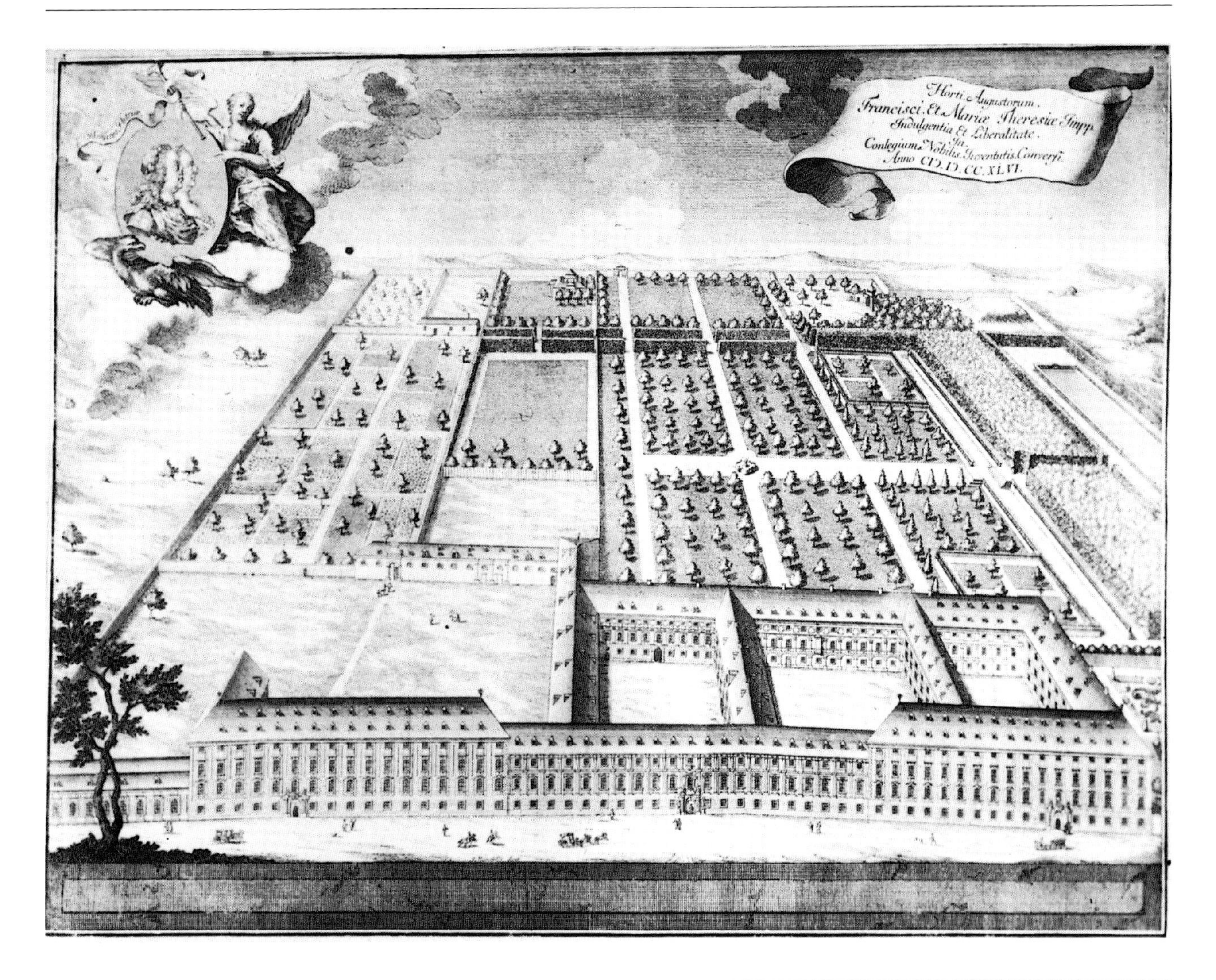
Horti Augustorum
Francisci Et Mariæ Theresiæ Impp.
Indulgentia Et Liberalitate.
In
Conlegium Nobilis Iuventutis Conversi
Anno CIↃ.IↃ.CC.XLVI.

N.° 2.
pag 2
1
2
3
4
5
6
7
8
Salutirung vor Ihro Kay. König. May. mit der Fahnen auf der Distanz und March wird sich mit denen schritten nach der Explicati on gerichtet.

Johann Georg von Hamilton (1672–1737), Levade: Das Pferd bäumt sich auf stark untersetzter Hinterhand mit angezogenen Vorderbeinen auf, was im Getümmel einer Schlacht Freiraum vor dem Tier schafft.

Einheit zugewiesen. Diese Voraussetzungen bewirken nicht nur eine straffere Organisation, sie ziehen auch eine neue Bewertung des Standes nach sich. Sozial ergibt sich an den Ausbildungsstätten auch eine andere, unvorhergesehene Umschichtung. Die neu eingerichteten adeligen Militärakademien, wie die Theresianische Akademie in Wien, erfahren anstatt eines hohen Zugangs von Aristokraten einen Zustrom von Söhnen ärmerer Familien, die versuchen, mit Hilfe der Ausbildung und einer garantierten Berufskarriere den Grundstein für eine sichere, bürgerliche Existenz zu legen. Mitunter werden sie sogar in den Adelsstand erhoben, woraufhin sich abermals gesellschaftliche Probleme ergeben. Als Mitglieder des neu geschaffenen Schwertadels werden sie zunächst berufsbedingter Nichtgleichberechtigung gegenübergestellt, da adelige Offiziere ihre Stellen erkaufen können. Dies alles sei an den Anfang gestellt, um sich ein Bild von der Vielschichtigkeit der barokken Gesellschaft zu machen, die von stetem Aufstieg und Niedergang gekennzeichnet ist und in der – abgesehen von den ganz großen und über Jahrhunderte mächtigen Herrscherfamilien – Verschiebungen und Vermischungen untereinander zum Alltag gehören.

DER KRIEGSEINSATZ DES PFERDES

In nichtmotorisierten Zeiten spielt die Verwendung des Pferdes eine bedeutende Rolle der Kriegführung. Sein Wert liegt in der Kraft und der Schnelligkeit, wobei man schon früh auf die besonderen Eigenschaften der bei Triest gezüchteten Lipizzanerhengste aufmerksam wird. Die körperlich resoluten und sehr gelehrigen Tiere erhalten seit dem 16. Jahrhundert ihre Ausbildung in dem in Lipizza im Krainer Karst gelegenen *Spanischer Reithstall* genannten Institut. Die *Hohe Schule* der Reitkunst, die an der Spanischen Reitschule in Wien noch immer gelehrt wird, ist eine Weiterführung und Stilisierung natürlicher, ursprünglich für den militärischen Einsatz gedachter Bewegungsabläufe des Pferdes. Sie besteht aus bestimmten Gangarten, Wendungen, Touren und Sprüngen, die zu Figuren kombiniert werden. Bei der *Levade* oder *Courbette* zum Beispiel bäumt sich der Lipizzaner auf stark untersetzter Hinterhand mit angezogenen Vorderbeinen auf, was im Getümmel einer Schlacht Freiraum vor dem Pferd schaffen soll. Denselben Effekt in umgekehrter Richtung erzielt die *Capriole,* wobei das Tier im Sprung mit der Hinterhand ausschlägt.

Seit 1735 sind die Lipizzaner in der Stallburg in Wien beheimatet. Vorführungen der für den Krieg ersonnenen Reitkunst finden seit den im Barock aufgekommenen Roßballetten in der von Joseph Emanuel Fischer von Erlach (1693–1742) entworfenen Winterreitschule der Wiener Hofburg statt.

II
GESELLSCHAFT: KLERUS – ADEL – BÜRGER – BAUER

Statue Kaiser Josephs I. in der Hofbibliothek in Wien.

BAROCKE HERRSCHER

Weit entfernt von der Idee, Maria Theresia (1740–1780) sei *die* Repräsentantin österreichisch-barokken Kaisertums gewesen, stellt man schon bei oberflächlicher Betrachtung fest, daß Barock mehr als hundert Jahre früher seinen Anfang genommen hat. Als typische Vertreter der Epoche sind die Kaiser Leopold I. (1658–1705), Joseph I. (1705–1711) und Karl VI. (1711–1740) zu nennen. In Zusammenhang mit ihrer Regentschaft und der Zuordnung *barock* verbindet man imperiale Macht (nach dem Sieg über die Protestanten und gegen die Türken), würdevolles, zeremoniell geregeltes Auftreten in der Gesellschaft sowie Repräsentations- und – wiedererlangte – Lebenslust (nach Abklingen der Pestepidemie), die allesamt in Kunst und Architektur ihren Ausdruck finden. Architektur und Theater erweisen sich als ideale Aufzeichnungsmittel barokker Lebensform. Eine Lebensform, die wie die Kunstgattungen nach strikt vorgeschriebenen Regeln abgewickelt wird. Tages-, Jahres- und Lebensabläufe sind nach strengen – im Ursprung meist religiösen – Grundsätzen geordnet, und auch innerhalb der Gesellschaft gelten festgelegte Verhaltensschemen. Allerdings dürfen soziale Verschiebungen häufiger angenommen werden als Änderungen innerhalb des Tagesablaufes. *Lebensmuster und Lebensordnungen,* das spanisch-burgundische Hofzeremoniell zum Beispiel, sorgen für die nötige Unbeweglichkeit im Handeln. Zeremoniell und Etikette geben Aufschluß, wie innerhalb einer bestimmten Gesellschaft Zeit und Raum zu handhaben sind: wer wem den Vortritt zu geben hat, wer wem, und wenn ja, wie viele Schritte entgegenkommt und wer welche Räume und Treppen als erster zu betreten befugt ist. Angeblich bedeuten diese Regelungen den Wiener Höflingen nicht halb soviel wie den in Wien weilenden und bei Hof verkehrenden Vertretern der ausländischen Höfe. Der Hofzutritt wird allgemein großzügig gehandelt, und die Aufrechterhaltung des Hofzeremoniells hat – so unwahrscheinlich das klingen mag – weniger internen als praktischen Charakter: Viele ausländische Diplomaten bestehen darauf, ihrem Rang und ihrer Würde entsprechend empfangen zu werden, wofür eigene Protokollbeamte den ordnungsgemäßen Ablauf im vorhinein so genau wie möglich festlegen. Wenn Hofzeremoniell und Beamte nicht mehr Auskunft zu geben vermögen, welcher Vertreter einem anderen an Würde überlegen ist, dürfen beide oder mehrere gleichzeitig Treppen und Tore durchschreiten.

Eine für ihre Zeit weitgereiste Dame, die Engländerin Lady Mary Wortley Montagu, die ihrem Gemahl, dem britischen Botschafter in der Türkei, quer durch Europa folgt, schreibt allerdings den Wienern nicht minder Begeisterung für starre Verhaltensformen zu. „Die Höflinge beweisen sogar in ihren Liebesgeschichten und alltäglichen Streitereien ein überraschendes Temperament und sind selten munterer als in Fragen der Etikette. Dorthinein ... stecken sie all ihre Leidenschaft. Es ist noch nicht lange her, als in der Nacht zwei Kutscher in einer engen Straße aufeinandertrafen. Die darinsitzenden Damen hatten keine Vorschrift bei der Hand, wer von ihnen beiden der anderen den Vortritt lassen sollte und verharrten deshalb mit gelassener Miene bis um zwei Uhr morgens. Sie waren eher entschlossen, auf der Stelle zu sterben, als in einem Punkt von solcher Bedeutung bedenkenlos nachzugeben. Die Straße hätte bis zu ihrem Tod nicht geräumt werden können, hätte der Kaiser nicht seine Wachesoldaten geschickt, um die beiden auseinanderzubringen. Sie blieben hart und verweigerten weiterhin, sich von dort wegzubewegen, als einer der vom Kaiser gesandten Wacheposten die Idee hatte, beide Damen im genau selben Moment auf Sesseln aus den Kutschen zu heben. Mit derselben Schwierigkeit mußte mit den beiden Kutschern verhandelt werden, die ebenso zäh wie ihre Herrschaft auf eine Zeremonie gemäß ihres Ranges und ihrer Würde bestanden" (Brief der Lady Montagu an eine Mrs. T-l [sic] von Forschern als eine Mrs. Thistlethwayte ausgemacht, vom 26. 9. 1716).

Oder ein reichsdeutsches Beispiel: „Der König von Ungarn erhielt von allen Kurfürsten die Visite; seine Art, sie zu empfangen, ist ziemlich sonderbar: er erwartet sie oben an der Treppe, wenn er sie unten erblickt, steigt er drei Stufen hinab ... Als der Kurfürst von Mainz ihm die Visite machte, bemerkte dieser, daß der König *nur* zwei Stufen hinabgestiegen sei, er blieb also so lange unten an der Treppe stehen, bis man dem König von Ungarn gesagt hatte, daß er noch eine Stufe hinabzusteigen habe ..." (Vehse, Bd. 5, S. 29 f.).

Um die Gesellschaft des barocken Österreich (auch im Unterschied zum übrigen deutschen Reichsgebiet) flüchtig entwerfen zu können, muß man sie der des barocken Europa gegenüberstellen. Denn Geschichte und Politik haben auf die Entwicklung der einzelnen Länder unterschiedlichen Einfluß genommen. Die meisten europäischen Staaten des 17. Jahrhunderts werden absolutistisch regiert. Vorbild ist das Frankreich König Ludwigs XIV. (1643–1715), das von den meisten Regenten deutscher Fürstentümer nachempfunden wird. „Unter dem Ein-

fluß französischer Bildung, des französischen Hoflebens, von dem sie [= die europäischen Fürsten] meist nur die Außenseite kennenlernten, glaubten sie den Glanz des fürstlichen Hauses nicht besser erhöhen zu können, als wenn sie Mätressen hielten, große Jagden veranstalteten, Schlösser bauten und ein stehendes Heer aufstellten [welche Kosten das Volk zu tragen hatte]" (Hartung, S. 95).
Man schreckt auf der Suche nach Exklusivität vor nichts zurück und hält sich in prunkvollen Räumen zwergenhafte, mißgebildete Kreaturen wie exotische Tiere. „Alle Prinzen [an deutschen Höfen] halten sich Lieblingszwerge. Der Kaiser und die Kaiserin besitzen zwei dieser kleinen Monster, die häßlich wie Teufel sind, ganz besonders die Zwerginnen. Alle sind sie mit Diamanten behängt und halten sich bei öffentlichen Anlässen am Rocksaum der Majestäten. Der Herzog von Wolfenbüttel hat einen, sowie die Herzogin von Blankenburg nicht ohne ihre leben kann ... Man erzählt, daß der König von Dänemark [Friedrich IV., 1671–1730] diese Mode sosehr vervollkommnet hat, daß er seinen Zwerg zum Ministerpräsidenten bestellte" (Brief der Lady Montagu an Lady Mar vom 16. 1. 1717).
In München erwählt sich Kurfürst Max Emanuel II. (1662–1726) François Cuvilliés zu seinem Hofzwerg, der – schon bald zum Fähnrich befördert – am Ungarnfeldzug teilnimmt. Als der Kurfürst sich um das Schicksal des jungen Mannes zu sorgen beginnt, beruft er ihn kurzerhand vom Schlachtfeld ab, um ihn zur Beendigung seiner Architekturstudien nach Paris zu entsenden.

Oftmals brodeln im Inneren der nach außen hin würdevoll und katholisch auftretenden Hofgesellschaft böse Machenschaften. Die Mätressen König Ludwigs XIV. von Frankreich, der in zweiter Ehe sogar eine seiner Geliebten, die um drei Jahre ältere Madame de Maintenon, heiratet, sind mitunter intrigante und herrschsüchtige Frauen, die, um ihre

Ein gutes Beispiel von barocker Hofszene stellt der Stich ‚König Ludwig XIV. verleiht seinem Enkel das Blaue Band (um 1682)' dar, wo ein königlicher Säugling inmitten pompöser Szenerie die Hauptperson einer höfischen Zeremonie darstellt.

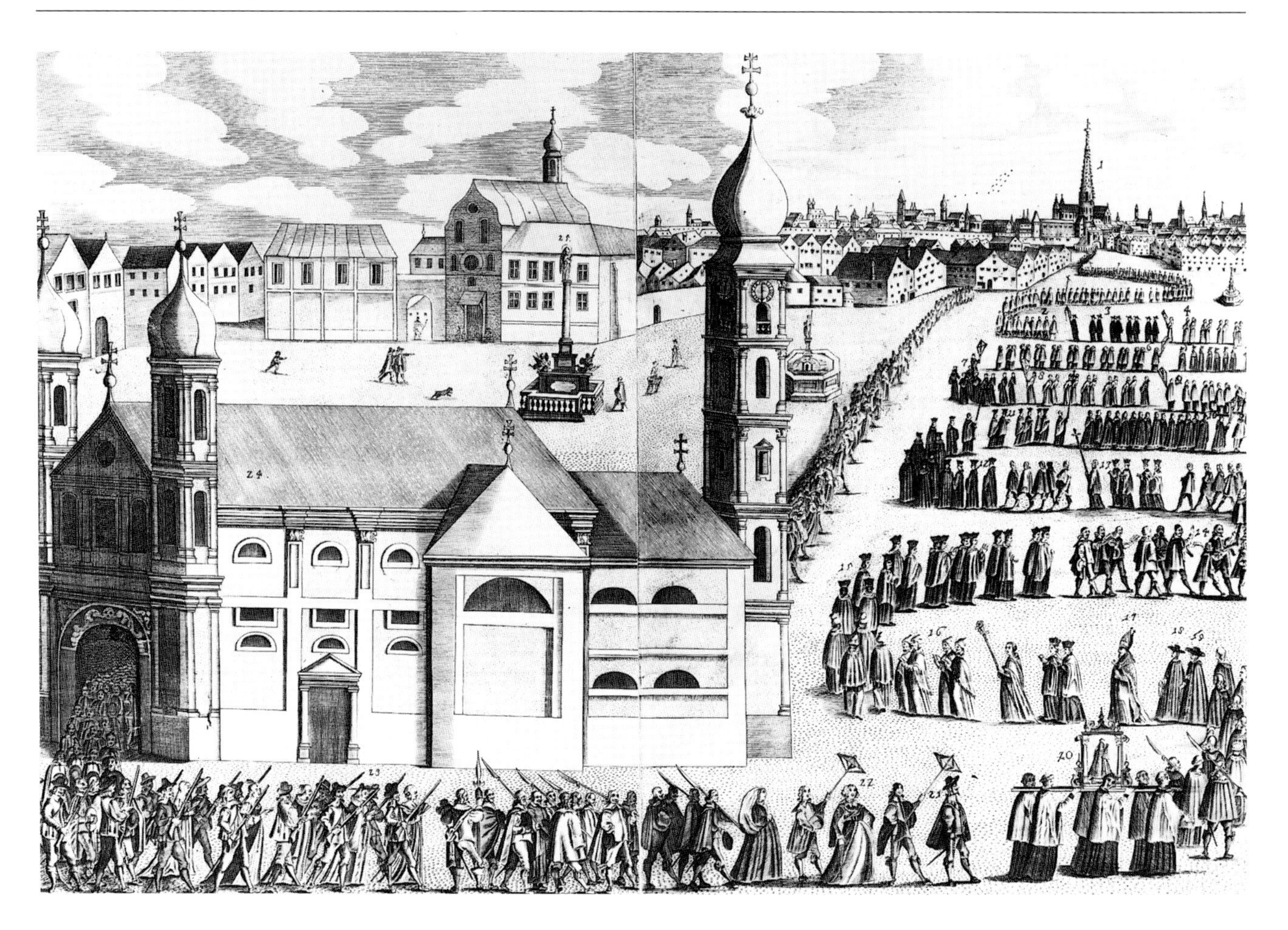

Eitelkeit zu befriedigen, großen Einfluß auf das öffentliche und private Leben der Herrscher nehmen. Der Tagesablauf des französischen Königs ist auch deshalb geprägt durch private Vergnügungen: Der tägliche Besuch der jeweiligen Favoritin um 13.30 Uhr gehört wie die Gondelfahrt um 18 Uhr und die Theatervorstellung um 22 Uhr zum fixen Bestandteil des täglich zu absolvierenden Programms. Dreimal in der Woche gibt es Komödie oder Oper, jeden Samstag Ball. Montags, mittwochs und donnerstags finden in den Gemächern des Königs *Appartements* statt, wo den immer selben Gästen erlesene Buffets, Tanz und jede Menge anderer Unterhaltung geboten werden. Trotzdem scheint der König die Regierungsgeschäfte unter Kontrolle zu haben, wie man einer Tagebucheintragung (26. 1. 1663) des sonst kritikfreudigen Samuel Pepys, der im Londoner Flottenamt eine hohe Beamtenstelle innehat, entnehmen kann: „Lange Unterhaltung mit Monsieur Raby, der gerade aus Frankreich zurückgekommen ist; er erzählt mir, daß der König Mademoiselle La Vallière als Mätresse hat und sie jeden Tag besucht – dennoch vernachlässigt er keinesfalls seine Staatsgeschäfte."

Auch in England verschreibt sich König Karl II.

Demonstrationsbeispiele von Habsburger Frömmigkeit: Prozession mit Kaiser Ferdinand I. bei der Schottenkirche in Wien, die knieende Statue Kaiser Leopolds I. an der Pestsäule (S. 29 links) und Kaiserin Maria Theresia und Kaiser Franz I. in Anbetung eines Heiligen (S. 29 rechts).

(1660–1685) der angenehmsten Seite alleinverantwortlicher Regentschaft. Den regelmäßigen Tagebucheintragungen seines Zeitgenossen Samuel Pepys verdanken wir lebendige Momentaufnahmen vom Leben am englischen Hof: „[15. 5. 1663] Bei Sir Thomas Crew gewesen ... Er erzählt, daß der König nur seine Vergnügungen im Kopf hat und den bloßen Anblick von Geschäftspapieren haßt ... [15. 10. 1666] Mit Colville über die Verruchtheit des Hofes gesprochen, daß der König sich dadurch die Verachtung seiner Untertanen zuzieht ... Man redet offen davon, daß der König mit Mrs. Stewart schläft ... [17. 2. 1667] Wartete dem König und dem Herzog im Park auf; hatte Angst, sie würden mich nach dem Wert der kürzlich gesunkenen *St. Patrick* fragen. Die beiden waren aber mehr interessiert am Liebesspiel der Gänse im Wasser ... [27. 7. 1667] Am Hof soll es noch nie so schlimm zugegangen sein, was Trinken, Huren und Spielen

betrifft.“ Samuel Pepys, der sich hier als kritischer Beobachter des englischen Hofes aufspielt, ist, wie man seinen Aufzeichnungen entnehmen kann, selbst ein kapitaler Säufer gewesen und hat seine Frau mit Mägden und zahlreichen mehr oder weniger guten Damenbekanntschaften betrogen.

Wie steht es um die Gesellschaft des barocken habsburgischen Österreich, das vorrangig mit Religionskriegen, Friedensverhandlungen und kaiserlicher Machterhaltung beschäftigt ist? Nach dem Ende des Dreißigjährigen Krieges stellt der Sieg des Katholizismus über den Protestantismus das gesellschaftsprägende Ereignis dar. In der Folge rückt die katholische Kirche gesellschaftlich in höchste Ränge. Ihre Lehre erhält innerhalb der Lebensgestaltung größte Bedeutung. Devotion vor Gott gilt auch dem Herrscher als oberste Tugend. Der Kaiser betrachtet sich – im Gegensatz zum französischen König, dem *Vertreter Gottes auf Erden* – als untertäniger Diener des Herrn, dem er als Träger des höchstmöglichen aller weltlichen Herrschertitel Dank und Verehrung schuldet. Auf das Amt, das *Kaisertum von Gottes Gnaden,* wird er, unter Verzicht einer normalen Kindheit und Jugend, von klein auf vorbereitet. Die Frömmigkeit der Habsburger ist oftmals belegt und von Kindheit an Bestandteil des täglichen Lebens. Als Kaiser bezieht der Monarch die alleinige Gewalt von Gott, demgegenüber er sich verpflichtet fühlt. Die habsburgische Devotionshaltung ist in vielen Erzählungen überliefert: So kniet Kaiser Ferdinand III. (1637–1657) in Anwesenheit des gesamten Hofstaates auf der Straße vor dem Allerheiligsten nieder. Kaiser Joseph I. (1705–1711) folgt in Gesellschaft von Ministern und Hofleuten einem Priester bis zur armseligen Hütte eines Kranken, den er daraufhin reich beschenkt, und der spanische Habsburgerkönig Karl II. (1665–1700) tritt an einem kalten Wintertag einem Priester mit der Wegzehrung die Karosse ab, dem er knieend den Wagenschlag öffnet und ihn, wie ein Kutscher die Pferde lenkend, begleitet.
Mit welcher Härte der habsburgische Katholizismus praktiziert wird, erfahren in die Familie einheiratende Mitglieder anderer europäischer Dynastien, wie die evangelisch erzogene Elisabeth Christine von Braunschweig-Wolfenbüttel, die aufgrund ihrer Verlobung mit dem späteren Kaiser Karl VI. zum katholischen Glauben übertritt. Kurz nach ihrer Ankunft in Wien begibt sie sich mit einigen weiblichen Mit-

Der letzte erhaltene Teil des Freskos der Kuh am Brett, das den Religionsmachtkampf zwischen katholischer und protestantischer Kirche verdeutlicht, am Haus Bäckerstraße 12 in Wien.

gliedern der kaiserlichen Familie zu Fuß auf die damals übliche Pilgerreise von Wien nach Mariazell, wo sie den Tag darauf, von fünf Uhr früh bis zwölf Uhr Mittag, auf dem bloßen Boden knieend, Gebete spricht.

Es ist nicht weiter erstaunlich, daß der Klerus, der auf das Bildungswesen entscheidenden Einfluß zu nehmen befugt ist, die geistige Führungsschicht Österreichs stellt. Eine Vorrangstellung genießen die Jesuiten, die wegen ihres starken gegenreformatorischen Einsatzes von den habsburgischen Herrschern gerne als Beichtväter und Ratgeber in politischen Belangen herangezogen werden. 1623 übergibt Kaiser Ferdinand II. (1619–1637), einer der eifrigsten Verfechter der Gegenreformation, die theologische und philosophische Fakultät in Wien ihrer Obhut und trägt ihnen den Bau eines Kollegs, eines Seminars und einer Kirche auf. In unmittelbarer Nähe dieser – heute sogenannten *Alten* – Universität erinnert die Fassade des Hauses *Allwo die Kuh am Brett spielt* (Wien 1., Bäckerstraße 12) an die Zeit der Glaubenskämpfe zwischen Protestanten und Katholiken und macht die dem damaligen Zeitgeist innewohnende Problematik bewußt. Eine bebrillte Kuh spielt mit einem Wolf am Brett Tric-Trac. (Ein später hinzugekommener Anbau an der linken Seite verdeckt den Großteil des Wolfes, von dem man nicht mehr als die Schnauze erkennt.) Zwischen Kuh und Wolf steht die Figur eines nur unvollständig erhalten gebliebenen Kürschners mit Fliegenklappe, welche Szene mit folgendem Text unterlegt ist: *„Wolf: Ich wirf darein, Dein Haut g'hert mein. – Kuh: Pral nicht so g'schwind im Spielen, Dein Unglück kannst bald fühlen. – Fliege: Ich wehr und leucht, erwart die Zeit, Wie sich wird enden euer Streit. – Jäger: Ich komm' just recht zum Spiell. – Hund: Ich auch mit stellen will."* Zur Erläuterung: Die Kuh stellt die Katholiken dar, der Wolf die Protestanten, der Kürschner, der Jäger und sein Hund symbolisieren die Stadträte und Rechtsanwälte, die darauf warten, sich auf die Seite des Gewinners zu schlagen. Die Fliege in ihrer erbarmungswürdigen Situation versteht sich als Symbol der hilflos dem Spiel zusehen müssenden Geistlichkeit.

DAS JESUITENTHEATER

1650 wird im Kollegtrakt der Wiener Jesuiten das Theater angesiedelt, das unter der direkten Schutzherrschaft Kaiser Leopolds I. (1658–1705) steht. Dieses Theater kristallisiert sich als ein Zentrum barocken Lebens heraus, wo Angehörige aller Gesellschaftsschichten aufeinandertreffen. Die Ausführenden der Theaterstücke sind die Zöglinge des Kollegs sowie einige Berufsschauspieler, die man zusätzlich engagiert. Die anfangs in lateinischer Sprache aufgeführten Stücke sind einfach angelegt, um von möglichst vielen Zuschauern verstanden zu werden. Nach und nach werden sie um deutschsprachige Intermezzi, prunkvolle Ausstattungen und raffinierte optische Einfälle (meist nach Entwürfen Lodovico Burnacinis) bereichert, um das gegenreformatorische Gedankengut direkt und ohne Umschweife vermitteln zu können. Für den Inhalt der Stücke zeichnen Ordensbrüder verantwortlich, die zu zeitgenössischen Ereignissen Stellung nehmen und sie mit Gleichnissen und moralischen Lebensvorschriften versehen. Die unterlegte Musik stammt häufig von Kaiser Leopold I. selbst. Die soziale Auswirkung ist augenfällig. Abgesehen von den vielen am Stück Beteiligten und ihrer unterschiedlichen Herkunft, treffen im Publikum Angehörige aller Klassen aufeinander. Und im Hinblick darauf, daß vor Gott alle Menschen gleich sind, formt sich hier eine einigermaßen gleichwertige Gesellschaft. Ein gutes Beispiel aus dem Sakralbereich hat sich bis in unsere Tage herübergerettet. Seit 1623 werden die Mitglieder der kaiserlichen Familie in der von den Kapuzinern in

Wien betreuten Kirche und Gruft beigesetzt. Wenn ein Herrscher zu Grabe getragen wird, begehrt ein Zeremonienmeister im Namen des verstorbenen Regenten unter Aufzählung aller seiner weltlichen Titel um Einlaß, der von den Ordensleuten zunächst verweigert wird. Dasselbe Begehren wird unter Hinzufügung weiterer Titel und Würden wiederholt und abermals abgelehnt. Daraufhin bittet der Zeremonienmeister um Aufnahme des *Sünders N. N.* (es folgt der Vorname des verstorbenen Regenten), woraufhin der Leichnam Einlaß und seine letzte Ruhestätte bei den Kapuzinern erhält.

Nach dem Sieg über den Protestantismus genießt die katholische Kirche in den habsburgischen Ländern auch das Recht der allein anerkannten Religionsgemeinschaft. Jedermann ist katholisch, wodurch die Religion abermals alle Bevölkerungsschichten erfaßt. Die Vertreter des Klerus genießen unglaubliche Popularität und sind für ihre zündenden Reden berühmt. Man darf nicht vergessen, daß in einer an öffentlichen Unterhaltungen armen Zeit der Meßgang eine große Attraktivität darstellt. In der Kirche wird zwar in erster Linie gebetet, gebeichtet und kommuniziert, es gelangen dort aber auch Ehe- und alle Arten anderer Händel zum Abschluß: *„Eine unbeweibte Mannsperson ... von etlichen zwanzig Jahren, welche dieses schreibt, im Rechnen nicht unerfahren ist, Walachisch, Schwedisch und Italienisch spricht, einen ziemlichen Teil von Europa durchreist hat, seine Moralität gültig beweisen kann und sich zu den herrschenden Religionen bekennt, sucht. [Der] Werbetext hängt nicht lange an der Wand der Stephanskirche; einige Tage danach entdeckt er auf seinem Zettel eine mit Bleistift gekritzelte Adresse“* (Steube, S. 248). Oder: *„Wie also die Everl ist heimgereist, so hat sie ihre besten Sachen unterwegs verloren, eine guldene Ketten, eine Perlenschnur und ein Gürtelringel. So haben wir wieder eine große Traurigkeit und Betrübnis gehabt, haben's auf allen Kanzeln verkünden lassen, und da haben wir's Gott Lob und Dank, wieder bekommen, ein Bauer bei St. Stefan hat's wiederum gefunden“* (Stampferin, S. 73 f.).

Ein Vergleich mit den Medien unserer Tage liegt auf der Hand. Kirchenherren versehen ihr Amt

Gelebte Gemeinschaft in der Kirche, wo Mitglieder aller Bevölkerungsschichten aufeinandertreffen: Jan van der Straet, Sakramentsspende.

nicht nur als Seelsorger und Botschafter Christi, sie wirken auch als Aufklärer, Nachrichtenübermittler, Ausleger und Deuter, Informanten und Stimmungsmacher: Zu den berühmten Beispielen zählt die Kahlenbergpredigt Marco d'Avianos an die polnischen und bayrischen Entsatztruppen vor ihrem Befreiungszug auf Wien.

Beim Durchblättern der Schriften Abraham à Sancta Claras staunt der Leser – mehr als 300 Jahre nach ihrer Entstehung – über die Lebendigkeit und Direktheit des Stils. Der Prediger bedient sich einer allen verständlichen Sprache: unmittelbar und mit volksbezogener Anteilnahme. Er verwendet dafür rhetorisch einfache Mittel: Wiederholungen, Vergleiche, *Schwarzweißmalerei* und führt jede Art von Bildern vor Augen, die auch bei harmloser Thematik so eingesetzt werden, daß das Publikum überrascht und immer ein wenig verunsichert wird. Er wettert gegen alles Übermaß, bekrittelt die *Betschwesterei* der Frauen ebenso wie die Trunksucht der Männer: *„Die Trunckenheit ist ein Sünd ... die Trunckenheit ist eine Schand: denn beschau du mir einen vollen Zapffen [den Betrunkenen]: Erstlich hat er ein Gesicht wie ein Preussisch Leder ... die Nasen tröpflet wie ein zerlexter Schleiff-Kübel / die Augen verkehrt er wie ein abgestochener Bock; das Maul seiffert ... die Zung ist erstarret / wie ein Nudel-Walcker ... die Geberden seind also beschaffen / daß er von jedermann für einen Narren außgelachet wird / Weil Holofernes der Kriegs-Fürst sich rauschig / und vollgesoffen / dessentwegen hat er durch die Judith den Kopff verlohren ...“*

Die *Zielgruppe* als Empfänger bestimmter Botschaften ist noch nicht erfunden, ebensowenig weiß man über die Werbepsychologie Bescheid. Trotzdem sind diese Reden und Predigten schon sehr zielgerichtet und in der Folge auch sehr wirksam. „Die Predigten waren sorgfältig an verschiedene Bevölkerungsgruppen [Kinder, Frauen und junge Mädchen, Männer und junge Burschen, Dienstboten] gerichtet und folgten einander nach einem exakt ausgeklügelten Plan. Die Prediger waren in der Wahl ihrer rhetorischen Mittel nicht zimperlich, um die Zuhörer nicht so sehr zu überzeugen als vielmehr zu überwältigen und zu erschüttern, um jene *Umkehr* zu bewirken, die sich außer in der Generalbeichte und der Kommunion konkret auch in der Aussöhnung mit einem Feind, der Wiedergutmachung einer Schuld, in Stiftungen, Opfergaben und sonstigen frommen Werken bekundete“ (Ariès, Geschichte. S. 99).

Eine andere gesellschaftsverbindene Einrichtung, die vor allem den Städter betrifft, stellt die Aufteilung des Wohnraumes innerhalb eines mehrstöckigen Wohnhauses dar. So wie in der Kirche oder im Jesuitentheater Angehörige aller sozialer Schichten aufeinandertreffen, repräsentiert ein innerstädtisches Wiener Wohnhaus des 17. und 18. Jahrhunderts einen Querschnitt durch die zeitgenössische Gesellschaft. Das Erdgeschoß wird allgemein kaum bewohnt. In ihm befinden sich Kaufläden, Kaffee- und Wirtshäuser, Stallungen, Werkstätten, Magazine, Apotheken etc. Trotz seiner bequemen Erreichbarkeit wird auch der erste Stock nicht sehr geschätzt, weil die Räume wegen der darunter liegenden Gewölbe schwer zu beheizen sind. Zudem sind sie dem Staub der Straße und den verschiedenen Ausdünstungen der Wirtshausküchen, der Ställe und der Kloaken ausgesetzt. Bewohner dieser Räume werden durch Straßenlärm und Verkehrserschütterungen stärker belästigt und erhalten wegen der engen Gassen weniger Licht. Das zweite Stockwerk gilt als das vornehmste und ist demnach auch das teuerste. Ab dieser Etage kehrt sich das Verhältnis, und der Mietzins nimmt trepp-aufwärts ab.

„In den höchsten Regionen der Stadt, in den Dachstuben und unter den Dachböden, nisten die ärmeren Gattungen der Schneider, Kopisten, Vergolder, Notenschreiber, Bildschnitzer, Maler etc., die zu ihren Arbeiten vieles und beständiges Licht nötig haben. Diese Dachböden wimmeln oft von ganzen Herden von Kindern, die durch ihre Zahl und ihre unaufhörlichen Bedürfnisse, den armen Vater oft ebenso sehr ängstigen, als es den unten im prächtigen zweiten Stockwerk wohnenden reichen und vornehmen Mann ängstigt, seiner Familie nicht einen einzigen Erben verschaffen zu können“ (Pezzl, S. 68).

Aus derselben Angst – um die künftige Verwaltung des wirtschaftlichen und politischen Erbes – wird von den Habsburgern die Pragmatische Sanktion verfaßt. Schon Kaiser Leopold I. veröffentlicht 1703 ein Statut, in dem die Erbfolge der Töchter des Hauses Habsburg geregelt wird. Es bildet in noch nicht ganz klarer Form die Grundlage für die spätere Formulierung Kaiser Karls VI. im Jahr 1713. In diesem Hausgesetz erklärt der Kaiser die habsburgischen Länder für unteilbar und untrennbar und räumt den weiblichen Mitgliedern der Familie das Recht der Herrschaft ein, für den Fall, daß der Mannesstamm erlischt. Maria Theresia wird – gegen den Willen einiger mit Habsburgertöchtern aus älteren Linien verheirateten Landesfürsten und anderer europäischer Herrscher – die erste Nutznießerin des Vertrages.

Acht- und neunstöckige Bürgerhäuser am Tiefen Graben in Wien, die von allen Gesellschaftsschichten gemeinsam bewohnt werden. Die eleganteren Stockwerke sind unter anderem an den vorgelegten Jalousien zu erkennen.

DER SOZIALE AUFSTIEG

Neben ihrer Aufgabe als Mahner, Kritiker und Rechten-Weg-Weiser geleitet die Kirche ihre weniger vermögenden, aber erfolgversprechenden Mitglieder (die vom Staat noch unversorgten Waisen sowie andere wirtschaftlich Bedürftige) kostenlos zu Gymnasial- und Universitätsabschlüssen und bringt eine stolze Zahl gesellschaftlicher Aufsteiger hervor. Mit ihrer Hilfe gelangen aus untersten Volksschichten stammende junge Männer bis in höchste soziale Ränge. Erfolgreiche Absolventen werden als Äbte, Juristen, Pfarrer oder Professoren eingesetzt. Ein gutes Beispiel sozialen Aufstiegs bietet die Geschichte der Familie Grassalkowitsch. Der 1694 geborene Anton Grassalkowitsch entstammte ärmlichsten Verhältnissen und verlor noch im Kindesalter seine Eltern. Ordensleute nahmen sich seiner an und ermöglichten ihm den Gymnasialabschluß. Er studierte die Rechte, ließ sich nach Abschluß des Studiums in Preßburg als Advokat nieder, wo er es bald zu einigem Reichtum brachte. Immerhin konnte er 1734 eine Gräfin Christine Klobusitzky heiraten, die auch noch beträchtliches Vermögen in die Ehe mit einbrachte. Er ließ ein Palais in Preßburg und Schloß Gödöllö errichten, in denen er im Jahr 1751 Maria Theresia als Gast begrüßen durfte. Sein Sohn Anton wurde 1784 durch Kaiser Josef II. in den Reichsfürstenstand erhoben, und mit dessen Sohn Anton erlosch das Geschlecht in der dritten Generation.

Für weitere Beispiele ziehe man auch die im Anhang aufscheinenden Kurzbiographien der im vorliegenden Band besprochenen Personen heran. Wer in den Genuß gekommen war, von Jesuiten oder Piaristen aufgezogen worden zu sein, dem steht mit hoher Wahrscheinlichkeit eine bedeutende politische oder geisteswissenschaftliche Karriere bevor.

Im weniger katholisch dominierten Deutschland übernehmen aus städtischen und privaten Mitteln finanzierte Schulen wie das *Gymnasium Poeticum* in Regensburg ähnliche Aufgaben bei mittellosen, aber begabten Schülern. Das Institut wird 1583 gegründet und genießt einen hervorragenden Ruf als

Ausbildungsstätte. Die Studenten werden – wie die Zöglinge der katholischen Institute – in humanistischem Geist erzogen und erhalten zudem eine fundierte musikalische Ausbildung. Im *Alumneum* werden musikalisch besonders Talentierte unentgeltlich gefördert. Die Kosten für Essen und Quartier übernimmt das Gymnasium. Als Gegenleistung singen die Zöglinge bei Gottesdiensten, Hochzeiten oder Begräbnissen im Chor oder werden als Orchester herangezogen. Desselben Prinzips – kostenlose Erziehung gegen Ableistung musikalischer Auftritte – bedienen sich auch die Ordensschulen, die Universitäten und die meisten anderen Ausbildungsstätten.

Eine der wenigen barocken Institutionen, die sich der Mädchenerziehung verschreiben, befindet sich in Venedig. Der zum Priester geweihte Komponist und Violinist Antonio Vivaldi nimmt sich am Pio Ospedale della Pietà als Maestro di violino, als Kompositionslehrmeister, als Proben-, Aufführungs- und bald auch als Institutsleiter dem Geschick venezianischer Mädchen an, die größtenteils höheren Gesellschaftsschichten entstammen und weniger verwaist als von den Eltern ausgesetzt worden waren. Sie erhalten am Institut eine humanistische Ausbildung und erlernen ein Musikinstrument, das sie unter der Leitung Vivaldis bald mit der Präzision und dem Können von Virtuosen beherrschen. Kost, Quartier und Unterricht werden den Mädchen nicht in Rechnung gestellt: dafür stehen die Studentinnen als wohleinstudiertes Orchester unter der Leitung ihres Förderers unentgeltlich für Konzertaufführungen zur Verfügung. Neben dem klassischen und musikalischen Unterricht wird besondere Sorgfalt auf feine Umgangsformen gelegt, so daß die Mädchen nach Abschluß ihres Studiums Ehemänner unter den vornehmsten, reichsten und mächtigsten Familien Europas wählen können. Womit bewiesen ist, daß der soziale Aufstieg durch Bildung und Einheirat im betrachteten Zeitraum allgemein möglich ist. Dabei wechselt das Bild allerdings oft sehr rasch: Günstige Heiraten, Erlöschen von Nebenlinien oder im ungünstigeren Fall Erbteilung unter einer Vielzahl von Söhnen, Übersteigerung der feudalen Lebenshaltung, politische oder historische Katastrophen bestimmen den Auf- und Abstieg der verschiedensten Familien. Im speziellen Fall genügt der Ehrgeiz eines Elternteils, eine durch Einheirat gesellschaftlich ohnehin aufsteigende Tochter noch weiterzubringen. *„Den 14. …*

Piaristenkirche mit Platz und Schülern (Stich, links). Den – zahlenden oder gratis aufgezogenen – Abgängern der Jesuiten- oder Piaristengymnasien steht eine hohe politische oder geisteswissenschaftliche Karriere bevor.
Für die Dauer des Studiums erhält der Student eine Art Uniform (unten), die ihm von der Universität zur Verfügung gestellt wird: Stiftungstracht der Studenten, rechts außen die des Armenhauses, die sich kaum von den beiden anderen unterscheidet.

befahle mir der Kaiser in Abwesenheit des Obrist Hoffmeisters, den Graffen Hannß Adam v. Auersperg ... Bräutigam der reichen Freile von Schönfeld, kaiserliche Hoff Dame – als Reichsfürsten zu declariren ... Dise Stands Erhebung ware von der Braut Mutter, einer sehr wunderlich- und bizarren Frauen, gleichsamm pro conditione sine qua non der verabredeten Ehe Verlobnus stipuliret und – weillen beide kaiserliche Mayestäten [Franz I. Stephan und Maria Theresia] für den Herrn Obrist Stallmeistern wegen seiner gutt und eiffrigen Bedienung ville Gnad haben – zu Beförderung der Heirath allergnädigst verwilliget“ (Khevenhüller, 14. 8. 1746).

Wie bestreitet der aufstrebende Bauern- oder Bürgerssohn aus ärmlicheren Verhältnissen seinen Bildungsweg? Vorausgesetzt, er ist ein eifriger und/oder talentierter Schüler, dann beendet er mit Hilfe der kirchlichen Förderer bald und erfolgreich das Gymnasium. Sodann bewirbt er sich um ein Bettelzeugnis, eine Frühform des Stipendiums, und kann das Studium weiterverfolgen. Der sogenannte Bettelstudent erhält sein Essen in Klöstern oder reichen Bürgerhäusern. Im ungünstigsten Fall erwirbt er bei der *Schmauswaberl,* einem Lokal in der Bäckerstraße in Wien, für ein paar Kreuzer die Reste der Hoftafel. Für die Dauer des Studiums trägt der Student eine Art Uniform, die ihm von der Universität zur Verfügung gestellt wird. Er ist berechtigt, in Haushöfen geistliche Lieder zu singen und an Sonn- und Feiertagen das Evangelium zu lesen, wofür er kleine Gaben erhält. Solange er keinen Unterstand gefunden hat, darf er drei Nächte in der Vorhalle der Universität auf Stroh schlafen, was zu den gebräuchlichen Schlafgewohnheiten der Zeit zählt und dem gängigen Nachtquartier des Soldaten entspricht (Simplicissimus, XXII. Kap.: „Ich ... ließ ihm ein Soldatenbett von frischem Stroh machen, weil er [der zeitgenössische Krieger] in kein anders liegen wollte [als er gewohnt war].“) Daß sogar die Bauern vorzugweise auf Stroh ruhen, bestätigt die Inventarliste eines weststeirischen Bauernhaushalts aus dem Jahr 1736. Es werden wohl einige Betten angeführt, die aber – mit einer einzigen Ausnahme – auch nur mit losem Stroh gefüllt sind.
Nach vollendeten Studien werden die Absolventen meistenteils in den Beamtenstand der damals neugeschaffenen staatlichen Zentralbehörden aufgenommen und dürfen auf weiteren Aufstieg hoffen. Beamtenstellen werden gerne mit Emporkömmlingen besetzt, die – ihrem neuen Stand entsprechend – auch zahlreich geadelt werden. Sie bilden nicht lange eine eigene soziale Schicht, da sie schon bald im Ausmaß der Vermögensmehrung (durch den Erwerb von Herrschaften, durch die Aufnahme in die Landstände und andere gesellschaftsbegünstigende Umstände wie Einheirat in die alten Familien) nahtlos in den ständischen Landesadel eingegliedert werden.
Allgemein genießen Akademiker etliche Privilegien und halten einen Status, der in die Nähe dessen der Hocharistokratie rückt. Unter Kaiser Leopold I. werden die Untertanen in fünf Klassen geteilt, wo die *Doktores der Rechten und Arznei* wie die *Nobilitierten, so Landgüter haben,* der ersten Klasse zugerechnet werden. Adelige ohne Landgüter haben sich wie die *Hofmusizi,* Leibbarbiere und Buchhalter mit der zweiten Klasse zu begnügen. In Georg Christoph Walthers *Tractatus juridico-politico-historicus de statu, juribus et priveligiis doctorum omnium facultatum* (Nürnberg, 1641) setzt man sich intensiv mit der Schaffung von Privilegien und Begünstigungen für Akademiker auseinander. Unter anderem verlangt man das Recht, während Verhandlungen vor Magistrat und Richter sitzen zu dürfen (anstatt wie Mitglieder niedriger Gesellschaftsklassen zu stehen), keine Steuern zahlen zu müssen, vom Wach- und Waffendienst sowie von

der militärischen Einquartierungspflicht befreit zu werden und ohne besondere kaiserliche Genehmigung ein Adelswappen führen zu dürfen. Der Forderungskatalog beschäftigt sich mit den absurdesten Details bis hin zum Recht, Handwerker mit lärmenden Berufen in Nachbarhäusern per Gerichtsbeschluß vertreiben zu dürfen: ein gesellschaftsspaltender Eingriff von bürgerlicher Seite! Hier und an späteren Stellen soll betont darauf hingewiesen werden, daß soziale Aufsteiger Hierarchien zumindest ebenso ernst nehmen wie Mitglieder des ersten Standes und daß sich erstere nach Erreichen einer bestimmten gesellschaftlichen Stufe sehr bewußt von den sozial minderen Schichten abheben, aus denen sie nicht selten selber stammen.
Zu den beliebten Würdigungsformen gesellschaftlichen Fortkommens zählt das Erreichen gewisser Vorrechte, wobei die Nobilitierung zu den bevorzugten zählt. Die *Belohnung* birgt dem Verleiher zudem einen nicht zu unterschätzenden Wert in sich: Ein Bevorrechteter fühlt sich mehr als ein anderer zu beständiger Dienstbarkeit und Loyalität dem Kaiser, dem Staat und dem Reich gegenüber verpflichtet. Nicht zu vergessen im Kreis der Privilegierten: die zu Hoflieferanten Ernannten oder andere bevorzugte Wirtschaftstreibende und Handelsleute, die Mitglieder des Kaiser- oder Königshauses beliefern und auf diesem Umweg das Interesse der Allgemeinheit für ein Erzeugnis oder eine Erfindung erwecken.
Trotz aller gesellschaftlicher Aufstiegsmöglichkeiten darf nicht außer acht gelassen werden, daß im Zeitalter der Kaiser Leopold I., Joseph I. und Karl VI. die entscheidenden Ämter in den Händen einiger weniger erbländischer Familien liegen. In der Zeit zwischen 1655 und 1740 stehen 62 Personen den fünf höchsten Hofbehörden (Obersthofmeister, Obersthofkämmerer, Obersthofmarschall, Oberststallmeister, Oberstjägermeister) vor. 34 Amtsinhaber entstammen denselben neun Familien. Die Mitglieder von nur 15 Familien stellen 46 Würdenträger. Fügt man den Hofämtern die Positionen der höchsten Regierungs- und Verwaltungsbehörden hinzu – es handelt sich im beobachteten Zeitraum um 118 Ämter –, so stellen 17 Familien 66 Beamte. Mit 78 Würdenträgern teilen sich 23 Familien des Hochadels beinahe zwei Drittel der höchsten im Staat zu erreichenden Ämter. Als gemeinsames Merkmal kennzeichnet sie die Zugehörigkeit zum Fürsten- oder Grafenstand, der Besitz ausgedehnter Ländereien in den Erblanden sowie ein oder mehrerer Paläste in der Reichshaupt- und Residenzstadt und eine Vorliebe, die Mitglieder ihrer Familien untereinander zu verheiraten.
Trotz dieser Bevorzugungen und Vorrechte der obersten Schichten kann aber im folgenden auch die Abhängigkeit aller gesellschaftlichen Schichten voneinander aufgezeigt werden. Die sozialen *Aufsteiger* benötigen die Gesellschaft der Aristokraten, um ihrem Dasein den nötigen äußeren Glanz zu verleihen und um selbst mit dieser Gruppe verschmelzen zu können. Die adelige Gutsherrschaft braucht die Arbeitskraft der Bauern, die für sie die Landwirtschaft bestellen, damit sie und die ihnen unterstellten Soldaten die Landesverteidigung besorgen: denn im 17. Jahrhundert beherrschen Kriege den Alltag. Die Gesellschaft ist deshalb militant ausgerichtet. Der Krieg bietet vielen Lebensunter-

Die ‚Belle Chocolatière' (Jean Etienne Liotard), vulgo Anna Baldauf, eine der erfolgreichsten Aufsteigerinnen der Epoche: Sie heiratet in dessen zweiter Ehe Fürst Johann Karl Dietrichstein.

Jan Baptist Wolfaerts († 1687), Ländlicher Alltag aus der Sicht des Bauernstandes, der vielerorts unfrei, also mit dem Besitz an einen Grundherren gebunden, lebt, dem er als Gegenleistung einen Zehent (den zehnten Teil) der Ernte abzuliefern hat.

halt und Angehörigen jeder Schicht soziales Vorankommen. Die Offiziere der Armee rekrutieren sich zwar zumeist aus dem hohen Adel, aber freiwillige Stellung, Ehrgeiz und Mut versetzen auch so manchen Bauern oder abenteuerwilligen Städter in hohe militärische Ränge.

Um wieder bei den Aufsteigern durch Bildung anzuschließen: Ihre Sachkompetenz wird im Zuge der Umbildung des Ständestaates zum absolutistischen Staat dringend benötigt. Denn der Absolutismus baut im wesentlichen auf einen durch Bürger bedienten Verwaltungsapparat auf. Auch damit wird dem Bürger ein neuer Lebensraum erschlossen, seine Stellung innerhalb des Staatengefüges erhält einen neuen gesellschaftlichen Wert. Sobald dieser Status erreicht ist und eine Zeitlang gehalten wird, genügt es, sich weltmännisches Benehmen und galante Umgangsformen anzueignen, um äußerlich mit der Aristokratie zu verschmelzen. Zuletzt gleicht ein großes Barvermögen die hierarchische Ordnung aus, wodurch auch Einheirat in höchste gesellschaftliche Kreise möglich wird. *Mesalliancen* sorgen für die stärkste Annäherung zwischen Bürgertum und Adel, wodurch sich die beiden Gruppen im äußeren Erscheinungsbild nicht mehr voneinander abheben. „Der Bourgeois [von Paris] ... gilt nur ein klein bißchen weniger als der Aristokrat, wenn ich von Gleichwertigkeit sprechen würde, wäre es wahrscheinlich auch nicht falsch. Der Adel selbst vereinigt sich durch Heiraten mit dem Bürgertum, so daß die gesamte Gesellschaft nur noch einen einzigen Körper, eine Familie, eine Klasse, eine Allianz, eine Blutsbrüderschaft darstellt, wo die Eigenschaft ‚bourgeois' ausgerottet und durch die adelige ersetzt wird" (Chasse au vieil grognart de l'antiquité. s. l. 1622, S. 13).

Zurück zur gesellschaftlichen Umschichtung durch Konstituierung des Staatsabsolutismus. Eine davon auf andere Weise betroffene Schicht stellt der Landadel dar, der – den Zentralisierungsbestrebungen zufolge – dem Hof einverleibt worden war und damit jeder selbständigen Stellung verlustig geht. Versucht er, sich der Bewegung zu widersetzen und als Landadel seine Unabhängigkeit zu bewahren, riskiert er – abseits vom offiziellen und bestimmenden Kulturzentrum – dem gesellschaftlichen Ausschluß und der Vergessenheit anheimzufallen. Hier sind erste gesellschaftliche Opfer des absolutistischen Systems zu beklagen, soziale Absteiger, denen vorderhand nichts als ihr mehr oder minder bedeutender Name bleibt.

DIE GRUNDHERRSCHAFT

Nehmen wir das *Gesellschaftspiel* von früher wieder auf: Die Aufsteiger aus dem Bürgertum suchen die Gesellschaft der Aristokraten. Die Adeligen benötigen die Arbeitskraft der Bauern, die ihre Wirtschaften führen. Am Land, wo im 17. und 18. Jahrhundert vier Fünftel der Bevölkerung leben, stoßen wir auf eine *gesellschaftsverbindende* Einrichtung, die Aristokratie und Bauerntum gleichermaßen betrifft: die Grundherrschaft. Der Grundherr verleiht dem Bauern Grund und Boden, in vielen Fällen ein Bauerngut – bestehend aus Haus, Hof, Äckern, Wiesen, Weide- und Holznutzungsrechten –, die der bäuerliche Untertan ordnungsgemäß bebaut und bearbei-

Alltag des Bauernstandes: Bei der Feldarbeit (Stich: Haus-Vatter) oder nach der Verrichtung: B. Molenaer († 1650, S. 38/39 oben), Bäuerliche Wirtshausszene und Gillis van Terborgh († 1678), Kartenspiel im Bauernwirtshaus. Die beiden letzten Bilder (S. 38/39 unten) stellen gute Beispiele der Einrichtung und des engen Zusammenlebens dar: in einem einzigen Raum wird gespielt, gekocht (auf offenem Feuer, das auch die Wärmequelle darstellt) und gegessen.

tet. Als Gegenleistung liefert er den zehnten Teil (= *Zehent*) der Naturalien (Getreide, Gemüse, Viehprodukte etc.) an den Grundherrn ab, wobei die Abgabenpflicht später auch in Form von Geldzinsen abgegolten werden kann. Der Herr ist verpflichtet, die Person und den Besitz seines Holden (= seines Untertanen) zu schützen und dessen Rechte zu wahren. Der Grundherr besitzt aber auch das Recht, dem Untertanen unentgeltliche Arbeitsleistung, in Form der Robot, die in manchen Herrschaften in Geld abgelöst werden kann, abzuverlangen. Leider schafft dieses nicht streng kodifizierte Recht (von zwölf Tagen pro Jahr um die Mitte des 16. Jahrhunderts – und regional völlig verschieden ausgelegt – bis zu einem Höchstausmaß von 104 Tagen in maria-theresianischer Zeit) mitunter unzumutbare Bedingungen, und die Grundherren ziehen die Bauern oftmals ohne zeitliche Regelung für Arbeitsdienste heran. Andere Mißstände entstammen der Reformationszeit, an deren Behebung Kaiser Ferdinand II. (1619–1637) maßgeblich beteiligt ist. Er verbietet 1627 den zum evangelischen Glauben übergetretenen Grundherren, die katholischen Untertanen an Sonn- und Feiertagen durch Frondienste vom Gottesdienst abzuhalten. Mancherorts treten die Bauern, vom Adel beeinflußt, zum Protestantismus über, kämpfen, die Schriften Luthers absichtlich mißdeutend, gegen die obrigkeitliche Ordnung und fühlen sich nicht länger zur Leistung ihrer Abgaben verpflichtet. Daraus entstanden im 16. Jahrhundert die Bauernkriege. Nach etlichen Reformversuchen durch

seine Vorgänger bemüht sich im 17. Jahrhundert Kaiser Leopold I. um die wirtschaftliche Förderung des Bauernstandes und um eine Verbesserung ihrer rechtlichen Situation.
Was die Robot betrifft, so ist zur Ableistung *ein* Mann, der Inhaber des untertänigen Gutes, verpflichtet. Er hat aber auch das Recht, einen Ersatzmann zu entsenden, einen Sohn oder einen Knecht, nicht selten einen arbeitsunwilligen und mit schlechtem Werkzeug versehenen Mann, um den Mißmut über diese Pflicht auszudrücken. Etliche Probleme mit den Untertanen ergeben sich in den Bauernaufständen, die oftmals durch die Härte von durch den Grundherrn eingesetzte Beamte ausgelöst werden und letztlich in der Unwilligkeit der Untertanen gipfeln, die Abgaben pünktlich zu entrichten. Im Zug dieser Widerstände und der gegen sie geführten Kriege hätten die Grundherren die Möglichkeit gehabt, den Bauern die Güter, Haus, Hof, Grund und Boden zu entziehen. Trotzdem haben sie von diesem Recht nur selten Gebrauch gemacht. Denn selbst jene Holden, die sich mit der Waffe in der Hand gegen ihre Herren erheben, behalten meistenteils die Wirtschaften, da sowohl das 17. als auch das 18. Jahrhundert arm an Menschen ist und Not an der menschlichen Arbeitskraft herrscht. Als gutes Zahlenbeispiel seien die Arbeitgeber-Arbeitnehmer-Verhältnisse des Bergbaugebietes des Herzogtums Steiermark aus dem Jahr 1754 angeführt. 2000 Besitzern und Werkmeistern stehen 3000 Knechte, ungefähr 1700 Jugendliche und etwa 2700 Alte und Gebrechliche gegenüber. Das ergibt – unter Berücksichtigung einer halben Arbeitskraft von Alten und Gebrechlichen – drei Dienstnehmer pro Arbeitgeber. Aus ebendem Grund – dem Mangel an menschlicher Arbeitskraft – nimmt man eher die Widerspenstigkeit eines Holden in Kauf, als ein Gut wirtschaftlich völlig lahmzulegen.

Auf literarischem Gebiet bemüht sich der Schriftsteller Johannes Beer in den *Deutschen Wintermärchen* um die Ehrenrettung des Bauernstandes: „... [die Bauern] *sind in ihrer Profession so wohl Doctores als wir in unsern Wissenschaften, denn ackerte der Bauermann nicht, so würde der Doctor in der Schule wenig zu essen bekommen. Es ist also der Bauer als ein Principium und causa sine qua non zu respectieren und in acht zu nehmen. Wir Adeligen heißen denjenigen einen Bauren, welcher etwa ungebärdige Sitten oder grobe Worte sagt. Aber Ihr Herren, Ihr Herren, wären etliche unter uns gute Bauren, so gäbe es nicht so viele schlimme Edelleute.*"
In dem Roman nimmt der Schriftsteller die Stelle eines Aristokraten ein, der er in Wirklichkeit nicht war. Beer hat ein Leben lang auf Nobilitierung gehofft. Als Wissenschaftler und Dichter schämte er sich seiner niederen Herkunft – er entstammte einer oberösterreichischen Gastwirtfamilie – und hätte als Adeliger die Anfeindungen gegen den Herrenstand lieber ertragen, als kein Aristokrat zu sein.
Zusammenfassend kann festgehalten werden, daß die Grundherrschaft – für Grundherren wie Untertanen – ebenso viele Vorteile wie Nachteile birgt. Ein schwacher Grundherr wird von seinen Untertanen ebenso für dumm verkauft, wie der ungelehrte Bauer von seiner Herrschaft öfter als erlaubt zu Dienstleistungen oder Abgaben herangezogen wird. Die Vorteile der Grundherrschaft für den Untertanen ergeben sich in besonderem Maße daraus, daß der Grundherr ihm Schutz, Vorsorge und Sicherheit zu bieten vermag, in einer Zeit, da das staatliche Sozialnetz noch nicht erfunden ist. Als 1848 die Grundherrschaft und die Robotpflicht abgeschafft werden, treibt dieser Umstand viele Bauern in den Ruin. Sie mußten sich bis zu diesem Zeitpunkt weder um Geldgeschäfte noch um Finanzierung sorgen, weil die Herrschaft für alle Investitionen im Haus, in der Landwirtschaft und bei den Geräten aufgekommen war. Der Vollständigkeit halber muß hinzugefügt werden, daß in Tirol, in Altbayern, in Oberschwaben, in Westfalen, in Hannover und in Schleswig-Holstein die Bauern schon vor 1848 ihre Unabhängigkeit und Freiheit besitzen. In der Schweiz werden die freien Bauern sogar dem Adel als gleichberechtigt angesehen. In diesen Gebieten entwickelt die bäuerliche Kultur auch eine starke eigenständige Note.

BEVÖLKERUNGSBEWEGUNG

Städte und Märkte im Europa des 17. Jahrhunderts sind noch sehr klein. Sie haben ländlichen Charakter und ein außerordentlich geringes Bevölkerungswachstum. So zählt Wiener Neustadt – als größte Stadt Niederösterreichs – kaum 6000 Einwohner, Krems, St. Pölten, Klosterneuburg, Mödling und Perchtoldsdorf haben um die 3000 Bewohner. Wien beherbergt um 1700 ungefähr 100.000 Einwohner und wächst innerhalb von 100 Jahren auf etwa 231.000 innerhalb des Linienwalls (= der Gürtel). Die Bevölkerung des Herzogtums Steiermark liegt in der Mitte des 18. Jahrhunderts bei 700.000 Menschen. Von 20 Städten gilt nur Graz mit 2072 Häusern und knapp über 26.000 Einwohnern einschließlich der Vorstädte als große Stadt. Nur noch Marburg und Leoben zählen mehr als

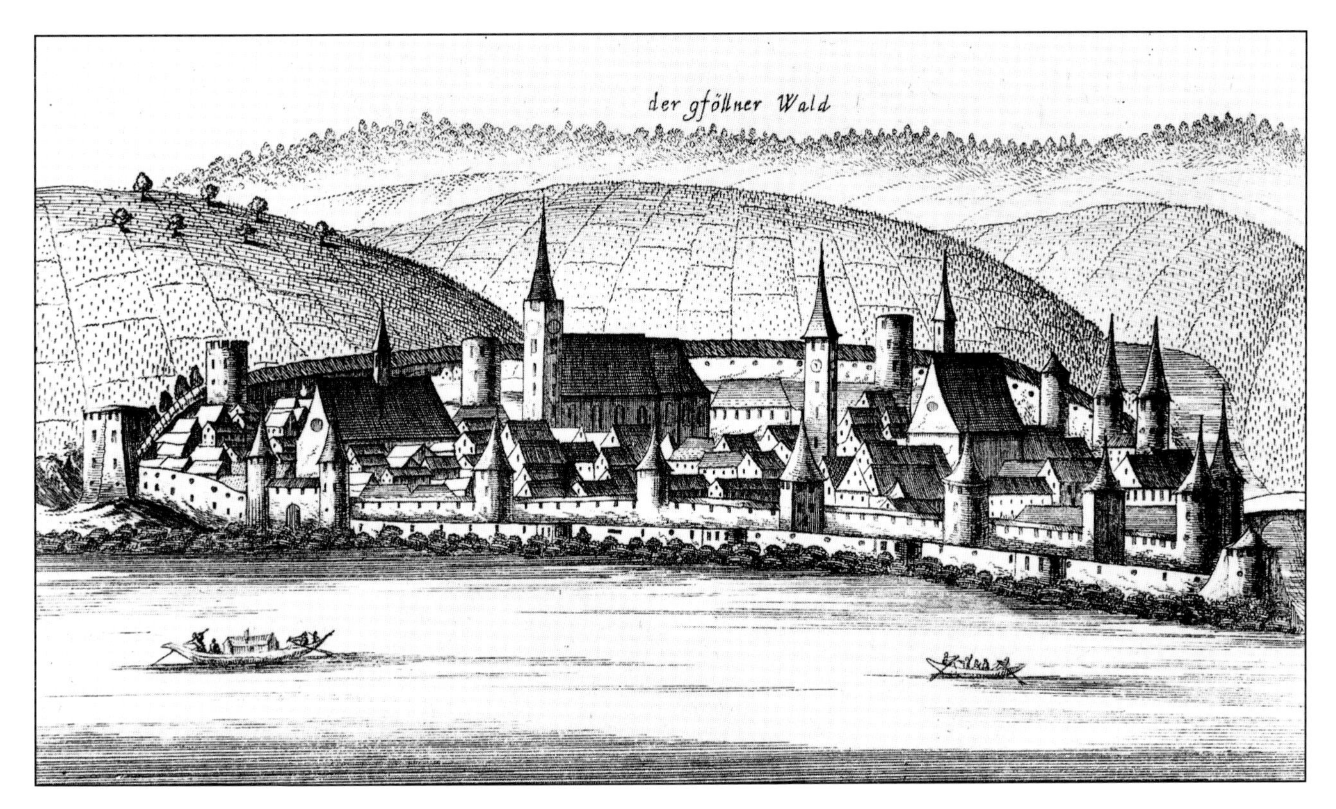

Die Städte Krems und Graz (Vischer-Stiche, 1672). Krems zählt um 1700 um die 3000 Bewohner, die Bevölkerung des Herzogtums Steiermark liegt in der Mitte des 18. Jahrhunderts bei 700.000 Menschen. Von den Städten gilt nur Graz mit 2072 Häusern und knapp über 26.000 Einwohnern einschließlich der Vorstädte als große Stadt.

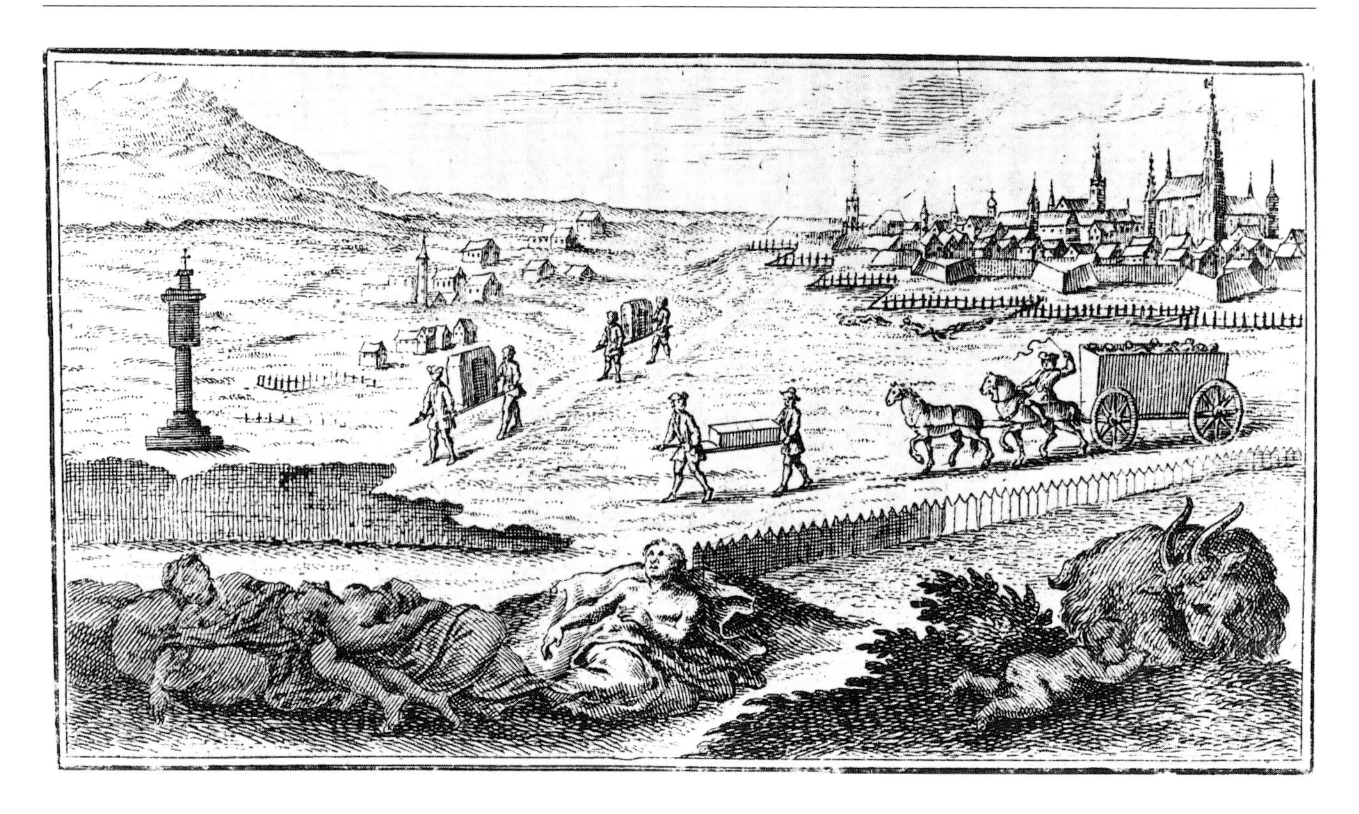

Bestattung von Pestleichen außerhalb der Stadtmauern (1739). Zu den großen epidemischen Seuchen zählt die Pest, die die Bevölkerung stark dezimiert: in Wien sterben im Jahr 1713 ungefähr 18.000 Menschen daran.

2000 Seelen. Von 98 Märkten des Herzogtums haben – dem heutigen Bundesgebiet entsprechend – nur sechs mehr als 1000 Einwohner, allen voran Eisenerz und Vordernberg, die beiden Zentren des Bergbaues. Die Verteilung der Bevölkerung zwischen Stadt und Land ändert sich während des 18. Jahrhunderts nur geringfügig zugunsten der Städte. Der weitaus größte Teil der Bevölkerung (im Durchschnitt 75 bis 85 Prozent) lebt auf dem Land. Ab der Mitte des 18. Jahrhunderts nimmt die Bevölkerung sprunghaft zu. Die Ursachen des plötzlich ansteigenden Wachstums sind bis heute nicht eindeutig geklärt. Sicher zu belegen ist, daß die Geburtenrate steigt (von 39 auf 42 Lebendgeburten pro tausend), daß sich die durchschnittliche Lebenserwartung erhöht und die durch Kriege, Epidemien, Hungersnöte, Mißernten und andere Katastrophen verursachte Sterberate sinkt (von 41 auf 36 Todesfälle pro tausend). Zudem bewirken neue, verbesserte Agrartechniken die Steigerung der landwirtschaftlichen Erträge. Die Ernährungssituation festigt sich in zunehmendem Maße und trägt – parallel zu den medizinisch-hygienischen Fortschritten (im Hinblick auf die Senkung der Mütter- und Säuglingssterblichkeit) – zur Herabsetzung der Sterbeziffer bei. Durch neugewonnene Erkenntnisse auf den Gebieten der Hygiene und Heilmedizin vermindern sich auch langsam die großen epidemischen Seuchen. Allerdings dezimiert die Pest, bevor sie weitgehend verschwindet, zu Anfang des Jahrhunderts noch einmal die Bevölkerung: in Wien sterben im Jahr 1713 ungefähr 18.000 Menschen an der Seuche. Und ein Artikel aus dem Jahr 1759 beweist, daß man trotz aller Fortschritte die Lebenserwartung noch nicht bedeutend erhöhen konnte. Denn Jahrzehnte nach Abklingen der schlimmsten Massenerkrankungen übersteigt in Wien die Sterblichkeitsziffer die Geburtenrate: „1759 starben in der Stadt und in den Vorstädten: 998 Männer, 1086 Frauen, 2214 männliche Kinder und 2032 weibliche Kinder, also insgesamt 6320 Personen, wogegen 5193 Taufen stattfanden. So überstiegen die Todesfälle die Geburten um 1127 Personen“ (Gazette de Vienne, 3. 1. 1760). Augenfällig ist die hohe Kindersterblichkeit, die nicht nur die ärmsten Schichten betrifft: Denn auch von 16 Kindern der Kaiserin Maria Theresia sterben drei noch vor Erreichen des vierten Lebensjahres, drei im Alter zwischen 12 und 16 Jahren und die sechs erwachsen gewordenen (Marie Antoinette ausgenommen, da sie 38jährig guillotiniert wird) im Alter zwischen 45 und 65 Jahren. Ein Führer durch das Paris des Jahres 1722 nennt die Namen etlicher Prinzen und Prinzessinnen, deren Herzen in dem von Anne d'Autriche gegrün-

Adriaen van Ostade (1610–1684), Bauernfamilie vor dem Kamin. Die Mitglieder eines ärmeren, ländlichen Haushalts leben nicht selten in Einraum-Haushalten dicht gedrängt nebeneinander.

deten Val-de-Grâce ruhen: es sind in der Mehrzahl Kinder, denen oft nur ein Leben von wenigen Jahren, Monaten oder Tagen beschieden war.
Mehr oder minder genaue demographische Beobachtungen Europas am Ende des 17. bis zur Mitte des 18. Jahrhunderts zeigen, daß von vier bis fünf Kindern eines das erste Lebensjahr nicht erreicht. Eines von zwei Kindern stirbt vor Vollendung des ersten Lebensjahrzehnts. Rechnerisch bedeutet das, daß zwei Lebendgeburten nötig sind, um einen Erwachsenen zu gewährleisten.
Innerhalb eines ländlichen Haushalts – das Gesinde nicht miteinbezogen – leben durchschnittlich drei bis fünf Personen. Zu diesem Thema ergibt sich ein weiteres, völlig anders geartetes soziales Problem: Die Mitglieder des ländlichen Haushalts leben oft räumlich gedrängt nebeneinander, wodurch sich Bauern und Dienstpersonal gefährlich nahekommen. Aus der Autobiographie des Schriftstellers Johannes Beer geht hervor, daß deshalb unglaublich viele auf einem Hof lebende Mägde von den Bauern geschwängert wurden, die – um den gesellschaftlichen Anforderungen zu entsprechen – die geborenen und ungeborenen Kinder eher töten (dafür werden sie bei Überführung hingerichtet), als sie – von der Gesellschaft ausgeschlossen – allein aufzuziehen. Wenn ungewollt gezeugte Kinder doch ausgetragen werden, setzen die überforderten Mütter sie oftmals kurz nach der Geburt aus. Die meisten der auf diese Weise abgelegten Kinder stammen aus illegitimen Verbindungen. Andere werden ausgesetzt, weil die Eltern einfach zu arm sind, um ein weiteres Lebewesen mit Kleidern und Lebensmitteln zu versorgen. Die Anzahl der auf Kirchentreppen und vor Spitälern abgelegten Kinder führt in den europäischen Großstädten notwendigerweise zu zahlreichen Heimgründungen für Findlinge. Zu Ende des 17. Jahrhunderts erreicht die Anzahl der weggelegten Neu-

Prozession der Waisenhauskinder (um 1760/70). Die Anzahl der auf Kirchentreppen und vor Spitälern ausgesetzten Kinder führt in den europäischen Großstädten zu zahlreichen Heimgründungen für Findlinge. Die Gründe dafür sind sozialer Nautur: alleinstehende Mütter gelten als gesellschaftlich ausgeschlossen; manchmal ist es auch nur eine Kostenfrage, wenn ärmere Familien ein neues Mitglied einfach nicht mehr mit den nötigsten Kleidern oder Lebensmitteln versorgen können.

G. B. Tiepolo, Szene mit dem Tod, eine von vielen künstlerischen Auseinandersetzungen mit dem Tod. Das enge Aneinanderleben im ländlichen oder städtischen Haushalt fördert die ungünstigsten hygienischen Voraussetzungen. Die Lebenserwartung ist im 17. und 18. Jahrhundert in allen Gesellschaftsschichten alarmierend niedrig, denn sogar Mitglieder bevorrechteter Schichten erreichen im Durchschnitt nur ein Alter von 28 (Männer) oder 34 (Frauen) Jahren.

geborenen einen alarmierenden Höhepunkt. 1692 werden in Madrid 1400 Kinder in Heimpflege übergeben, im Paris der neunziger Jahre des 17. Jahrhunderts nimmt man jährlich 2000 Kinder in den dafür vorgesehenen Anstalten auf. In Wien ist das neue Bürgerspital für elternlose Kinder zuständig. Dort besteht die Stube und die Schule der Grünröckler, wie diese Kinder nach der uniformartigen Bekleidung genannt werden. In den schlimmen Zeiten der Türkenbelagerung und während der Pestepidemien sollen die Waisenkinder *wagenweise* gesammelt und aufgenommen worden sein.

Auch in den Städten liegt die durchschnittliche Haushaltsgröße (Dienstboten nicht inbegriffen) unter fünf Personen. Die Kinderzahl beläuft sich auf ungefähr ein bis zwei überlebende Kinder. Im dicht besiedelten städtischen Raum verstärkt sich das Problem, Kinder zu Erwachsenen großzuziehen. Das enge Zusammenleben fördert die ungünstigsten hygienischen Voraussetzungen und hat in der Regel eine noch höhere Sterberate als auf dem Land zur Folge. Nur der beharrlich betriebene soziale Aufstieg vermag die Wohnungs- und Hygienenot des einzelnen herabzusetzen. Denn wer obere Gesellschaftsschichten erreicht, wird zwar gegen Seuchen nicht immun, kann aber aufgrund etlicher Lebenserleichterungen (komfortablere Wohnung, bessere Ernährung, ausreichende Kleidung und ausgedehnte Erholungszeiten) die Anfälligkeit für Krankheiten wesentlich herabsetzen. Trotzdem bleibt die europäische Gesellschaft des 17. und frühen 18. Jahrhunderts vom Tod geprägt. Die Lebenserwartung ist auch in den oberen Gesellschaftsschichten alarmierend niedrig: Ein männlicher Adeliger erreicht im Durchschnitt ein Alter von 28, eine Frau derselben sozialen Schichte ein Alter von 34 Jahren. Im Vergleich dazu hat ein Mann aus mittlerer Gesellschaftsschicht zu Beginn des 20. Jahrhunderts eine Lebenserwartung von 60, eine Frau sogar von 70 Jahren. Für die Menge der Armen liegt die Lebenserwartung im 17. und 18. Jahrhundert wesentlich tiefer.

III
DIE STELLUNG DER FRAU INNERHALB DER GESELLSCHAFT

„Ein Weib, wie wohlerzogen sie scheint, ist doch von einem weichen leichtlich umgewandten Humor, darin sich unschwer widerwärtige Meinungen und Regungen eindrucken und imprimieren, kann auch daher durch böse Gesellschaft und schlüpfrige Gelegenheiten oftmals sich verkehren ... [Diese Schwächen seien ihr aber nachzusehen, und der Ehemann soll] *dem Weib ...* [sogar] *ihr Ehre geben ... damit ihre Liebe und Gehorsam freiwillig, nicht gezwungen; wahrhaftig, und nicht erdichtet; beständig, und nicht wankelmütig sei ... Des Mannes Herrschaft über das Weib ist gleichsam ein kleines Contrefait der Herrschaft Gottes über den Menschen ... also soll der Mann sein Oberrecht über das Weib, nicht mit gewalttätigen Poltern und Schnarchen, sondern durch gute Beispiel von ihm selbst ... getreu und redlich mit ihr und ihrem Vermögen umgehen ...“* (Georgica, S. 58). Eine hohe Forderung, die der Frau neben aller Demutsbezeigung viel psychologisches Einfühlungsvermögen abverlangt, das ihr als gottgewollt erklärt wird, denn *„... erstlich [soll sie] dem Mann, als ihrem von Gott vorgesetztem Haupt, mit Gehorsam und Beistand, in allen billigen und möglichen Dingen, an die Hand gehen, seinen weisen und vernünftigen Rat- und Vorschlägen nicht frevlerisch widerbellen, sondern mit stillem Geist und sanftmütiger Geduld seinen Willen vollziehen, und, soferne ... ihr eine bessere Meinung [wie oft geschehen kann] einfällt, solches fein bescheiden andeuten ... und schließlich seinem endlichen Ausspruch Vollzug leisten; nicht trotzig, halsstarrig und gehäßig widersprechen, und mit ihrem Kopf oben hinaus ... sondern nachgeben ...“* (ebda., S. 94 f.).

Ähnlich lauten Ehe-Empfehlungen Abraham à Sancta Claras, der – gelegentlich – eine Kur mit Prügeln empfiehlt. Er fügt aber vorsichtig hinzu, den Ehefrauen, nachdem sie sich genug *„gereinigt“* und *„purgiert, das heißt ihren Kropf ausgeleert hätten, doch mit guter und glimpflicher Manier zu begegnen; denn mit glatter und freundlicher Ermahnung“* werde mehr genützt als *„mit harten Streichen und Prügeln, womit man öffter mehrer Teuffel hinein schlagt, als herauß“.* Die Männer mögen Sanftmut üben, wenn sie auch an ihren Ehefrauen einige Mängel und Fehler verspüren, und müßten *„nit gleich mit Schärpffe verfahren“.*

Wie viel – oder wie wenig – mag eine Frau im 17. und 18. Jahrhundert gegolten haben? Nach außen hin sicherlich wenig, wie ein anderes, beliebig gewähltes Beispiel der *Alltagsliteratur* belegen soll. Im Möbelinventar eines fürstlichen bayrischen Schlosses aus dem Jahr 1603 scheinen für einen bestimmten, wahrscheinlich für Repräsentationszwekke genutzten Saal *„20 hohe sessl von gedruckhtem rothn löder und halb seiden gefränß ... vier nidere dergleichen frauen sessl ... funf hohe sessl mit grien wullem thuech iberzogen* [sowie] *ain niderer dergleichen frauensessl“* auf. Eine Möbelliste als Dokument sozialer Ungerechtigkeit: Denn die größere Höhe und Anzahl der Männersessel weisen die Frau, auch die von adeliger Herkunft, in die Schranken. „[Die Pflichten der Frau] waren vornehmlich hauswirtschaftlicher Art; ihr Tätigkeitsfeld war das Haus, ihre Bestimmung, das von der Kirche und bürgerlicher Gesellschaft sanktionierte Bild der Gattin und Mutter zu verkörpern ... Man erwartete von den Frauen Aufopferung für jeden, der unter ihrem Dach lebte, sie sollten dienen und hegen. Sorge um das leibliche Wohl, Aufzucht der Kinder, Hilfe im Krankheitsfalle, Beistand am Sterbebett waren die Forderungen, denen sie unentgeltlich nachkamen ...“ (Ariès, Geschichte. S. 415).

Um den Ehemann gut unterhalten zu können, sollte die Frau gesunden Verstand besitzen und über solide Bildung verfügen. Im Hinblick auf die Vorbereitung darauf wurde der weiblichen heranwachsenden Jugend im Barock wenig geboten. Einen leben-

Jan Vermeer van Delft, Die Köchin. „(Die Pflichten der Frau) waren vornehmlich hauswirtschaftlicher Art; ihr Tätigkeitsfeld war das Haus, ihre Bestimmung, das von der Kirche und bürgerlicher Gesellschaft sanktionierte Bild der Gattin und Mutter zu verkörpern …" (Ariès, Geschichte, S. 415).

Mädchenerziehung (Stich aus: Haus-Vatter). Der geregelte Schulbesuch ist noch nicht erfunden. Es bestehen kaum öffentlich zugängliche Schulen, und nur wenige privilegierte junge Damen mittlerer und höherer Gesellschaftsschichten erfahren das nötige Grundwissen über die Vermittlung von Privatlehrern, in selteneren Fällen durch gebildete Mütter oder Großmütter.

digen Eindruck über den Wissensstand der Frau aus der einfachsten Schichte des Volkes vermittelt Johann Beer in seinen Lebenserinnerungen, in denen er ein von ihm geführtes Gespräch mit einer Magd wiedergibt: *„Regina, was ist über Morgen vor ein Fest? … Herr, es ist Ostern. – … Was bedeutet dieses Fest, und was hat sich an solchem zugetragen? – … Herr, vorm Jahre ist auch Ostern gewest. Ich sagte, ia … aber ich wolte von Euch gerne vernehmen, was an solchem Feste geschehen sey, und warum ihr das Oster Fest feyert? Herr, antworttete sie, andere Leuthe feyren es auch … Ich: Wie alt seyd ihr? Sie: Ich glaube daß ich etliche 20 Jahr alt sey, weiß es aber nicht gewiß (sie war wohl auf 50. alt) … Ich: könt ihr lesen und schreiben? Sie: keines von beyden …"* (Beer, Leben. S. 139).

In einer wesentlich höheren Stellung steht Deb, eine Art Gesellschaftsdame im Hause Samuel Pepys', die aber des Schreibens auch nicht mächtig ist: „Ich sagte zu Deb, sie solle Feder, Tinte und Papier nehmen und aufschreiben, was meine Frau alles zu erledigen hat; sie hatte Schwierigkeiten mit dem Schreiben und fing an zu weinen."

Der geregelte Schulbesuch ist noch nicht erfunden. Es bestehen kaum öffentlich zugängliche Schulen, und nur wenige privilegierte junge Damen mittlerer und höherer Gesellschaftsschichten erfahren das nötige Grundwissen über die Vermittlung von Privatlehrern, in selteneren Fällen durch gebildete Mütter oder Großmütter. Denn die Erziehung der Kinder ist – bis zu einem gewissen Grad und einem bestimmten Alter des Kindes – Frauensache.

Die Ehe stellt aus der Sicht der Frau die Verpflichtung dar, den Haushalt ordentlich zu versorgen, dem Ehemann eine gute Gesellschafterin zu sein und möglichst viele männliche Nachkommen zu schaffen, worauf auch die zeitgenössische Literatur eifrigen Bezug nimmt: *„Archiv weiblicher Hauptkenntnisse für diejenigen jedes Standes, welche angenehme Freundinnen, liebenswürdige Gattinnen, gute Mütter und wahre Hauswirthinnen seyn und werden wollen"* (Leipzig, 1787), *„Die Kunst, ein gutes Mädchen, eine gute Gattin, Mutter und Hausfrau zu werden"* (Bremen, 1798), *„Unter Gottes Seegen sichere und zuverläßige Kinder-Pflege"* (Hamburg, 1717), *„Guter Rath an Mütter über die wichtigsten Punkte der physischen Erziehung der Kinder in den ersten Jahren"* (Berlin, 1799), ein *„Curioser Beweis, daß die Weiber nicht zum menschlichen Geschlechte gehören"* (Frankfurt und Leipzig, 1753) etc. Nicht zu vergessen die in schriftlicher Form überlieferten Ratschläge des Fürsten Karl Eusebius Liechtenstein an seinen Sohn Johann Adam in bezug auf die Handhabung der Sexualität innerhalb der Ehe. Er warnt vor übermäßigem Geschlechtsverkehr, da das den Samen schwäche, und vergißt nicht, die vorteilhaftesten Positionen der Frau während des Zeugungsaktes akribisch genau zu beschreiben, um eine sichere Empfängnis zu gewährleisten. Daß es notwendig ist, viele Kinder zu gebären, liegt an der hohen Säuglingssterblichkeit, die sich um 1670 auf ungefähr 30 Prozent beläuft. Nur 50 bis 60 von 100 Kindern erreichen das 20. Lebensjahr. Die oberen Gesellschaftsschichten sind da nicht ausgenommen. Sidonia Elisabeth von Salm-Reifferscheidt, die Ehefrau Hartmanns von Liechtenstein, bringt innerhalb von 27 Jahren 24 Kinder zur Welt, darunter eine Totgeburt. Sechs Knaben versterben nach der Geburt, ein Sohn mit drei Wochen, einer mit neun und ein anderer mit fünfzehn Monaten. Zwei Töchter werden zehn und vierzehn Monate alt, ein Sohn erreicht ein Alter von fünf Jahren, das bedeutet, daß 13 Kinder (mehr als die Hälfte) das Schulalter nicht erleben. Elisabeth Charlotte, Tochter Herzog Philipps I. von Orléans und Gemahlin Herzog Leopolds von Lothringen, bringt zwölf Kinder zur Welt, von denen erst das neunte, Franz Stephan, der spätere Ehemann der Habsburgerin Maria Theresia, das Erwachsenenalter erreicht.

Zu der hohen Säuglings- und Kindersterblichkeit kommt die niedere Überlebenschance der Gebärenden, die während der Schwangerschaft und Geburt auf den Beistand von Ärzten verzichten müssen. Eine Frau, bei der keine größeren Komplikationen zu erwarten sind, bringt ihr Kind unter der Obhut einer Hebamme zu Hause zur Welt. *„Bey einer natürlichen Geburt hat die Weh=Mutter* (die Hebamme) *nicht viel zu thun, indem sie nur die Frau gehörig setzen, derselben dicke Schenckel von denen beystehenden wohl aus einander zühen und halten, und über dieses mit ihren Fingern, welche sie zuvor mit Poumade, oder weissem Lilien= oder einem andern Oele eingeschmieret, die Mutter= Scheide gelinder voneinander zühen und die innestehende Geburt mit ihren Händen anfassen und herauszühen, nach diesen aber die Nabel=Schnur und die Mutter= Kuchen zugleich gelinde nachzühen muß. Nachdem das Kind glücklich zur Welt gebracht, hat man sowohl auf dieses, als auf die Nabel=Schnur und die Wöchnerin zu sehen“* (Die natürliche Geburt, in: Zedler, Bd. 10, S. 512).

Wegen unzureichender Hygiene und schlecht ausgebildeter Geburtshelferinnen sterben nicht nur ein Großteil der Säuglinge, sondern auch mindestens zehn Prozent der Mütter kurz nach der Geburt. Ärzte, die zwangsläufig männlichen Geschlechtes sind, werden aus Gründen der Schicklichkeit nur in den seltensten Fällen zu Rate gezogen. Eigentlich erst dann, wenn für Mutter und Säugling akute Lebensgefahr besteht. Eine weitere Ausnahme bildet der Kaiserschnitt, ein chirurgischer Eingriff, der seit der römischen Antike bekannt ist, aber sehr selten angewendet wird. In den meisten Fällen bringt er den Frauen den Tod. Man behält sich den Eingriff nur für solche Situationen vor, in denen kein anderes Mittel mehr Hilfe verschaffen würde, *„... sonderlich bey Gemahlinnen grosser Herren, wo auf die Geburt eines Erbens offt vieler Laender und Menschen Heil, Friede und Wohlfahrt beruhet. So koennen entweder die Mutter oder das Kind, aber manchmal gar alle beyde am Leben erhalten werden, welche sonsten gewiß sterben muesten ...“* (Zedler, Bd. 10, S. 530 f.).

Interessant im Vergleich dazu ist das niedrige Geburtenrisiko im Banat, einem kulturell und hygienisch unterentwickelten Gebiet: „Die Walachinnen

Isaac Koedyck († 1677), Die strenge Ermahnung als Teil der Erziehung, die – bis zu einem gewissen Grad und einem bestimmten Alter des Kindes – Frauensache ist, und Pieter de Hoogh (1629–1683), Mutter an der Wiege (S. 48): Ein zärtliches und intimes Dokument des bürgerlichen Frauenalltags – während die Mutter den Säugling stillt, zerrt das ältere Kind die Hausmagd ungeduldig ins Freie.

gebären sehr leicht. Zwei oder drei Tage nach der Geburt können sie ihren Geschäften wieder vorstehen. Ihre Kinder werden gar nicht verzärtelt, denn gleich nach der Geburt werden sie zur Winterszeit in warmem, zur Sommerszeit aber in kaltem Wasser gebadet, welches sie täglich zwei- bis dreimal wiederholen" (Steube, S. 159). Die Eintragung datiert aus der Mitte des 18. Jahrhunderts, aus einer Zeit, als in Mittel- und Westeuropa – außer einer sparsamen Reinigung von Gesicht und Händen – weder gewaschen noch gebadet wird, da man Angst hat, daß das Wasser durch die Poren an die Organe dringen und sie durch Mitführen von unsauberen Materien schädigen könnte. In dem von geistigem Allgemeingut des 18. Jahrhunderts wenig durchsetzten Banat hält man sich bei der Wöchnerinnen- und Säuglingspflege an seit Generationen überlieferte Methoden. „Von Windeln wissen sie nichts, eine Schachtel von Baumrinden, mit ein wenig Heu angefüllt, ist die Wiege für ihre kleinen Kinder ... Selten sieht man ein krankes Kind unter ihnen, und wenn allenfalls einem etwas fehlt, so kurieren sie es auf die einfachste Art." (ebda.)

Die Walachen erreichen ein hohes Alter, Steube schreibt von einem Paar, das zu Beginn des 18. Jahrhunderts mit mehr als 160 Jahren stirbt. Ob diese Zahl in einem von Analphabeten vorherrschenden Gebiet als gültig angenommen werden darf, bleibt dahingestellt. Als Beweis für die hohe Lebenserwartung mögen aber die vier bis fünf Generationen einer Familie gelten, die innerhalb eines Haushaltes leben.

In Mittel- und Westeuropa liefern die besorgniserregenden Sterberaten den Vertretern des zeitgenössischen Gesundheitswesens irgendwann doch Grund genug, sich Gedanken über die Ausbildung von Hebammen zu machen. In München besteht seit 1589 eine Art Schule, auf der Geburtshelferinnen einige Wochen unterrichtet werden, um sich die nötigsten medizinischen Grundkenntnisse anzueignen und die Praxis im Zusammenhang mit der Entbindung zu erlernen. Es dauert weitere 29 Jahre, bis eine zweite Ausbildungsstätte dieser Art in Paris aufgebaut wird. Damit kann man dieses Thema innereuropäisch für mehr als hundert Jahre als abgehandelt betrachten, denn die nächste

Hieronymus Janssens († 1693), Besuch bei der Wöchnerin in einem sehr reich und vornehm ausgestatteten Raum. Als Zeichen ihrer Bedeutung als Erhalterin der Gesellschaft wird der (oftmals) gebärenden Frau viel Aufmerksamkeit und Ehrerbietung entgegengebracht.

Gründungswelle von Hebammenschulen setzt erst nach der Mitte der dreißiger Jahre des 18. Jahrhunderts ein: Straßburg erhält 1737 eine solche Schule, Würzburg 1739, Berlin 1751, Neuöttingen 1767 und Basel 1771. Erst ab diesem Zeitpunkt kann – zumindest in den Städten – ein hoher Rückgang der Müttersterblichkeit verzeichnet werden.
Doch die Frau war nicht nur Gebärmaschine und „Dienerin, sondern auch Herrin; der Hausherr verlieh ihr die Autorität, deren sie zur Wahrnehmung ihrer Pflichten bedurfte; dafür verlangte er von ihr Bescheidenheit, Opferbereitschaft und Sparsamkeit. Man muß also die Vorstellung einer strikten Unterordnung unter das Familienoberhaupt revidieren …" (Ariès, Geschichte. S. 415 f.)
So ist auch in einem patriarchalischen System eine an Persönlichkeit starke Frau in der Lage, ihren Willen – zumindest innerhalb der Familie – durchzusetzen. Ein 1914 erschienenes Werk über „Die Gebräuche bei Verlobung und Hochzeit (im Barock) mit besonderer Berücksichtigung der Schweiz" (Bächtold, S. 84) nennt im Zusammenhang damit einen abergläubischen Brauch, der sich auf das Zeremoniell des Ringewechselns bezieht: „Wem es von beiden Partnern gelingt, die eigene Hand beim Ringeanstecken obenzubehalten, der soll künftig die Herrschaft im Hause ausüben. Deshalb soll es während der Trauung sogar zu gelegentlich angestrengtem Ringen des Paares gekommen sein, das der Pfarrer als Parteigänger des Mannes dadurch beendete, daß er die Hand des Mannes, wenn sie unten war, umwendete."
Als weiteres Dokument des *Weiberregiments* sei die zahlreiche Literatur über den durch die herrschsüchtige Frau lächerlich gemachten Ehemann angeführt, die darauf schließen läßt, daß der innerfamiliäre Machtanspruch durch die Frau auch in die Tat umgesetzt wird. Auch den Umgang mit Liebhabern scheint das weibliche Geschlecht großzügig gehandhabt zu haben. Viele zeitgenössische Trak-

tate setzen sich mit der Problematik des gehörnten Ehemannes auseinander: Archierus Cornemicus, *Der gute Mann / oder der wohlbegabte Hörner-Träger* ... (s. l. 1682), *Curiose / lustige und artige Beschreibung der regiersüchtigen, eigennützigen, bösen Weiber ... Gedruckt im Jahr da die bösen Weiber regierten* (s. l. um 1700) usf. Wobei die weibliche Gesellschaft in den österreichischen Landen – gegengleich zum Verhalten der Stuart- und Habsburgerhöfe – auf Moral augenscheinlich weniger Wert legt als die britische. Lady Mary Montagu, die Tochter des Herzogs von Kingston und Gemahlin des in der Türkei akkreditierten englischen Botschafters, empört sich anläßlich ihres Wienaufenthaltes über die Sitten der Wiener Aristokratie in Liebesangelegenheiten: „... und dann dieses irritierende Wort *Reputation*, das hier eine völlig andere Bedeutung hat, und die man selbst dann nicht verliert, wenn man einen Liebhaber hat ... Die Frauen werden hier am Rang ihrer Liebhaber und nicht an dem ihrer Ehemänner gemessen ... Mit einem Wort, es ist für jede Lady üblich, zwei Männer zu haben: einen dem Namen nach und den anderen für die Pflichterfüllung. Diese Liaisons sind allgemein bekannt, und es würde einen argen Affront darstellen ... eine Frau von Stand ohne die beiden Anwärter auf sie ... zu einem Diner einzuladen, zwischen welchen beiden sie sich gravitätisch postiert ... Ein Abenteuer dieser Sorte habe ich letzte Nacht erlebt, und es wird Ihnen eine Idee der delikaten Sitten ... dieses Landes geben. Ich war beim Empfang der Gräfin –, als mich am Ende desselben der junge Graf treppabwärts geleitete ... ‚Madame', (sagte er) wie lange auch immer Sie in unserem Lande bleiben, und ich denke, Sie möchten sich den Aufenthalt so angenehm wie möglich gestalten, sollten Sie sich für diese Zeit eine kleine Herzensgeschichte zulegen.' – ‚Mein Herz', antwortete ich so verständlich wie möglich, ‚legt sich nicht leicht kleine Geschichten zu, und ich habe keine Absicht, daran etwas zu ändern.' – ‚Ich verstehe, Madame,' (antwortete er seufzend) ‚... daß ich nicht hoffen darf, was mich zermürbt, der ich Sie sehr verehre. Wie auch immer, ich bleibe Ihr untergebener Diener, und solange ich nicht in der Gunst stehe, Sie unterhalten zu dürfen, so erweisen Sie mir die Ehre, denjenigen von uns zu benennen, den Sie am liebsten mögen. Ich werde mich dafür einsetzen, die Angelegenheit zu Ihrer vollen Zufriedenheit zu lösen'" (Brief aus Wien an Lady Rich vom 20. 9. 1716).

Neben den herrschenden Freiheiten in Liebesangelegenheiten, fordert die Gesellschaft ihren Tribut in Form von ehelichen Schwangerschaften. So sehr sie von beiden Ehepartnern gewünscht werden, so sehr werden sie im selben Maße vom weiblichen Geschlecht gefürchtet. Nur wenige Frauen tragen das Schicksal zahlloser Schwangerschaften mit der Gottergebenheit jener Radmeisterin zu Vordernberg in der Steiermark, die Ehefrau des vermögenden Gewerke Stampfer, die innerhalb einer 28 Jahre dauernden Ehe 16 Kinder gebiert. Erst das 16., das sie mit 47 Jahren zur Welt bringt, ringt ihr ein Seufzen ab, weil es sie beinahe das Leben gekostet hatte.

Allerdings genießt die oftmals gebärende Frau ungemein hohes gesellschaftliches Ansehen, wozu auch Lady Mary Montagu in ihren Briefen aus der Türkei Stellung nimmt. Aus dem Blickwinkel ihrer Zeit hat sie als hochgebildete und modern denkende Frau zu gelten, da sie – einer reichen und hochadeligen Familie entstammend – die Möglichkeit gehabt hatte, sich in der umfangreichen Bibliothek ihres Vaters beachtliches Wissen anzueignen.

Jan Steen Kreis, ‚Der Herr im Haus bin ich.' Als Dokument des zeitgenössischen Weiberregiments sei die zahlreich erschienene Literatur über den unterjochten Ehemann angeführt, die darauf schließen läßt, daß der innerfamiläre Machtanspruch durch die Frau auch in die Tat umgesetzt wird.

Trotz dieser bevorrechteten Stellung, kann aber auch sie sich dem herrschenden Fruchtbarkeitskult nur schwer entziehen. „... nachdem ich nichts Besseres zu tun hatte, habe ich eine Tochter gemacht. Ich weiß, daß Sie [eine anonym gebliebene Brieffreundin] mir antworten werden, daß das ein Fehler war, aber wenn Sie an meiner Stelle wären, glaube ich [Gott verzeihe mir], würden Sie zwei oder drei zur Welt bringen. In diesem Land [in der Türkei] muß man Beweise seiner Jugend erbringen, um von den Schönen empfangen zu werden ... Ich war ziemlich verärgert über diese Notwendigkeit. Aber als ... man begann, mich mit Verachtung zu betrachten, habe ich mich doch der Mode unterworfen und bin wie die anderen niedergekommen. Deshalb möchte ich aus tiefsten Herzen meine Rückkehr beschleunigen, weil ich sonst verpflichtet bin, jedes Jahr zu gebären, solange ich hier bleibe. Die Botschafterin von Frankreich gibt sich diesem Brauch mit Freuden hin. Sie hat eben ein Kind geboren und ist noch sehr dick. Die Damen der Gesellschaft von hier schätzen die Frauen gemäß der Anzahl der erfolgten Geburten, und ich habe Mühe, ihnen zu erklären, daß es für mich eine legitime Entschuldigung ist, zwei oder drei Monate nicht schwanger zu sein, weil mein Mann ständig auf Reisen ist" (Brief der Lady Mary Montagu aus der Türkei an Madame E. April 1718).

Der Fruchtbarkeitskult beherrscht ganz Europa. Auch der zeit seines Lebens kinderlos gebliebene Samuel Pepys beschäftigt sich in einer Eintragung vom 26. 7. 1664 mit dem Problem. In einer lustigen Wirtshausgesellschaft bringt er die Rede darauf und erhält prompt zehn Ratschläge, die Zeugung erfolgreicher zu gestalten: „1. Drücke deine Frau nicht zu heftig. 2. Iß keine späten Mahlzeiten. 3. Trinke Salbeisaft. 4. Trinke Rotwein und iß Toast. 5. Trage kühle holländische Unterhosen. 6. Halte den Magen warm und den Rücken kalt. 7. Auf meine Frage, ob man es lieber abends oder morgens tun solle, wurde mir geantwortet, am wichtigsten sei es, daß beide dazu Lust hätten. 8. Die Frau sollte sich nicht zu fest schnüren. 9. Ich sollte starkes Gewürzbier mit Zucker trinken. 10. Mrs. Ward riet mir, die Stellung zu ändern oder wenigstens mit dem Kopf tiefer als mit den Beinen zu liegen."

Im *Freywillig auffgesprungenen Granat=Apffel,* dem barocken Nachschlagewerk über Krankheiten, Heilmittel und Diäten aus dem Jahr 1701, wird dem Problem der weiblichen Unfruchtbarkeit mit etlichen Reinigungsmitteln der Gebärmutter und einer *„Suppen vor die (Gebär)Mutter, die auch fruchtbar macht"* gebührend Rechnung getragen. *„Man nimbt die obern Spitzl von Saturen 9. Stückl / von Salve 9. Blättel / Mutterkraut 9. Hertzl / Mutter=Muscatnuß 3. Mutter=Nägerl 9. Saffranblüte 15. dises alles zusammen gethan / in ein Häfen von 2. Maß / darauf gossen 2. Maß Bier / welches wol abgelegen ist / der es aber nicht leyden kan / kan frisch Wasser nehmen / ich halt aber ein gute Fleisch=Suppen vor das beste darauff zu giessen / und das Häfen wol mit einem Taig vermacht / und sieden lassen / so lang / biß der dritte Theil eingesotten ist / alsdan lassen kalt werden / und auffgemacht / darvon muß man Fruhe / und auff die Nacht warmer / jedesmal ein Viertl Seitl trincken / sied mans in Bier / so kan man die Suppen mit ein Ayr=Wasser wann es mit Wasser gesotten wäre / und in der Fruhe muß man 1. Stund darauff fasten / und auff die Nacht muß mans auch erst ein Stund nach dem Nacht=Essen nehmen / und solches 9. Tag continuieren / wann man sein Zeit hat"* (Granat=Apffel, S. 384). Leider erfährt man nirgendwo über den Erfolg der Kur, der Glaube daran hat aber sicher vielen Frauen geholfen.

Richard Brakenburgh (1650–1702), Besuch der Hebamme, die der Gebärenden und der Wöchnerin als einzige Hilfe zur Seite steht, da der Ärzteberuf nur von Männern ausgeübt wird, dessen Anwesenheit aus Schicklichkeitsgründen nicht erwünscht ist.

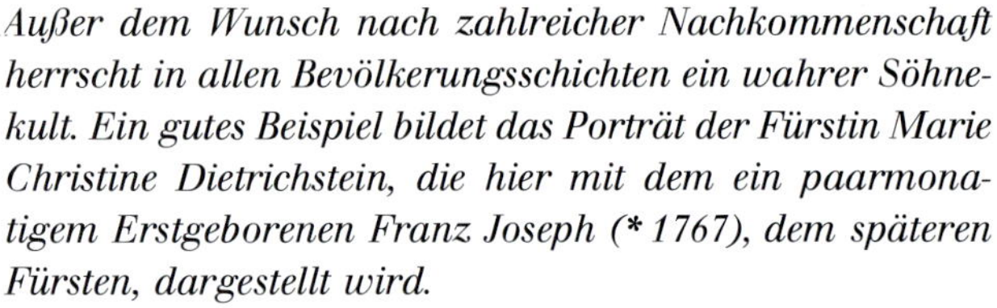

Außer dem Wunsch nach zahlreicher Nachkommenschaft herrscht in allen Bevölkerungsschichten ein wahrer Söhnekult. Ein gutes Beispiel bildet das Porträt der Fürstin Marie Christine Dietrichstein, die hier mit dem ein paarmonatigem Erstgeborenen Franz Joseph (1767), dem späteren Fürsten, dargestellt wird.*

Guido Reni Kreis, Lesendes Mädchen bei Licht – ein seltenes Bilddokument, denn die Epoche ist durch Analphabeten gekennzeichnet, wobei der Prozentsatz der Frauen den der Männer noch übersteigt.

Wenn der Fortbestand der Familie durch eine hohe Zahl von Söhnen gewährleistet ist, darf die erfolgreiche Mutter auf weitere Schwangerschaften verzichten. „*Nachdem ich das letzte Kind abgespendet* [abgestillt] */ hab ich ein herzliches Verlangen bekommen / hinfüro keusch zu leben / und siehe: da hats der liebreichste JESUS gegeben / daß mein Herr* [der Ehemann] *ganz verkrummet ist / und ich zwey Jahr vor seinem Tod hab keusch leben können*“ (Christelius, S. 114). Jacques Gélis bemüht sich in seinem Beitrag „Die Individualisierung der Kindheit“ (in: Ariès, Geschichte. S. 313) um eine Rechtfertigung des Fruchtbarkeitskults: „In einer Gesellschaft, die bis ins letzte Jahrhundert im wesentlichen bäuerlich geblieben war, galt *Mutter Erde* als Ursprung allen Daseins: ein unerschöpfliches Reservoir, das die Erneuerung ... des Menschengeschlechtes gewährleistete ... In dieser Welt beständiger Erneuerung gab es nichts Schlimmeres als die Unfruchtbarkeit eines Paares, da sie den Kreislauf unterbrach und den Zusammenhang mit der Ahnenreihe zerstörte. Jedes Mitglied der Familie war abhängig von den anderen ... Der Frau kam eine wesentliche Rolle zu, weil sie das Kind unter dem Herzen trug, es gebar und anschließend ernährte; sie war die Bewahrerin der Familie und der Gattung.“

Die öffentliche Erziehung der Mädchen steht in ganz Europa der der Knaben um Jahrzehnte hinten nach. Eine erste Einführung ins Leben erhalten die Mädchen zu Hause. Die Erziehung zur Dame übernimmt meist eine im Haus angestellte Erzieherin, die von der Kindesmutter angewiesen wird. In seltenen Fällen läßt man die Mädchen am Unterricht der Brüder teilnehmen. Das allgemeingültige Unterrichtswesen verfestigt das Bildungsgefälle der Geschlechter, was zum Teil auch durch die schlechtere Bezahlung der weiblichen Lehrkräfte an den Grundschulen verursacht wird, so daß die Zahl der Schulen für Mädchen und damit der Prozentsatz ihrer Alphabetisierung erheblich tiefer liegt. Kein Lehrprogramm für Mädchen hält dem Vergleich mit dem Unterricht der Knabenkollegien, dem ein Universitätsstudium folgen kann, stand. Daneben bleibt jahrhundertelang dieselbe Frage bestehen, inwieweit Bildung dem weiblichen Wesen zuträglich ist. *„Was die Töchter anlanget, so ist ihr allgemeiner Stand, daß sie mit der Zeit die Haußhaltung ihrer Männer wohl verwalten, und ihnen in der Kinder=Zucht beystehen sollen. Hierbey wird nur die Frage erörtert: Ob ein Frauenzimmer könne gelehrt seyn oder nicht? Gemeiniglich wird bey denenjenigen, die hierüber streiten, allzuweit gegangen. Einige wollen sie gantz dumm haben, und andere meynen, ein fähiges Frauenzimmer habe mehr Verstand, als die Männer, und die Gelehrsamkeit seye bey ihnen gedoppelt schön. Es kan freylich einem Frauenzimmer nichts schaden, wenn ihr Verstand durch die nöthigen Wissenschaften verbessert ist, ja es ist dasselbige nöthig. Sie sind Mitbürgerinnen in der menschlichen Gesellschafft, sie sollen in der Oeconomie ihre Klugheit beweisen, ja sie sollen Kinder erziehen, bey welchen allen eine gute Moral sehr nöthig ist. Man kan über dieses auch noch zu ihren Vergnügungen ihnen eine Art des Studirens zugeben … sie können moralisiren, sie dürffen sich der Botanic befleißigen, nur muß dieses alles zur Lust geschehen, und sie müssen nicht ein Haupt= Werck daraus machen … Das letztere gehöret nur vor eine gewisse Art der Männer. Das gute Frauenzimmer hat genug zu thun, wenn es die jenigen Tugenden ausüben will, welche ihnen eigen sind. Warum will man, wir wollen nicht sagen die Ordnung der Natur, sondern nur die Ordnung des gemeinen Wesens, durch die Gelehrsamkeit des Frauenzimmers verkehren? Warum tadelt man an einem Schuster, wenn er will Lateinisch mit uns reden? Warum verachtet man einen Schneider, der sich einer Erfahrung in der Mathesi rühmt? und will doch ein Frauenzimmer erheben, welches sich in fremde Händel mischt, worinnen sie doch meistentheils nichts als blose Pfuscher sind. Wir wollen des Hochmuths dieses Geschlechts nicht einmahl gedencken, welcher nur dadurch vermehret wird. Unser Satz ist also dieser: Ein Frauenzimmer muß erstlich hauswirthlich, und darnach klug seyn. Ist sie dieses, so kan sie gelehrt werden, nur muß sie es nicht seyn wollen, und kan derjenigen Hand, welche die Nadel und Kochlöffel wohl führet, die Feder nicht versagt werden, nur müssen die erstern der letzern vorgezogen werden“* (Zedler, Bd. 15, S. 659 f.). Alle geistige und körperliche Ungleichmachung gipfelt in der Vorschreibung einer kinderfeindlichen Mädchenkleidung. Die Brüder Goncourt, die sich im 19. Jahrhundert als erste mit der Erforschung des (Spät-)Barocks und des Rokokos auseinandersetzten, empfanden die Mädchen auf den Gemälden des 18. Jahrhunderts als kleine Erwachsene, die wie ihre Mütter kunstvoll, aber lebensfern geputzt waren. Sie wurden ohne Überlegungen nach der herrschenden Mode der Erwachsenen gekleidet.

Kaum dreijährige Mädchen tragen im Barock Kleider aus schweren Stoffen mit Spitzenschürzen, besteckten Bändern, silbernen Bordüren, Sträußen und Schleifen. Sobald sie sich frei bewegen können, werden sie in Schnürbrüste und Prunkroben gepreßt, und man verordnet ihnen Schritt-, Benimm- und Tanzlehrer. Die Erziehung zielt darauf ab, das kleine Mädchen eine Dame spielen zu lassen und korrigiert alles, was Natürlichkeit und Kindlichkeit zur Geltung brächte. Jedes Mädchen hat sich seiner künftigen Rolle als Gemahlin, Hausfrau und Mutter von Kindertagen an bewußt zu sein. Die geschnürte Kleidung fördert die Kontrolle über die Bewegung, was darauf abzielt, später einmal in jeder Lebenslage *Haltung* bewahren zu können.

Gräfin Wolfsthal im Alter von etwa zwei Jahren in einem Kleid aus schwerem Stoff mit Spitzenbesatz, Spitzen-Schürze und mit gepuderter Perücke nach der herrschenden Mode der Erwachsenen.

Wenn eine Frau die ihr zugedachte Rolle zufriedenstellend versieht, wird ihr – zumindest in den gesellschaftlich höheren Schichten – entsprechendes Lob zuteil. Handwerker, Arbeiter und Bauern werden sich sicherlich nicht lange mit Dankesreden aufgehalten haben. Sie benötigen aus existentiellen Gründen die volle Arbeitskraft ihrer Ehefrauen. Aus einigen wenigen Texten des Schreibens fähiger Männer läßt sich – unabhängig des gesellschaftlichen Ranges – die besondere Zuneigung und Wertschätzung zumindest zwischen den Zeilen herauslesen. Man erfährt wenig über die äußere Erscheinung der Frauen, über das Einvernehmen der Eheleute, über Streitigkeiten innerhalb der Familie oder über ihr Verhalten als Mutter. Positiv vermerkt werden die Geburten, die in den meisten Familien jährlich zu verzeichnen sind und nicht immer glücklich enden. Im Verlauf dieser oft dramatisch verlaufenden Geburten entflammt im Ehemann – plötzlich und unerwartet – die vom Leser des 20. Jahrhunderts oftmals vermißte Zuneigung und Liebe. Ihr Wert offenbart sich nach außen hin erst in der Stunde des Todes. Ein schönes Beispiel hat Jean Migault, ein hugenottischer Schulmeister hinterlassen, der seine erste Frau während der Hugenottenverfolgung verliert und der die Erinnerung an sie für seine Kinder schriftlich bewahren möchte: „... achtzehn Jahre des Wohlstands habe ich zu ihren Lebzeiten und in glücklicher Gemeinschaft mit Elisabeth Fourestier, meiner innig geliebten Frau, eurer guten Mutter, genossen. Deshalb bereitet es mir selbst kurze Zeit, nachdem Gott ihr die ewige Ruhe gegeben hat, außerordentliche Freude, den Kummer den sie zu Beginn der Verfolgung mit mir gemeinsam erlitten hat, zu beschreiben ... Ich tat es (die Geschichte notieren) deshalb, damit die Kleinsten unter euch in diesem Buch die Mutter kennenlernen, die sie zur Welt gebracht hat" (in: Ariès, Geschichte. S. 349 f.).

Auch Wolf Helmhard von Hohberg, der aus wenig vermögender adeliger Familie stammende Landwirt und Schriftsteller, belohnt in den *Georgica curiosa* die vollendete Hausfrau in einem für ihn unerwartet lyrischen Absatz: *„Ich will mich aber, ihr gebührliches Lob ... weiter auszuführen, nicht unterstehen, sondern allein dieses melden, daß eine Haushaltung ohne Weib, wie ein Tag ohne Sonnenschein ist, ein Garten ohne Blumen, oder ein Wasser ohne Fische, daß ohne ihren Beistand eine Wirtschaft nimmermehr in so guter Ordnung möge geführt oder angestellt werden. Es könnte auch dem Mann wenig helfen, wenn die durch seinen Fleiß erworbenen Güter, nicht durch einer klugen Hausmutter Sorgfalt verwahrt, erhalten, recht ausgeteilt und angetragen würden. Und gewiß ein Wandersmann, wenn er, nach zu Wasser oder Land vollbrachter Reise, und vielen ausgestandenen Ungelegenheiten, seine Gegend, seine Stadt, Dorf und Haus erblickt, wird allzeit mit größeren Freuden eingehen, wenn er ein treues und liebes Weib darin zu finden verhofft, die seine Mühe erquicken, sein Verlangen ersetzen, sich mit seinem Unglück betrüben, mit seinem Glück erfreuen, seiner treulich pflegen und warten, und was er erworben, zu Rat halten möge"* (ebda., S. 94).

Ein bedeutender Grund, warum Frauen aller Zeiten anderen und strengeren Gesetzen unterworfen werden als Männer, mag im Unbekannten, Undurchdringbaren und Undurchschaubaren ihres Wesens liegen, das man dem weiblichen Geschlecht lange Zeit zuschreibt. Vor allem der Volksmund weiß nicht gut umzugehen mit den weiblichen Eigenarten und deutet sie gerne als dämonische Kräfte. Besonders ältere Frauen stehen im Verdacht, zauberisches Unwesen zu treiben. Diesen Volksglauben auszuräumen, versucht Hippolytus Guarinoni, erzherzoglicher Leibarzt und Physikus am adeligen Damenstift zu Hall in Tirol, in seinem Werk *Die Greuel der Verwüstung menschlichen Geschlechts* (Ingolstadt, 1610): *„Warumb die alten Weiber kuplen und zu andern ublen sich brauchen lassen ist eben niemand anderst darumben schuldig, allein daß sie dermaßen wider recht und billigkeit von jedermann verachtet und verworffen seyn, denen niemand schild und schutz, viel weniger Lieb und Trew hält ... Gütiger Gott, was ist es wunder, daß sie Armuth und Noth, Trubsal und Kleinmütigkeit halben sich offt zu bösen dingen brauchen und gar dem bösen Feind, dem Teufel, sich ergeben und mit Zauberey umbgeben thun? Weil auch die starcken Mannsbilder, die reichen, die jungen, die hohen, oft umb weit geringerer Ursach willen solliches und noch größeres Übel gethan haben"* (zitiert in: Dülmen, Hexenwelten. S. 152).

Vor allem der Aberglaube, der die Gesellschaft des 17. und 18. Jahrhunderts beherrscht – aufgeklärte Geister sind da nicht ausgenommen –, erhält das Unergründbare des weiblichen Geschlechts: „... *in dem hohen alten Bergschloß Riesenberg* [in Böhmen] *ist ein tiefer Schöpfbrunnen, zu dem, wenn sich einige unreine Frauen, quae menstrua sua patitur annähern, und Wasser daraus schöpfen, versiegt er ganz, daß er fast mehr als ein Jahr keine Wasser gibt, deshalb stets ein eigener Mann da oben beordet ist, der kein Weibsbild dazu gehen läßt ...*" (Georgica, S. 214). Das undurchdringbare Wesen, der weibliche Zyklus und die Gabe zu gebären, mögen ein

Martin Dichtl (zweite Hälfte des 17. Jahrhunderts), Vanitasallegorie I (1667), ein Bild auf die Vergänglichkeit der weiblichen Schönheit.

Grund des Mißtrauens Frauen gegenüber gewesen sein, wie auch aus den Predigten Abraham à Sancta Claras hervorgeht: *„Sebast. Munsterus ... schreibt / als unweit von der Churfürstlichen Statt Maintz einstmals zwey Weiber auff der Gassen mit einander redeten / und weiß nicht was für Kuchl Discurs und Pfauen=Rathschläg führeten / ein andere Muthwillige unvermerckt hinzu geschlichen / und deren beede Köpff zusammen gestossen / weil nun eine auß disen groß Leibs* (schwanger) *ware / und nicht lang hernach niederkommen / hat sie zwey Mägdlein gebohren / deren beede Köpff biß auff die Nasen an einander gewachsen / und haben solche in das zehende Jahr gelebt / was nicht der Schrocken thut! Cornel. Gemma ... betheuret / wie daß in Niederland sich habe ein Frau bey einer guten Gesellschafft eingefunden / und als die Red gangen von ihren groß schwangern Leib / habe sie gemelt / wie daß ihre Rechnung auß seye auff das Fest der Heil. drey König / welches alle bewegt / daß sie überlauth gewuntschen / sie möchte mit drey König erfreuet werden / darauff sie mit lachenden Mund widersetzt: Ey Gott gebs! und weil ihr nachgehendes dise Wort ziemlich in der Gedächtnuß hafften / und sie zu benannter Zeit nieder kommen / hat sie drey Knaben auff die Welt bracht / deren einer ein gantz kohlfärbiges Angesicht dem Mohren gleich hatte / was die Einbildung nit würcket! Vor etlichen Jahren als in einer Reichsstatt spatzirte eines vornehmen Burgers seine Frau über den Marckt / die groß schwanger ware / thät ein Kayserl. Soldat hinter ihr ein Schuß auß einer Mußqueten / dessen die gute Frau sehr erschrocken / und anderst nicht meinte / dann er hab sie mit der Kugl in die Lenden getroffen / als sie nun in gar weniger Zeit durch Gottes Hülff ihrer weiblichen Bürde entlediget wird / befindt sich in den Lenden deß Kinds ein Loch / anders nicht formirt / als obs wahrhafftig mit einer Mußqueten=Kugel geschossen worden were ... was der Schrocken unnd die allzu grosse Einbildung nicht kan bey den Weibern!“*

Es hat wenig Sinn, solche Reden im Hinblick auf die Bildung und den Wissensstand des Predigers zu untersuchen. Die Zeit erfordert diesen mit Aberglauben behafteten Stil, ohne den verschiedene Themata weder beachtet noch verstanden worden wären. Ziel ist, das aufmerksame Gehör des Gläubigen, aus welcher gesellschaftlichen oder Bildungsschichte er immer stammt, zu erreichen. Typisch für die Epoche sind auch die drei folgenden Beispiele, die dem gelehrten Schrifttum entstammen. Die beiden ersten stammen aus der Schweiz des 17. Jahrhunderts. Als erstes wird die Kopfmißbildung eines Mädchens beschrieben, das ohne Schädeldecke zur Welt gekommen war. Der Autor, ein Arzt, bezieht sie sofort auf den Anblick eines kopfverletzten Mannes, den die Kindsmutter während der Schwangerschaft gehabt hatte. Ein anderer Arzt hält sich detailfreudig mit der Beschreibung einer Sirene auf, welcher Schrift er die Zeichnung eines solcherart verunstalteten Fötus beifügt. Die Knochenstücke des Schwanzteiles stellt er separat dar, wofür er auch eine Erklärung beibringt. Die schwangere Frau sei beim Anblick des Amputationsstumpfes eines Bettlers so sehr erschrocken, daß sich dieses Bild auf das erwartete Kind übertrug. Das dritte Beispiel entstammt dem Zedlerschen Universallexikon (Bd. 35, S. 1853 f.): *„Was die Einbildung bey Schwangern auf ihre Frucht würcke, davon haben Harsdorfer, Digby, Th. Fled von den Kräfften der Einbildung, und andere fast unglaubliche Exempel. Die geringsten sind, daß durch fleißiges Ansehen eines Mohren, schwartze, eines gemahlten Bären, haarige Kinder zur Welt gebracht worden. Daher die Alten Fleiß angewendet, den Schwangern nichts als schöne Gestalten vor den Augen schweben zu lassen.“*

DIE RECHTLICHE LAGE DER WITWEN

In einem Aufsatz über Herrschaft und Bauern im Ennstal während der ersten Hälfte des 18. Jahrhunderts beschreibt Ferdinand Tremel die Lage einer Frau nach dem Tod des Ehemannes als rechtlich gleichgestellt: „... sie erbte ... zu gleichen Teilen wie die Kinder, unter denen wiederum Söhne und Töchter im selben Maß erbberechtigt waren. Lediglich bei der Übernahme eines Gutes waren die Frauen insofern benachteiligt, als das Gut grundsätzlich einem männlichen Erben übergeben wurde (ausgenommen, die männliche Linie war ausgestorben). Brachte die Frau in die Ehe Vermögen ein, so wurde dieses auf ihren Namen sichergestellt und vor der Erbteilung als Schuld des Erblassers, und zwar als Prioritätsschuld, behandelt. Die Witwe bekam demnach nach dem Tod des Besitzers zuerst ihre Mitgift ausbezahlt und erbte hernach vom restlichen Vermögen den ihr zustehenden Anteil." (in: Zeitschrift des historischen Vereins für Steiermark, Graz 1965, S. 128 ff.)
Außerdem verpflichtet sich der Übernehmer des Hofes, in der Regel der Sohn, der Witwe Kost und Unterkunft, in manchen Fällen sogar ein geregeltes Taschengeld zur Verfügung zu stellen. Grundlage der Witwenversorgung ist die Mitgift der – adeligen, bürgerlichen oder bäuerlichen – Eltern der Braut, die im Heiratsbrief vor Eheschließung peinlich genau beschrieben wird. Diese Heiratsbriefe nehmen die Funktion eines Testamentes vorweg, um eine zu verheiratende Tochter auch nach dem Tod des Ehemannes versorgt zu wissen. Gleichberechtigung herrscht auch im umgekehrten Fall, also nach dem Ableben der Ehefrau. Das Erbe fällt dem Ehemann und seinen Erben zu, sofern ein vorhandenes Testament der Verstorbenen nichts anderes bestimmt. „Frauen jenseits der Armutsgrenze ... [hatten] die Freiheit ein Testament zu machen, und [einen] Ehevertrag. Dieser Vertrag, ebenso grundlegend wie das Ehesakrament, war bei den Reichen unerläßlich, in den südlichen Provinzen [Frankreichs sogar] in allen Schichten häufig. Durch die Garantie ihrer Mitgift und die freie Verfügung über ihr Eigentum eröffnete dieser Vertrag der Ehefrau eine eigene Handlungsstrategie, die freilich meist der Familienpolitik entsprach ..." (Ariés, Geschichte. S. 416).
Ein rührendes Dokument in einer Erbangelegenheit hat die Stampferin, eine vermögende Radmeisterin aus Vordernberg in der Steiermark, hinterlassen, als eine ihrer zahlreichen Töchter im Erwachsenenalter stirbt: *„Dem 23. Feber 1691 ist unsere liebe Tochter Maria Barbara Laurigin gestorben, welche zwei ganze Jahre ist krank gewest ... Sie hat vier Kinder gehabt, die aber gestorben sind bis auf eins, ein Töchterl mit Namen Konstantia. Sie* [die Tochter] *hat ein Testament gemacht, aber das Kind gar wenig bedacht, ist aber auch niemand Rechter beim Testament machen gewest, denn alles hat er* [der Schwiegersohn] *geschrieben. Sie hat ihm sechstausend Gulden zubracht, davon hat das Kind tausend Gulden auszogen, und wenn das Kind sollt' sterben, so soll es wieder er haben, wiewohl sie nichts von ihm bekommen, also wohl nit im geringsten Ursach gehabt hat, ihn also zu bedenken. Hat sie übrigens gar bald vergessen und gar geschwind um eine andere umgeschaut – das kränkt uns von Herzen."*

Jan Josef Horemans I († 1759?), Der Ehekontrakt. „Frauen jenseits der Armutsgrenze ... (hatten) die Freiheit, ein Testament zu machen, und (einen) Ehevertrag ... Durch die Garantie ihrer Mitgift und die freie Verfügung über ihr Eigentum eröffnete dieser Vertrag der Ehefrau eine eigene Handlungsstrategie, die freilich meist der Familienpolitik entsprach ..." (Ariés, Geschichte. S. 416).

Friedrich Wilhelm I. von Preußen, ein eifriger Stifter politisch oder wirtschaftlich sinnvoller Ehen.

BAROCKE EHEN

Um alle Mutmaßungen über von Eltern im Kindesalter der zu Verheiratenden beschlossene Ehen zunichte zu machen: Sie verlaufen genauso gut oder genauso schlecht wie die aus Liebe eingegangenen Verbindungen. Beinahe ist man versucht anzunehmen, daß die aus Räson geschlossenen größere Beständigkeit aufweisen. Die Gründe für Vernunftehen sind meist politischer oder wirtschaftlicher Natur: „[Johann Christoph Friedrich von] Haake ... stand beim König [gemeint ist Friedrich Wilhelm I. von Preußen] ... als höchst gestrenger Soldat im vollsten Sonnenscheine der Gunst: der König schenkte ihm ... noch auf dem Todtenbette ein schönes Pferd. Früher, 1732, hatt er ihm auch eine reiche Frau geschenkt, Sophie Albertine, die einzige Erbtochter seines Lieblings, des Ministers Creutz ... gegen den Willen des Vaters und der Braut“ (Vehse, Bd. 3, S. 9).
Die historisch-politischen Ehen sind weder im Barock, noch, wie man gerne annimmt, von Kaiser Maximilian I. (1459–1519), dem vermeintlichen *Schöpfer* des glücklichen Österreich, das – anstatt Kriege zu führen – heiraten solle, erfunden worden. Die Idee ist zeitenlos, um Macht und Frieden zu erhalten oder sogar zu mehren. Selbstverständlich können auch diese Bünde keinen immerwährenden

Marie Antoinette und Gesellschaft im Kaffee Kopf anläßlich ihres Einzugs in Freiburg im Breisgau 1770 (Kopie aus 1870) auf der Reise nach Frankreich. Sie zählt zu den klassischen Beispielen von Heiratsopfern, die als eine Art Geisel im Alter von 15 Jahren an einen fremden Hof geschickt wird, um einen ihr fremden Mann zu heiraten, mit dem gemeinsam sie hingerichtet werden wird.

Frieden gewährleisten, aber sie setzen die Zahl möglicher Kriege zumindest herunter. Mitunter werden sie aber auch gerade wegen dieser Heiratspolitik entfacht, wofür der Spanische Erbfolgekrieg ein gutes Beispiel bietet: Zwei europäische Regenten sind gleichermaßen darauf versessen, die Hand der älteren von zwei spanischen Töchtern zu erwerben, deren Mitgift ein Königreich darstellt.
Wenn man die Friedensgarantie beiseite läßt, bleibt ein Problem, das, im Zusammenhang mit den immer herausgekehrten Vorteilen des Daseins als fürstliche Frau und Tochter, gerne außer acht gelassen wird: die Menschlichkeit. Wie viele Opfer werden in Form der meist noch im Kindesalter befindlichen, oftmals völlig alleingestellten, an fremde Höfe verschickten Töchter gebracht? Sachlich betrachtet: ganz wenige – in Prozent der Bevölkerung, die vielleicht einmal weniger in den Krieg geschickt wird. Subjektiv viele. In Form der 14-, 15jährigen Fürstentöchter, die weit entfernt von ihrer Familie als eine Art *Geiseln* im ersten oder zweiten Kindbett sterben oder einige Jahre später an anderen, meist seelisch bedingten Krankheiten zugrunde gehen.
Natürlich fällt es auch nicht jedem Mann leicht, sich in sein Schicksal zu fügen, und – neben aller erforderten, würdevollen Hinnahme von Unabänderlichkeiten – bleibt auch einmal ein auf ebenbürtiges Heiraten vorbereitetes adeliges Herz auf der Strecke: *„... so nahme ich doch aus Lieb für einen meiner vertraut- und besten Freunden, welcher von geraumer Zeit her eine sehr hefftige Passion für dise Freile* [eine Gräfin Josèphe von Königsegg-Erps, von deren Hochzeit berichtet wird] *empfunden, den Entschluß, mich von dem Soupé entfernet zu halten und mit selbem ganz unvermerckt nacher Schönbrunn zuruck zu fahren, damit er nicht länger einem solchen Spectacle* [der Hochzeit der ehemaligen Geliebten] *zusehen dörffen, worbei er eine sehr schlechte Contenance halten kunte“* (Khevenhüller, 26. 8. 1744).
Die folgenden Beispiele sollen den Erfolg der Ehen innerhalb der kaiserlichen Familie – es wurden jeweils die Regenten und ihre Geschwister sowie, wenn vorhanden, die erste darauffolgende Generation zur näheren Betrachtung herangezogen – dokumentieren. Das Hauptaugenmerk wurde auf den politischen Hintergrund gelegt, ohne einzelne Personen und ihre Merkmale oder Fähigkeiten hervorzuheben. Die Beispiele sind – zahlenmäßig und nicht parteiisch – auf die weiblichen Schicksale ausgerichtet. Daß die Familie Habsburg als Beispiel gewählt wurde, hängt mit der Fülle und der größtmöglichen Überschaubarkeit des Materials zusammen. Jedes andere Fürstengeschlecht Europas verfolgt in dieser Epoche dieselbe Heiratspolitik.

DIE EHEN DER HABSBURGERKAISER

Der fromme und sittenstrenge Kaiser Leopold I. (1640–1705) verheiratet sich im Laufe seines 65jährigen Lebens dreimal. Die erste Ehefrau ist Margarita Teresa, die Tochter König Philipps IV. (1605–1665) von Spanien und der Habsburgerin Maria Anna. Durch die Heirat mit der Zweitältesten, Margarita (1651–1673), verliert Leopold den früher angesprochenen Kampf um den spanischen Thron. Sein Konkurrent König Ludwig XIV. von Frankreich erhält die Hand der älteren Schwester, Maria Teresa, die aus der ersten Ehe König Philipps IV. von Spanien mit Elisabeth von Frankreich stammt. Hätte wiederum Ludwig selbst die Wahl gehabt, würde er eine Nichte des Kardinals Mazarin, Maria Mancini, zur Frau genommen haben, die zu ehelichen sogar ihr eigener Onkel unterband, da das spanische Erbe sonst eben an Kaiser Leopold I. gefallen wäre. Einziger Gewinner in diesem Hochzeitskampf ist Margarita, die Gemahlin Kaiser Leopolds I., da ihre Schwester als Ehefrau des französischen Königs neben den vielen Mätressen des Ehemannes ein ziemlich unwürdiges Dasein fristet. Zurück zu Margarita. Sie entstammt einer Verwandtenehe von Onkel und Nichte und ist ihrerseits gleichzeitig Cousine und Nichte ihres Gemahls. Die Ehe mit Kaiser Leopold, der das Ideal eines untadeligen Privat- und Familienleben hochhält, gerät zu einer harmonischen Verbindung, innerhalb derer vier Kinder geboren werden. Nur eine Tochter, Maria Antonia (1669–1692), erreicht das Erwachsenenalter. Sie wird mit 16 Jahren aus politischen Erwägungen mit dem Kurfürsten Max II. Emanuel (1662–1726) von Bayern vermählt, mit dem sie wenig Gemeinsames verbindet. Der leidenschaftliche Mann, der sich zu intellektuellen Frauen hingezogen fühlt, weiß mit der schüchternen Maria Antonia wenig anzufangen. Während der gesamten Dauer dieser Ehe muß sie hinter den Mätressen des Gemahls zurückstehen. Als er sich 1692, zum Generalstatthalter der Niederlande ernannt, nach Brüssel begibt, nützt die schwangere Maria Antonia die Gelegenheit, um zu ihrem Vater nach Wien zurückzukehren. Sie bringt einen Sohn zur Welt, der das Kindesalter nicht überlebt, und verstirbt wenige Zeit nach der Geburt im Kindbettfieber.
Tieftraurig über den Tod der ersten Gemahlin, die mit einem Sohn im fünften Monat schwanger war, heiratet Kaiser Leopold aus dynastischen Erwägungen schon sieben Monate später Claudia Felicitas (1653–1676), eine Cousine zweiten Grades aus der Tiroler Linie der Habsburger. Sie bringt dem Kaiser zwei Töchter zur Welt, die noch im Kindesalter

Carlo Dolci (1616–1686), Erzherzogin Claudia Felicitas (1672). Betrübt über den Tod seiner ersten Gemahlin, die zuletzt mit einem vier Monate alten Sohn schwanger war, heiratet Kaiser Leopold I. sieben Monate später Claudia Felicitas, eine Cousine zweiten Grades aus der Tiroler Linie.

Joseph I. (als römisch-deutscher Kaiser) heiratet 1699 Amalie Wilhelmine Prinzessin von Braunschweig-Lüneburg, eine der vielen aus dynastischen Erwägungen geschlossene Verbindung.

sterben, und stirbt selbst ungefähr zehn Monate nach der Geburt der zweiten Tochter im Alter von 23 Jahren. Der Kaiser, der abermals ohne männlichen Nachkommen verbleibt, ehelicht noch im selben Jahr Eleonore Magdalena von Pfalz-Neuburg (1655–1720). Sie ist die Tochter des Kurfürsten Philipp Wilhelm von der Pfalz und hätte ihr Leben gerne im Kloster verbracht. Aber die ehrgeizige Familie hegte große Pläne mit ihr. Unter deren Druck heiratet sie Kaiser Leopold I. und bringt im Laufe dieser Ehe zehn Kinder zur Welt, von denen zwei Söhne, Joseph und Karl, dem Vater als Kaiser nachfolgen werden. Von den Töchtern werden Maria Elisabeth (1680–1741) Statthalterin der Niederlande und Maria Anna (1683–1754) durch ihre Heirat mit Johann V. Königin von Portugal.

Kaiser Joseph I. (1678–1711) heiratet 1699 aus dynastischen Gründen Amalie Wilhelmine von Braunschweig-Lüneburg (1673–1742), die als schön, aber auch sehr fromm geschildert wird. Gleich ihrer Schwägerin am bayrischen Hof hat sie wenig Erfolg, den lebenslustigen Ehemann an sich zu binden. Amalie Wilhelmine bringt drei Kinder zur Welt. Eine durch ihren Gemahl Joseph I. übertragene venerische Krankheit hat eine Unfruchtbarkeit zur Folge. Den beiden verbleibenden Töchtern dieser Verbindung erwachsen nach dem Tod Kaiser Karls VI. dieselben Rechtsansprüche auf den Kaiserthron wie ihrer Cousine Maria Theresia. Der Ehemann der jüngeren Tochter gelangt dadurch und unter Mithilfe Frankreichs tatsächlich für wenige Jahre als Kaiser Karl VII. an die Spitze des Deutschen Reichs. Maria Josefa (1699–1757), die ältere der beiden Töchter Kaiser Josephs I., heiratet mit 20 Jahren Friedrich August (als polnischer König August III., 1696–1763), den Sohn Augusts II. (des

Starken) und bringt in der Folge 14 Kinder zur Welt. Die selbstbewußte Maria Amalie (1701–1756), die zweite Tochter Kaiser Josephs I., wird mit dem späteren bayrischen Kurfürsten Karl Albrecht und in der Reihenfolge einzigen Nicht-Habsburgerkaiser (als Kaiser Karl VII., 1697–1745) vermählt. Trotz aller Mätressenwirtschaft am bayrischen Hof gelingt es Maria Amalie, sich als Mittelpunkt der Hofgesellschaft durchzusetzen. Unter den sieben Kindern, denen sie das Leben schenkt, ist der spätere Kurfürst Maximilian III. Josef von Bayern. Drei Töchter werden durch Heirat Kurfürstin von Sachsen, Markgräfin von Baden-Baden und eine, die oft zitierte zweite und ungeliebte Gemahlin Josefs II., sogar Kaiserin.

Kaiser Karl VI. (1685–1740), Bruder und Nachfolger Kaiser Josephs I., vermählt sich mit Elisabeth Christine (1691–1750) von Braunschweig-Wolfenbüttel. Es ist der Großvater der Braut, der diese Eheschließung planmäßig betreibt, weshalb die überzeugt protestantische Enkelin gegen ihren Willen und ihre Überzeugung zum katholischen Glauben übertreten hat. Trotzdem wird diese Ehe später zu den glücklichen Herrscherehen zählen. Die beiden Töchter, die das Erwachsenenalter erreichen, heißen Maria Theresia, die spätere Regentin, und Maria Anna.

Elisabeth Christine von Braunschweig-Wolfenbüttel, die Ehefrau Kaiser Karls VI. Ihr Großvater hat die Eheschließung planmäßig betrieben, weshalb die überzeugt protestantische Enkelin gegen ihren Willen und ihre Überzeugung zum katholischen Glauben übertreten mußte.

Maria Theresia (1717–1780) heiratet im Alter von 19 Jahren – aus Liebe – den vom Vater vorgeschlagenen Vetter zweiten Grades, Franz Stephan von Lothringen. Trotz einiger bekannt gewordener Fehltritte des Kaisers gilt auch diese Ehe als glücklich. Ihr entspringen 16 Kinder. Die Schwester Kaiserin Maria Theresias, Maria Anna (1718–1744), heiratet gegen den energischen Widerstand ihrer Mutter den jüngeren Bruder ihres Schwagers Franz Stephan, Karl von Lothringen, ebenfalls Vetter zweiten Grades und ebenfalls aus Liebe. Sie verstirbt nach einer Totgeburt und in Abwesenheit des geliebten Mannes nach wenigen Monaten Ehe.

Isabella von Parma (1749–1763), die erste Gemahlin des späteren Kaisers Josef II., entstammt dem bourbonischen Zweig der Familie. Die Verbindung soll eine gute Beziehung zum französischen Hof sichern. Die knabenhafte, geistreiche, junge Frau erringt im Sturm das Herz des sonst nüchternen Thronfolgers, findet aber selbst wenig Gefallen an der Ehe. Sie würde die jüngere Schwester Josefs, Marie Christine, als Lebenspartnerin vorziehen, mit der sie innige Verliebtheiten austauscht. Die mit dem Gemahl immer unglücklicher werdende Isabella erleidet während der kurzen Zeit ihrer Ehe drei Fehlgeburten. Von zwei Töchtern, die die Geburt überleben, stirbt eine kurz nach der Geburt, die andere erreicht das Kindesalter. Isabella selbst stirbt 22jährig kurz nach der Geburt des zweiten Kindes an den Pocken. Auf Befehl seiner Mutter, Kaiserin Maria Theresia, heiratet der ohne männlichen Nachkommen gebliebene Josef in zweiter Ehe Maria Josefa (1739–1767), Tochter des bayrischen Kurfürsten und Nicht-Habsburgerkaisers Karl VII. und Cousine zweiten Grades. Aufgrund der übergroßen Liebe, die er für seine erste Gemahlin Isabella empfand, kann Josef für die zweite Frau keine Gefühle mehr erübrigen. Wahrscheinlich ist diese Ehe nie vollzogen worden. Die ungeliebte Maria Josefa stirbt 28jährig, von ihrem Gemahl völlig alleine gelassen, an den Blattern, während ihr Ehemann am Bett der ebenfalls kranken Mutter wacht. Die Mißachtung Josefs für die Gemahlin hält bis über ihren Tod hinweg an: der Kaiser

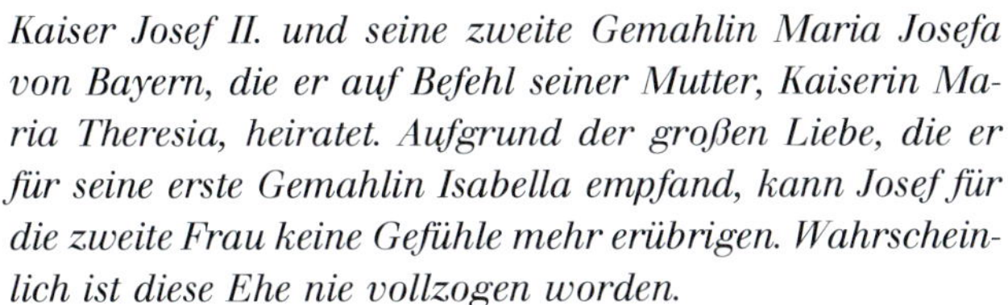

Kaiser Josef II. und seine zweite Gemahlin Maria Josefa von Bayern, die er auf Befehl seiner Mutter, Kaiserin Maria Theresia, heiratet. Aufgrund der großen Liebe, die er für seine erste Gemahlin Isabella empfand, kann Josef für die zweite Frau keine Gefühle mehr erübrigen. Wahrscheinlich ist diese Ehe nie vollzogen worden.

nimmt nicht einmal an der Beisetzung des Leichnams seiner Frau teil. Aufgrund des Mißerfolges dieser Verbindung widersetzt sich Josef II. einer weiteren Ehe.

Marie Christine (1742–1798), die Schwester Josefs und bevorzugte Gefährtin seiner ersten Frau Isabella, ist die erklärte Lieblingstochter der Kaiserin Maria Theresia, weshalb ihr als einziger eine Liebesheirat gestattet wird. Sie ehelicht den wenig vermögenden Herzog Albert von Sachsen-Teschen, der von der Kaiserin-Schwiegermutter mit einem gut dotierten Statthalterposten ausgestattet wird und der in die Wiener Geschichte als Begründer der Albertina-Sammlung eingehen wird. Marie Christine bringt eine Tochter zur Welt, die am Tag nach der Geburt stirbt. Die Heiratschancen des sechsten Kindes der Kaiserin Maria Theresia, Maria Elisabeth (1743–1808), werden durch die Blattern zunichte gemacht. Nach dem Tod ihrer Mutter, der Kaiserin, muß die unverheiratet gebliebene Maria Elisabeth wie alle übrigen in der Hofburg wohnenden Schwestern Kaiser Josefs II. die Residenz verlassen, weil der – sicherlich muttergeschädigte – Bruder die *Weiberwirtschaft* nicht länger erträgt. Maria Elisabeth wird Äbtissin in einem Innsbrucker Damenstift. Maria Amalie (1746–1804), spätere Herzogin von Parma und Piacenza, geht mit 23 Jahren eine der beliebten Bourbonen-Ehen ein. Sie heiratet einen Enkel König Ludwigs XV. von Frankreich, Ferdinand von Bourbon. Sie selbst würde den Herzog von Pfalz-Zweibrücken vorziehen, der um sie wirbt und den zu heiraten ihre Mutter Maria Theresia striktweg verbietet. Die Mißachtung dieses Herzenswunsches wird die Tochter der Mutter ein Leben lang mit Haß vergelten. Zwangsläufig gerät die Ehe, der vier Kinder entspringen, zu einer äußerst unglücklichen Verbindung.

Der seinem Bruder Josef auf dem Thron folgende Leopold II. (1747–1792) erhält durch den Tod des älteren Bruders Karl die Anwartschaft auf den Titel des Großherzogs von Toskana, dessen Inhaber auf Lebzeiten sein Vater Franz Stephan von Lothringen ist. Auch als Brautwerber tritt Leopold das Erbe des Bruders an, indem er die Infantin Maria Ludovika von Spanien ehelicht, worauf der nächstjüngere Bruder Ferdinand die ursprünglich für Leopold bestimmte Braut, die Erbprinzessin von Modena-Este, zur Frau erhält. Maria Ludovika (1745–1792) kennt ihre Pflicht als Dynastie-Erhalterin

Maria Caroline, eine Tochter der Kaiserin Maria Theresia, übernimmt im Alter von sechzehn Jahren nach dem Tod ihrer Schwester Maria Josefa den für sie vorgesehenen Bräutigam König Ferdinand IV. von Neapel-Sizilien.

und bringt – trotz etlicher Seitensprünge Leopolds – innerhalb von 21 Jahren 16 Kinder zur Welt, darunter den seinem Vater nachfolgende Kaiser Franz II. (später als österreichischer Kaiser Franz I.). Maria Josefa (1751–1767), das zwölfte Kind der Kaiserin Maria Theresia, wird mit 16 Jahren zur Braut König Ferdinands IV. von Neapel-Sizilien ausersehen. In unglücklicher Stimmung über die nahestehende Verheiratung und Abreise in ein fremdes Land, erkrankt sie wenige Tage vor der geplanten Hochzeit an den Blattern und verstirbt. Die freigewordene Stelle als Königin von Neapel wird mit Maria Caroline (1752–1814), der nächstjüngeren Schwester, nachbesetzt. Sie schenkt ihrem Mann 17 Kinder, der ihr die ehelichen Mühen in Form von etlichen Seitensprüngen vergilt. Schon drei Monate nach dem Tod Maria Carolines heiratet Ferdinand heimlich eine langjährige Geliebte. Ohne Recht oder Möglichkeit auf eine Liebesheirat, werden auch die aus dieser Ehe stammenden Kinder als Ehepartner an die ersten Fürstenhöfe Europas weitervermittelt und führen – die meisten von ihnen – eine lange Tradition unglücklicher Ehen fort. Eine Tochter Maria Carolines, Maria Theresia, wird die Ehefrau ihres Cousins, des späteren Kaisers Franz II., eine andere Tochter wird Königin von Sardinien, Marie Amélie heiratet den späteren König von Frankreich und Marie Antoinette den späteren König von Spanien. Es handelt sich um x-te Eheschließungen innerhalb der immer selben Familien, wodurch sich die Verwandtschaftsverhältnisse immer stärker verkomplizieren.

Ferdinand Karl Anton (1754–1806), der vierte Sohn der Kaiserin Maria Theresia, erhält, in der Heiratsreihenfolge aufgerückt, die Erbin von Modena, Maria Beatrix d'Este (1750–1829), zur Frau und führt mit ihr eine von Liebe erfüllte Ehe. Der glücklichen Verbindung entspringen neun Kinder. Das schlimmste Schicksal unter allen Kindern Kaiserin Maria Theresias ist der jüngsten Tochter, Marie Antoinette (1755–1793), beschieden, die aus den jahrhundertelangen Friedensbestrebungen mit Frankreich an den späteren König Ludwig XVI. vermittelt wird. Im Alter von 15 Jahren bestimmt man sie dem Thronfolger zur Braut und sendet sie nach Frankreich. Mit ersten Schwierigkeiten wird das Mädchen konfrontiert, als sich die Impotenz ihres an einer Phimose leidenden Ehemannes herausstellt, der die Ehe erst sieben Jahre später nach einer Operation vollziehen kann. Von den vier Kindern, die Marie Antoinette zur Welt bringt, erreicht nur eine Tochter das Erwachsenenalter. Während ihrer wenig erfolgreichen Ehe wird ihr zumindest gegen Ende ihres kurzen Lebens das Glück einer großen Liebe zuteil: der Geliebte, der schwedische Graf Axel von Fersen, steht ihr, selbst in dauernder Lebensgefahr schwebend, noch in den Tagen ihrer Gefangenschaft bei, kann Marie Antoinette aber den Fallstricken der Revolution nicht mehr entziehen. Sie stirbt wie ihr Ehemann unter der Guillotine.

Nach allen Erfahrungen über die barocke Gesellschaft und dem Wissen um die Stände-Einteilung erscheint es beinahe logisch, daß bevorzugt ebenbürtige Ehen geschlossen werden. Denn stärker als in späteren Tagen spielt die Zugehörigkeit zur selben Klasse eine bedeutende Rolle. Wenn eine Frau ihren gesellschaftlichen Rang durch Heirat verbessert, zieht das in mittleren und oberen Schichten die geringsten Folgen nach sich, da ja der Name der männlichen Linie weitergeführt wird. Für Thronfolger und Mitglieder regierender Fürstenfamilien gilt für männliche Mitglieder der Grundsatz, bei nicht standesgemäßen Heiraten aus der Erbfolge ausgeschlossen zu werden und meist auch Titel, Würden und Familiennamen ablegen zu müssen. Heiratet eine Frau in eine niedrigere soziale Schicht, ist sie (genauso wie Kinder aus früheren Ehen dieser Frau) verpflichtet, den Stand des neuen Ehemannes anzunehmen. Das klingt harmloser, als es ist, denn wie schwer muß dem einzelnen ein gesellschaftlicher Abstieg fallen, wenn die Zugehörigkeit zu einem bestimmten Kreis so demonstrativ gelebt wird und an der Kleidung abgelesen werden kann? Also scheint eine ebenbürtige Ehe für alle Beteiligten wünschenswert, die, wie früher erwähnt wurde, genauso gut oder schlecht verlaufen wie die aus Liebe geschlossenen. Ein gutes Beispiel aus bürgerlichen Kreisen bietet das Ehepaar Stampfer, beide mittelständischen, gutsituierten Familien entstammend, die als Kinder von den Eltern füreinander bestimmt wurden und später eine ausgesprochen harmonische Ehe führen. Der Verbindung entspringen zahlreiche, liebevoll umsorgte Kinder, die wie ihre Eltern an bestimmte, gesellschaftlich gleichgestellte Ehepartner vermittelt werden.

Wenn man es als einen Vorteil erkennen möchte: Die eheliche Treue wird im Barock – im Gegensatz zu den sozialen Verpflichtungen – großzügig gehandhabt. Zu den vielen Freiheiten, die man einander zugesteht, gehört es, Redouten und Maskenbälle alleine besuchen zu können, wo unter dem Schutz des Kostüms und der Maske Zufallsliebschaften anonym ausgelebt werden dürfen. Trotzdem besteht oftmals ein größeres Achtungsverhältnis der Eheleute zueinander als in späteren, freieren Zeiten. Zurück zu den Fürstenehen, die Männern wie Frauen gleichermaßen aufgezwungen werden und die trotzdem einer gewissen Vorstellung von Form, Respekt und Würde entgegenkommen. So schreibt König Ludwig XV. an die ihm nahezu unbekannte, soeben in Abwesenheit angetraute Gemahlin Maria Lecszsinska: „19. August 1752. Die mich eben erreichende Nachricht, Madame, von der Feier meiner Vermählung ist für mich die angenehmste, die ich je erhalten habe, seit ich regiere; die freudige Ungeduld, mit der ich Eure Majestät erwarte, entspricht durchaus allem, was ich mir von den Banden erhoffe, die mich mit ihr verknüpfen. Seien Sie gewiß, Madame, daß ich mein Glück nur in der Freude suchen werde, stets für das Ihre besorgt zu sein. Ich zähle die Augenblicke bis zu Ihrer Ankunft hier, und ich erwarte Eure Majestät, um mit ihr den Jubel meines Volkes zu teilen, das nach der Wahl, die ich traf, wird ermessen können, wie sehr mir sein Glück am Herzen liegt. Louis“ (Das erste Wort, S. 55).

König Ludwig XIV. von Frankreich, der aus hochpolitischen Gründen die Infantin von Spanien, Maria Theresia, geehelicht hat, hält sich offiziell Mätressen am Hof: unter ihnen Françoise Athénais de Montespan (1641–1707) sowie die Marquise Françoise de Maintenon (1635–1719), die er nach dem Tod der Gemahlin sogar heiratet.

Trotzdem gehört es zu den Gewohnheiten der Fürsten von Frankreich, England, Sachsen, Bayern oder Italien neben den Ehefrauen flüchtige Geliebte und die in der Hofwürde ranghohen *Maîtresses en titre* zu halten. Einige dieser Damen gelangen zu großer Berühmtheit, wie die offiziell anerkannten Liebhaberinnen der Könige Ludwig XIV. (1638–1715; verheiratet mit der Infantin von Spanien, Maria Theresia) und Ludwig XV. (1710–1774;

verheiratet mit der aus der polnischen Königsfamilie stammenden Maria Leszczinska): Louise de la Vallière, die Marquise Françoise Athénais de Montespan (1641–1707) sowie die Marquise Françoise de Maintenon (1635–1719), die nach dem Tod der Gemahlin König Ludwigs XIV. sogar seine zweite Ehefrau wird. Unter den Mätressen König Ludwigs XV. erlangen die Damen Jeanne Antoinette Poisson, verehelichte Dame Le Normand d'Étoiles, spätere Marquise de Pompadour (1721–1764), und Marie Jeanne Bécu, uneheliche Tochter einer Schneiderin und wahrscheinlich eines Kapuzinermönchs, spätere verehelichte Gräfin Dubarry (1743–1793), den größten Bekanntheitsgrad. Nach dem Tod König Ludwigs XV. verbannt man die Gräfin Dubarry vom Hof und sperrt sie für längere Zeit in ein Kloster. Später wird sie der Konspiration bezichtigt und angeklagt, vor das Revolutionsgericht gebracht und zu Tode verurteilt. Sie stirbt unter der Guillotine, zwei Monate nach Königin Marie Antoinette, die eine der Mitverursacherinnen der Verbannung der Dubarry vom Hof, wenn nicht sogar die Anstifterin, gewesen war.

Wie sieht die Situation am Wiener Hof aus? Welche Damen üben emotionale Macht über die Habsburger aus? Man erinnert sich keiner Namen. Affären verlaufen gemäßigt, möglichst diskret aus Rücksichtnahme den Ehepartnern gegenüber. Unter Einhaltung verschiedener Spielregeln steht das Recht auf außereheliche Liebesgeschichten beiden Ehepartnern zu. Wobei eine der wichtigsten Regeln hieß, sich innerhalb desselben Gesellschaftskreises zu bewegen. Sogar im sittenstrengen Italien wird die verheiratete Dame der Gesellschaft von einem Cicisbeo, einem ständig um sie bemühten Kavalier, umworben, der aber keine besondere Gegenliebe erfährt. Der vom Ehemann geduldete Hausfreund wird gelegentlich sogar im Heiratsvertrag rechtlich verbrieft. Seine Aufgabe erschöpft sich (in Italien) darin, die verheiratete Dame in die Kirche zu führen, sie auf Spaziergängen, ins Theater und bei Besuchen zu begleiten und vor allem sie zu unterhalten.

Alles in allem scheint die barocke Epoche eine Zeit der Toleranz und des Respekts voreinander gewesen zu sein. Über allen Ausschweifungen darf aber nicht vergessen werden, daß auch normale, einfach gute Ehen bestehen, innerhalb derer zwei Partner einander schätzen und lieben: „Eine von den Ärzten aufgegebene Frau hatte nur noch ein paar Tage zu leben. Ihr Gatte fühlte, wie sie ihren nahenden Tod in seinen Tränen las, die er nur mit Mühe verbergen konnte. Er kauft um 48.000 Livres ein Diamantenhalsband, bringt es der Sterbenden, um ihr von dem Tag zu sprechen, an dem sie es umtun wird, von dem Hofball, an dem sie es allen zeigen wird. Indem er das Halsband auf ihrem Bette funkeln läßt, vor ihrer Seele die Hoffnung aufglüht, Genesung und Heilung zu finden, schläfert er ihren Todeskampf in einen Traum ein. Und dieser Gatte, der Marquis von Choiseul, war arm. Er hatte ein Gut verpfändet, um jene Diamanten zu kaufen ... Und ein Monsieur La Trémouille schließt sich mit seiner kranken Frau ein, die an den Blattern darniederliegt, und stirbt mit ihr" (Goncourt, S. 35 f.). Oder: *„Ansonsten verstarb heute Fruh gegen 4 Uhr in seinen anno climacterico von 49 Jahren ... Graff Philipp Joseph Kinsky ... Von seiner Gemahlin, mit welcher er in die 27 Jahr in sehr vergnügter Ehe gelebet und die aus Betrübnis und Schrocken selbsten bettlägerig geworden ware, liesse er sich in denen zärtlichst- und danckbahrsten Ausdrückungen beurlauben und blibe sodann allein mit seinem Beichtvattern ...“* (Khevenhüller, 12. 1. 1749).

Gute Ehen entstammen nicht nur einer katholischen Idealvorstellung von Zusammenleben, für die sogar der sonst so scharfzüngige Prediger Abraham à Sancta Clara einen der schönsten Vergleiche findet: *„... das siebende [Sakrament ist] die Ehe; nicht ohne erheblichen Ursachen wird solches an das siebende Orth gesetzt / dann je und allemahl / man durchblaettere die ganze Heil. Bibel / die siebende Zahl eine Ruhe und Ruhestand angedeut / so gar daß auch Gott den siebenden Tag ruhen und rasten wolte / dardurch zu zeigen / daß auch das siebende Sacrament die Ehe nichts anders seye / als ein Ruhe zweyer Gemuether / und ein Ruhe=Stand zweyer Hertzen.“*

IV
SÄUGLINGSPFLEGE UND KINDERALLTAG

In einer Zeit, in der der Alltag als Erlebnis innerhalb einer Gruppe – die Familie, Nachbarn, Freunde und nächste Bekannte umfaßt – geteilt wird, gehören Krankenpflege, Beistand im Todesfall sowie die Geburt eines Kindes zum Gemeinschaftserlebnis. Mit eingeschlossen in den Kreis der Anwesenden während einer Geburt ist eine mehr oder minder gut ausgebildete Hebamme, die gemeinsam mit der Mutter die Vorbereitung der Geburt und die Geburt selbst bestreitet. *„Darauf wird das Kind gewaschen, und desselben Kopf, wenn er vielleicht bey der Geburt eine übele Gestalt bekommen, wiederum ordentlich zusammengedrücket, die Füßgen und Aermgen aber geschickt in Windeln gewunden, und das Kind endlich in weiche Betten und in eine Wiege gelegt"* (Zedler, Bd. 10, S. 512). Auch die *„Kind-Betterin"* wird in warme leinene Tücher gehüllt, die *„Geburts-Glieder"* bedeckt man eifrig und schnell, *„um die aeusserliche schaedliche Lufft davon abzuhalten ..."* (ebda.).

Abraham de Pape († 1666), Alte Frau am Fenster: ein Beispiel behaglichen Zusammenlebens zwischen Großmutter und Enkelkindern.

Solange die Wöchnerin das Bett hütet, versehen im Haushalt lebende Verwandte den Pflegedienst an ihr und versorgen sie mit einer eigens für die Wöchnerin erdachten Kost. Gemeinsam mit der Mutter wächst der Säugling, das (Klein-)Kind innerhalb dieses Verbandes auf, in dem vor allem weibliche Verwandte seine erste Gesellschaft bilden. Hier nimmt das Kind teil an den Bräuchen und Handlungen, die seine Einordnung in die Welt der Erwachsenen vorbereiten. In gesellschaftlich mittleren und höheren Schichten werden die Säuglinge oft gleich nach der Geburt an Ammen weitergereicht, was aber schon Wolf Helmhard von Hohberg in den *Georgica curiosa* verurteilt: *„Es finden sich zwar bei den Müttern zu Zeiten Mängel und Verhinderungen, daß sie ihre Kinder selbst nicht [wie gern sie wollten] säugen können, und dies kann man für Gott entschuldigt halten ... [welche] aber also beschaffen sind, daß sie solches leicht und wohl prästieren können, auch ihnen solches von ihren Ehemännern freigestellt wird, und entziehen gleichwohl eigenwillig, ihrer neugeborenen Frucht, diejenige Nahrung, deren sie im Mutterleib neun Monate genossen und gewöhnt sind, die laden eine große Verantwortung auf sich ... Wie böse tut man dann, die erstlich an Gemüt und Leib angefangene Adelmütigkeit des neugeborenen Menschen, mit einer fremden und unartigen Nahrung einer anderen Milch zu verwüsten, sonderlich wenn die Säugamme, die man braucht, eines schlech-*

ten, knechtischen, ausländischen, barbarischen Herkommens ist, wenn sie boshaft, ungestalt, hurisch und der Trunkenheit ergeben ist, soll dann eine rechte treue Mutter wohl gedulden können, daß ihre Kinder mit solcher verderblichen Anfälligkeit eingenommen, und ihren Atem und Gemüt aus einem so verdammlichen schandbaren Brunnen schöpfen müssen ... [In einem zeitgenössischen Dokument weiß man von einem Mann zu berichten, der sehr alt wurde, weil er sich ausschließlich von „Frauenmilch" ernährte. Allerdings soll – dem Aberglauben der Zeit entsprechend – die Art der Milch auf seine menschlichen Eigenschaften bedeutenden Einfluß genommen haben. Er trank zunächst von „einer bösen Frau", was seinen Charakter verschlechterte. Danach ernährte er sich von einer gutmütigen, geduldigen Frau, woraufhin er bald ebendiese Eigenschaften annahm.] *Meinst du ... die Natur habe den Weibern die Brüste nur zur Zierde, und nicht zum Unterhalt ihrer Kinder mitgeteilt! Dann also pflegen die wunderlichen Frauen, den heiligsten Heilbrunnen und Ernährer des menschlichen Geschlechts auszutrocknen ... als sollte es ihrer Schönheit verkleinerlich sein; solche Mütter reißen das Band und die Zusammenfügung der natürlichen Liebe, damit Eltern und Kinder verknüpft sind, gleichsam entzwei ..."* (Georgica, S. 96 f.).

Wie modern das auch heute noch klingt, in einer Zeit, in der wir – es ist wenige Jahre her – erfahren haben, daß ein abgenabeltes Kind nach der Geburt auf den Bauch seiner Mutter gelegt wird, um den Blut-Haut-Herz-Kontakt aufrechtzuerhalten.

In jener Schichte, in der Eltern bestimmten gesellschaftlichen Verpflichtungen nachzukommen haben, ist die Zeit, die die gesamte Familie miteinander verbringt, sehr begrenzt. Elterliche Liebe, zu der sich mittlerweile alle Gesellschaftsklassen bekennen, wird aber auch schon bewußt *ausgelebt:* „Besprechung mit dem Herzog. Freute mich, wie er mit seiner kleinen Tochter spielte, ganz wie ein normaler Vater mit seinem Kind" (Pepys, 12. 9. 1664). Diejenigen Familien, die aus gesellschaftlichen oder anderen – zeitlich bedingten – Gründen ihr Kind nicht dauernd selber betreuen können, überlassen ihre Säuglinge und Kinder zumindest teilzeitig Ammen und Kindermädchen.

In bezug auf die Säuglingspflege haben die Dokumente der Alltagsgeschichte leider nur spärliche Angaben hinterlassen. Den täglichen Aufzeichnungen des Arztes des späteren französischen Königs Ludwig XIII. entnimmt Madeleine Foisil einige wenige Hinweise über die Pflege des Kleinkindes, das im Erwachsenenalter immerhin den Titel *Vertreter Gottes auf Erden* führen wird. Im Hinblick darauf ist die tägliche Versorgung des kleinen Ludwig als sehr sorglos zu bezeichnen: „Das Kind [Ludwig] wird abgewischt, aber wann wird es gewaschen? Wann wird es gebadet? In seinem ersten Lebensjahr taucht ein einziges Mal das Wort *gewaschen* auf, ein einziges Mal das Wort *gebadet;* am 4. Juli [1602], wird er gekämmt, zum ersten Mal findet er Vergnügen daran und hält bereitwillig den Kopf'. In den folgenden Jahren ist, abgesehen von der Bemerkung *gekämmt und angekleidet,* die jeden Morgen wiederkehrt, niemals von einer vollständigen Toilette die Rede. Der Prinz wäscht sich nach jeder Mahlzeit die Hände, wie die regelmäßigen Eintragungen *saubere Hände* belegen" (Ariès, Geschichte. S. 362). Es ist dabei von keinerlei Bedeutung, daß das Dokument aus dem frühen 17. Jahrhundert stammt. An der Körperhygiene sollte sich innerhalb der folgenden Jahrhunderte nur wenig ändern. Immerhin empfinden Italiener und Franzosen irgendwann ihre Unsauberkeit als so unangenehm, daß sie sie im europäischen Raum als erste mit der Verwendung von Parfums zu lindern suchen. Mit der höfischen Mode Ludwigs XIV. verbreitet sich der Gebrauch am Kontinent, da man das Baden und das Waschen noch während des gesamten 17. und 18. Jahrhunderts als ungesund erachtet.

Ein wenig intensiver setzt man sich mit der Kunst des Heilens auseinander, wiewohl man die meisten Krankheiten nicht in den Griff bekommt. Die hohen Sterblichkeitsraten von Säuglingen und Kleinkindern malen ein dunkles Bild dieser sonst prunkvollen Zeit. Auch Beatrix Bastl weiß wie viele andere Volks- und Gesellschaftswissenschaftler erschreckend hohe Zahlen von frühen Todesfällen zu nennen: „Allgemein wurde festgestellt, daß im 16. und 17. Jahrhundert ... von der 29. Schwangerschaftswoche bis sieben Tage nach der Geburt, von tausend Kindern hundert starben; weitere 246 während des ersten Lebensjahres und zwischen dem ersten und vierzehnten Lebensjahr noch immer 160 Kinder. Dies bedeutet, daß nur etwa die Hälfte der Lebendgeborenen die Phase der Kindheit, wenn man diese mit 15 Lebensjahren ansetzt, überlebte" (Katalog Rosenburg, S. 382). Es sei immer wieder darauf hingewiesen, daß die Mehrzahl der statistischen Beobachtungen – wie die eben erwähnte – bevorrechtete Gesellschaftsschichten erfassen, da die meisten erhaltenen Dokumente von Mitgliedern dieser Kreise oder für sie verfaßt wurden. Also darf man vermuten, daß die Kindersterblichkeit in den unteren Gesellschaftsschichten um ein Vielfaches höher lautet.

Von einer Prinzessin Liechtenstein stammt der

Jan Josef Horemans I († 1759), Familienszene: fröhlicher Alltag unter den dicht aneinanderlebenden Menschen, der vier Erwachsene und acht Kinder in einem Raum vereinigt.

Freywillig auffgesprungene Granat=Apffel, ein medizinisch durchaus ernstzunehmendes Werk an der Wende vom 17. zum 18. Jahrhundert, das – auf dem Wissen der Zeit basierend – etliche Ratschläge zur Heilung von Krankheiten beinhaltet. Wenn auch nicht alles so seriös klingt, wie man es von einem medizinischen Nachschlagewerk erwartet, so verwundert man sich doch über die umfangreichen Kenntnisse um Krankheiten und die – wie in Einschüben immer wieder versichert wird – erprobten Gegenmittel. Vor allem erstaunt man über die vielen Behandlungsvorschläge für schwangere Frauen (hier wird mit den Empfehlungen für Kuren und Heilmittel am vorsichtigsten umgegangen, vgl. dazu auch Zedler, Bd. 35, S. 1855): *„Zuförderst sind, wie alle Kranckheiten, also auch die Fieber, bey Schwangern jederzeit weit bedencklicher und behutsamer zu tractiren, als bey andern: weil sie nicht nur der Mutter, sondern auch dem Kinde Schaden zufügen können, auf deren beyder Erhaltung man doch zu sehen hat."*

Sogar für den zahnenden Säugling kennt man ein Mittel, um ihm seinen mitleidvollen Zustand zu erleichtern. Man reibe die betroffenen Stellen mit Kornblumenwasser ein und wasche oftmals sein Mündchen aus. Manche Leute, so wird bestätigt, verwenden auch das *„Haasen=March / und schmiren den Kindern die Pillerl darmit* [sie fertigen zugsalbenartige Kügelchen, die man auf die zahnende Kieferstelle auflegt] */ wann sie herauß wachsen / wan man aber nicht gewiß weiß daß Zähn seyn / so ists nicht rathsamb / vil Ziehens zu gebrauchen / dahero besser beym Wasser zu bleiben"* (Granat=Apffel, S. 342 ff.). Das kommt den heutigen Vorstellungen von Einfühlsamkeit Kleinkindern gegenüber doch schon nahe.

Man kennt im Barock die geläufigen Kinderkrankheiten und Behandlungsmethoden. Im allgemei-

nen handelt es sich um dieselben Erscheinungsformen wie heute – Fieberanfälle, Verdauungsschwierigkeiten der Kleinkinder und Rachitis –, verschärft durch die Blattern, die in den meisten Fällen zu Verunstaltungen, wenn nicht zum Tod führen. Zwei häufig erwähnte Krankheiten, die Fraisen und die Urschlechten, scheinen heute entweder nicht mehr aufzutreten oder unter einer anderen Bezeichnung zu kursieren.

In einem kurzen Abschnitt des *Freywillig auffgesprungenen Granat= Apffels* wird auf eine spezielle Kinderpflege verwiesen: man kennt Bäder gegen Hautunreinheiten und Juckreiz. Außerdem scheint man sich auch schon mit den möglichen Ursachen von Schlafstörungen der Kinder – allerdings nur im Zusammenhang mit Krankheiten – auseinandergesetzt zu haben, wie in einem eigenen Absatz nachzulesen ist.

Wenig Einfühlsamkeit beweisen die barocken Eltern, wenn es um die Bekleidung ihrer Kinder geht. Gemäß der Grundforderung der Epoche, daß der Mensch in jeder Lage Haltung zu bewahren habe, wird jeder Säugling in dieselbe Art von viel

Wahrscheinlich neapolitanische Schule (18. Jahrhundert): Eine Frau reicht ihrem Säugling zur Beruhigung eine Art von frühem Schnuller (links).
Brüder Le Nain, Der Neugeborene und eine Marienplastik mit Jesuskind aus dem 17. Jahrhundert als Belege für die enggeschnürten Steckkissen.

Jan Steen, Verkehrte Welt. Auf diesem Bild wie auf Jan Josef Horemans Familienszene (S. 67) ist der Kopfschutz der im Kinderstuhl sitzenden Säuglinge gut zu erkennen, die die Kleinkinder während der Zeit des Gehenlernens tragen. Diego Rodriguez Velázquez (1599–1660), Infant Philipp Prosper im Alter von etwa zwei Jahren in einem Kinderkleid mit Schürze und etlichen umgehängten Rasseln und Schellen, die sicherlich auch die Zeit des Porträtiertwerdens überbrücken helfen sollten (rechts).

zu engem Steckkissen gepreßt, das ziemlich sicher die Entwicklung des Knochengerüsts hemmt, wenn nicht sogar in falsche Richtungen lenkt.
Der Säugling wird in Windeln gewickelt, die man aus leinenen und wollenen Tüchern zurechtschneidet, und – man weiß nicht genau, wie oft täglich – gewickelt, vor allem aber *„feste eingebunden"*. Zusammengehalten wird die Windel mit einer Windelschnur, die aus Garn oder Seide, bei wohlhabenden Familien auch aus Silber und Gold sein kann. Eine kurze Zeit ihrer Kindheit, bis etwa zur Vollendung des zweiten Lebensjahres, tragen die Kleinkinder die typischen weißen, spitzengesäumten Lei-

nenhemdchen in der Länge von Kleidchen. Vor Eß- oder Fütterunfällen schützt ein Kinderlätzchen, *„ein aus weisser oder blauer Leinwand, Zwillig, Damast, oder bunten Coton viereckiger geschnitener kleiner Laz, mit Schlingen und Bändern versehen, so denen Kindern um die Brust vornher gebunden wird“* (Zedler, Bd. 15, S. 649). Diese noch leichte Kleinkindbekleidung ermöglicht das Laufenlernen mit und ohne Gehwagen. Während dieser gefahrenvollen Zeit – so empfiehlt ein zeitgenössischer besorgter Vater – möge man den Kindern auch eine Schleierhaube aufsetzen, um den Kopf bei etwaigen Stürzen zu schützen. Für Ausgänge außer Hauses gibt es die Kinderschaube, eine Art kurzes Mäntelchen aus wärmerem Stoff. Sobald die Mädchen und Knaben den Windeln entwachsen sind, erfolgt der Wechsel zur Erwachsenenkleidung: Die Kinder werden – je höheren Gesellschaftsschichten sie entstammen, um so strenger – mit zwei, drei Jahren in enge Kleider gesteckt, Mädchen sogar wie ihre Mütter geschnürt, was ihre Bewegungsfreiheit hemmt und einem normal verlaufenden Wachstum zuwiderläuft.

ERZIEHUNG DES KINDES

„Soll ein Mensch glücklich werden, so muß sein Verstand mit guten Begriffen erfüllet, und die sonst verkehrten Neigungen des Willens, verbessert werden ... Das erste, was Kinder zu erlernen haben, ist das Christenthum ... Man muß ihnen ferner die Regeln des Gerechten und des Klugen beybringen ... so, daß sie dieselbigen verstehen ... Einen guten Geschmack von Sachen, oder eine Richtigkeit in denen Gedancken, kan ihnen auch mehr durch eine fleißige Übung, als durch einen sich zu diesem Alter nicht schickenden tieffsinnigen Unterrichte beygebracht werden“ (Zedler, Bd. 15, S. 656 ff.). Soweit deckt sich die Anschauung von Erziehung ganz mit den Vorstellungen unserer Tage.

Der Urheber des Artikels über *Kinder=Zucht* warnt auch davor, ein Kind mit zu schweren Begriffen oder mit zu vielen Vokabeln zu überlasten, da es sie ohnehin wieder schnell vergessen würde. Noch mehr überrascht die Ansicht, man möge sich vor der Kritik an dem Kinde hüten. *„Man lasse nur die Kinder über ihre eigene Verrichtung urtheilen, so wird man sehen, daß dieses nicht gar sehr schwehr fallen, und die Scharffsinnigkeit derer Kinder mehr und mehr zunehmen wird“* (Zedler, ebda.). In einem späteren Absatz wird im Hinblick auf das Kindesalter die Art des Unterrichts genauer bestimmt: *„Man muß hiebey den Unterschied machen, ob die Kinder noch in ihren ersten Jahren sind, oder ob sie allbereit einigen Verstand erlangt haben. In denen ersten Jahren sind sie bloß durch sinnliche Dinge zu regiren, der Trieb zum guten muß durch die Liebe, welche sie gegen ihre Eltern und Vorgesetzten haben, befördert werden, und der Abscheu vor dem bösen durch die sinnlichen Straffen“* (Zedler, Bd. 15, S. 660).

Hier bricht das sonst einleuchtend aufgebaute Programm zum ersten Mal, das – ohne den Verweis auf die sinnlichen Strafen – dem Vergleich mit einem Erziehungstraktat des 20. Jahrhunderts durchaus standhalten könnte. Die Idee dieser Bestrafung zieht sich durch die einschlägige Literatur der Epoche und richtet sich vor allem gegen die allzu verzärtelnde Liebe der aristokratischen und großbürgerlichen Eltern.

Die Unterrichtsreife wird mit dem fünften Lebensjahr angenommen, das hält auch – der unter anderem als Erziehungstheoretiker wirkende – Fürst Karl Eusebius Liechtenstein für ein angemessenes Alter. Die Entscheidung, ab wann ein Kind schulmäßig unterrichtet werden soll, liegt bei den mehr oder minder wohlhabenden Eltern, denn die öffentliche Schulpflicht wird im österreichischen Raum erst 1774 eingeführt.

Ab dem fünften Lebensjahr wird mit dem Lesen und Schreiben begonnen, wobei besonders auf eine schöne, leserliche Schrift geachtet wurde. „Danach wurde das Kind [im speziellen ein Sohn] als so weit entwickelt angesehen, daß es zur geschlechtsspezifisch orientierten Ausbildung dem Vater bzw. dessen Stellvertreter, etwa einem Hofmeister, übergeben wurde [Vorbereitung auf den Eintritt in Ämter ab dem zwölften Lebensjahr oder in den Kriegsdienst mit ungefähr sechzehn Jahren] ... Das Erziehungskonzept des Adels war aber in sich gespalten, da es [ungeachtet der Fähigkeiten des Kindes] negative und positive Vorstellungen verband. Einerseits waren die Kinder schwach, der Verführung immer zugänglich und daher der Hilfe, aber auch der Strafe der Eltern immer bedürftig“ (Katalog Rosenburg, S. 384). Hier stößt man abermals auf die krampfhafte Bewältigung des Problems, wie man Kinder, die sich wider die Norm verhalten, auf den richtigen Weg zu führen habe. Abraham à Sancta Clara bezeichnet den als einen lobwürdigen Vater, der seinen Sohn mit Prügeln bestraft. Es gäbe keine bessere Musik, als *„wenn der Erzieher einen solchen Takt schlägt“*. Oder: *„Es ist ein Vorurtheil, welches aus der närrischen Lieb derer Eltern entspringet, daß man kleine Kinder nicht schlagen müsse. Man hat gemeiniglich die Ausrede, sie wüsten nicht, warum sie geschlagen* *würden. Die Erfahrung aber weist es anders. Die Kinder wissen gar wohl, warum sie die Straffe leiden, wenn nur die Straffe alsbald auf die böse Handlung folget ... Wenn sie aber ihr Verbrechen annoch vor Augen sehen, so bemercken sie gar wohl das Uebel, das darauf erfolget ...*" (Zedler, Bd. 15, S. 660). Immerhin schränkt der Autor dieses Artikels ein wenig später die Prügelstrafe auf bestimmte Altersgruppen ein und warnt vor zu oftmaliger oder falscher Anwendung wegen möglicher bleibender, psychologischer Schäden. „*Es hat dieses einen allzustarcken Eindruck auf die Gemüther, so daß manche dergleichen Dinge in ihrem gantzen Leben nicht loß werden können. Dahin gehören die albern Possen von den Knecht Ruprecht, G'spenstern und dergleichen mehr, welche offtermahls eine Ursach einer grossen erwachsenen Leuten immer anklebenden Furcht seyn. Die Furcht vor der Ruthe verliert sich, wenn dieselbe wegkommt, die Begriffe aber von diesen Narrens=Possen bleiben beständig bey ihm ... So bald als sich aber die Vernunft einfindet, müssen ... [die] sinnlichen Straffen ... aufhören. Sie erwekken nur eine knechtische, nicht aber eine kindliche Furcht, das ist, die Furcht währet nur so lange, als man der Straffe nicht auszuweichen vermeynet, sie ist also nur eine Abhaltung von dem öffentlichen, nicht aber von dem geheimen Bösen*" (Zedler, Bd. 15, S. 660 f.).

Im allgemeinen, so spottet Abraham à Sancta Clara, behandeln die barocken Eltern ihre Kinder mit „*allzugroßer Nachsicht, Verzärtelung und Affenliebe*", wobei er die schärfste Kritik gegen die vermögenden Eltern mit aufwendigem Haushalt richtet, in denen die Dienstboten sogar „*barfuß auf den Zehen laufen müssen*", wenn die Kleinen schlafen. „*Alteriere sich das Kindchen nur im geringsten*", so schicke man gleich nach dem Doktor, laufe fast alle Apotheken ab und kaufe sie aus. Das erinnert schon sehr an die sorgenvollen Eltern des 20. Jahrhunderts und ist in dieser stets um Haltung ringenden Epoche nicht zu vermuten. Denn man möchte gerne annehmen, daß eine Familie des 17. und 18. Jahrhunderts, in einer Zeit, als jedes zweite Kind das 14. Lebensjahr nicht erreicht, dem Phänomen Kind gelassener gegenübersteht. Hier gilt es einen Irrtum aufzuklären, denn die barokken Eltern bedauern und beweinen ihre kranken und sterbenden Kinder sehr wohl. Gegensätzlich zu den Anweisungen Abraham à Sancta Claras verhalten sich die meisten Eltern um die Gesundheit ihrer Kinder besorgt, wie auch ein Brief der Lady Mary Montagu an ihren Ehemann beweist: „... nun hat das Kind endlich mit der notwendigen Badekur begonnen und sollte sie auch weiterführen ... ich danke Gott, daß die kalten Bäder dem Kind gut anschlagen ... [Unser Sohn] scheint täglich kräftiger und gesünder zu werden, aber ich wäre Dir sehr dankbar, wenn Du die Meinung von Dr. Garth bezüglich der Anwendung kalter Badekuren für kleine Kinder einholen würdest. Ich hoffe, daß Du das Kind genauso liebst, wie ich es tue, aber wenn Du nur mich liebst, dann wirst Du Dich schon um meinetwillen um sein Wohl sorgen. Ich würde für ihn mein Leben hingeben" (Brief vom 1. 8. 1714). Zehn Tage später ist sie noch immer in Ungewißheit über den Erfolg der Behandlung: „Ich hoffe, daß es dem Kind mittlerweile besser geht, und ich möchte, daß Du Dr. Garth wissen läßt, daß unser Sohn an einer Vergrößerung der Gelenke leidet, die aber nicht besonders stark ausgebildet ist. Seine Fußknöchel scheinen vor allem zu schwach zu sein. Ich wäre diesbezüglich sehr dank-

Auflegung des schwarzen Skapuliers der Madonna anläßlich der Genesung Leopolds I. (des späteren Kaisers) als Kind in Anwesenheit seiner Mutter, der Kaiserin Maria Anna, als Beleg, wie sehr die barocken Eltern um die Gesundheit ihrer Kinder besorgt sind.

Adriaen van de Venne († 1662), Kinder und Tod – eine Allegorie des barocken Alltags, in dem jedes zweite Kind das 14. Lebensjahr nicht erreicht.

bar über seinen Rat und möchte wissen, ob er das Einreiben der betroffenen Stellen mit Alkohol gutheißt, wozu man mir geraten hat."

Aus Frankreich stammen etliche Dokumente besorgter Eltern, die – im Angesicht einer schweren Krankheit ihres Kindes – von deren ohnmächtiger Hilflosigkeit zeugen. „Der Wille, ein kleines Kind zu retten, verstärkte sich im Laufe des 17. Jahrhunderts ... Ein Kind vor Krankheit und vorzeitigem Tod zu bewahren ... das ist von nun an das Ziel geängstigter Eltern. Wohlgemerkt, auch früher wehrten sich die Eltern gegen den Tod eines geliebten Kindes; doch die Vorstellung vom Kreislauf des Lebens war eine andere, und den Eltern bot sich damals keine andere Lösung, als ein neues Kind zu zeugen. Denn ... die Ahnenkette mußte fortgesetzt werden" (in: Ariès, Geschichte. S. 317).

Die Stampferin, Ehefrau eines vermögenden steirischen Gewerke, schenkt etlichen Kindern das Leben, da es gilt, ein im Laufe der Jahre umfangreich gewordenes Erbe auf mehrere Nachkommen aufzuteilen. Obwohl sie ihre tagebuchartigen Aufzeichnungen am Ende der ersten Jahre immer wieder mit dem Dank an Gott schließt, daß alle Kinder wohlauf und am Leben sind, verliert auch sie in der Folgezeit einige ihrer Söhne und Töchter im Kindes- und Erwachsenenalter, trotzdem sie als vermögende und vor allem um das Wohl ihrer Familie besorgte Frau über riesige Vorräte an Heilmitteln verfügt. Unter 16 Geburten ist eine Totgeburt, zwei Kinder sterben kurz nach der Geburt. Eine Tochter stirbt 1679 mit sieben Jahren, fünf Jahre später verliert die Stampferin innerhalb von 20 Wochen drei Kinder, als erstes einen sechsjährigen Sohn: „... *am heiligen Lichtmeßtag ... in der Nacht hat sich mein lieber Karl geklagt, es täten ihm die Füß' weh, hat Fieber bekommen und Kopfweh und obendrein die Urschlechten, aber so dick und voll und groß, daß also das arme Kind bis in die vierte Woche große Schmerzen hat gelitten ... Hat allweil Blut ausgespieen, hat über die linke Seite geklagt, die Schulter und immer wieder über den Kopf... Ich hab ja wohl von allen Sachen gebraucht, hab purgiert und klystiert, aber es hat sich der Harn auch verlegt, hab halt nichts können von ihm bringen, bis es ihn erstickt hat. Ist also in Gottes Namen gestorben. Hat im Kopf und in der Seiten ein Abszeß gehabt ... Wie verständig ist er gestorben ... Ach, mein Gott, was haben wir für ein Herzenleid gehabt! ... Unser größter Trost ist dies gewest: daß er so ohne Sorge vor das Angesicht Gottes kommen und ein reiner Engel worden ist, der für uns bitten wird, amen.*"

Wie hart klingen dazu im Gegensatz die Anweisungen Abraham à Sancta Claras, der jedes Getue um kranke und sterbende Kinder ablehnt. Er spricht von „*Kindernarrheit*", wenn man den Trauermantel umhängt und das „*Leichen-Ceremoniel per Contestationem doloris*" bei den Nachbarn ansagen läßt, wenn man *bloß* ein vier, fünf oder sechs Jahre altes Kind zu begraben hat.

Ab der Mitte, spätestens ab dem Ende des 17. Jahrhunderts beginnt man das Wesen der Kindheit als etwas Eigenes zu erfassen. Zumindest in den oberen Gesellschaftsschichten erhalten die Kinder mit der Spielecke und dem Kinderzimmer einen von der Erwachsenenwelt getrennten Lebensraum, in dem sie sich nach eigenen Neigungen die Zeit vertreiben können. „Wie sahen nun die Kinderzimmer aus? Aus den erhaltenen Inventaren geht hervor, daß sich die Ausstattung von relativ bescheiden bis äußerst kostbar bewegen konnte. Nach einem Rosenburger Verzeichnis waren folgende Gegenstände in das Mollard'sche Kinderzimmer gehörig: 1 braunes Bett mit einem Strohsack, 1 Matratze und 1 Polster aus Zwilch, 1 Leinendecke mit Polster, 1 Kissen aus Barchent, 1 Tuchent mit grünem Taft überzogen, 1 Ölbild (Susanna im Bade). Das Horner Inventar von 1659 entwirft bereits ein ganz anderes, reichhaltiges Bild. Nach diesem war das ganze Kinderzimmer mit vier niederländischen Tapisserien verkleidet ... Neben dem Bett stand ein brauner Kasten mit einem Lederteppich und ein kleiner schwäbischer Tisch; über der Wiege hing ein Schleier aus Leinen, mit gestrickten und gewirkten Spitzen verziert" (Katalog Rosenburg, S. 385).

Sogar diese Art von frühem Kinderzimmer erweckt

wenig Gemütlichkeit. Dabei handelt es sich um Kinderzimmer sozial bevorrechteter Schichten. Es läßt sich im nachhinein auch schwer ermessen, welches Kind im späteren Leben der glücklichere Mensch geworden ist: das aus armen Verhältnissen stammende, in den Familienalltag integrierte oder das von Gouvernanten aufgezogene Kind mit eigenem Spiel- und Lebensraum. Denn was Franziska von Slavata, die man gesellschaftlich einer oberen Schichte zurechnen darf, über ihre Kindheit und die Erziehung durch die Mutter berichtet, läßt Bedenken über den zeitgenössischen Umgang mit Kindern aufkommen: „... *daß sie* [die Mutter] *uns / ihre Töchter / wahrlich gar nicht zart erzogen: dann wir alle haben / in einem / Winterszeit / uneingeheitzten Zimmer unsere Schlaffkammer gehabt / allwo offt das Weyhwasser gefrohren. So haben wir auch nur gemeine Kotzen zum Bedecken / und schlechte Madrazzen gehabt: die Kleider waren einfaeltig ohne Schmuck / und Zierad ... Mehr hat sie uns auch zu keiner Eitelkeit und hochmut / sondern zu allem guten auferzogen; weßwegen wir allenthalben für wolgeartete Fraeulinnen gehalten worden.*" Dieser Nachsatz klingt wie die Entschuldigung streng erzogener Kinder unserer Tage, die die Frage, ob sie durch Prügel bestraft wurden, bejahen und – eine Reaktion des Fragenden vorwegnehmend – hinzufügen, daß ihnen das nicht geschadet hätte. Ein anderes Beispiel von Härte im Kinderalltag sozial bevorrechteter Kreise stammt aus den Memoiren der späteren Markgräfin von Bayreuth, Tochter des Soldatenkönigs Friedrich Wilhelm I. und Schwester Friedrichs II., des Großen. „Meine Schwester und ich, wir hatten für uns und unser ganzes Gefolge nicht mehr als zwei Zimmer [in der Sommerresidenz Wusterhausen], oder vielmehr zwei Dachstübchen. Wie auch das Wetter sein mochte, wir aßen zu Mittag immer im Freien unter einem Zelte, das unter einer großen Linde aufgeschlagen war. Bei starkem Regen saßen wir bis an die Waden im Wasser, da der Platz vertieft war. Wir waren immer vierundzwanzig Personen zu Tisch, an denen drei Viertel fastete, da gewöhnlich nur sechs Schüsseln mit vieler Oekonomie aufgetragen wurden. Der König [der Vater] ... schlief [nach dem Essen] ... auf einem Großvaterstuhl im Freien auf der Terrasse, der ärgsten Sonnenhitze ausgesetzt; wir hatten dies Vergnügen mit ihm zu theilen und mußten auf der Erde zu seinen Füßen liegen. In Berlin [im Königsschloß] hatte ich nur die Qualen des Fegfeuers, in Wusterhausen aber die der Hölle zu erdulden" (zitiert in: Vehse, Bd. 3, S. 29).

Nicht alle Eltern führen ihre Kinder mit so rigiden Maßnahmen ins Leben ein. Als Befürworterin der sanften Art der Erziehung wird Liselotte von der Pfalz, Schwägerin König Ludwigs XIV. von Frankreich, herangezogen, deren Methoden ebenso einfach wie nachahmenswert klingen: „Man hat mich gefragt, wie ich meine Tochter so wohl erzogen hätte. Ich habe geantwortet, ihr allezeit mit raison zu sprechen, ihr erweisen, warum ich eine Sache für gut oder übel finde, ihr keine erlaubte Lust zu wehren ... [und] sie nie durch bösen Humor zu zürnen ..." (Lebigre, S. 235).

Godfried Schalcken (1643–1706), Im Kinderzimmer. Eine zärtliche Szene zwischen Mutter und spielenden Kindern und einem fröhlich daran Anteil nehmenden Großvater, die das innige Verhältnis der älteren Generationen zu den Nachkommen dokumentiert.

Am selben Hof entsteht wenig später aus der Hand der österreichischen Erzherzogin Marie Antoinette und Ehefrau König Ludwigs XVI. ein ebenso feinfühliges Erziehungstraktat an eine neue Gouvernante ihres Sohnes, dem mutmaßlichen nächsten König Ludwig XVII. „Mein Sohn ist vier Jahre vier Monate weniger zwei Tage alt ... schon in der Wiege fiel auf, daß seine Nerven außerordentlich empfindlich waren und daß das kleinste besondere

Liselotte von der Pfalz, eine modern erziehende Mutter mit ihren Kindern, die zu ihnen „allezeit mit raison" spricht, ihnen erklärt, warum sie eine Handlung für gut oder schlecht befindet, ihnen „keine erlaubte Lust" wehrt oder ihnen „nie durch bösen Humor" zürnt.

Vigée-Lebrun, Marie Antoinette mit ihren Kindern Marie Therese, dem älteren Ludwig, der im Jahr 1789 stirbt, und dem jüngeren Ludwig als Baby, der nach dem Tod seiner Eltern zu einem Schuster in die Pflege kommt und 1795 stirbt – ein ebenso repräsentatives wie zärtliches Bild.

Geräusch auf ihn eine Wirkung ausübte … Die feine Empfindlichkeit seiner Nerven bewirkt, daß jedes Geräusch, an das er nicht gewöhnt ist, ihm Angst macht; so hat er zum Beispiel Angst vor Hunden, weil er sie in seiner Nähe bellen gehört hat. Ich habe ihn nie gezwungen, Hunde anzuschauen, weil ich glaube, daß in dem Maße, wie seine Vernunft sich entwickeln wird, seine Furcht sich von selbst geben wird. Wie alle kräftigen und robusten Kinder ist er sehr übermütig und sehr heftig in seinen plötzlichen Zornausbrüchen; dennoch ist er ein gutes, zartes und zärtliches Kind, wenn ihn sein Trotz nicht packt … mit Zartgefühl und gleichzeitiger Energie wird man ihn, ohne allzu streng zu sein, leicht leiten können und immer alles von ihm erreichen. Strenge würde ihn aufbringen, weil er für sein Alter viel Charakter hat … Man hat von Anfang an meine Kinder erzogen, großes Zutrauen in mich zu setzen, und wenn sie ein Unrecht begangen haben, es mir zu sagen. Das kommt davon, daß selbst, wenn ich sie auszanke, ich niemals so tue, als ob ich erzürnt, sondern immer nur, als ob ich gekränkt wäre und betroffen über das, was sie angestellt haben. Ich habe sie daran gewöhnt, daß alles, was ich einmal ausgesprochen habe, daß jedes Ja und jedes Nein unwiderruflich ist; aber ich gebe ihnen für meine Entscheidungen immer eine Ursache an, die ihnen und ihrem Alter verständlich ist, damit sie nicht glauben können, es sei meinerseits bloß eine Laune" (Brief Königin Marie Antoinettes an die künftige Gouvernante ihres Sohnes, Madame de Tourzel, zitiert in: Zweig, S. 334 ff.).

V
KÖRPERPFLEGE UND HYGIENE

Um von der im 17. und 18. Jahrhundert nur mit geringem Aufwand betriebenen Körperpflege einen Begriff zu erhalten, muß man zuerst einmal versuchen, die zeitgenössische Angst vor Wasser nachzuempfinden. Während der barocken Epoche – in vielen ländlichen Regionen wesentlich länger – fürchtet man, daß die in die Haut eindringenden Stoffe Wasser und Luft die Organe schädigen könnten. Diese Anschauung als lachhaft abzutun, würde der barocken Gesellschaft gegenüber eine grobe Ungerechtigkeit darstellen, da auch der Mensch des 20. Jahrhunderts seinen Körper nur denjenigen Pflegemitteln aussetzt, die Wissenschaft oder Naturheilkunde empfehlen oder als ungefährlich bezeichnen. Aus demselben Grund reinigt der barocke Mensch seinen Körper eben trocken: „Die *trockene* Toilette eines Höflings, der sich das Gesicht mit einem weißen Tuch abreibt, anstatt es zu waschen, entspricht einer im 17. Jahrhundert durchaus vernünftigen Sauberkeitsnorm, lassen sich doch zu dieser Zeit wohldurchdachte Gründe zu ihrer Rechtfertigung anbringen ... Im 16. und 17. Jahrhundert glaubt man zum Beispiel, daß Wasser in den Körper eindringen könne, was zu einer ganz bestimmten Einstellung gegenüber dem Baden führt: Es wird vermutet, daß insbesondere heißes Wasser die Organe schwäche, weil es die Poren öffne und so das Eindringen von verdorbenen, ungesunden Luftschwaden ermögliche ... Die Sauberkeitsnormen des 17. Jahrhunderts, die sich im wesentlichen auf die Wäsche und die äußere Erscheinung beziehen – und beispielsweise besonderen Wert auf prunkvollen Zubehör oder gewisse symbolträchtige Details der Kleidung legen –, unterscheiden sich natürlich beträchtlich von jenen, die später zum Schutz der Gesundheit oder zum Kampf gegen die Dezimierung der Bevölkerung dienen“ (Vigarello, S. 11 f.).
Wieweit bei der Körperhygiene nationale Eigenheiten auseinanderklaffen oder wieweit aktuelle Besonderheiten die Waschgepflogenheiten beeinflussen, ist schwer nachzuvollziehen. Grundsätzlich scheint man umfangreiche Säuberungen nur anläßlich hoher Feste oder offizieller Anlässe durchgeführt zu haben. Es ist auch schwierig, festzustellen, wann und wie oft Bäder genommen werden, denn private Badezimmer stellen im 17. und 18. Jahr-

Damenbildnis (niederländisch, 17. Jahrhundert), auf dem der ‚vorsichtige' Umgang mit Wasser gut erkennbar ist.

Adriaen van Ostade (1610–1684), Der Dorfbarbier, der neben dem Rasieren auch leichte ärztliche Hilfe versieht und vor allem Zähne zieht.

hundert seltene Luxuseinrichtungen dar. Die Reinigung im eigenen Haus nimmt man gewöhnlich mit Hilfe von Waschschüsseln vor, die sich in den Schlafzimmern befinden. Vollbäder werden am häufigsten in Badehäusern genommen. Doch sucht man sie nur in seltenen Fällen ausschließlich um der Körperpflege willen auf. Meist begibt man sich dorthin, um medizinische Kuren in Form von Heilkräuterbädern zu nehmen oder um geschröpft zu werden. Außerdem befinden sich in den Badeanstalten eigene Schwitzbänke, die man etwa mit Saunen vergleichen kann. Schweißtreibende Kuren gehören wie das Aderlassen zu den barocken Allheilmitteln, da dadurch alle Arten von mutmaßlich *schlechten* Flüssigkeiten aus dem Körper ausgesondert werden können. Reinigende Bäder scheinen nur in seltenen Fällen genommen worden zu sein. *„Diejenigen, welche naß baden wollen; setzen sich in eine Bade=Wanne, die mit Wasser angefüllt ist. Zu diesen Stuben nun ist insgemein iemand bestellet, welches denen Bade=Gästen aufwartet, auch ist insgemein ein Bader bey der Hand, wenn jemand schröpfen will … dergleichen Badstuben sind in Polen, Rußland, Lithauen, Liefland, und übrigen Nordländern sehr gemein, in Teutschland aber sind sie so sehr bräuchlich nicht, und noch weniger in denen übrigen Theilen Europa"* (Zedler, 3. Bd., S. 98 f.).

Privat eingebaute Bäder zählen zu den seltener anzutreffenden Einrichtungen und stellen – wenn vorhanden – eine Sensation dar. Sogar der Badezuber, der seit dem Mittelalter bekannt und in Verwendung ist, steht in keiner nennenswerten Verwendung. Interessant ein Vergleich von Badebräuchen mittel- und westeuropäischer Länder, wo sich ein starkes Nord-Süd-Gefälle ablesen läßt. In einer Eintragung Engelbert Kaempfers vom 17. 4. 1683, der sich auf einer Reise von Schweden nach Rußland in Finnland befindet, erfährt man von den dortigen für die Mittel- und Südeuropäer ungewöhnlich fortschrittlichen sanitären Einrichtungen, wo sogar die „Bauern … eine Badestube oder eine abgesondertes Badehaus [eine Sauna] … haben".

Die mittel- und südeuropäische Reinigung beschränkt sich auf eine oberflächliche Säuberung von Gesicht und Händen, wesentlich seltener werden die Füße gereinigt. Abgesehen von der allge-

Abraham Janssens I († 1632), Dame bei der Toilette und Pediküre, die Werkzeuge befinden sich in einem roten Futteral auf dem Tisch, die Schere hält sie in der Hand. Am Rand des Fußbeckens befindet sich ein Badeschwamm.

meinen Angst durch die Behandlung mit Wasser, empfindet man das Naßwaschen allgemein als gesundheitsgefährdend und führt beinahe jede Erkältung auf eine Körperreinigung mit Wasser zurück. Besonders heikle Stellen wie das Gesicht werden mit großer Vorsicht behandelt: „... ab dem 17. Jahrhundert hält man das Gesicht für empfindlich, weshalb das Wasser nun wachsende Beunruhigung auslöst. Immer wieder wird im diesbezüglichen Schrifttum empfohlen, sich nur trocken abzureiben und nicht zu waschen. ‚Kinder sollen Gesicht und Augen nur mit einem weißen Tuch abwischen, weil dadurch der Schmutz entfernt wird und der Teint seine natürliche Farbe behält. Sich mit Wasser zu waschen, schadet den Augen, erzeugt Zahnschmerzen und Katarrhe, verleiht dem Gesicht eine bleiche Farbe und macht es im Winter gegen Kälte und im Sommer gegen Sonnenlicht empfindlicher ...‘ [Die durch einfache Anführungszeichen hervorgehobenen Zeilen entstammen einer anonymen Schrift aus dem Jahr 1617.]“ (alles zuletzt Zitierte in: Vigarello, S. 27).

In Ermangelung einer ausgedehnten Körperreinigung verlegt der Mensch des 17. und 18. Jahrhunderts die Ausstrahlung der Sauberkeit an leicht erkenntliche, den Körper und seine Organe nicht direkt betreffende Stellen. „Vom Ende des Mittelalters bis zum 18. Jahrhundert zeigen die Anstandsbücher, daß Reinlichkeit wenig mit dem Gebrauch von Wasser zu tun hatte und daß die Körperpflege sich nur auf das Gesicht und die Hände erstreckte, das heißt die einzigen nicht bedeckten Teile des Körpers“ (Ariès, Geschichte. S. 192). Wobei die Säuberung der Hände vor und nach den Mahlzeiten, ein Brauch des spanisch-burgundischen Hofzeremoniells, am spanischen, französischen und Wiener Hof auch im wasserfeindlichen Barock nicht aufgegeben wird. Dennoch wird das Hauptaugenmerk allgemein auf das Sichtbare gelenkt, „also auf die Kleidung und das Leinen, das an Kragen

Die Fußwaschung, Italien (17. Jahrhundert). Außer einer oberflächlichen Reinigung von Gesicht und Händen, werden am ehesten die Füße gewaschen. Diese Art der Toilette „... entspricht einer im 17. Jahrhundert durchaus vernünftigen Sauberkeitsnorm ... (denn es) wird vermutet, daß insbesondere heißes Wasser die Organe schwäche, weil es die Poren öffne und so das Eindringen von verdorbenen, ungesunden Luftschwaden ermögliche ...“

Hubert Maurer († 1818), Bildnis einer vornehmen Dame im blauen Kleid mit hochtoupierter Frisur. Das weißgepuderte Haar soll wie die weißen Stellen (Krägen, Manschetten usf.) an der Kleidung Sauberkeit vortäuschen.
Berchem, Viehherde mit waschenden Frauen (rechts): Ein – sicherlich idealisierter – Beleg dafür, daß Wäsche zumindest manchmal gewaschen wurde.

und Handgelenken der ausschlaggebende Indikator der Sauberkeit war (Pepys, 19. 10. 1661: ‚Da meine Kleider nicht sauber und ordentlich waren, was ich als einen großen Fehler bei mir empfinde, konnte ich nicht so fröhlich sein wie sonst, wenn ich gut angezogen bin; ich erinnere mich dann an die Regel von Vater Osborne, daß ein Gentleman an allen Dingen sparen kann, nur nicht an seiner Kleidung.') ... Man verließ sich lieber auf das ... Parfümieren als auf das Waschen" (ebda.).

Vollbäder finden zum geringsten Teil aus Säuberungsgründen statt. Gebadet wird, wenn überhaupt, auf medizinisches Anraten in den dafür eingerichteten Badeanstalten der Kurorte, im deutschen Reichsgebiet vorwiegend gemischtgeschlechtlich und vollständig bekleidet: *„Es ist aber die Art zu baden, daß Junge und Alte, Edel und Unedel, Manns und Weibsvolk (wofern sie keine offene Schäden haben) untereinander baden, mit angezogenen und mit Fleiß dazu gemachten Badekleidern. Theils seynd nur in Hembder und Schlaffhosen angethan, die Männer mit bedecktem Haupt, welches sie im ein- und außgehen entblössen, und neben dem Gruß, das Bad gesegnen müssen; das Weibervolk aber mit theils angethanen Überschlägen, Zierd und Schmuck umb den Kopff, auf Oesterreichische Manier gebutzt ... Das junge Volk traget nach ihrer Proportion und Höhe deß Bads, hölzerne Schuch ... theils Frawn lassen ihnen den Saum an den Bederökken mit Bley einnähen, damit solche nit über sich schwimmen können"* (M. Zeiller, 1649, Schrift aus den Badener Rathausprotokollen, Stadtarchiv Baden).

Während der langen Zeit, in der man das Baden und Waschen als ungesund erachtet, muß das Parfum, damals in Puderform, körperliche Sauberkeit vorschützen und vor allem Körpergerüche überdekken. Parfümiert werden Handschuhe, Haarpuder, Pomaden, Kleider und Unterwäsche, Seife, Zahnpulver und Schnupftabak. Man verläßt sich auf die „reinigende" Wirkung des Duftstoffes und vermeint, aus diesem Grund auch den täglichen Wäschewechsel aufschieben zu können: „Das Puder dienet letztendlich noch einem anderen Zweck: Es soll parfümieren ... Zu seiner Herstellung werden getrocknete und zerstampfte Essenzen verwendet. Sie verleihen dem gräulichen Puder seinen Duft ... Das sind [auch] die Truhen, die stark mit Puder eingestäubt werden, um die Wäsche dauerhaft damit zu imprägnieren. Diese Sitte erlaubt unter gewissen Voraussetzungen sogar, das tägliche Wechseln des Hemdes aufzuschieben ... Man verwendet auch Zimtwasser, welches *im Mund gehalten* wird, um dem Atem *einen guten Geruch* zu verleihen"

Ein außergewöhnliches Stück des Kunsthandwerks – ein barocker Handtuchhalter (um 1700).

(Vigarello, S. 105). In weiterem Zusammenhang wird von täglicher Mundpflege gesprochen, die eine morgendliche Spülung und ein gründliches Abreiben der Zähne miteinschließt. Dafür verwendet man ein eigenes Zahnputzmittel, zu dessen Herstellung eine Rezeptur im *Granat=Apffel* (S. 109) erscheint: *„Pulver zum Zähn putzen. Man muß nehmen ein Pfund trockenes Brodt / und muß durch und durch gebrent werden / glüend wie die Kohlen / hernach gar sauber auß dem Feuer genommen / daß kein Aschen daran bleibt / und selbiges auff ein saubers Eysen oder Stein legen / daß es kalt wird / hernach so klein als es möglich gestossen / man muß auch nehmen eine grosse Hand voll Salve=Blätter / ein Hand voll Löffel=Kraut / beede betrucknet / und wol gestosen / 2. Loth Weinstein / auch ein halb Loth Perl=Saamen / ein halb Loth rothe Corallen / den vierdten Theil von einer Muscatnuß geriben / daß übrige alles verpulverisierte und zusammen vermischt / und man muß es alle Tag brauchen."* Das Pulver reibt man mit den Fingern ein und soll es – wie im Text empfohlen wird – täglich verwenden.

Was das Rasieren betrifft, so scheint es dafür zwei verschiedene Methoden gegeben zu haben, wobei die offensichtlich modernere – das Abschaben des Bartes mit einem Bimsstein – nach heutigen Begriffen einen argen Rückschritt darstellt (25. 5. 1662): „Habe mich diese Woche täglich mit einem Bimsstein rasiert, sehr leicht, schnell und sauber, werde das weiter so machen." Bis dahin läßt Pepys sich mittels Klappmesser von einem Barbier rasieren, eine Methode, die schon in der römischen Antike angewendet wird. Im allgemeinen richten während des 17. und 18. Jahrhunderts Barbiere das Bartscheren und Haareschneiden aus und werden in den meisten europäischen Großstädten beruflich von Wundärzten unterschieden. In den deutschen Ländern versehen sie auch die medizinische Arbeit, benötigen wie die Hebammen eine amtliche Bestätigung ihres Berufes und zählen in ihrer Stellung als *Leibbarbier* – wie Adelige ohne Landbesitz – zur zweiten von fünf Gesellschaftsklassen. Sie haben vor einem Ärztekollegium eine Art Meisterprüfung abzulegen und mit der selbständigen Berufsausübung so lange zu warten, bis in der Stadt ihrer Wahl eine Konzession frei wird. Denn die Anzahl der Barbierstuben ist streng begrenzt. Das Arbeitsausmaß umfaßt Rasieren, Haareschneiden, Käm-

Christian Seybold (1697–1768), Graf Questenberg mit weißer Allongeperücke und reichem weißen Spitzenkragen, die allesamt Sauberkeit ‚vortäuschen' sollen.

George Englehaert († 1829), Profilbild eines jungen Herrn mit der von König Friedrich Wilhelm I. eingeführten Zopffrisur (1774).

men und Krausen, Zähneziehen, Zur-Ader-Lassen, Schröpfköpfe-Setzen sowie das Versorgen von Wunden, Beinbrüchen und anderen Verletzungen.

Um von der mangelnden Körperreinigung abzulenken, legt der barocke Mensch das Hauptaugenmerk auf modische Kleidung und eine pompöse Gesamterscheinung. Männer stehen den Frauen in nichts nach und scheinen vor allem mit der Barttracht großen Aufwand zu treiben, worüber in einer zeitgenössischen Komödie gespöttelt wird: *„Ihr thut in der Wochen zwey=oder dreymal eure Bärte bereyssen / und bescheeren / bestimmeln / bestutzen! ja alle Tag und Morgen mit Eisen und Feuer peinigen / foltern und martern / ziehen und zerren lassen; jetzt wie ein Zickel=Bärtel / jetzt ein Schnecken=Bärtel / bald ein Jungfrauen=Bärtel / ein Spitz =Bärtel / ein May=Käfer=Bärtel / ein Enten=Wädele / ein Schmal =Bärtel / ein Zucker=Bärtel / ein Türcken=Bärtel / ein Spanisch Bärtel / ein Italiänisch Bärtel / ein Sonntags=Bärtel / ein Oster=Bärtel / ein Drill=Bärtel ... in den Löffel=Jahren fanget ihr an zu zopffen / zu trillen / zu ropffen / bis die Gauchs=Haare heraus wollen; und wenn ihr durch Gunst der Natur dieselbige endlich erlanget habt / so wüßt ihr ihnen nicht Marter genug anzuthun / bis ihr sie wieder vertreibet"* (Ollapotrida, S. 351 f.).

Großes Interesse wird auch der richtigen Haartracht entgegengebracht. Das Haar wird im allgemeinen von Männern und Frauen mittlerer und höherer Gesellschaftsschichten lange getragen. Kunstvolle Frisuren werden mit Hilfe von Perücken oder Teilperücken geformt. Weniger Bemittelte müssen bei der Frisur mit dem Eigenhaar vorliebnehmen. Bei den Männern variiert ein mittellanger Kurzhaarschnitt mit einer Langhaarfrisur, die meist im Nacken durch eine Schleife zusammengehalten wird. Kurzes oder abrasiertes Haar bei Frauen läßt auf eine sehr schwere, aber doch überstandene Krankheit rückschließen. In den meisten Fällen handelt es sich aber um einen strafweise verpaßten Kurzhaarschnitt: Prostituierte werden auf diese Art gekennzeichnet und damit zunächst an der weiteren Berufsausübung gehindert. Wenn ihnen nicht ein großzügiger Freier eine Perücke schenkt, was dann sogar einen gesellschaftlichen Aufstieg nach sich zieht! Denn Perücken sind bei den Reichen und Noblen Europas spätestens seit der Regent-

schaft König Ludwigs XIII. (1601–1643) von Frankreich in Mode, der als erster gelockte Haarfülle vortäuscht. Ludwig XIV. führt die lang wallende Allongeperücke ein, die den Träger gleichzeitig isoliert und erhöht. Sie zwingt zu ruhigen, würdevollen Bewegungen, die gemeinsam mit dem durch die Stöckelschuhe stelzenden Gang und den pompösen Kleidern das barocke Gehabe ausmachen.
Mit dem Beginn des 18. Jahrhunderts wird die Allongeperücke weiß gepudert. Ab 1730 faßt man das Nackenhaar der Perücke in einem Haarbeutel zusammen. In Preußen kommt die Zopfperücke auf. Als Urheber dieser Frisur gilt König Friedrich Wilhelm I. (1688–1740). Die Haartracht wird in den meisten anderen europäischen Ländern übernommen. Am österreichischen Hof tragen die Damen zu Beginn der vierziger Jahre des 18. Jahrhunderts eine Kurzhaarfrisur: *„Den 12. als den zur Crönungs actu benanten Tag* [Krönungsfeierlichkeiten in Prag anläßlich der Krönung Maria Theresias zur Königin von Böhmen] *ward bereits um halb 7 Uhr Ordonanz gegeben. Nach siben Uhr waren I. M. schon völlig angekleidet. Sie hatte eine drap d'argentene Robe oder Hoff Kleid an und den Kopf nach jeziger Mode [da die Frauen keine lange Haare mehr wie vorhin tragen, sondern selbe ganz kurtz abschneiden und fast gleich einem Abbé Paröckl um und um en boucles und so benammst Marron legen lassen] gekrauset …" (Khevenhüller, 12. 5. 1743).*
In Frankreich, wo die Langhaarmode ihren Ausgang genommen hat, endet sie auch wieder als erstes: Mit der Französischen Revolution verschwindet die Perücke aus dem modischen Alltag und lebt während der nächsten Jahrzehnte nur noch im Sprachgebrauch weiter, um Personen oder Ideen, die sich der politischen Entwicklung entgegenstellen, als altertümlich oder rückschrittlich zu bezeichnen.
Solange Perücken in Mode sind, bleibt eine Behandlungsmethode fixer Bestandteil der Pflege – das Einpudern der Perücke oder des eigenen Haupthaares: „… diese Praktik hat ihre Vorgeschichte. Das Puder wurde schon seit langem wegen seiner austrocknenden Wirkung geschätzt, denn dadurch konnte man auf das Waschen der Haare verzichten und sie doch geschmeidig erhalten. Das Puder wird nun anstelle von Wasser verwendet, das offensichtlich (auch in bezug auf die Haarwäsche) als gefährlich betrachtet wird: Wenn es darum geht, die Haare des Kopfes geschmeidig zu machen, muß man das Waschen mit großer Vorsicht anwenden … (Stattdessen wendet man) Einreibungen mit in der Pfanne frikassiertem Weizen an, der häufig erneuert werden soll, oder verteilt auf und in den Haaren

Josef Esperlin († 1775), Mädchen mit Blumen am Frisiertisch. Ihr Haar ist nach der in den vierziger Jahren des 18. Jahrhunderts aufkommenden Frisur ‚en boucles' gelegt.

vor dem Schlafengehen etwas austrocknendes und reinigendes Puder und entfernt es morgens mit dem Kamm" (aus einer anonymen Schrift von 1632, zitiert in: Vigarello, S. 103).
Gewonnen wird das *„gemeine Haarpulver"* aus Weizenmehl, das feinere aus Bohnenmehl, anderes aus besonders zubereitetem *„Krafft- oder Stärkemehl". „Ausser diesen wird auch aus Eichenmoos, der an der Hitze wohl gedörret seyn muß, wie nicht weniger aus im Töpfferofen fein gebrannten Knochen, ja wohl gar aus alten Tobackpfeiffen, die auf gleiche Art ausgebrannt, ein Puder verfertiget, welcher aber, sonderlich der von denen letztern, den Haaren vor schädlich gehalten wird, der mit gedachtem Moos vermengte, wird hergegen vor schön und überaus flüchtig gehalten, doch ist er ein wenig graulicht … Das weisse Pulver wird auf folgende Art bereitet: Nehmet schön weisses Krafftmehl zwey oder drey Pfund, Schafs- oder Fischbein, schön weiß gebrannt und zu zartem Pulver gemacht, wie man es bey dem Probiten zum Cappellenbestreuen brauchet, so viel als genug, und Pulv. Rad. Irid. florent. ein und ein halb Pfund, siebet es durch ein subtiles Haarsieb, vermischet es nach Belieben mit obigem grauen Pulver. Dieses Haarpulver*

in einem weissen Schaffellenen, wohl zusammen gemachten, und mit einem starcken Faden verbundenen Sacke verwahret und aufbehalten, hält sich lange Zeit“ (Zedler, Bd. 29, S. 1169 ff.). Das Puder wird mit einem Puderblasebalg oder einem sogenannten *Puderpüschel,* einer aus Seide oder Garn zusammengedrehten Quaste, auf dem Haar verteilt.
Neben der pflegenden Eigenschaft wird das Puder in den aristokratischen und großbürgerlichen Kreisen fortan auch deshalb verwendet, um das äußere Erscheinungsbild zu verändern. Weißes Puder verleiht dem Haar nicht nur eine andere Farbe. Es steigert die festliche Wirkung, ruft einen künstlichen Eindruck hervor, die starre Frisur gerät in die Nähe jener der Marmorstatuen. Eine Entwicklung, die sich durch die gesamte barocke Epoche zieht: daß man Kunst – die klassischen Gemälde und Plastiken zuallererst – im wirklichen Leben nachzuahmen trachtet. Weiß gepudertes, starr getürmtes Haar unterstreicht das zeremonielle, würdevolle Auftreten wie die Künstlichkeit der gesamten Aufmachung. Zudem ist es wirklich nur den obersten Gesellschaftsschichten möglich, diese Mode mitzumachen, da sie jede Art von körperlicher Arbeit unterbindet. Zu guter Letzt ergibt sich ein angenehmer Nebeneffekt: das gepuderte Haar täuscht wie die weißen Stellen der Kleidung – Hals- und Armbesatz – Sauberkeit vor.
Ebenso wie die Geschichte des Rasierens zieht sich jene des Haareschneidens und des Übergehens von der Eigenhaarfrisur zur Perücke durch das Tagebuch von Samuel Pepys, aus dem man herausliest, daß es für Frauen früher als für Männer zum guten Ton gehört haben mag, eine – weiße – Perücke zu tragen: Frau Pepys erwirbt am 22. November 1660 einen solchen Haaraufsatz für den ersten Auftritt bei Hof. Den Empfehlungen der zeitgenössischen Heilkundler entgegenlaufend, würde Samuel Pepys dazu neigen, den Kopf lieber sauber als gepudert zu halten. „Ließ mir von Sarah den Kopf gründlich kämmen, er war so schmutzig vom Puder und anderen Sachen, daß ich mich jetzt entschlossen habe, kein Puder mehr zu benutzen.“ Ab Mai 1663 erwägt er den Kauf einer Perücke, bis er am 3. November 1663 eine Perücke aus Eigenhaar zu fertigen in Auftrag gibt. Letztendlich überwiegt der Stolz des Aufsteigers, sich der herrschenden Mode des Hofes nicht länger entziehen zu können und mit der neuen Haartracht höhere Gesellschaftskreise zu erschließen.
In dem Ausmaß, in dem die Arbeit des Friseurs an Bedeutung zunimmt, steigt auch die gesellschaftliche Position dieser Berufsgruppe, die für das gestalterische Element am Haar als verantwortlich zeichnet. In der spätbarocken Epoche und im Rokoko erreicht die Stellung des Haarkünstlers einen Höhepunkt. Da seine Tätigkeit am Morgen mit dem Lever einer Dame der feinen Gesellschaft in deren Privatgemächern beginnt, ist leicht zu erahnen, wie schnell er sich dort mit ein wenig Geschick zum sprichwörtlichen „Faktotum der schönen Welt“ emporarbeiten kann. Albergati, ein berühmter Bologneser Schauspieler, der lange Zeit im Venedig des 18. Jahrhunderts verbringt, hinterläßt in seinen Erinnerungen eine lebhafte Schilderung dieses Typen, der sich aus Liebeshändeln ein zweites Gewerbe geschaffen hat. Ein Haarkünstler mit langer Berufserfahrung erzählt Albergati, daß einige der Kundinnen den Friseuren sogar ihre Gunst schenken, „... ein leichtes Unterfangen, da sie uns täglich empfangen ... eine Ausrede ist schnell gefunden: man besucht sie, um sie zu frisieren. Eine Morgengesellschaft ist leicht aufgelöst. Wenn die Dame anzeigt, daß der Moment gekommen ist, frisiert zu werden, wendet sie sich an das lästig gewordene Ambiente und entläßt es – voll Fürsorge um dessen Bequemlichkeit. Dann kann man endlich freizügig plaudern. Manchmal erstreckt sich aber auch die Arbeitszeit über Stunden, und man hat noch kein Wort miteinander gewechselt.“ Wie viele Damen so leicht zu erobern waren, ist nicht mehr überprüfbar. Außerdem steckt der Erzähler im Zuge seiner Erläuterungen später wieder zurück. „Aber in die Gunst dieser Damen gelangt man nur selten, weil einige Übervorsichtige es zu verhindern wissen, sie während der Toilette – mit Worten – zu fesseln.“ Gemeint ist die an der Frisierzeremonie teilnehmende Morgengesellschaft, die ein freches Vordringen von seiten des Friseurs zu unterbinden gewußt hätte. Allerdings handelt es sich bei dem betrachteten Zeitraum aber auch um eine freizügige Epoche, wie man zahlreichen Briefen und Berichten der Zeitgenossen entnehmen kann. Weltreisende und Wienbesucher bestätigen dies für den österreichischen Raum, wo man aber alle Arten von Freizügigkeiten „unter seinesgleichen“ auslebt. Zurück zum Haarkünstler des 18. Jahrhunderts, dessen Schlußbemerkung über seinen Status der Wirklichkeit am nächsten zu kommen scheint: „Andere Damen erwählen uns zu ihren heimlichen Sekretären und Liebesboten, verwöhnen uns mit Geschenken und ehren uns mit ihrer Protektion.“
Dem Gebot nach Künstlichmachung und Hervorhebung der sichtbaren Stellen des Körpers kommt – wie die weißgepuderte Perücke – die stark aufgetragene Schminke entgegen. Jeder Unregelmäßigkeit der Natur wird künstlich Einhalt geboten,

Anthonie Palamadez († 1673), Holländischer Handelsherr (1666) mit der typischen zeitgenössischen Männerfrisur, die Samuel Pepys der Perücke vorzieht.

alles Lebende des Gesichtes zum Erstarren gebracht. Als schön gilt eine glattgestrichene weiße Haut. Um sie zu erhalten, wird weißes Puder mittels eines Pudermessers von der Stirn oder Wange weg über das gesamte Gesicht verteilt. Danach wird Rouge aufgetragen, das, unnatürlich grell, rote Wangen vortäuschen soll. Die Brüder Goncourt, zwei zu ihrer Zeit ziemlich alleinstehende Alltagsforscher des 18. Jahrhunderts, wissen über den Nuancenreichtum des aufgetragenen Wangenrots – einmal mehr in Abhängigkeit des sozialen Status – zu berichten: „Es ist also obendrein notwendig, daß das Rouge die Trägerin gleichsam anmeldet. Das Rouge der Frau von Stand ist nicht das Rouge der zum Hofe zählenden Frau, und das Rouge einer Bürgersfrau ist weder das Rouge einer Dame des Hofes noch das einer Frau von Stand noch das einer Kurtisane: es ist ein Anflug von einem Rouge, eine fast unmerkliche Nuance. Die Prinzessinnen in Versailles tragen es in sehr lebhafter und schreiender Farbe, und es ist Bedingung, daß das Rouge der vorgestellten Damen am Tage der Vorstellung noch stärker als gewöhnlich betont wird." Hier wie in vielen anderen Bereichen bleibt die Natürlichkeit zugunsten einer starren Körperlichkeit auf der Strecke. Zuletzt wird die barocke Schminke durch das Anbringen mehrerer Schönheitspflästerchen gekrönt. Je nach Stimmung und Mitteilungsbedürfnis verteilt man sie dem Anlaß gemäß an entsprechenden Stellen im Gesicht. „Es galt ... die *mouches*, die Schönheitspflästerchen, mit keckem Geschmack und doch wie zufällig auszusäen, zu verteilen und aufzukleben. Das war das letzte Wort der Toilette für diese in Form von Herzen, Monden, Kometen, Sicheln, Sternen ausgeschnittene Unterstreichung der künstlichen Schönheit den richtigen Platz zu suchen und zu finden: an der Ecke des Auges, die *majestueuse* auf der Stirn, die *enjouée* in der beim Lachen entstehenden Falte, die *galante* mitten auf der Wange und etliche andere, die sich in der Nähe der Lippen befinden" (Goncourt, 18. Jahrhundert. S. 28 f.).
Als Ideal der Epoche gilt glatte und weiße Haut, die in den seltensten Fällen angeboren ist. Deshalb ist man schon im Barock bemüht, Unebenheiten und Unglücksfälle der Natur auszugleichen. Den Teint

Giovanni David († 1790), ‚Le perruquier fatigué' (der erschöpfte Friseur), der in Zeiten der kunstvollsteen Frisuren unentwegt Beweise seiner Schöpferkraft zu bringen hat.

weiß zu bekommen, gehört zu den einfacheren Methoden, in dem man etwaige helle Pasten gleichmäßig im Gesicht verteilt. Viele Menschen der barocken Epoche sind aber durch Krankheiten gezeichnet, und man ist schon damals bemüht, das äußere Erscheinungsbild dieser Leute verbessern zu helfen. So erfindet man etliche Wässer, Tinkturen, Pomaden, Salben, Pulver und ölige Substanzen, die nicht nur reinigen, pflegen oder gegen ein Übel vorbeugen, sondern auch solche, die Narben, unschöne Gesichtsmale oder Falten korrigieren.

Schminköl wird aus hart gesottenen, zerriebenen Eidottern, die über glühenden Kohlen mit ein wenig Wein angerührt und abgeseiht werden, hergestellt. Ein sehr bewährtes Reinigungswasser für das Gesicht wird *„aus weisser Semmelkrume, Ziegen= oder Esels=Milch, Eyerweiß, Bohnenblüth= und Mayenthau=Wasser, weisser Hünerbrust, weissen Weinstein, Bierweiß, weissen Lilien=Wasser ein dergleichen herrliches Wasser destilliret. Wer hingegen so viel Umstände nicht gebrauchen will, darf nur bey einer guten Diät, sich täglich des Abends mit reinen Brunnen=Wasser, darinnen ein wenig Campher zerlassen worden, waschen, so wird er gar ein reines Gesichte behalten“* (Zedler, Bd. 35, S. 447 f.).

Im Lexikon folgen unzählige Mittel und Methoden der Gesichtspflege, die wie die vorhergehenden entweder mit unglaublichem Aufwand oder oft auch ganz einfach hergestellt werden. Überraschend vielfältig sind die Möglichkeiten, wie die verschiedenen Pasten und Tinkturen aufgetragen werden können. Eine bestimmte Schminke zum Beispiel, die einen weißen Teint herzustellen verspricht, wird in ein Leinensäckchen gefüllt, mit dem das gereinigte Gesicht gerieben und getrocknet werden soll. Aufgetragen wird eine Paste gegen Sommersprossen, die wie viele Cremes selbst hergestellt werden kann: *„... nehmet zwey Dutzend frische Eyer, lasset sie in heisser Asche heiß werden, vermischet sie mit einem halben Pfund subtil pulverisirten Bleyweiß, drucket alsdenn unter der Presse aus, und destilliret die ausgepreßte Feuchtigkeit im Marienbade. Ingleichen nehmet ein Pfund Aquavit, vier Loth Schwefelblumen, ein Pfund Brombeeren, lasset das zusammen vier und zwantzig Stunden auf warmer Asche einer Retorte weichen, hernach destilliret es in Eisenseilich, bis kein Dampf mehr heraus gehe, und bestreichet damit die Sommerflecken Morgens und Abends“* (ebda., S. 448 f.). Dann wieder wird die Herstellung einer Creme beschrieben, die einen kupfernen Teint weiß werden läßt, sowie eine Art Maske aus Bienenwachs, mittels derer Pockennarben oder Blattermale verschwinden. Außerdem existiert eine Schminke, die während der Dauer der Krankheit Blattern aufbrechen läßt, woraufhin sie mit einem Pflaster belegt und geheilt werden. Ein in einer bestimmten Essenz getränktes und eine Nacht aufgelegtes Tuch vertreibt unliebsame rote Gesichtsflecken. Die ebenfalls sehr kompliziert herzustellende *„Jungfernmilch“* verschafft zarte weiße Haut, die durch Entzündungen und Brände entstellt gewesen war.

Zuletzt die Herstellungsart eines Rouges, das mittels Pinsel auf Wangen und Lippen aufgetragen wird und daraufhin mit den Fingern regelmäßig verstrichen wird: *„Nehmet Brasilienholtz, zu Pulver gemacht, eine Untze, und lasset es vier und zwantzig Stunden auf warmer Aschen weichen in einem starcken destillirten Weineßig, also, daß der Weineßig zwey Finger hoch über gedachtes Pulver gehe, darnach thut darzu zwey Pfund Wasser, und lasset es bis auf den dritten Theil einkochen. Wenn solches geschehen, thut ein halb Viertel pulverisirten Alaun, und ein Loth Fischleim, in Stücken zerschnitten, darzu. Wenn auch solches zergangen, so seiget es durch, und thut es in eine Flasche ...“* (ebda., S. 449 f.).

Ob und wieviel Schminke die Frauen des deutschen Reichsgebietes auftragen, ist schwer nachzuvollziehen. Es scheint, daß überall dort, wo Fürsten die Sitten des französischen Hofes kopieren, auch französische Moden, also auch französische Schminkkunst übernommen wird. Ruft man die zeitgenössischen Gemälde zu Zeugen, so scheinen manche Personen stärker, andere wiederum gar nicht geschminkt gewesen zu sein. Deshalb ist in diesem Zusammenhang der Augenzeugenbericht eines Klatschschriftstellers interessant, der im Wien des 18. Jahrhunderts bis auf wenige Ausnahmen nur auf ungeschminkte Damen trifft.

Freiherr von Pöllnitz, der Urheber der *Saxe galante*, schreibt über das Wiener Frauenzimmer: *„Solchenach gibt es hier eben so wie aller Orten, schönes und hessliches Frauenzimmer; insgemein sind sie mehr schön als angenehm, und ist an allen hiesigen Schönheiten fast gar kein Leben ... Ihre Kleidung ist mehr kostbar als artig, zwey oder drey Personen ausgenommen, pfleget sich niemand roth, geschweige weiß zu schminken; und sind auch die Schönflecklein hier zu Lande wenig im Gebrauch; ja es ist mit einem Wort zu sagen, nichts an ihnen zu finden, so ein äußerlich-verliebtes Wesen andeutet.“*

VI
VOM RENAISSANCE- ZUM BAROCKKOSTÜM

Alonso Sanchez Coello (1531/32–1588), Königin Anna von Österreich (oben) in einem aus schweren Stoff gearbeiteten Renaissancekleid mit Stehkragen und hohem Spitzenbesatz, der nicht einmal eine Bewegung des Kopfes zuläßt. Diego Rodriguez Velázquez (1599–1660), Königin Mariaña von Spanien (links) in einem frühbarocken Kostüm mit Rock- und Miederteil (aber noch aus schwerem Stoff gearbeitet). Interessant ist auch die sehr steife und mächtige Frisur, die jede natürliche Bewegung hemmt.

Am Beginn der Entwicklung steht das – aus geschichtlich-politischen Gründen wie aus zeremoniellen Erwägungen zum Vorbild erwählte – spanische Renaissancekostüm, das aus schweren und oft mehrfach übereinandergeschichteten Stoffen sehr starr gearbeitet ist und das durch die Bewegung des Trägers so wenig Veränderung wie möglich erfahren soll. Die auf den Porträts dargestellten Personen, die oft den Eindruck von in das Gewand eingenähten Kleiderpuppen vermitteln, lassen vermuten, daß das von der Gesellschaft geforderte Auftreten in Würde lange geprobt sein mußte. Mit zunehmendem Verlangen nach Bewegungsfreiheit und größerem Formenreichtum erfährt das steife Kleid im Laufe des 17. Jahrhunderts eine Wandlung. Die Materialien werden weicher, und glänzende Stoffe kommen in Mode, die bei jeder Bewegung des Körpers verschiedene Licht- und Schattenakzente setzen. Neben dem Streben, eine neue Silhouette zu schaffen, versucht man auch, mit Accessoires die vielfältigsten Effekte zu erzielen. Das Kostüm wird um Bänder, Schleifen, Rüschen, Quasten, Bouquets, Steine, Perlen und Rosetten (meist aus wertvollen Materialien) bereichert, die man wieder abnimmt, sobald das Kleid unmodern geworden ist.

Elisabeth Luz (vermählte Preu), ein Modebeispiel um 1700 mit weicherem Stoff und leichterem Kragen.

Ab dem Beginn des 16. Jahrhunderts erfährt das einteilige, bis dahin ziemlich formlos und figurunbetont gebliebene Damenkleid die Trennung in Rock und Mieder, wobei letzteres regionale Eigenheiten aufweist. *„Mieder wird von dem gemeinen Volcke an einigen Orten der ohne Ermel zusammengenähte Leib genennet, der eigentlich ein Laz heisset ... Derer Hallorum Weiber Mieder, welche vorne her nicht ausgeschnitten, sonder ziemlich hoch in die Höhe und oben von einander stehen, sind starck und mit goldenen Tressen verbrämet. Bey denen Weibes=Personen zu Ulm heisst Mieder ein Uberzug über den Oberleib mit Ermeln versehen und wird entweder von Sammet, Seide ... und andern Zeuge verfertigt, ingleichen mit Spitzen und schmahlen Borten verbrämet“* (Zedler, Bd. 21, S. 102).

Das Mieder entsteht in der Renaissance als gesondert geschnittener Teil des Kleides und entwickelt sich gegen Ende des 17. Jahrhunderts zu einem eigenständigen Kleidungsstück, das, um den besten Sitz zu gewährleisten, geschnürt werden muß. Ab diesem Zeitpunkt nimmt die Damenmode einen neuen Verlauf und stellt die erotisierende Wirkung der Trägerin in den Vordergrund. Der weibliche Körper wird – überbetont – nachgeformt: Zarte, geschnürte Taillen gehen über in stark verbreiterte Hüften, die von Reifengerüsten unter den Röcken herrühren. Den krönenden Abschluß erfährt das Ensemble durch ein immer großzügiger geformtes Dekolleté, das sich um die Mitte des 17. Jahrhunderts aus dem Hemdkragenschlitz entwickelt hatte. In der Folge schieben sich die Öffnungskanten zu runden, V-förmigen oder viereckigen Formen auseinander, bis sich ein tiefer und breiter, die Schultern mit einfassender Ausschnitt herausbildet, der am Ende des 17. Jahrhunderts wieder geradlinig und schmäler verläuft. Im 18. Jahrhundert wiederholen sich die Formen, aber stärker betont, so daß sich die Vertikallinien des viereckigen Ausschnittes in Richtung Ärmelansatz verlegen.

Der Rock sitzt unterhalb des Mieders in der Taille auf und bedeckt, enger oder weiter geschnitten, kurz oder lang, in wenigen Veränderungen den weiblichen Unterkörper. Unter Rock und Mieder wird ein weißes Unterkleid getragen, von dem Teile am Dekolleté und an den Ärmeln sichtbar sein können. In den meisten Bevölkerungsschichten dient dieses Unterkleid zugleich als Nachtgewand.

Je nach Gelegenheit und nach gesellschaftlichem Stand trägt man über dem Mieder das *carsetl* oder *corsetl*, die damals sogenannte, vorne geknöpfte Frauenjacke mit kurzem Schoß und dreiviertellangen Ärmeln. Dieses Kleidungsstück steht in kei-

Links: Marie Françoise Perdrigeon (vermählte Boucher) in einem Seidenkleid und tiefem Dekolleté aus dem Jahr 1733. Rechts: Königin Marie Antoinette in Hofrobe und mit hoher Frisur um 1785 – ein Kostüm, das wegen des repräsentativen Charakters nur sehr gemessene und würdevolle Bewegung zuläßt.

nem Zusammenhang mit dem späteren namensverwandten Korsett. Einen wichtigen Bestandteil der weiblichen Garderobe des 17. und 18. Jahrhunderts stellt der Domino-*Rock* dar, der als Abendmantel für Redouten bis ins 20. Jahrhundert überlebt. Es handelt sich um einen bodenlangen Umhang mit übergestülptem Kapuzenmäntelchen, das bis über die Schultern herabfällt. Um als Frau eine Faschingsredoute alleine besuchen und unerkannt bleiben zu können, trägt man zum Schutz eine Art Visiermaske vor dem Gesicht. Mantel, Kapuzenmäntelchen und Maske sind meist mit Borten verziert.

Ein wichtiges Kennzeichen der Mode des 18. Jahrhunderts sind die sorgsam aufeinander abgestimmten Farben, die meist sehr kräftig leuchten – auch wenn Pastellbilder und im Laufe der Zeit nachgedunkelte Ölbilder anderes glauben machen –, und ein unermeßlicher Nuancenreichtum. Die beliebtesten Farben der Mode um die Mitte des 18. Jahrhunderts sind Lila, Apfelgrün, Hellgrau, Hellgelb, Safrangelb, Lichtblau, Blaßrot, Fraise, Kirschrot und so fort. Männer tragen klatschmohnrote Röcke, dazu weißseidene Westen mit bunten Stickereien, Beinkleider aus strohgelbem Kaschmir. Trotz der allgemeinen Farbenfreude bestehen offensichtlich strenge Richtlinien, nach denen man Kleider und Requisiten passend zu kombinieren hat: „*... ich hatte mir* [für eine Schlittenfahrt] *eine ganz neue, sehr hertzige Equipage blau mit Silber machen lassen und vorhero noch, ehe mann wissen können, ob mann fahren, weder welche Dame ich führen würde, zum öfteren geschertzet, daß, um meine neue Equipage zu verschändlen, nichts abgienge, als daß ich eine Dame zu führen bekäme, welche einen grünen Peltz hätte; nun fügte sich eben, daß den Rang nach mir die Cammerfreile Kokorsova zu Theil werden muste, welche sich ganz neuerlich und zu diser Schlittenfahrt just einen grünen Peltz, und zwar noch mit goldenen Borten, pour faire un double contraste mit meiner blau und silbernen Equipage, hatte machen lassen*" (Khevenhüller, 14. 1. 1744).

Canaletto, Die Freyung in Wien mit einem repräsentativen Querschnitt von zeitgenössischen Kostümen (um 1760) der verschiedensten Gesellschaftsschichten.

Bei der Männerbekleidung setzt sich die geschlossene, in der Länge variierte Hose mit Jacke durch, die in dieser Zusammenstellung das Vorbild aller nachfolgenden Männermode bildet. Aber im Barock wirkt die Männerkleidung theatralisch, überladen und eigentlich sehr weiblich. Die Jackenärmel unterliegen ständigen modischen Veränderungen. Sie werden im Laufe der Jahrzehnte kürzer und geben den Blick auf reiche und bauschige Wäscheärmel frei. Auf den Schultern liegt ein weicher, modischer Spitzenkragen, auf den das lang getragene Haar herabfällt. Später tritt die Allongeperücke an die Stelle des Eigenhaars, wodurch die Bedeutung des Kragens sinkt und er durch ein schmales Halstuch ersetzt wird. Dazu trägt der Mann bunte, seidene Schleifenschuhe mit Absätzen, was die männliche Erscheinung auf ein Mindestmaß reduziert. Sogar das Kleid des Soldaten ähnelt mehr einem Theaterkostüm als einem kampftauglichen Anzug. Um die Mitte des 17. Jahrhunderts trägt der Soldat mittleren und höheren Dienstgrades ein Lederwams mit Bauchschärpe, die Hosenbeine enden in Kniehöhe, deren Abschlüsse und Seitennähte mit mehrfachen Reihen von Silberborten besetzt sind. Die Überstrümpfe, die unter Stiefeln mit trichterförmigen, beinahe wallenden Schäften verlaufen, reichen bis an den Hosensaum und sind wie dieser am Abschluß mit Borten besetzt. Der weiche Hemdkragen und die Manschetten sind aus feinem transparentem Leinen und enden je nach persönlicher Vermögenslage in schmäleren oder breiteren Spitzensäumen. Die einheitliche Uniform setzt sich ab dem Ende des Dreißigjährigen Kriegs mit der Errichtung stehender Heere durch, die um 1700 die unliebsamen Söldnertruppen ablösen. Ihre Form und ihre Farbe kennzeichnen die Zugehörigkeit zu einem bestimmten Regiment. Von der Idee her ist die Uniform eng mit der Dienerlivree verwandt. Beide werden auf Befehl eines Herrn in bestimmten Wappen- oder Familienfarben angefertigt und gelten während der Dauer des Dienstverhältnisses als offizielle Dienstkleidung.

„Die Uniformen der Heere stellten eine bunte Einheit dar. Sie waren ebenso von der Volks- oder Standestracht, von Mode und Geschmack beeinflußt wie durch militärische Zweckmäßigkeit und die Erfahrungen des Sieges auf dem Schlachtfeld in die gehörige Fasson gebracht worden ... Zuerst dienten die einheitlichen regimentseigenen Grundfarben der Tuchröcke im Schwedenheer König Gustav Adolfs

als Muster. Dann wurden bis zur Jahrhundertwende die vom Pariser Modezentrum geprägten gleichförmigen Monturen der französischen Armee richtungweisend. Während sich dort im Zug der Vereinheitlichung bald der weiße Rock durchsetzte, herrschte im englischen Heer die rote Farbe vor. Der bayrische Kurfürst Maximilian Emanuel kleidete seine Regimenter in Hellblau, die Preußen trugen dunkelblaue, die Russen dunkelgrüne, die Österreicher wiederum weiße Röcke ... Bei den großen Staubwolken, welche die Heere in der Schlacht aufwirbelten, und dem dichten Pulverqualm, der zwischen Freund und Feind lag, diente die Auffälligkeit der Uniformen zugleich den Zwecken der Gefechtsaufklärung. Andererseits konnte der Feldherr freilich schon von weitem die ungefähre Stärke des Gegners feststellen“ (Fiedler, S. 61).
Zu Beginn des 18. Jahrhunderts entwickelt das soldatische Kleid unter dem Einfluß preußischer Uniformen den zweckmäßig-militärischen Charakter. Auch am Wiener Kaiserhof werden Uniformen getragen, die – egal, ob es sich um das spanische Mantelkleid, eine Dienerlivree oder eine Beamtenuniform handelt – im Lauf der Jahre nur wenigen Änderungen unterliegen. „Modische Einflüsse, praktische Erwägungen und die hohen Kosten für Neuanschaffungen infolge Abnützung der meist prachtvollen Roben bewirkten einen langsamen Wandel in einfachere Formen. Den Hofbeamten ersparte das Hofkleid die Erwerbung und den Verschleiß der privaten Kleidung“ (Dirnberger, S. 43). Das ist eine interessante gesellschaftspolitische Tatsache, die – wie viele andere Vorteile, die man den oberen Gesellschaftsschichten zurechnen könnte – selten Erwähnung findet. 1730 kommen am Wiener Hof 2175 Bedienstete in den Nutzen, das entspricht mehr als einem Drittel der Bevölkerung Wiener Neustadts (das um 1700 als größte Stadt Niederösterreichs weniger als 6000 Einwohner zählt).
Unabhängig von allen, meist aus Frankreich stammenden Kleidermoden, die durch Modezeitungen Verbreitung finden oder, noch früher, mittels einer nach der neuesten Mode gekleideten Puppe in alle Länder weitergegeben werden, behält am Wiener Kaiserhof das spanisch geschnittene Hofkleid mit seinem Ursprung im 16. Jahrhundert lange Zeit die alleinige Gültigkeit. Es bleibt für öffentliche Auftritte und Zeremonien am Hof das einzig erlaubte Kleid. Erst im Jahr 1751 wird kaiserlichen Offizie-

Das typische männliche Kleid des 17. und 18. Jahrhunderts – die Uniform, die am Hof als spanische Tracht in Erscheinung tritt (rechts: Kaiser Leopold I. und unten: Uniformen der Leibgarde 1700–1763).

ren als besondere Auszeichnung erlaubt, anstatt im spanischen Mantelkleid in Uniform zu erscheinen. Unter Kaiser Josef II. werden Kleid und namensgleiches Zeremoniell abgeschafft, die bis dahin gültige Hofkleidung durch die soldatische Uniform ersetzt.

Von einigen geringfügigen Änderungen im Laufe der Zeit abgesehen, besteht die schwarze spanische Tracht des Mannes im 17. und 18. Jahrhundert aus einer einfachen schwarzen Kniehose (die unterhalb des Knies mit Bändern geschlossen wird), einem schwarzen, lockeren Wams mit Gürtel und einem schwarzen, seidenen oder damastenen Radmantel mit schwarzem Seidenfutter und schwarzen Borten. Dazu trägt man einen weichen, schwarzen Hut mit breiter Krempe. Die Farbe Schwarz steht als Hofkleidung in keinem symbolischen Zusammenhang, sie würdigt ursprünglich die hohe Qualität der spanischen Schneiderkunst. „Um die Kunst des Schneiders in ihrer Unnachahmlichkeit noch zu steigern, erhebt man Schwarz zum höfischen Merkmal, eine Nichtfarbe, deren Gebrauch man schon dem burgundischen Hof zugeschrieben ... hat. Da sich die Kleiderordnungen (hinsichtlich der Farbenreduzierung) nicht auf den Adel beschränkten, waren sie auch für die unteren Schichten erreichbar. Dies kann man auch aus der Zahl der Schwarzfärber in Märkten und Dörfern ablesen“ (Dihle, S. 209).

Das rot-goldene spanische Mantelkleid, das man nicht nur am Wiener Kaiserhof trägt, wird neben dem schwarzen Hofkleid als das beliebteste, über ganz Europa verbreitete, formelle Kleid angesehen. Es besteht aus dem goldbrokatenem Mantelkleid und einem goldbestickten roten Rock „samt Feder Hut, Bänder, Rabat und [ursprünglich] Pump Hosen“, die – letztere – im Verlauf des 17. Jahrhunderts die modische Form der schmalgeschnittenen Kniehose annimmt.

Zum farblich weniger gebundenen Frauenhofkleid gehört 1713 ein Miederoberteil mit Ärmeln, Kleiderschleppe (deren Seitenteile nach hinten geschlagen und aufgesteckt werden können) und einem sehr breiten, bodenlangen Rock, der vorne offen ist und das Unterkleid erkennen läßt. Dieses untaillierte Unterkleid ist nur an den sichtbaren Stellen aus kostbarem Grundmaterial gefertigt. Die durch die Seitenteile des Überrockes bedeckten Stellen des Kleides werden aus wesentlich billigeren Materialien hergestellt, weshalb der Unterteil immer mit dem als Mantel bezeichneten Oberkleid getragen werden muß. Die Ärmel sind durch Verschnürungen befestigt und auswechselbar. Unter dem Unterkleid trägt die Hofdame zwei Unterröcke und den

Kaiserliche Kammerjungfrau im Hofkleid mit Mieder, Schleppe, Schleppenhalterung und vorne geöffnetem Rock mit einsehbarem Unterkleid (Stich von Christoph Weigel).

panier. (Wortwörtlich übersetzt heißt das Gerüst Korb oder Bienenkorb, welcher Name sich von der Form herleitet.) Es handelt sich um den stützenden Teil des Reifrocks, der, von oben nach unten, aus immer breiter werdenden Reifen zusammengesetzt ist, um den Oberrock abstehen zu lassen. Auch das Reifengerüst unterliegt verschiedenen Änderungen: Von der Seite betrachtet, nimmt das Volumen zunächst zu, der Glockenreifrock wird um die Mitte des 18. Jahrhunderts flacher und ovaler im Querschnitt (aber noch stärker hüftbetont). Das Hofkleid ist aus farbiger Taftseide, das Unterkleid aus andersfarbigem Taft. Für die Damen- und Herrenkleider gilt, daß je nach Gelegenheit Stoffe und Farben wechseln, daß es reichere und weniger geschmückte Kleider gibt und daß unterschiedliche Hofränge und -würden Verschiedenheiten in den Details bewirken.

Reiche Stickdetails von Fräcken aus dem 18. Jahrhundert, so wie sie – aufgrund der verschiedenen Luxuspatente – den Mitgliedern höherer und höchster Ämter vorbehalten sind.

STÄNDE, KLASSEN UND WÜRDEN: IHRE AUSWIRKUNG AUF DIE BEKLEIDUNG

In den siebziger Jahren des 17. Jahrhunderts erläßt Kaiser Leopold I. eine Polizeiverordnung, auch Luxuspatent genannt, in der die Untertanen in fünf Klassen eingeteilt und je nach Zugehörigkeit zum Tragen standesgemäßer Kleidung angehalten werden, *„da wir mit Mißfallen wahrnehmen müssen, wie der höchst schädliche Luxus immer höher gestiegen, daß solcher Mißbrauch von unten her seinen Ursprung genommen, indem die geringen Standespersonen sich solche Kleider angemaßt, die nur den höheren gebühret, und einer den andern so hochgetrieben, daß alljährlich eine überaus große Summe Geldes außer Landes gebracht wurde, viele in große Schulden geraten oder gänzlich ruiniert worden"* (zitiert in: Barockes Wien, S. 38). Bis hin zu unwichtig erscheinenden Kleinigkeiten werden die Ausstattung der Oberbekleidung, Schmuck und Perücken dem Stand entsprechend vorgeschrieben und die Anzahl von Silber- und Porzellangegenständen, von Kerzen, Dienstboten, Gästen und Speisen für Hochzeiten und Begräbnisse genau festgelegt. Ausgenommen von dieser Regelung sind Fürsten, Grafen und Ritter sowie die Wirklichen Räte des Kaisers. Kaiserliche und landesfürstliche höhere Beamte, wie Vizedome, Hof- und Kriegszahlmeister, Amtmänner, Handgrafen, Hofquartiermeister, Sekretäre, die nicht zugleich Wirkliche Räte sind, Doktoren der Rechte und Arznei, die Nobilitierten, so Landgüter haben, Kammerdiener, Hofkapell- und Vizekapellmeister und die Stadtrichter von Wien und Linz werden der ersten Klasse zugerechnet. Adelige ohne Landgüter haben sich wie die Hofmusizi, Hoffouriere, Herolde, Leibbarbiere, Stadt- und Gerichtsbeisitzer, Münzmeister, Buchhalter, Rentmeister, Bürgermeister und Richter der landesfürstlichen Städte und Märkte mit der zweiten Klasse zu begnügen. Die dritte Klasse schließt alle Buchhaltereibedienten, Konzipisten, Kellermeister, Zimmerwarter, Tafeldecker, Türhüter, Kammerheizer, Hatschiere, Trabanten, Leiblakaien, Kammertrabanten, Trompeter, die äußeren Ratspersonen, die vornehmen bürgerlichen Handelsleute wie auch andere vornehme Bürger, welche kein Handwerk treiben, die Künstler: nämlich Buchdrucker, Maler, Bildhauer und Kupferstecher, mit ein. Zur vierten Klasse gehören die Falkner, Jäger, Hofsattler, Sesselträger, Torsteher, Stangen- und Vorreiter, Mesner, Kirchendiener, niedrige Kanzleibediente, Handwerker, Köche und Köchinnen und Bediente der anderen Klassen. Die fünfte Klasse umfaßt alle anderen Untertanen und *derselbigen Inleuth,* die Tagwerker und das übrige gemeine Volk. Mit eingeschlossen in der Verordnung ist das Verbot der Einfuhr französischer Stoffe und Kleider, was sich als Maßnahme gegen die schlechte heimische Wirtschaftslage versteht. Auch P. W. von Hörnigk, der mit dem 1684 erschienenen *Österreich über alles, wann es nur will,* eine Art früher Wirtschaftsstudie vorlegt, versucht darin, die Österreicher zum Kauf inländischer Waren anzuregen. *„Unsere Voreltern sind auch Leute gewesen und haben nichts von solchen Neuigkeiten* [gemeint ist die französische Mode] *gewußt, sein dannoch wohlgefahren … Es bestunden ihre kostbare Zierraten [aus guten und wertvollen Materialien] … welche … gleichwohl auch Kinder und Kindeskinder erben konnten. Nicht aber in zerreißlichen französischen Lumpen, die noch dazu alle halbe Jahr durch Änderung der Mode unnütz gemacht werden. Sie kleideten sich in gut Wollentuch*

Aufgrund der verschiedensten Luxuspatente und Kleiderordnungen ist die Einfuhr von Luxusgütern verboten. Unerklärlich bleibt, warum dieses Verbot inländische Ware miteinschließt, wenn damit sogar ein Gewerbe lahmgelegt wird wie die vielerorts betriebene Spitzenherstellung: Nach Metsu, Die Spitzenklöpplerin (rechts) und Francesco Bartolozzi, Harlekin als Spitzenklöppler (unten).

und Barchet, wußten nichts von französischen Zeugen und so wenig von ausländischen Seiden, daß noch vor hundert und dreißig Jahren ein großer König sich Sünden gefürchtet ganz seidene Strümpfe zu tragen. Ihr Tuch war inner Landes gearbeitet, darum florierte dazumal inner unsern Grenzen die Tuchmacherei und mit derselbigen alles" (ebda., S. 21).

Aus dem Jahr 1657, also aus einer Zeit vor der Leopoldinischen Kleiderordnung, datiert die Nürnberger Kleiderordnung, die weniger genau festgelegt ist und deshalb viele Unklarheiten aufkommen läßt. Zum ersten Stand wird der alte Adel, die *Doctores und Consulenten,* die Alten Ratfähigen und *andere* nicht näher erklärte Adelige gezählt. Zum zweiten Stand gehören die *„ehrbaren Kauf- und Handelsleute, die kein offen Gewerb haben / sondern für sich selbsten / von ihrem eigenen Vermögen / vornehme dapffere Handthierungen und Gewerb / auf ihre Gefahr und Wagnuß treiben / und solche von ihren Vor=Eltern auf sich gebracht / auch im Genannten=Stand des Größern Rahts seynd".* Der dritte Stand umfaßt *„die Kauf- und Handelsleute ... deßgleichen der Handwercker des Kleinern Raths".* Dem vierten Stand gehören *„Handelsleute ... wie auch der Krämer und Handwercker ... deßgleichen der Kauffmanns=Diener"* an. Der fünfte Stand umfaßt *„die gemeinen Krämer, Handwerker und aller / die in dergleichen Stand seynd".* Zuletzt bleibt eine *standeslose* Gesellschaft, zu denen alle Handwerksgesellen, Dienstknechte, Jungen, Dienst- und Hausmägde *„so dieser Stadt Burger=Recht nicht einverleibt seynd",* gehören. In dieser Kleiderordnung findet sich auch eine bemerkenswerte Sonderregelung, die sich auf alle Stände bezieht, um ein Verwischen der Gesellschaftsgrenzen zu verhindern: *„Nicht weniger werden diejenige Prachtbeschönungen / daß die Personen / die Kleidungen / so sie antragen / entweder von ihren Eltern / Freunden / und Tauff =doten geschenckt / oder anererbt / wohlfeil / alt erkaufft oder ausgetauscht bekommen / und selbige allein zu Ehren getragen hätten / und was dergleichen mehr seyn mag / alle für untüchtig und verwerfflich erkannt ..."* (NKO, S. 44). Und weiter: *„Als wird ... hiemit verordnet / daß die Kinder / so lang sie ledigen Stands / und die Wittwen im Wittibstand / demjenigen Stand gemäs sich kleiden mögen /*

in welchem die Eltern / oder ihre verstorbene Ehemänner begriffen seynd; wann sie aber sich verheyrathen / oder die Wittwen zur andern Ehe schreiten / so sollen sie sich kleiden nach dem Stand ihres Mannes / und der Sohn / nach dem Stand / den er als ein Hausvatter antritt …" (ebda., S. 45 f.).
Ähnlich wie bei der Leopoldinischen Polizeiverordnung wird die unnötige Zurschaustellung luxuriösen Hausrates kritisiert. Damit würde nicht nur die Geltungssucht gesteigert, sondern auch dem Staat durch die Aufwendung an solchen Gütern die flüssigen Mittel in Form der Steuern entzogen: „*Dieweilen auch fast Jederman / bey Ausfertigung seiner Kinder / einen starcken / ja offt den größten Theil seines Vermögens / an überflüßigen / kostbaren / in allerhand seinen Stand übersteigendenden Mobilien bestehenden Hausrath und Fahrnuß verwendet / dardurch sein Capital verringert … und also dem Aerario die Gebühr entzogen / sich selbsten aber die Nahrung geschmählert wird; Als will solchemnach Ein HochEdel und Hochweiser Rath / alle Dero untergebene Burger und Schutzverwandte / vor solchem unnöthigen Uberfluß / wohlmeinend verwarnet haben; Dann welcher hinfüro / daß er solche Warnung aus der Acht gelassen / betretten würde / worauf offentliche Rugen gestellet werden sollen / derselbe solle / nach der Grösse seines Verbrechens / gestraffet werden.*" Auch hierin sind sich alle Verordnungen einig, daß ein Zuwiderhandeln bestraft und in Geld abgegolten zu werden habe. Denn der einzige Sinn, der hinter den Luxuspatenten steckt, gilt dem Ankurbeln der Wirtschaft. Da durch die Verordnungen aber das genaue Gegenteil bewirkt wird, so ist ihnen auch keine lange Gültigkeit beschieden. Trotzdem folgte im 17. Jahrhundert ein Patent dem nächsten, und auch die Nürnberger Kleiderordnung erlebte eine *verbesserte* Neuauflage: „*Nachdem Ein Hoch=Edler / Fürsichtig= und Hochweiser Rath / dieser / des Heil. Römischen Reichs Stadt Nürnberg bisz anhero mit mehrmaligem Miszfallen sehen und erfahren müssen / welcher gestalt Dero ehemalige / und in anno 1657. wohlbedächtig verneuerte Kleider=Ordnung und Verboth der Hoffarth / von den mehristen Burgern / Inwohnern / Unterthanen und Verwandten / fast freventlich und verächtlichauszer Augen gesetzt / und bey aniezigen sehr kümmerlichen und Nahrungslosen Zeiten / welche Männiglich der Sparsamkeit von selbsten erinnern* [Nürnberg erleidet während des Dreißigjährigen Kriegs, 1618–1648, vor allem ab der schwedischen Besetzung 1632, eine starke Schwächung seiner vormals politischen, wirtschaftlichen und kulturellen Blüte, die es lange aufzuarbeiten hat] */ den übermäszigen kostbaren Pracht / zu nicht geringer Aergernusz / Ehr= und Tugend=liebender Personen / so gar nachgehänget werde / daß man kaum mehr einen Stand vor dem andern unterscheiden kan …*" (NKO), greift man neuerlich mit harten Maßnahmen durch. Ähnlich wie in den 1671 und 1697 von Kaiser Leopold I. erlassenen Verordnungen zielen die Patente auf Sparmaßnahmen wegen der schlechten wirtschaftlichen Lage und Einschränkung der Einfuhr und Verwendung ausländischer Luxuswaren. „*… dahero Wür … allergnädigst resolvirt, daß Erstens / ins künfftig in allen Unseren Erb=Königreichen und Ländern / Jeder männiglichen an Kleydern etwas von Gold= und Silber=Waar … es seyen Spitz / Fransen / Gallonen / Bortten / Schlingen / Knöpff / Gestückwerck / Gebräm und dergleichen … zu gebrauchen / und zu tragen verbotten seyn / wo nicht jede Manns= und Weibs=Persohn / Adelich oder Unadelich / groß oder klein / niemand außgenommen … Wüer gebieten auch … nachfolgenden Vier Classibus, deß Männ= und Weiblichen Geschlechts / der weissen / schwartzen und gefärbten Spitz … sich hinführo zu enthalten …*" (Leopold 1697).
Weiters wird allen Klassen das Tragen von Perükken, Spitzenhauben und gestickten oder mit Bändern verzierten Hauben untersagt.
Allen Verordnungen gemein ist auch die Idee, die Einfuhr von Luxusgütern und die damit zusammenhängende Prunksucht zu unterbinden sowie die Bevölkerung zur Sparsamkeit anzuspornen. Unerklärlich bleibt, warum dieses Verbot auch inländische Ware miteinschließt, wenn damit sogar ein Gewerbe lahmgelegt wird. Im 17. Jahrhundert leben zum Beispiel im Flachgau in Salzburg um die 400 Spitzenklöppler, die sich ausschließlich mit der Herstellung von Spitzen ihr Brot verdienen. Klöppeln ist eine Beschäftigung der Ärmsten. Zwar wird die Arbeitskraft schlecht bezahlt, aber dafür kann die Arbeit im Unterschied zu vielen anderen Tätigkeiten zu jeder Jahreszeit, von jedem Familienmitgleid und zu Hause ausgeübt werden. In Henndorf bei Salzburg zum Beispiel sind die meisten Kleinhäusler, die in der dortigen Bierbrauerei beschäftigt sind, im Sommer arbeitslos, da in der heißen Jahreszeit die Biererzeugung stillsteht. Mit dem Klöppeln können sich die Leute über diese einnahmslose Zeit hinüberretten. Offensichtlich fehlt es dem Kaiser an wirtschaftlichen Beratern und Interessierten, um sich mit den Ideen des Merkantilismus und deren Umsetzung in die Praxis auseinanderzusetzen. Völlig anders verhält sich der französische König, der natürlich auch aufgrund der selbstgeschaffenen Alleingewalt aus eigenem Antrieb handeln kann. Als in Frankreich wegen der unmo-

dern gewordenen Schleifen das Bandwebergewerbe darniederliegt, werden Hunderte von Familien in den Ruin getrieben. Deshalb beschließt König Ludwig XIV. im Juni 1689, obwohl er es jetzt als unbequem und unschön empfindet, sich wie in seiner Jugend mit Schleifen zu schmücken. Sein Beispiel hat Erfolg, denn innerhalb der nächsten Wochen ahmen alle die Mode nach, die Hofleute bis zu den höchsten Würdenträgern tragen Bouquets von Satin auf den Ärmeln und an den Schultern, und die Bandweber sind vorläufig gerettet.

DIE BEVÖLKERUNGSKLASSEN IN DEN KLEIDERORDNUNGEN

Allen Vorschriften gemein ist die Einteilung der Bevölkerung nach Ständen und Berufen und die damit verbundene Anweisung, eine bestimmte, den Lebensumständen angemessene Kleidung zu tragen. Die Kleidungsstücke unterscheiden sich hauptsächlich in den Materialien und in der Aufwendigkeit der Ausarbeitung voneinander, während die Schnitte der Kleidungsstücke verschiedener gesellschaftlicher Stufen nur geringfügig voneinander abweichen. Das läßt sich am einfachsten an den Männerjacken ablesen, denen eine Einförmigkeit nicht abgesprochen werden kann. Der Arbeitsrock des einfachen Mannes, die Dienerlivree, das Soldatenkleid und die Jacke des Fürsten unterscheiden sich vor allem im Stoff und in Anzahl und Qualität der Bordüren und Knöpfe. (Silberne und vergoldete Knöpfe gebühren dem ersten Stand, ein Mehr an Gold und Silber für Degengehänge, goldene oder silberne Fransen oder Spitzen an Handschuhen oder anderen Kleidungsstücken ist aber auch ihnen untersagt.) Die sehr ähnlich geschnittenen Jakken entsprechen nach heutigen Vorstellungen am ehesten Salonröcken, als Arbeitsbekleidung wirken sie zu elegant und wenig zweckmäßig. Ähnliches gilt für den aus der Menge der berufsbezogenen Kleidungsstücke willkürlich gewählten Faßzieherkittel: Schnitt nach dem bekannten Muster, aber aus billigem, naturfarbenem Drillich gefertigt. Einziger Schmuck der Jacke sind acht Posamentknöpfchen (im Unterschied zu den Gold- und Silberknöpfen der oberen Gesellschaftsschichten) an der Vorderseite, je drei an den Ärmeln und ein Knöpfchen an der Jackenrückseite.

Die Bereitwilligkeit, an den Sinn dieser Ordnungen zu glauben, erstirbt spätestens in dem Augenblick, wenn man auf einen Absatz stößt, der die Anbringung von einfärbigen Bändern an Brautkutsche-Pferden regelt: Bänder an Schopf, Mähne und Schweif sind für den ersten Stand zulässig, Bänder an Schopf und Schweif für den zweiten Stand oder Bänder nur am Schopf für den dritten Stand. Hier

Stiftungstrachten der Lehrjungen (links) und Waisenhauszöglinge, die dem neuen gültigen Ensemble der Männermode entsprechen und ein gutes Beispiel der zahlreich aufkommenden Uniformen darstellen.

Franz Mieris d. Ä. (1635–1681), Kavalier im Verkaufsladen eines Stoffhändlers, in dem die gängigen Stoffe ausgestellt sind. Anders als in späteren Epochen tritt der Modewandel nicht im Schnitt der Kleider, sondern in der Änderung der Muster in Erscheinung.

läßt sich erahnen, welche Bedeutung der gesellschaftliche Aufstieg in sich birgt, wenn an der Menge und an der Plazierung von Bändern eine bestimmte Schichte gekennzeichnet wird.

Wesentliche Auskünfte über verschiedene Arten der jahreszeitlich oder berufsmäßig bedingten Bekleidung versagen alle Kleiderordnungen ebenso wie die zeitgenössischen Schnittbücher. Man darf aber annehmen, daß der halbkreisförmige Mantel aus braunem Tuch, *mit einem Abnäher an der Achsel,* das einzige Oberbekleidungsstück des in der Liste als *armer Mann* Ausgewiesenen darstellt.

Allgemein gibt es an Herrenoberbekleidung verschiedene Arten von Jacken und Mänteln, wobei man unter Radmantel, der auch Bestandteil des Hofkleides ist, einen ärmellosen Umhang versteht. Im Unterschied dazu gibt es den *mandlrockh,* einen kreisrund geschnitten Mantel mit eingesetzten Ärmeln und den Rock überhaupt, der alle Gewänder mit Ärmeln, egal, ob sie kurz oder lang geschnitten sind, miteinbezieht. Außerdem bezeichnet man natürlich auch den unteren Teil des Frauenkleids als Rock.

Als modisch eigenständiger Teil des Kleides, der im Laufe der Jahrhunderte vielen Wandlungen unterliegt und meist aus kostbaren Stoffen gefertigt wird, soll im folgenden kurz auf die Entwicklung des Hemd- und Kleiderkragens der Damenkleider eingegangen werden.

Formal durchläuft er in allen Gesellschaftsschich-

ten, allerdings bei abfallender Materialqualität, dieselbe Entwicklung. Anfang der vierziger Jahre des 17. Jahrhunderts tritt der tellerförmige, brettartig ausgesteifte, im Nacken steil ansteigende Wäschekragen an die Stelle der hochstehenden Krause. Eigentlich entsteht der Kragen in der Folge einer der zahlreichen Kleiderordnungen und Luxuspatente, als 1623 in Spanien die Krause wegen des hohen Spitzenverbrauchs verboten wird. Außerdem gilt die Halskrause der Mehrheit der Bevölkerung – nicht nur wegen der hohen Kosten, sondern auch als Ausdrucksmittel für Unnahbarkeit – als unliebsames Symbol, als welche sie zwischen einem höhergestellten Gesprächspartner und einem Untergebenen „Abstand" schafft. Aus welchen Gründen die Krause später als Teil der Amtskleidung wieder Eingang findet, ist schwer nachzuvollziehen, da die mit Macht, Erhabenheit und Unerreichbarkeit verbundene Symbolik erhalten bleibt.
Wie früher erwähnt, löst der Halbmondkragen die Krause ab. Er liegt weicher auf den Schultern auf, wird aber im Nacken noch einige Zeit durch eine Versteifung aufrecht gehalten. Binnen kurzem entwickelt auch dieser Kragen einen immer höher werdenden Spitzenverbrauch, obwohl sich die Kragenform im Laufe der Zeit reduziert. Im Verhältnis dazu vergrößert sich das Dekolleté. Die Spitze verlegt sich an den Rand des Ausschnitts und steigt in der Übergangsstufe auch hier manchmal noch in Richtung Nacken auf. Für die weitere Entwicklung gilt, daß sich der Kragen immer gegengleich zum Dekolleté verhält und bis ins 18. Jahrhundert modisch sehr veränderlicher und beweglicher – weil abnehmbarer – Teil der Kleidung bleibt.
„Kragen, ist ein zierlich formirter zusammen gereyheter Umfang und uberschlag, den das Frauenzimmer über den Hals und Schultern leget. Man findet selbigen von vierley art und Façon: in Augsburg träget das Frauenzimmer … weiße breite Spitzen=Kragen, so aus einem Stücke geckleppelt sind, und hinten über den Rücken hinunter tieffer als vorneher herab hängen: In Nürnberg sind sie von weißer Leinwand geschnitten und mit Spitzen frisiret, sie führen auch dergleichen von schwartzen Spitzen, so mit einer goldenen Nompareille gezieret. Das Saltzburgische Frauenzimmer träget gedoppelte, der unterste ist von weißer sauberer Leinewand, mit einer breiten weißen Spitzen umkreusselt, der oberste aber, so darüber lieget, ist von lauter schwartzen Spitzen. Diejenigen Kragen, so die ehrbaren Matronen oder alte Weiber an etlichen Orten in Sachsen noch zu tragen pflegen, sind aus schwartzen Sammet, Atlas, Taffet oder andern Zeugen geschnitten, und mit schwartzen Spitzen, Borten, Nompareillen, oder andern Zierrathen besetzet und bebrähmet. Derer Hallorum Frauenzimmer ihre Krägen sind von weißen Nestel=Tuch, und um und um mit Spitzen besetzet" (Zedler, Bd. 15, S. 1727 f.).
Bei den kostbaren Stoffen reicht die Palette von der Seide, die auch als Atlas-, Taft- oder Moiréseide erhältlich ist, bis zum Damast, Brokat und Samt, die laut verschiedenster Kleiderordnungen allesamt einmütig dem ersten Stand vorbehalten bleiben. *„Item mögen* [die Mitglieder der vordersten Gesellschaftsschichte] *Hosen / Wammes und Röck tragen von Sammet / Atlas / und andern seyden Gewand / solche auch mit taffet / Brocat, oder andern dergleichen seidenen Zeuch unterlegen lassen / benebenst sich der ganz seydenen Strümpff gebrauchen …"* (NKO, S. 2).
Zu den seidenen Stoffen zählt auch der Damast, ein durch die Webart in sich gemusterter Stoff, der in selteneren Fällen aus Leinen oder Baumwolle hergestellt wird. Die besten Damaste führt man während des Barocks aus Venedig oder Genua ein. Ein anderer in sich gemusterter Seidenstoff ist der Brokat, den Metallfäden durchziehen, der wegen der Menge seiner Gold- und Silberbestandteile einen großen Wert darstellt und dessen Kauf- und Weitergabegeschichte deshalb aus etlichen Inventarlisten und anderen Aufzeichnungen überliefert ist.
Zu den einfacheren Stoffen gehören Tuch, ein teils gewalkter Wollstoff, und Barchent, ein leinen(Kette)-baumwollenes(Schuß) Gemisch, aus dem die niederen Stände ihre Kleidung fertigen. Daneben bestehen zahlreiche andere, teurere oder billigere Gewebe wie *berter* (geblümtes, dem Damast ähnliches Seidenzeug), *pernisch* (ein qualitativ besseres Tuch, das es gewalkt, ungewalkt oder geschoren gibt), Bauerntuch (ein grober, hausgemachter Wollstoff zur Anfertigung der Bauernkleidung), *bey* (ein locker gewebter, billiger Wollstoff) und so fort.
Vor 1700 sind teure Stoffe meist mit großformatigen Mustern versehen, die sich aus geometrischen Dekorationselementen und naturfernen Pflanzenmotiven zusammensetzen. Die einzelnen Muster kehren in regelmäßig aneinandergereihten Spitzovalflächen wieder, die innen befindlichen Motive als Rahmen klar überschaubar trennen. Man strebt nach großen, die ganze Breite der Stoffbahn einnehmenden, symmetrischen Mustern, die sich im Laufe der Zeit zu einer freier bewegten Musterzeichnung mit Spiralranken entwickeln. Neben dem Formen- und Farbenspiel mit den Mustern wird eine reichere Oberflächengestaltung angestrebt – viele Stoffe erhalten reliefartige Strukturen, die, wie die aus Seiden- und Metallfäden zusammengesetzten Gewebe, das Wechselspiel des Lichtes betonen sollen.

Nach 1700 wandeln sich die geometrischen Pflanzenmotive in große Architekturformen, Bäume, Vasen und perspektivisch gezeichnete Möbelstücke, die sich aber zueinander in naturfernen Größenverhältnissen befinden. Die Muster erreichen Größen bis zu 90, 100 Zentimeter. Zunächst werden sie lokker auf der Fläche verteilt, ab 1720 wachsen sie oft zu dermaßen dichtgefüllten Flächen zusammen, daß man den Mustergrund nicht mehr erkennen kann. Später folgen wieder kleinteilige, bunte Blumendekorationen. Der gesamte Modewandel tritt vorwiegend in der Änderung der Muster oder in einer die Stoffstruktur verändernden Technik in Erscheinung. Wesentlich weniger wandelt sich die Gestaltung der Kleider in Schnitt oder Linienführung. Deshalb kann ein Kleid durch Veränderung oder Umarbeitung selten modernisiert werden, da

Martin van Mijtens, Erzherzogin Maria Anna in einem großformatigen Blumenmusterkleid mit mächtigem ‚panier' (Reifengerüst des Rockes), so wie es etwa der Mode der sechziger Jahre des 18. Jahrhunderts entspricht.

ihm das Muster des Stoffes den Jahresstempel aufprägt.
Trotz der betonten Leichtigkeit der Kleider erreichen manche Stoffe durch die Metallauflagen oder -fäden so hohe Gewichte, daß sie für die Damen untragbar werden. Zeugnis davon gibt eine Eintragung im Rechnungsbuch des Propstes von St. Dorothea in Wien: „*... den 24 April 1717 zwei reiche Kleider, id est zwei manteau und zwei unterröck, welche zusammen 61 ellen halten, deren jede elle von dem einen Kleid zu Lion in Frankreich 40 fl. von dem anderen aber jede ellen 32 fl. gekostet hat, von ihro hochfürstliche gnaden, Fürstin Antonie von Liechtenstein, welche wegen schwere des zeugs benenntes Kleid nicht tragen wollen, zu einem zukünftigen ornat pro festo st. Dorotheae erkauft um ... 750 fl.*"
Die Dame hat mit der Weitergabe des zu schweren Stoffes einen Verlust von 1440 fl. hingenommen.

ENTWICKLUNG VON SCHUH UND SCHUHFORMEN

Gegen Ende des 16. Jahrhunderts kommt für den Damen- und Herrenschuh der Absatz auf, der entweder aus Holz oder aus mehrfach zusammengeleimtem Leder gefertigt wird. Das Gehen wird dadurch erschwert und verkünstlicht, was bedeutet, daß nur Personen, die keiner körperlich anstrengenden Arbeit nachzugehen haben, sie regelmäßig tragen können. Träger und Trägerin werden *erhöht,* bei den Damen entstehen ungeahnte Möglichkeiten der Vergrößung, da die Schuhe hinter den langen Röcken unsichtbar bleiben. Die männlichen Bürger Deutschlands und der Niederlande tragen zu Beginn des 17. Jahrhunderts, die Frauen etwas später, Schuhe aus derbem, schwarzem Leder, wobei der Männerschuh oftmals rote Sohlen und einen roten Absatz aufweist. Der Schuh hat eine Mittellasche über dem Rist und seitliche lappenförmige Verstärkungen, die mit Schleifen zusammengehalten werden oder mit Rosetten verziert sind. Später schließt man die Schuhe mit Schnallen.
Bei den vielen Männern, die Kriegsdienst versehen, setzt sich um die Mitte des 17. Jahrhunderts eine Mode à la Wallenstein durch, die Kostüm, Handschuh, Hut und Stiefel miteinschließt. Bei der Fußbekleidung handelt es sich um Stiefel mit wallenden, trichterförmigen Schäften, die nach hinten hängen und Halt durch das von Rist zur Ferse durchgehende Sporenleder bekommen. Mitunter sind die Stiefel mit silbernen Borten, in Frankreich auch mit Spitzen und Schleifen besetzt.
Die Damen höherer Gesellschaftsschichten tragen

verzierte Schuhe aus Seide, Samt oder aus gepreßtem, farbigem Leder, die mit Rosetten, Goldtressen, farbigen Bändern, Stickereien und Perlen reich besetzt sind. Die hohen Absätze werden wie bei den Männerschuhen aus Holz geschnitzt oder aus übereinander gearbeitetem Sohlenleder gefertigt. Seit dem 16. Jahrhundert gibt es auch Überschuhe, die sich in England großer Beliebtheit erfreuen. Da vom Dienstmädchen bis zur Fürstin alles Seidenschuhe trägt, die dem nassen Wetter nicht standhalten, konstruiert man von der Machart recht einfache Kotschuhe. Sie erinnern an Pantoffeln aus Holz, an deren Sohlen ein passender Ausschnitt für den Schuhabsatz freigehalten ist. Dieses Holzstück ist auf eisernen Stollen montiert, die an der Unterseite in einen ovalen Eisenring übergehen. An der Seite befinden sich Lederriemen, mit Hilfe derer man die Überschuhe an Fes-

Rechts: Der Schuster (Stich von Chr. Weigel) und unten Jan Josef Horemans d. Ä., Schusterwerkstatt mit einem reichen Angebot an den damals üblichen Schuhen und Pantoffeln.

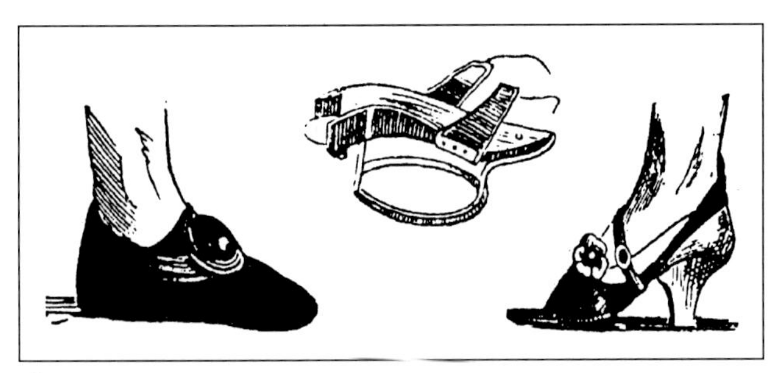

Überschuhe aus Holz mit Eisengestell oder zwei verschiedene Arten von Galoschen aus Leder für den Herren- oder Damenschuh, die jeweils über ein anderes Paar Schuhe übergezogen werden, wobei die Schnalle des unteren Paars über die Galosche gezogen wird.

sel und Rist befestigt. Für Männer gibt es vorne weit ausgeschnittene Überschuhe aus steifem Leder, die wie die Damenschuhe eine Ausnehmung für den Absatz des inneren Schuhes haben. Um einen sicheren Halt zu gewährleisten, soll der Überschuh nur über einen bestimmten, dafür vorgesehenen Schuh getragen werden, der wie ein Guß über dem Unterschuh sitzen muß. Damit man die Galosche nicht sofort als solche erkennt, wird der Vorderteil unter die Schuhschnalle des inneren Schuhs geschoben. Ähnliche Überschuhe aus schwarzem Leder existieren auch für Damen, die aber nur unter der vorderen Sohle des Schuhes verlaufen und mit einer Lederkappe und Riemen am Unterschuh befestigt werden.
In ländlichen Gebieten trägt man beinahe überall in Europa Schuhe aus ausgehöhltem Holz, in wärmeren Regionen auch Bastschuhe.
Die Form der Schuhe scheint vielen Wandlungen zu unterliegen, besondere Kritik wird am sich laufend verändernden Damenschuh geübt, der bald rund, bald viereckig oder halbmondförmig ist, *„zu geschweigen, daß die Laschen offt breit, bald hernach schmahl, jezuweilen übergeschlagen und gelb oder roth gefüttert, die Absätze auch zu einer Zeit hoch, zu der andern niederig, flach oder spitzig, von gepappten Leder gemacht oder aus Holtz, mit schönen Saffian, auch wohl mit güldenen oder silbernen aufgedruckten Blumen auf das köstlichste gezieret, überzogen sind … Wie lüstern man heut zu Tag seye wegen der Farb des Leders zu den Schuhen, will ich dermahlen nicht anführen, als eine ohnedeme bekannte Sache, worinnen zumahl das stets nach neuer Mode trachtende Frauenzimmer, welches so gar nun auch auf den Schuhen und Pantoffeln mit denen aus den schönsten und kostbarsten Banden gehäffteten Fontangen* [Bänderwerk] *ihre Belustigung suchet“* (Ständebuch, S. 23). Im Zusammenhang mit der vielfältigen und kostbaren Aufmachung versteht es sich von selbst, daß in wirtschaftlich schwierigen Zeiten ähnliche Anordnungen wie für die Kleider erlassen werden, die sich auf Material (samtene, weiße, mit Gold- und Silberborten besetzte oder bestickte Schuhe) oder besondere Formen und Schnitte beziehen.

Holzpantinen, die beinahe in ganz Europa in ländlichen Gebieten getragen werden. Gegen Ausgleiten schützen in den Absatz geschlagene Eisennägel.

Je nachdem, wie man Schuhe trägt oder wie man sie anzieht, existieren im Volksmund unzählige Bräuche, viel Aberglauben und Verhaltensvorschriften. So wird Schwangeren verboten, Schuhe mit hohen Absätzen zu tragen, da der Fuß nur auf dem vordersten Teil die Erde berührt, die Ferse in die Höhe steht und dadurch der Oberkörper nach vorne kippt. Diese Haltung verursache Frühgeburten, die Kind und Mutter in Lebensgefahr bringen. Ein wöchentliches Wechseln des linken und rechten Schuhs erhält die Leibesfrucht der Schwangeren munter und frisch. Wenn Kinder Schuhe einwärts treten, bedeutet das Wohlstand im späteren Leben, wenn sie sie auswärts treten, Armut. In der Früh den linken Schuh zuerst überzuziehen, beschwört Unordnung herauf, die den ganzen Tag anhält. Einer der nettesten Bräuche betrifft den Morgen nach der Hochzeitsnacht. Die ehemalige Amme der Braut überbringt die von ihr als erstes getragenen Kinderschuhe, die diese dem Bräutigam auf einem Teller weiterreicht, um ein stattliches Trinkgeld darein zu erhalten, was eine Art von Morgengabe gewesen zu sein scheint.

HAUBEN- UND HUTFORMEN

Während im 16. Jahrhundert das Barett unter den Kopfbedeckungen eine große modische Bedeutung spielt, wandelt sich im 17. Jahrhundert der Geschmack zum Filzhut mit umgelegter, breitrandi-

Verschiedene Arten von Kopfbedeckungen: Unbekannte Dame mit Haube, unbekannte Dame mit Schleierhaube sowie Margarete Pistorius († 1693) mit Fontange-Haube, einem reichen, höfischen Kopfputz.

ger Krempe. Der sogenannte Rubens- oder Rembrandthut wird aus den Niederlanden eingeführt und von Frauen und Männern gleichermaßen getragen. Eine Abart stellt der breitkrempige, federgeschmückte Soldatenhut à la Wallenstein dar. Allerdings büßt mit dem Aufkommen der kunstvollen Haartrachten die Kopfbedeckung bei den Damen schon bald ihr Ansehen ein. Deshalb finden anstatt der Hüte Seidenschleifen, Haar- oder Stirnbänder, Rosetten, Blumenbouquets, Federn und leichte Hauben als Kopfputz Verwendung. Letztere zählen seit dem Mittelalter zu den traditionellen Kopfbedekkungen verheirateter Frauen. Die Volkstrachten entwickeln vielfältige schmucklose oder verzierte Haubenformen, die das Haar mehr oder weniger verdecken, während die Dame des 17. Jahrhunderts zu Hause zierliche kleine Häubchen trägt und für den Ausgang die Fontange, einen hohen höfischen Kopfputz über einem Drahtgeflecht, anlegt. Zum Schutz gegen Wind, Kälte oder Blöße legt sie einen Schleier um, der leicht auf- und abgesetzt werden kann, ohne die Frisur zu verletzen.
In ländlichen Regionen wie zum Beispiel in Oberösterreich trägt man schon im 16. Jahrhundert einen Filzhut, der die Form eines leicht abgerundeten Kegels hat. Die Spitzform bleibt im 17. Jahrhundert bestehen, die Krempe verbreitert sich und wird am Rand leicht aufgebogen. *„Spitz=Hut / auch Filz=Hut / ist eine den Augspurgischen und Saltzburgischen Frauenzimmer vom zarten Filz spitzig und hoch zu bereiteter gebräuchlicher Hut, den sie zu Sommers Zeit über ihr Gestricke und Haube aufzusetzen pflegen; derer Augspurger sind entweder mit einer Schleiffen von Silber=Drat=Arbeit oder einer Masche Band gezieret, derer Saltzburger aber haben eine schwartze Schnur, woran eine aus schmalen Taffent Bändern rund geknüpffte Masche zu sehen. In Regenspurg nennen sie es einen Stroh=Hut, so öfters mit Perlen und andern Schmuck ausgezieret. In Straßburg aber einen Bauer=Hut, so mit Sammet und Spitzen gezieret wird“* (Zedler, Bd. 13, S. 1295 f.). Während des 18. Jahrhunderts verbreitert sich die Spitzform des Hutes zur flacheren Kappenform, und auch die Krempe wird schmäler. Der Filz läuft gegen den Hutrand dünn aus, um das Gewicht zu vermindern und das Herabhängen der Krempe zu verhindern.

DIE BEDEUTUNG VON TASCHENTUCH UND FÄCHER

Neben den notwendigen Kleidungsstücken, die den Körper einer Frau nicht nur bedecken, sondern ihn unter Zuhilfenahme modischer Details vorteilhaft unterstreichen, existieren im 17. und 18. Jahrhundert zahlreiche, zunächst unbedeutend scheinende, hübsche Nebensächlichkeiten, wie Spitzentuch, Fächer und Gebetbuch, deren Verwendung und Handhabung aber einen heute teils unverständlichen Aussagewert hatten. Je nach der Kostbarkeit des Gegenstandes erhöht er die Bedeutung der Besitzerin, die Fähigkeit, ihn richtig einzusetzen, steigert ihre Raffinesse. Taschentücher sind seit der griechischen und römischen Antike in Verwendung. Ab dem Mittelalter wedeln sich adelige Damen mit immer kostbarer werdenden Stücken Luft zu oder halten sie während des Gespräches spielerisch in ihren Händen. Leinentüchlein ent-

Detail, Spitzentücher aus Coello, Königin Anna von Österreich und Velázquez, Königin Mariaña von Spanien.

wickeln sich im Lauf der Zeit zu teuren Kostbarkeiten, die die Herren ihren Angebeteten schenken. Im 16. und 17. Jahrhundert kann ein mit Perlen und Edelsteinen besticktes, mit venezianischen oder Brüsseler Spitzen gesäumtes, mit Gold- oder Silberfransen geschmücktes Taschentuch den Wert eines Bauernhofes erreichen. Es gereicht der Dame zur Zier, so ein Stück dekorativ in der Hand zu halten, die Nase wird selbstverständlich niemals damit geputzt.

Im 16. Jahrhundert werden über Portugal und Spanien Fächer aus China eingeführt, deren Bekanntheitsgrad und Verwendungszweck sich rasch verbreiten. Unter den zahlreichen überlieferten Formen erreicht der chinesische Faltfächer die größte Beliebtheit, später kommt auch der Briséefächer in Mode, der aus gleich langen, konischen Stäben ohne Blatt zusammengesetzt ist und dessen Stäbe durch ein Band zusammengehalten werden. Der Blatt-, Kamin- oder Schirmfächer ist kein klappbarer, sondern ein feststehender Fächer mit einem Stiel, an den ein Blatt angefügt ist oder der in ein Blatt übergeht. In Italien entwickeln sich auch die sogenannten Fahnenfächer (nach dem querrechteckigen Fächerblatt, das beweglich am Stiel aufsitzt), Radfächer (die aus einem Griff, der Kapsel und einem kreisförmigen Blatt bestehen, das versenkbar ist) und Federfächer (nach dem Besatz). „Es gab bestimmte Fächertypen für besondere, genau definierte Anlässe beziehungsweise Personengruppen. So waren zum Beispiel Fahnenfächer in Venedig um diese Zeit vornehmlich Brautfächer, während Federfächer – mit Straußen-, Pfauen-, Adler-, Fasanen- oder Marabufedern besetzt und häufig in der Farbe eines bestimmten Kleides eingefärbt – als Attribut verheirateter Frauen galten" (Fächer, S. 7).

Aus den unzähligen Fächertypen, die sich in Form, Herstellung oder Funktion unterscheiden, sei noch der Lorgnonfächer herausgegriffen, in dessen Deckblätter Lorgnons oder auch Operngläser eingebaut sind. „Es gab eine unendliche Fülle von Fächern ... In Paris ... erfand man den *Theaterfächer*, der als besonders kurzlebiges Erzeugnis für einen Abend gedacht war. Auf dem Fächerblatt wurden nicht nur Szenen aus dem gespielten Stück oder Operntexte abgedruckt, es befand sich auch ein kompletter Grundriß des Theaters darauf mit Eintragungen von bestellten Plätzen und Logen, so daß man nicht nur der Handlung leichter folgen konnte, sondern interessanterweise auch erfuhr, wer wo saß" (Alte Fächer, S. 56).

Auch im 18. Jahrhundert floriert die Fächermode, man besitzt Fächer für jeden Anlaß: für Hochzeit, Kirchgang und Hoffest, Freundschaftsfächer, Trauerfächer und so fort. Die ersten Modelle orientieren sich an den chinesischen Vorbildern. In Frankreich

Peter Paul Rubens, Mädchen mit Fächer, einem sogenannten Fahnenfächer, der die Dargestellte wahrscheinlich als Braut ausweist.

Fächerentwurf, Augsburg, 17. Jahrhundert.

und England baut man lange Zeit chinesisch anmutende Stücke mit geschnitzten Elfenbeingestellen nach und gerät zu einer derarten Perfektion, daß man sie heute von den ostasiatischen Originalen nicht mehr auseinanderzuhalten vermag. Später werden die europäischen Fächer auch aus anderen Materialien wie Schildpatt, Horn, Perlmutt, in selteneren Fällen aus Bein oder Metall hergestellt, mit Gold oder Silber belegt und die Deckblätter reich gestaltet. Das meist doppelseitig montierte Blatt besteht aus präpariertem Papier, aus Seide oder aus gegerbter Haut und ist meist mit Gouachemalerei versehen. Auf dem Höhepunkt seiner Beliebtheit wird für den Fächer eine eigene Sprache entwickelt. Sie wird von Lehrmeistern unterrichtet, da eine Vielfalt von Wendungen und die Grazie der Handhabung zu erlernen ist. „Man gestand seine Liebe etwa, indem man mit geschlossenem Fächer nach dem Herzen deutete, oder man blickte über den geöffneten Fächer hinweg und signalisierte so ein abendliches Stelldichein. Vor Lauschern warnte man, indem man den Fächer zur Nasenspitze führte. Langsames Aufklappen und liebenswürdiges Beschauen bedeutete, daß der Liebhaber auf Erhörung rechnen dürfe“ (Fächer, S. 8 f.).

SCHMUCK

Daß in einer prachtliebenden Zeit Schmuck und Juwelen einen großen Stellenwert einnehmen, steht außer Frage. Er zeugt wie die Architektur des Palastes und die Anzahl der Pferde vor der Karosse von der Vermögenslage des Besitzers. Im Unterschied zu späteren Zeiten zählt die Arbeit geringer als der Wert des Steins oder der Perle, so daß – wie bei den Kleidern und Dekorationsteilen – nur die Formen der Geschmeide, Anstecker und Ringe geändert und die wertvollen Stücke ausgewechselt werden. Ausgenommen sind Juwelen, die an Brautkleidern befestigt sind. Die meisten vermögenden Familien folgen einem alten Brauch und verschenken die goldbestickten, mit Juwelen besetzten Hochzeitskleider nach der Trauung an Stifte, Klöster und Kirchen. Die darauf befindlichen Steine und Perlen dürfen abgenommen und zum Beispiel zur Herstellung neuer Monstranzen verwendet werden.

Selbstverständlich existieren in allen Kleiderordnungen auch Einschränkungen hinsichtlich der Menge des anzulegenden Schmucks, der Art oder der Anzahl der erlaubten Steine oder Perlen. Ein besonderes Kuriosum befindet sich in der Nürnberger Kleiderordnung, wo die Worte *Breite des Halß-kettleins* für die Damen des dritten Standes von einer bänderartigen Zeichnung umgeben ist, die die erlaubte Breite des Schmuckstückes (etwas mehr als acht Millimeter) darstellt. Außerdem haben sich die Frauen der *überflüssigen und kostbaren Ringe* zu enthalten. Die meisten Verordnungen verlieren sich in haarsträubende Kleinigkeiten, wie der folgende Absatz verdeutlichen wird, der aus einer Menge von Ungereimtheiten herausgegriffen wurde: Den Damen des dritten Standes ist es untersagt, Perlen-

E. Vigée-Lebrun, Marie Antoinette mit der Rose (aller Wahrscheinlichkeit nach nicht mit der im Text angesprochenen künstlichen Rose, sondern mit der Blume als dem Symbol der Liebe).

colliers anzulegen, obwohl den Dienst- und Hausmägden, die in dieser Ordnung gar keinem Stand zugehören, das Tragen von Perlenhaarbändern erlaubt wird. Verboten sind Perlen als Anhänger an Ketten, wenn sie einen Betrag von sechs Gulden überschreiten. Diese Abhandlung fehlt bei den Damen des dritten Standes gänzlich, und man wird nie erfahren, in welcher Form ihnen das Anlegen von Perlen erlaubt war.

Wer sich echte Steine nicht leisten kann, darf ab dem 18. Jahrhundert auf Imitate zurückgreifen, denn in diese Zeit fällt die Erfindung des Modeschmucks aus Straß. Der französische Goldschmied Georges Frederic Stras (1701–1773) stellt aus stark bleihaltigem Glas, das hohen Glanz und starke Farbstreung aufweist, Schmucksteine her, die echten Steinen täuschend ähnlich sehen. Es hat sich die Geschichte überliefert, daß Georges Stras, als er mit seiner schmucküberhäuften Gemahlin in einer fremden Stadt an einem Empfang teilnahm, festgenommen wurde, da man ihn wegen der Menge und Brillanz der Steine für einen Dieb hielt. Erst nachdem er beweisen konnte, daß er den Schmuck künstlich hergestellt hatte, wurde er wieder auf freien Fuß gesetzt.

Die Kunstblume als Accessoire am Kleid oder im Haar einer eleganten Dame nimmt ihren Ausgangspunkt in Frankreich, von wo aus die meisten europäischen Modezentren beeinflußt werden. Madame de Genlis (1746–1830), Schriftstellerin und zugleich eine der bekanntesten Blumenkünstlerinnen ihrer Zeit, erinnert in ihren Memoiren an die Mode ihrer Jugendtage: „Es ist unmöglich, einen Begriff von dem Glanz zu geben, den ein Kreis schön geschmückter Frauen hervorbrachte, wenn eine neben der anderen saß. Ihre enormen Reifröcke bildeten ein künstlich zusammengestelltes Spalier von Blumen, Perlen, Silber, Gold, bunten Seidenbändern und Edelsteinen ... Man trug nicht nur Blumen, sondern auch Früchte, Kirschen, Weintrauben, Erdbeeren mit ihren Blüten und Blättern. Die Kunst wußte diese Früchte täuschend nachzuahmen. Einige Damen trugen Gemüse, und man hat solche gesehen, die Artischocken und Radieschen im Haar hatten" (zitiert nach: Max von Boehn, Rokoko, Frankreich im 18. Jahrhundert. Berlin 1921. S. 581 f.).

Die Fertigkeit, mit der die Hersteller damals den Kunstblumen natürliches Aussehen zu geben vermögen, bezeugt eine andere Geschichte. Ein bourbonischer Prinz beauftragt einen französischen Blumenkünstler mit der Herstellung einer Kunstrose, die als Wunder der Kunst einzig dazustehen habe, da er sie am Neujahrstag des Jahres 1784 seiner Königin, der österreichischen Kaisertochter Marie Antoinette, zu schenken beabsichtigt. Die Arbeit gelingt, und kein Zeitgenosse vermag das fertige Stück von einer echten Rose auseinanderzuhalten. Aus welchem Material war sie hergestellt worden? Aus einem Grundstoff, der in der Qualität bis heute dem Rosenblatt am nächsten kommt: aus der dünnen Haut, die sich zwischen Eierschale und Eiweiß befindet.

VII
FESTESSEN UND GELAGE

Im 17. und 18. Jahrhundert bilden Festessen, also Essen in Gesellschaft und zu bestimmten Anlässen, die Grundlage der Essenskultur, wobei der Speisenmenge ein hoher Stellenwert beigemessen wird. Solche Festessen werden in allen Bevölkerungsschichten gerne zum Anlaß von – mitunter auch freizügigen – Gelagen genommen. Unvorstellbare Mengen von Suppen, Fleisch, Zuspeisen, jede Art von Zwischengerichten und Mehlspeisen durchlaufen den Gaumen, wobei sich die Eßgewohnheiten in bezug auf eine sich hebende Kultur abseits der Fürstenhöfe und Städte nur zögernd entwikkeln. Die wenigen freien Bauern leben wie der niedere ländliche Adel – je nach Besitzgröße und/oder Einkünften – mehr oder weniger gut, aber genügsam von den am Ort gewonnenen Nahrungsmitteln. Für die Masse der Unfreien, der Handwerker und der niederen Angestellten fällt die tägliche Einnahme von Speisen wenig aufwendig und abwechlungsreich aus.

Ab dem Zeitpunkt, als sich im staatlichen und priva-

Pieter Hermansz Verelst (um 1618 – um 1678), Zechende und poussierende Bauern.

ten Bereich merkantile Ideen durchzusetzen beginnen, die erstmals im Verlauf der Geschichte auf Berechenbarkeit und Wirtschaftlichkeit hinzielen und jedem Bürger die Möglichkeit offensteht, sein kaufmännisches Geschick zu erproben, vergrößert sich mit zunehmendem Wohlstand das Interesse am Erwerb ausländischer und seltener Lebensmittel. In unteren Gesellschaftsschichten bleibt die Einseitigkeit der Eßgewohnheiten allerdings bis lange ins 19. Jahrhundert bestehen. Eine gesellschaftumfassende barocke Neuerung stellt die Einführung von Mais und Kartoffeln dar, die aber beide einen langen Kampf um Verbreitung und Anerkennung zu führen haben. Ansonsten hat sich in den weniger reichen, heimischen Küchen seit dem Mittelalter wenig verändert. Der Großteil der europäischen Landbewohner lebt von einer Kost, die jahrhundertelang aus Suppe, dunklem Brot, Eiern und Milchprodukten besteht.

Die Kartoffel, eine zunächst exotische Frucht, wird 1588 in Wien eingeführt. Mehrmals erwähnt wird sie in einem Wiener Kochbuch aus dem Jahr 1710: *„Du kannst zum Stockfisch thun gesottene Kartoffeln oder Erd-Aepfel, hast du von denen nichts, so nimb weiße Rüben!“* Denn Rüben, Möhren oder Karotten sind wesentlich länger bekannt und erfreuen sich einer jahrhundertelangen Eßtradition. Aus der Wildmöhre entwickelt, ist die Rübe heimischen Ursprungs und neben dem Kraut das gewöhnlichste Gericht des gemeinen Mannes. Erst der Kartoffel wird es – sehr spät allerdings – gelingen, die Vorherrschaft der (Gelb-)Rübe zu brechen, denn die *„Möhren gesotten, sindt lieblich zu essen, dem magen nützlich, treiben den Harn, bringen Lust zur speiss und zu den ehlichen wercken ...“* (aus einem anonymen Kräuterbuch des 17. Jahrhunderts).

Ab 1800 wird die Kartoffel zum unentbehrlichen Nahrungsmittel, für dessen Zubereitung bis in die Gegenwart Hunderte von Rezepten bekannt geworden sind. Schon Wolf Helmhard von Hohberg ist die Kartoffel ein gängiger Begriff, und er erwähnt in seinen *Georgica curiosa* eine noch heute gebräuchliche Zubereitungsart: *„... ißt man warm oder auch überbrüht und geschält, kalt mit Öl, Essig, Pfeffer und Salz.“* Ein zeitgenössischer Vorarlberger Pfarrherr steht der unbekannten und nicht sehr verbreiteten Frucht mißtrauisch gegenüber: *„Viele Leute nähren sich bloß von Grundbirnen* [Kartoffeln], *obwohl die Ärzte ihren häufigen Genuß nicht für zuträglich erklären; sie wecken häufig den Geschlechtstrieb und stumpfen – vielleicht in Folge dessen – die Geisteskräfte ab.“*

Interessant im Zusammenhang mit neuen Eß- oder Trinkgewohnheiten ist jeweils die Angst vor den Auswirkungen des eingenommenen Lebensmittels als Aphrodisiakum. Hier offenbart sich die barocke Doppelmoral, die zwei Arten von Geschlechtstrieb, einen guten und einen bösen, unterscheidet. Erinnern wir uns des europäischen Fruchtbarkeitskults, in welchem Zusammenhang die Vorzüge der Karotten gepriesen werden, die *„Lust ... zu den ehlichen wercken“* (Hilfsmittel der fruchtbringenden Lust) machen, ganz im Unterschied zu den Eigenschaften der Kartoffeln, die *„häufig den Geschlechtstrieb [wecken] und ... die Geisteskräfte“* (Hilfsmittel der reinen Lust) *abstumpfen.*

Zur letztendlichen Verbreitung der Kartoffelkultur in Europa tragen etliche Erntekatastrophen und Hungerzeiten bei: Während des Dreißigjährigen Krieges wird die Kartoffel gelegentlich angebaut, später befehlen einige absolutistische Landesfürsten, wie etwa Friedrich der Große (1712–1786) während des Siebenjährigen Kriegs, den Anbau. Seit den Napoleonischen Kriegen zählt die Kartoffel in Europa zu einem der Hauptnahrungsmittel. In Niederösterreich, in der Steiermark und in Oberösterreich stammen erste Belege des gezielt stattfindenden Kartoffelanbaues aus der Mitte des 18. Jahrhunderts.

Mit der Entdeckung Amerikas findet der Mais seinen Weg nach Europa und gelangt einfacher und schneller als die Kartoffel in die heimische Küche, wird zunächst aber zur Ausschmückung der Wohnräume verwendet. *„Der Türkische Weiz oder Korn von den Indianern Mayz genannt, so aus dem Occidental-Indien erstlich in Türkey und von danen zu uns kommen ... wird mehr Lusts wegen in den Gärten als in die Felder gebaut ... Der Samen ist mehlreich, gibt ein starkes Brot, das wohl sättigt, dem Magen aber ist es nicht angenehm wegen seiner trocken-en und unsafftigen Nahrung, derhalben unserm Korn weit nachzusetzen“* (Georgica, S. 55).

Wie bei der Kartoffel behält man sich zunächst eine regelmäßige Verwendung vor. Man darf aber das späte 17. Jahrhundert als Beginn eines mehr oder minder planmäßigen Anbaues annehmen, wobei der Mais wie die Kartoffel – als billige und wenig feine Nahrungsmittel – zuerst in den Futtertrögen der Tiere landen.

In bezug auf die Weintraube klaffen die europäischen Dokumente weit auseinander. Denn obwohl sie in unseren Breiten ab dem ersten Jahrhundert vor Christus im Elsaß, an Rhein und Mosel bekannt ist und im ersten Jahrhundert nach Christus, vom Bodenseeraum ausgehend, immer häufiger angebaut wird, ist der barocke Engländer mit Weintrauben offensichtlich zu überraschen: „Kapitän Country getroffen, er hat Weintrauben ... von Mylord

Obstverkäuferin (niederländisch, 17. Jahrhundert) mit einem reichen Angebot von exklusiven Früchten und einem prall gefüllten Korb mit Weintrauben, die zu dieser Zeit in England zum Beispiel zu den unerschwinglichen Luxusgütern zählen.

aus Lissabon mitgebracht, die ersten, die ich je gesehen habe. Aß mit meiner Frau einige und nahm auch welche nach Hause. Meine Frau legte ein paar Weintrauben [sie sind sehr selten] in ein Körbchen und schickte sie dem König" (Pepys, 27. 9. 1661). Das bedeutet, daß die Weintraube zumindest in England teuer und kostbar gewesen sein muß, wenn man sie dem König als Geschenk überbringen läßt. Am Kontinent schätzt man als Produkt der Traube vor allem den Wein, der Alkoholkonsum erreicht bei den Oberschichten des 17. Jahrhunderts einen Höhepunkt. Erst gegen Ende des 18. Jahrhunderts nimmt der Alkoholverbrauch in den Städten und in den gebildeten Oberschichten wieder ab. Wein und Bier zählen zu den Konsumgütern der vermögenderen Schichten. Etliche ärmere Landbewohner der steirischen und kärntnerischen Regionen, die aus Geldmangel Wasser anstatt Wein trinken müssen, leiden am Blähhals, der im Volksmund Kropf genannt wird. Die Trinkwasserqualität ist schlecht und zeichnet sich durch Jodmangel aus. Auch in den Städten ist die Wasserversorgung Quelle ständiger Seuchen, so daß die Einnahme von Alkohol an Bedeutung gewinnt. In den Spitälern gehört Wein zu den täglich kostenlos abgegebenen Getränken: Ein Arzt des Wiener Bürgerspitals erhält dreieinhalb Liter, alle übrigen Spitalsinsassen bis zu eineinhalb Liter pro Tag, in den Stiftungen reicht man älteren Kindern ein Seidel (= ein Drittel Liter) Wein zu jedem Essen. Um den üblen Brauch einzudämmen, löst man das Weindeputat später mancherorts mit ein paar Kreuzern täglich ab.

Als Grundnahrungsmittel kann das Rindfleisch auf eine lange Verwendungsgeschichte verweisen. Während des Mittelalters bildet es neben dem Brot eine der wichtigsten und vor allem billigsten Ernährungsmöglichkeiten der städtischen Bevölkerung. Auf dem Land lebt man bevorzugt von kräftigenden Mehl- und Fettspeisen, um etwaigen Schwächen, die durch schwere körperliche Arbeit entstehen, entgegenzuwirken. Allen voran die Gebirgsbauern, die täglich vier bis fünf solcher Mahlzeiten zu sich nehmen: *„Knedl, Strutel, dan der hier* [in der Gegend von Bruck an der Mur] *so übliche Sterz seynd die Gerichte. Knecht oder Magd nehmen nach Beschaffenheit ihres Mundes halbe oder Viertl Knedl oder Löffel voll Sterz, und so wie diese halb gekaut die Kähl passieren, so wird ein Löffel voll Schmalz*

David Teniers d. J. (oben) und Cornelius Bega (rechts). Die Wurstmacherin mit guten Beispielen von Hausrat, Geschirren und bürgerlicher Wohnkulutr.

hierauf gegossen … Hierauf wird das kalte Gebürgs wasser getrunken" (aus der maria-theresianischen Erhebung von 1754).

Der wenig vermögende, aber mit Gewißheit gesünder lebende Städter ernährt sich, was das Fleisch betrifft, hauptsächlich von Rind. In einem Grazer Haushalt mit drei erwachsenen Personen verbraucht man im Jahr 1600 wöchentlich etwa drei Kilo Rindfleisch. 1685 erhalten elf Spitalsarbeiter und -arbeiterinnen im selben Zeitraum etwa 34 Kilo Rindfleisch, das entspricht der dreifachen Konsummenge der oben genannten im Haushalt lebenden Erwachsenen. Sogar die Armen des Grazer Bürgerspitals werden 1726 wöchentlich pro Kopf mit zwei Pfund Rindfleisch versorgt. Ganz anders dazu verhält sich der Gebrauch von Schweinefleisch, das sich nur zögernd als Nahrungsmittel durchsetzt. Die christliche Lehre läßt *den Teufel* (sprichwörtlich) *in die Säue fahren* und schließt aus der Vorliebe des Schweins, im Dreck zu wühlen, auf die innere Unreinheit des Tieres. Wenn man sich noch einmal die Angst des barocken Menschen vor der körperlichen Reinigung mit Wasser vor Augen führt, da es auf seinem Weg durch die Poren Schadstoffe an die inneren Organe heranbringen könnte, klingt die Begründung, *unsauberes* Schweinefleisch nicht zu verwenden, nur folgerichtig. Ganz abgesehen davon wissen auch katholische Kirchenherren um den sinnvollen Hintergrund schweineloser Kost Bescheid. Die Essensgewohnheit entstammt dem Wissen um Trichinen, die sich in Schweinefleisch einnisten und durch den Verzehr eine tödliche Infektionskrankheit auf den Menschen übertragen. Es dauert auf jeden Fall lange, bis das Schweinefleisch in deutschen Kochbüchern Erwähnung findet. In dem ersten in Österreich gedruckten *Koch- und Artzney-Buch* (Graz, 1686) fehlen Rezepte für die Zubereitung von Schweinefleisch noch ganz. Auch im *Freywillig auffgesprungenen Granat=Apffel* gibt es kein dem Schweinefleisch gewidmetes Kapitel. Erst 1719 werden in Conrad Haggers *Neuen Saltzburgischen Koch-Buch* 43 Speisen *„von dem einheimischen Schwein / vom Kopff bis zu den Füsen; frischer und geselchter"* und *„Von den Spanfärcklein / was darauß zu machen; bestehend in 25. Veränderungen"* genannt.

GENUSSMITTEL

Kaffee und Tee

Einige der neuesten kulinarischen Getränke der Barockzeit, Kaffee und Tee, finden zunächst nur als Arzneimittel Verwendung. Die erste Teelieferung Europas trifft 1610 in den Niederlanden ein, nachdem die Frucht und das Getränk in China (vermutlich der Heimat des Teestrauches) und in Japan längst bekannt sind. Das Kaffeetrinken wird zu Beginn des 15. Jahrhunderts aus Äthiopien nach Arabien eingeführt, der Kaffeeanbau wahrscheinlich etwas später. 1637 gelangt – ebenfalls über die Niederlande – der erste Rohkaffee nach Europa. Erste Kaffeehäuser etablieren sich 1652 in London, 1672 in Marseille und 1694 in Leipzig. In Wien befindet sich um 1683 das erste Kaffeehaus in der Inneren Stadt, Domgasse 6. Einer Sage zufolge – die von den meisten Historikern als ebensolche abgetan wird, die aber einen festen Bestandteil des kulturellen Ideenguts von Wien bildet – eröffnet der ehemalige Hausbesitzer raizischer Abstammung, Georg Kol[t]schitzky, das erste Wiener Kaffeehaus.

Oben: E. K. Lautter (18. Jahrhundert), Stilleben mit den in Europa neu aufgekommenen Genußmitteln Kaffee und Tabak.
Unten: In Wien befindet sich um 1683 das erste Kaffeehaus in der Inneren Stadt, Domgasse 6. Einer Sage zufolge wurde es von Georg Kol(t)schitzky, einem Hausbesitzer raizischer Abstammung, eröffnet: Kol(t)schitzkys Kaffeehaus (Stich).

Als hochbezahlter Kurier Kaiser Leopolds I. während der Türkenbelagerung von 1683 soll er bei dieser Tätigkeit irgendwo einen Sack mit Kaffeebohnen erbeutet haben. 1694 stirbt Kol[t]schitzky im Haus Domgasse 6. „Dies ist zwar Legende. Aber am 17. 1. 1685 wurde tatsächlich einem armenischen Kaufmann namens Johannes Diodato ein ausschließliches Hofprivileg zum Ausschank von Kaffee auf zwanzig Jahre verliehen. Solche armenischen Kaufleute und Abenteurer scheinen in ganz Europa bei der Einführung des Kaffees eine wichtige Rolle gespielt zu haben … Wenn es schon nicht Kolt-

schitzky war, der das erste Wiener Kaffeehaus eröffnet hatte, so waren es doch auch in Wien Mitglieder seiner Volksgruppe, denen für geleistete Kundschafter- und Kurierdienste erstmalig das Recht zur Führung von Kaffeehäusern erteilt wurde" (Sandgruber, S. 60 f.).
1700 zählt man in Wien vier Kaffeehäuser, die alle von Armeniern geführt werden. 1714 gibt es elf bürgerliche Kaffeesieder, 1737 37 und 1770 48 Kaffeehäuser. Trotz der geselligen Idee bleibt das Kaffeehaus als Treffpunkt zunächst nur wohlhabenderen Gesellschaftsschichten vorbehalten, denn Kaffee gilt wegen seines hohen Preises bis ins 19. Jahrhundert als für den Großteil der Bevölkerung unerschwinglicher Luxusartikel. „Die typische Einrichtung eines Wiener Kaffeehauses zu Ende des 18. Jahrhunderts bestand in Spiegeln, Kristallustern, Uhr, Billardtisch, Porzellan sowie Marmortischchen und Sesseln. Das Kaffee Milani am Kohlmarkt glich mit seiner Galerie von dreißig Spiegeln den Spiegelkabinetten der Schlösser. Die Kaffeehäuser boten all das, was im 18. Jahrhundert Luxus symbolisierte" (Sandgruber, S. 62).
Tee scheint durch die Vermittlung der Araber in Europa schon im Mittelalter bekannt gewesen zu sein, wo er im 9. Jahrhundert erstmals erwähnt wird. Als Handelsware taucht er erst wieder im 17. Jahrhundert auf, wo er durch die Ostindische Kompanie in den Niederlanden und auch in England eingeführt wird. Seit etwa 1658 wird Tee über Holland importiert, das Pfund kostet zu dem Zeitpunkt zwei englische Pfund. (Zum Vergleich – Samuel Pepys besitzt im Jahr 1660, als kleiner Angestellter am Beginn seiner Laufbahn, 80 englische Pfund Barschaft. Teurer Stoff mit Spitze für einen Rock kommt in England im selben Jahr auf fünf Pfund.)

Schokolade und Limonade

„Den *Göttertrank,* früher *Chocoatl,* heute Schokolade benannt, brachte Cortes [Hernán Cortés, spanischer Eroberer] seinem Kaiser, Karl V. (1500–1558), aus Mexiko mit. Dort hatten die Spanier bei den Indianern aus Kakaobohnen gepreßte Fladen, sowie ein aus Kakaobohnen bereitetes Getränk kennengelernt. Am spanischen Hof allerdings verzichtete man auf die in Mexiko landesüblichen Zusätze wie Honig, Mais und Pfeffer und genoß die Schokolade statt dessen mit Zucker und Zimt, heiß und schaumig gerührt, und mit einem Glas kalten Wasser vermengt" (Gaumenfreuden, S. 9).
„Wo die einfachen Leute allenfalls Honig zum Süßen von Speisen kannten, lassen sich die Adligen schon früh am Morgen eine heiße Schokolade ans Bett servieren. Dabei verlangt die Neigung zur Selbstdarstellung in den höfischen Kreisen, daß die Inszenierung des Genusses wichtiger wird als der Genuß selbst ... Wer den Tag mit Schokolade beginnt, hat Muße und die entsprechende Dienerschaft, die diese Muße gewährleistet ... [Es] scheint in Vergessenheit geraten, daß Schokolade im 17. und 18. Jahrhundert, als sie von Spanien über Frankreich schließlich an allen europäischen Höfen Verbreitung findet, als Aphrodisiakum gehandelt wurde" (Liebs, S. 58 f.). Eine Erkenntnis, die viele offene Fragen beantwortet: Denn die Schokolade im *Rosenkavalier* wird nach einer – im Text angedeuteten – romantischen Liebesnacht genommen. In Carlo Goldonis (1707–1793) *Kaffehaus* lädt Eugenio die Tänzerin Lisaura auf eine Tasse Schokolade – zum einen aus Prestigegründen, da sie teuer ist, und zum anderen wegen der anregenden Wirkung. Später bittet Leandro, ein anderer Protagonist desselben Stückes, nach eben vollzogener Liebesstunde – seinen Freund, mit ihm um *heiße Schokolade* zu spielen: Er denkt daran, die Geliebte noch einmal aufzusuchen. Einen weiteren Beleg liefert die Meißener Porzellangruppe des *Schokoladentrinkenden Liebespaares* aus dem Jahr 1736. Die weibliche Krinolinenfigur umarmt den Kavalier, der im selben Augenblick nach seiner mit Schokolade gefüllten Tasse greift. Zum Abschluß und zum Vergleich der Wertigkeit der verschiedenen Getränke einige Verse aus *„Der Menschen Zung und Gurgel Weid"* (Kupferstichwerk aus der ersten Hälfte des 18. Jahrhunderts): *„Milch ist dein erster Tranck, zugleich auch deine Speiß, / Drauf muß ans Wasser sich der trockne Mund gewohnen, / Bier kriegst du etwan bald alß vor geringen Preiß, / Zuweilen kostest du den Wein bey den Patronen. / Waß unser Leben sey, erfährst du im Taback, / Und gurgelst Caffee, Thee in deinen Madensack. / Erhitzest dich noch mehr bey warmen Chocolaten, / Daß du dich wieder kühlst, so trinckst, Limonaden."*
Letztgenanntes Erfrischungsgetränk aus natürlichen Aromastoffen, Wasser und Zucker, stellt eine Bereicherung der barocken Trinkkultur dar. Limonade verdankt ihren Namen der Limonenfrucht, die wie die meisten Einfuhrgüter aus südlichen Ländern lange Zeit sehr teuer bleiben. Deshalb wird sie im 17. und 18. Jahrhundert nur von den wohlhabenden Mitgliedern der Gesellschaft, vor allem von vornehmen Damen, getrunken.

Tabak

Anfang des 16. Jahrhunderts führt der Leibarzt König Philipps II. (1527–1598) in Spanien den sogenannten Bauerntabak aus Amerika ein. 1560 schickt der französische Gesandte in Portugal erste Tabaksamen nach Paris, wo in der Folgezeit das Schnupfen in Mode kommt. Das *Tabaktrinken,* so wird das Tabakrauchen früher genannt, wird zuerst bei den niederländischen Seeleuten üblich. 1586 führt Sir Walter Raleigh (1554–1616) den Brauch in England ein. Im Dreißigjährigen Krieg verbreiten schwedische Soldaten das Rauchen in Europa. Amsterdam und Rotterdam werden Hauptumschlagplätze des Tabakhandels. Obwohl auch Ärzte den Tabak als arzneiliches Nieß- und Anregungsmittel empfehlen, werden Anbau und Genuß in vielen Ländern verboten. In Österreich baut man Tabak in bescheidenem Ausmaß an, anfangs (1659) zieht man in Oberösterreich Tabakpflanzer aus Frankfurt am Main zur Beratung heran. Bald entstehen vereinzelt private Tabakfabriken, im Jahr 1722 wird in Hainburg sogar eine eigene kaiserliche Tabakfabrik gegründet, an die der auf herrschaftlichen und bäuerlichen Gütern angebaute Tabak abgeliefert werden muß.

Die Geschichte der dem Tabak zugeschriebenen Heilkräfte reicht bis in die Mitte des 17. Jahrhunderts zurück, dort wird er als eine Art Allheilmittel gegen etliche Krankheiten eingesetzt. Auf einem Stich des Augsburger Künstlers Melchior Küsel (1626–1683) steht *„Schnupftabak, ein Mittel, um die Verlockungen der Sinnlichkeit erfolgreich zu überwinden"* als Untertitel zu folgender Darstellung zu lesen: Als sich in einem Gewürzladen der Teufel in Gestalt einer Dirne einem Mann nähert, greift der in Versuchung Geführte zu einer Prise Schnupftabak, wodurch er Widerstandskraft gegen die Verlockung erhält. Wahrscheinlich glaubt der – neuen Moden gegenüber meist mißtrauische – Prediger Abraham à Sancta Clara zunächst auch deshalb, daß der mäßige Genuß von Tabak der menschlichen Natur zur Gesundheit *gedeye* und dem Leib schädliche Feuchtigkeit entziehe. Zahlreich sind die Produkte, die als heilbringendes Mittel gegen jede Art von Leiden empfohlen werden. Ein aus Tabak hergestellter Balsam, der auf Wunden und Geschwulste aufgetragen wird, ist auch gegen Kopfschmerzen wirksam. Außerdem kuriert man Zahnschmerzen, die Gicht, Koliken, Schwerhörigkeit und den Kropf mit Tabak. Der ausgepreßte Saft wird als schmerzstillendes und schlafbringendes Mittel verwendet. Man wäscht sich mit Tabaksud, um die Krätze, Haarwürmer und den Aussatz zu vertreiben. Letztendlich vermeint man, in ihm sogar ein Abwehrmittel gegen die Pest gefunden zu haben. In einem Kräuterbuch aus dem Jahr 1656 heißt es: *„Der Tabak macht niesen und schlaffen, reinigt den Gaumen und Haupt, vertreibt die Schmerzen und Müdigkeit, stillet das Zahnweh und Mutteraussteigen, behütet den Menschen vor der Pest, verjaget die Läuse, heilet den Grind, Brand, alte Geschwüre, Schaden und Wunden."*

Irgendwann im Verlauf des 17. Jahrhunderts nimmt die Mode überhand, und die Tabaktrinker oder -schnupfer beginnen ihren Mitmenschen lästig zu fallen. Das jetzt *vermaladeyte Taback-Pulver* (Abraham à Sancta Clara) wird sogar während des Gottesdienstes genommen. In der Folge verhängen

Adriaen Brouwer († 1638) Kreis, Weintrinker und pfeifenrauchender Bauer (links) und niederländisches Bauerninterieur mit einem Pfeifenraucher (nach Adriaen van Ostade – † 1684, niederländisch 17. Jahrhundert) als Belege dafür, wie schnell der Tabak alle Bevölkerungsschichten erobert hat.

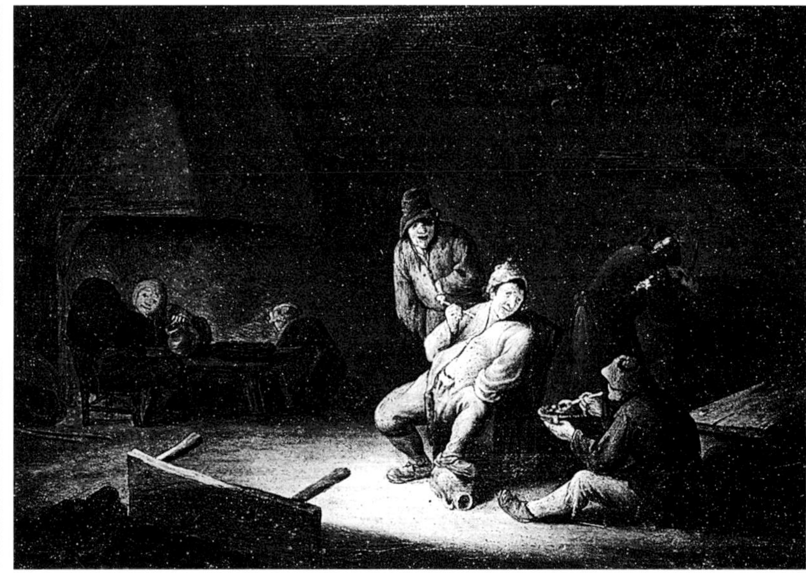

die Päpste Urban VIII. und Innozenz X. den Kirchenbann über weltliche wie geistliche Schnupfer, *die dem Laster in einem Gotteshaus frönen.* In Bern wird 1661 gegen die neue Sitte des *Tabaktrinkens* das strengste und merkwürdigste Verbot erlassen. Dort schiebt man in die Tafel der Zehn Gebote unmittelbar hinter das Verbot *Du sollst nicht ehebrechen!* ein neues *Du sollst nicht rauchen!* ein. Die meisten Verbote beziehen sich auf die damit verbundene Feuergefahr: Ein diesbezügliches Salzburger Verbot datiert aus dem Jahr 1657, das Tiroler vom August 1668. In Wien wird zwar 1662 der öffentliche An- und Verkauf von Tabak gänzlich untersagt, was den großen Hofburgbrand im Jahr 1668 aber auch nicht verhindert. In Deutschland bleibt das Tabakrauchen auf der Straße bis 1848 verboten.

Seit der Umsetzung absolutistischer Ideen im Hinblick auf eine gezielte Wirtschaftlichkeit – inbegriffen die geordnete Verwaltung und Versorgung des Staates mit einem stehenden Heer – ist man auf regelmäßige Einnahmen angewiesen. Deshalb wird zu diesem Zeitpunkt der Tabak auch als Einkommensobjekt interessant, und es entsteht zu Beginn des 17. Jahrhunderts die Tabakbesteuerung in Form von Finanzzöllen, Monopolen oder Verbrauchssteuern. Der Tabakanbau wird in der Mark Brandenburg seit 1676, in Hessen und in der Pfalz seit 1697 und in Österreich sogar seit 1657 gepflegt.

Hyppolitus Guarinoni, der in seinem Werk ‚Die Greulen der Verwüstung des menschlichen Geschlechts' einen Überblick über die barocken Essensmengen verschafft.

BAROCKE ESSMENGEN

Dem Tiroler Arzt Hyppolitus Guarinoni verdankt man einen Überblick über die Eßmengen, die Frauen des 17. Jahrhunderts – allerdings in Ausnahmesituationen – zu sich nehmen. Es handelt sich um die allgemein üblichen Speisenvorschläge für Gebärende und Wöchnerinnen. In den *Greulen der Verwüstung des menschlichen Geschlechts* (1610) erfährt man, daß Tiroler Bäuerinnen während des Wochenbettes innerhalb von 24 Stunden 24mal zu essen pflegen. Um eine glückliche Niederkunft gewährleisten zu können, werden 56 kg Schmalz, 28 kg Butter, 1000 bis 2000 Eier, 60 kg Weizengrieß sowie ein Faß Traminer bereitgestellt. Kleinkindern pflegt man pro Mahlzeit einen Brei von eineinhalb Liter Milch *einzustreichen.* Bescheidener nimmt sich dagegen der Speisenplan einer adeligen Wöchnerin aus, der man um drei Uhr morgens eine *„Suppe mit drei Eiern und Spezereien darin"* reicht, um fünf Uhr, *„da sie das Kind wartet"*, ein Eiermus von drei Eiern und eine gute Hühnersuppe, um sieben Uhr ein paar frische Eier, um neun Uhr eine gute Dottersuppe mit Spezereien und etlichen *Streiblen* nebst einem Glas Traminer, zu Mittag einen Kapaun, gebratene Vögel, ein Wildhuhn und eine Schale Wein, dazu Brot und Bäckerei; um ein Uhr ein paar Brandküchlein mit Wein, um drei Uhr zur Jause wieder einen gebratenen Kapaun, eine Schüssel voll kleiner Fische wie Grundeln und Pfrillen, dazu wieder Wein, Brot und Bäckerei; um fünf Uhr einen guten Eierkuchen mit Wein, zum Nachtmahl fünf bis sechs Gerichte: *Gesottenes, Gebratenes und Fische wie Äschen und Forellen,* um sieben Uhr wieder eine gute Hühnersuppe, um neun Uhr eine Pfanne voll Brandküchlein, Wein, Brot und Bäckerei und um Mitternacht noch einmal eine Dottersuppe mit Spezereien.

Daß auch ärmere städtische Bewohner ungewöhnlich große Mengen an Essen zu sich nehmen, läßt sich den folgenden Preisvorschriften für Wirtshauskost entnehmen. Selbst an den Fastentagen übersteigt die vorgeschriebene *Armeleutkost* die Eßmenge heutiger Tage wesentlich, ganz zu schweigen vom *gewöhnlichen Essen* einer fürstlichen Tafel mit acht Gängen:

Erster Gang: klare und gebundene Suppen, eingedickte Kartoffelsuppe, legierte Hühner- und Pilzsuppen etc., Artischockensuppe und Fischsuppe.
Zweiter Gang: Schinken, Ragout, Zungen, Würste, Wildbretpasteten, Frikassees (damals eingemachtes Fleisch).
Dritter Gang: großer Braten – Fasan, Rebhuhn, Indian, Hasen, Kaninchen, Gebratenes, alles mit Zitronen, Orangen und Oliven garniert.
Vierter Gang: kleiner Braten – Schnepfen, Lerchen, Gartenammern, Drosseln und andere kleine Vögel.
Fünfter Gang: Fische, besonders Lachse, Forellen, Hechte, Karpfen, Fischpasteten, Krebsgerichte, Schildkrötenfrikassee.
Sechster Gang: Eiergerichte, Gebackenes mit Eiern, Sülze, Flammeris.
Siebenter Gang: Obst, Gebäck, Käse.
Achter Gang: Süßigkeiten, Konfekt, getrocknetes Obst, kandierte Früchte, Marzipan, Gebilde aus Zukker, Tragant und Makronen, verschieden gefärbt und zu kostbaren Tortenaufsätzen und Aufbauten gemodelt.
Dazu trinkt man heimische, deutsche, ungarische und italienische Weine.

Wie mögen im Vergleich dazu *außergewöhnliche Essen* für Festlichkeiten an der kaiserlichen Hoftafel ausgesehen haben? Und wieviel davon ist später in Mülleimern und Futtertrögen gelandet? – Nichts, denn es füllte die Vorratsspeicher der (ohnehin bevorrechteten) Hofbediensteten. Spätestens Kaiserin Maria Theresia schafft diesen Brauch ab. Als sie von der heimlichen Lagerhaltung ihrer Beamten erfährt, überläßt sie verschiedenen Wiener Gaststätten die Hoftafelüberreste zu geringen Preisen. Zunächst erhält die Gastwirtin Barbara Roman, auch *Schmauswaberl* genannt, das Recht, sie zu erwerben und im eigenen Wirtshaus anzubieten. Ihr Lokal *Zum goldenen Schiff* am *Platzel* auf dem Spittelberg (in der heutigen Neustiftgasse) wird zum Treffpunkt der Feinschmecker Wiens, die hier für wenig Geld fürstlich speisen können. Nach diesem Vorbild entstehen bald ähnliche Lokale in Wien: eines der bekanntesten in der Vorderen Bäckerstraße (heute Bäckerstraße 16). Auch hier werden fertige, von der Hoftafel übriggebliebene Speisen bezogen und zu billigen Preisen an die Studenten der nahe gelegenen Alten Universität weitergegeben.
Ebenfalls aus maria-theresianischen Tagen stammen die amtlich festgelegten Speisentarife (gemäß der Notifikation von 1745), „... *Kraft welcher hiemit jedermänniglich kund und zu wissen gemacht wird, daß in Wirths-Häusern allhier in der königl. Haupt- und Residentz=Stadt Wien um verschiedenen geringen Preiß die Kost für Distinktions-Personen sowol, als vor gemeine Leut zu bekommen sey, auch was und wie viel Gerichte man selben vor solchen Preiß aufsetze*“.

Jean Etienne Liotard, Kaiserin Maria Theresia, die verschiedenen Wiener Gaststätten die Hoftafelüberreste zu geringen Preisen zum günstigen Weiterverkauf überläßt.

„Vier und zwaintzig Kreutzer Kost mit 7 Speisen. Bestehend in denen Fleisch-Tägen folgender massen:
1. *Eine Suppen, welche täglich verändert wird.*
2. *Rind-Fleisch, darzu ein Soß, Kren oder Umurcken.*
3. *Eine grüne Speiß, worauf Würst, Schwein- oder anderes Fleisch, zuweilen gebackene Leber oder Kälber-Füß.*
4. *Ein extra eingemachtes, was die Jahrs-Zeiten geben, dann wann eine Pasteten.*
5. *Eine Wechsel-Speiß, die besteht zu Zeiten in Wild-Brät, in Schnecken, Krebsen, oder Spargel, auch in einer Ragou.*
6. *Täglich, nachdeme die Zeiten, einen anderen Bratten, daß ist nicht allein zu verstehen in Kälbernen, oder Schweinern und Lämmernen, sondern Capauner, Hüenel, Gännß, Aendten, auch zu Zeiten Feder Wild-Brät.*
7. *Sallat.*“

„An Fast-Tägen bestehen die 7 Speisen in folgendem:
1. *Täglich eine andere Fasten-Suppen.*
2. *Eine Eyer-Speiß.*
3. *Grüne Speiß mit gebackenen Eyern, oder Stock-Fisch, auch kleinen Fischeln.*
4. *Eine Extra Mehl-Speiß.*
5. *Ein heiß abgesotten, oder eingemachten, dann und wann gebrattenen guten Fisch.*
6. *Gebackenen Fisch oder anderes gebackenes.*
7. *Sallat, oder Krebsen.*
   Confect.
   Bestehet in Obst, oder Rättig, Käß, und Butter, Mandeln, Pisquit."

Die 17-Kr.-Kost ist der vorigen gleich, mit der Ausnahme, daß die fünfte und die sogenannte *„Wechsel-Speiß"* ausbleiben.

„Zwölf Kreutzer Kost. An Fleisch-Tägen:
1. *Eine gute Suppen.*
2. *Ein Stuck Rind-Fleisch darzu eine Soß oder Krenn.*
3. *Eine grüne Speiß, worauf jedesmal Würst, oder anderes Fleisch, oder statt dieser ein extra eingemachtes.*
4. *Ein Bratten.*
5. *Ein Sallat."*

„An Fast-Tägen:
1. *Eine Suppen.*
2. *Eine Eyer-Speiß oder statt dieser Kraut und Stock-Fisch oder anderen eingemachten Fisch.*
3. *Eine Mehl-Speiß.*
4. *Gebackenen oder gebrattenen Fisch.*
5. *Sallat, Krebsen, oder Käß und Butter."*

„Sieben Kreutzer Kost. An Fleisch-Tägen:
1. *Eine Suppen.*
2. *Rind-Fleisch mit Krenn oder Umurcken.*
3. *Grüne Speiß.*
4. *Ein Eingemachtes die Wochen hindurch aber statt diesem dreymal gebrattenes."*

„An Fast-Tägen:
1. *Eine Fasten-Suppen.*
2. *Eine Mehl-Speiß.*
3. *Eine grüne Speiß.*
4. *Ein heiß abgesotten, oder gebackenes Stückl Fisch."*

Wer solche Essensmengen zu sich nimmt, muß irgendwann den Magen damit versöhnen. Man kennt im Barock etliche Rezepte, nach deren Anleitung Abnehme-, vor allem aber Abführmittel bereitet werden. Denn Abnehmen im heutigen Sinn

möchte man nicht, da das herrschende barocke Schönheitsideal der Üppigkeit den Vorzug gibt. Das bedeutet, daß man, wenn überhaupt, nur aus gesundheitlichen Gründen oder um einer einmaligen inneren Reinigung willen abzunehmen bereit ist. Vielleicht beinhalten einige der folgenden Abnehmrezepte den einen oder anderen Ratschlag für Leser mit Gewichtsproblemen. Wer sie nachkochen möchte, sollte aber viel Zeit für die Vorbereitung erübrigen können.

Links: Peter Paul Rubens, Das Pelzchen – ebenso wie Kaiserin Maria Theresia (S. 113) – eine typische Vertreterin des barocken Figurenideals.
Rechts: Der Barbierer (Stich von Christoph Weigel), der zur Ader läßt (am Mann im Bildhintergrund) oder Klistiere verabreicht. Zwei an der Wand hängende Klistierspritzen sind oberhalb des rechts außen stehenden Barbiers zu erkennen.

„Ein Wasser vor das Abnehmen / vor alte und junge Leuth zu gebrauchen. Nimb Cichori / Scabiosen / Lungel=Kraut / gulden Leber=Kraut / Hirsch=Zungen / Ehrenpreiß / jedes ein Hand voll / dise Kräuter klaub gar sauber / sie seyn gleich dürr oder frisch / gehackt / nimb 50. Krebsen in Wasser gesotten / und ausgelöst / nimb auch 50. Schnecken mit sambt den Häußlein auch in Wasser gesotten / aber keines auß disen gesalzen / löse die Schnecken auß / zerhacks unter die Krebsen / nimb auch ein Hasel=Hünel / rupff das sauber / thue die Därm davon / also auch einen jungen bratigen Capaun / denselben thue mit einem Schnierl erdroßlen / und auffhencken / daß kein Blut weg kombt / thue ihn sauber puzen / und thue die Därm herauß / nimb den Capaun und das Hasel=Hünel / das zerstoß in einem steinern Mörser / und gieß die Suppen fleissig daran in ein glasiert Häfen / und die vorigen Kräuter darzu / laß über Nacht stehn / oder 3. Stund auff einer warmen Heerdstatt / zu Morgens nimb auß einem Kalb das ganze Kröb warmer / zerhacks / das thue auch darzu / und 2. Maß frisch gemolchene Geiß=Milch / alles durcheinandere / und brenn es gleich auß / in 2. oder 3. Brennhüt / daß es alles in einem Tag außgebrennt wird / aber nicht heiß / sondern kühl / wann man die Kräuter einweicht / mußt du 2. Loth Manna damit einweichen / und mit außbrennen / 2. Schild=Krotten / die Köpff und Fueß thut man abhacken / das zum andernmahl / wann mans in den glasierten Hafen thut / darzu legen / und sieden lassen / dann alles miteinander außbrennen / das außgebrennte Wasser soll man in einem glasierten Geschirr auffheben / und alle Tag Morgens 3. Stund vor dem Essen / ein Gläsel voll etwan ein halbes Seitel auff einmahl mit Zucker=Candl süß gemacht / außtrincken / also auch 3. Stund nach dem Mittag=Essen gebraucht / biß das Wasser ein End hat . . .“ (Granat=Apffel, S. 3 f.).
Als Ergänzung werden Klistiere empfohlen, die neben den Aderlässen zu den beliebtesten Allheilmitteln der Zeit zählen. Als Klistierflüssigkeiten werden Kalbssuppen, ausgepreßter Saft von allem möglichen Steinobst bis hin zu Kräuteressenzen, die meist ebenfalls sehr arbeits- und zeitaufwendig vorbereitet werden müssen, verabreicht.

LEBENSMITTELPREISE

Vom Aufkommen der Kartoffel im europäischen Raum bis ins 18. Jahrhundert (um 1780/90) hält sich der Preis von einem Pfund (ein Pfund nach alter Gewichtsbezeichnung. Der Wert ist regional verschieden und oftmals wechselt er sogar von Gewerbe zu Gewerbe. Man spricht vom Krämer-Pfund, vom Schiffs-Pfund usf.) bei sechs Gulden (= 360 Kreuzer), was dem 15fachen Tageslohn eines Handwerkers entspricht. Der hohe Preis entsteht wegen des unregelmäßigen Anbaues. Für ein Pfund Schokolade sind ein bis fünf Gulden zu bezahlen, was – mit den Kartoffeln verglichen – recht billig klingt. Allerdings zählt Schokolade nicht zu den Grundnahrungsmitteln und wird wegen des ihr anhaftenden Rufs als Luxusware und Aphrodisiakum meist nur in nach außen hin abgeschlossenen Kreisen genommen. Ein Pfund Rindfleisch kostet fünf bis sechs Kreuzer, das entspricht dem 60. Teil des Preises von einem Pfund Kartoffeln. Ein Pfund Zucker, das in Europa erst ab 1747 aus Rüben hergestellt wird, kostet anfangs drei bis sieben Gulden, später immer noch lange 34 Kreuzer.
Für den ländlichen Raum um Graz belegt ein Dokument aus dem 17. Jahrhundert (Lebensmittel-Ausgaben der jungen fürstlichen Herrschaft Eggenberg aus dem Jahr 1652, Archiv Schloß Waldstein) die Preise von Nahrungsmitteln. Ein Pfund Kalbfleisch kostet dort zwischen ein und zwei Kreuzern, Lammfleisch das Pfund zwanzig Kreuzer, ein

Jan Davidsz de Helm (1606–1683/84), Frühstücksstilleben (mit Nuppenglas, das ist ein Glas mit mehreren versetzten warzenartigen Nuppen, die den Glasschaft griffiger machen), um 1635.

Stück Huhn einen Gulden, Junghühner pro Stück vier Gulden, und für zehn Eier bezahlt man um die zwanzig Kreuzer.

GEWÜRZE UND KRÄUTER

Dem Würzen kommt im 17. und 18. Jahrhundert eine andere Bedeutung als in späteren Epochen zu. Gewürzt wird nicht, um den Eigengeschmack einer Speise zu verfeinern, sondern *um des Würzens willen.* Da sich die Konservierungsmöglichkeiten noch in bescheidenem Rahmen bewegen, besteht die Aufgabe der Gewürze vor allem im Übertönen übler Nebengerüche, die zum Alltag aller Gesellschaftsschichten gehören: „In Geschäften bei Mylord. Während wir noch reden, kommt jemand von Hinchingbrooke mit einem halben Bock. Da er schon ein wenig roch, schenkte Mylord ihn mir, dabei war er noch völlig in Ordnung" (Pepys, 18. 7. 1660).
Unangenehm wirkt sich für die Masse der mittleren und unteren Bevölkerungsschichten der horrende Preis von Gewürzen aus. Gewürze haben den Charakter von Statussymbolen: Wer würzt, besitzt Vermögen. Im Hochmittelalter ist Pfeffer ein wichtiger Handelsartikel und wird körnerweise verrechnet. Ein Pfund Safran kostet so viel wie ein Pferd (Safran gehört allerdings bis heute zu den teuersten Gewürzen).

KÜHLUNG UND AUFBEWAHRUNG VON LEBENSMITTELN

In den verschiedenen Koch- und Haushaltsführungsbüchern tauchen immer wieder Rezepte für Speiseeis und Sorbets auf, wie etwa bei Wolf Helmhard von Hohberg, der genaue Anweisungen für die Herstellung von Zitronensorbet im Sommer gibt: *„Nimm ein halbes Maß frisches Brunnenwasser, drücke hinein den Saft von vier Limonen, hernach nimm ein Seidel von dem oben vermeldten Biesemwasser darunter, und zuckere es, seihe es durch ein härenes Tuch oder Sieb, laß es in einem blechernen Geschirr, im Herumrühren, gefrieren, und laß es allzeit im Eis stehen. Die Limonade macht man also gefrieren: Man muß den Schnee oder das Eis klein zerstoßen, und wohl mit etlichen Handvoll Salz vermischen, und eine blecherne Flasche unter sich und auf alle Seiten herum wohl mit Schnee oder Eis belegen, man muß es mit einem Löffel kontinuierlich rühren, vom Anfang muß man ein wenig Wasser in das hölzerne Geschirr tun, darin das Eis ist, und darinnen die Flasche steht, so gefriert es desto eher …"* (Georgica, S. 106). Woraufhin man sich die unvermeidliche Frage stellt, von wo man im 17. und 18. Jahrhundert im Hochsommer Eis bezieht, um es zur Kühlung von Getränken und zur Herstellung anderer Erfrischungen zu verwenden? Die Methode ist einfach, das Eis wird im Winter aus den Teichen zu großen Blöcken geschlagen, gesammelt und in unterirdischen Gewölben oder in extra dafür errichteten Kühlhäusern in der Nähe der Teiche gelagert. Diese Art der Eisgewinnung erhält sich bis ins späte 19. Jahrhundert, mancherorts sogar bis ins 20. Jahrhundert, bis sie durch die aus Strom gewonnene Kühlung abgelöst wird.
Im sogenannten Speisegewölbe oder der Vorratskammer wird auch der sonstige Lebensmittelvorrat aufbewahrt. Der Raum *„soll weder zu hoch, noch zu nieder sein, und kleine Öffnungen, vom Aufgang, bis gegen Abend, haben, mehr frisch, als warm sein, die Fenster kann man bisweilen öffnen"* (Georgica, S. 98). Dort werden Brot, Mehl, Grieß, Getreide, Gewürze, Obst, Gemüse, Fleisch und eingemachte

Der Notwendigkeit der Verwendung von Gewürzen (die unangenehme Nebengerüche übertönen sollen) stehen die horrenden Preise entgegen. Für die Masse der mittleren und unteren Bevölkerungsschichten gehören die importierten Gewürze zu den unerschwinglichen Gütern: Romeyn de Hooghe († 1708), Pfeffergewächse und Sammler in Westindien – Pfeffer ist seit dem Hochmittelalter ein wichtiger Handelsartikel und wird körnerweise verrechnet.

Fische gelagert. Konserviert werden Lebensmittel hauptsächlich durch Einsalzen, Pökeln, Räuchern oder Einlegen in andere säurehaltige Mischungen wie Essig. Für die noch schwierigere Aufbewahrung von Milch und Milchprodukten führt Zedler den sogenannten Milchkeller an, *„ein unterirdisches Behältnuß zu Milch und Rahm, so bey denen Meyer=Hoff Gebäuden … an der Mitternachts=Seite dergestalt angebracht werden, daß man gleich aus der … Stube hineingehen kan … Bißweilen hat man in denen Milch=Kellern ausgegrabene Wasser= Gruben, oder so genannte Wasser=Brunnen, darein die Gefässe mit der Milch den Sommer über gesetzt werden …“* (Zedler, Bd. 21, S. 157).

AUS DER BAROCKEN MEHLSPEISKÜCHE

Mülch Raimb Strudel

„Mach einen gueten marben Taig gleichwie man ihm zum marben Pastetten Taig macht, aber nicht zu fest, und dann walg ihn Zu einem Bladl auss gantz din alls wie ein Pappier, wie man ihm Zu einem Krapfen oder Spinat Strudl walgt, hernach rühr den Taig mit millich rumb und streu auch ein wenig Sembl brössl dran, würgg alssdan übereinander wie andere strudl, hernach schmierb ein Schüssel mit Butter rin aber nit zu wenig, richt den Strudel zu einem Hörndl in der Schüssel und schön rundt, güass alssdann eine süsse millich drauf, auch nit zu wenig Butter, setz auf ein glueth und obenauf auch glueth, bachs also rechts schön auss, es geht gar schön auf und gübs“ (aus einem 1696 handgeschriebenen anonymen *Koch-Puech*).

Golatschen-Teig

„Man soll nehmen ein Mäßl schönen Semmel=Mehl / das warm ist / und ein gute Biergärben bey einem halben Seitl / dieselbe warm machen / und wol rühren / daß gar faumig wird / darnach ein guten Milchram nehmen / so viel daß man den Taig in rechter dicken / wie ein Krapffen=Taig anmachen kan / den Milchram warm machen / und unter die Gärben giessen / wol rühren / und damit den Taig anmachen / zuckern und 2. Stundt auff den Ofen setzen / biß daß er auffgehet / doch muß nicht zu heiß auff dem Ofen seyn; wann er gangen ist / soll man ihn auff den Tisch thun / und mit den Händen ein wenig überstossen / darnach alle mahl so viel nehmen / als zwey Hand groß / und mit einem Walger der Läng nach außtreiben einer Spannen breit / und eines Messer=Rucken dick / darnach mit zerlassenen Butter oder Schmalz schmieren / und über einander wicklen wie zuvor / aber nicht mehr bestreichen / das soll man drey oder vier mahl thun / zum vierdten mahl soll man ihn mehr so dünn auswalgen als eines Daum dicks / und mit Schmalz bestreichen / und ein wenig rasten lassen / darnach wieder so dünn außwalgen / als das erstemahl / und wieder über einander wicklen / und wieder so dünn auswalgen / und wann mans hat zum andern mahl außgewalgt / soll mans wieder bestreichen und zusammen wicklen / und noch zweymahl also dünn außwalgen / und allezeit zusammen wickeln; darnach soll man ihn ein Spann breit / und zwey Spann lang machen / also kan man den gantzen Taig verarbeiten / und bey einer Viertelstund ligen lassen / daß er ein wenig außgehet / und wann mans einschiest / mit Schmalz bestreichen / sie seyn lang gut / man kans in einer Dorten=Pfannen wärmen / so werden sie / als wären sie erst gebachen worden.“

„Die guten Böhmischen Gollatschen. – Man soll einen solchen Taig nehmen / wie oben vermeldet / und eines Messer=Rucken dick runde Blätl außwalgen / ein wenig größer / als ein ziennenes Deller / darnach soll man von guter süsser Milch und Ayren / ein gutes Töpffel machen / dasselb auff einem Tuch und Reiterl gar wol auffstreichen / daß gar trucken wird / das Töpffel soll man darnach mit einem guten dicken Ram / und zerlassenen Butter anmachen / in der Dikken als ein Koch / daß es sich auffstreichen läst / und also diß Töpffel auff die außgewalgene Blätl streichen / noch so dick als der Taig ist / man muß gar nicht an die Oerther hinauß streichen / noch so dick als der Taig ist / sondern man muß ein Finger breit laer lassen / zweyfach über einander legen / daß am Ranfft dicker wird / damit die Faisten nicht abrinnen kann; ehe mans einschiest / muß mans aber mit Butter bestreichen / und muß die Füll erst darauff streichen / wann das Lädl auff dem Ofen= Schüssel ligt / wann mans essen will / soll mans wärmen“ (Granat=Apffel, S. 48 f.).

Marzipan

„Nimb die Mandel / nemblich 1. Pfund die süß seyn / schele sie / wirff sie in klar Wasser / nimb sie auß dem Wasser / lege sie in ein schön weisses Tuch / damit sie trucken werden / stosse sie in einem Mörser / thue ein wenig Rosen=Wasser darunter / damit die Mandeln nicht öhlig werden / du must die Mandel stossen / biß sie ganz klein werden wie ein Mehl / daß er auch zimblich fest wird / wann die Mandeln gestossen / so thue weissen Zucker ein halb Pfund oder drey Vierting darein / stosse es wohl mit den Mandeln untereinander / thue das Weisse von einem Ay darzu / wann es wohl gesotten / so nimb es auß dem Mörsel in ein zinnerne Schüssel / thue es auff ein saubern Tisch / besträh es mit Zucker / und arbeite es mit den Händen. Theile den Taig in so vil Stuck als du wilst / thus in die Model / oder mach sonst Figuren darauß was du wilst / wilst du Dorten davon machen / so lasse es eines Thaler dicke. Thue es in den Ofen / laß ihn trücknen / aber der Ofen muß gar gelind gehaizt seyn / er ist warm genug / wann du die Pasteten außgezogen hast. Wann der Marzerpan gebachen / so ziehe in herauß / mache das Eyß darüber / wie vorhin vermelt / seze es wieder in Ofen / und laß es auflauffen“ (Granat=Apffel, S. 117).

Die Fertigung von Marzipan und aller plastischer Zuckerbäckerei kann sich erst mit der Verbreitung des Zuckers entfalten, dessen festigende und bindende Eigenschaft die Arbeit erleichtert. Mehlspeisen, Süßspeisen und andere süße Bäckereien werden bis dahin und selbst noch lang nach Einführung des Zuckers mit Honig gesüßt. Denn Zucker wird teuer eingeführt und nur in Apotheken gehandelt.

Zusammenfassend kann gesagt werden, daß mit der Aufnahme der Kartoffel in den vorhandenen Speisenplan und der Einführung der neuen warmen Getränke, Kaffee und Tee, der Grundstein der heutigen Eßkultur gelegt wird. Zudem setzen sich nach und nach – im Ausmaß ihrer Erhältlichkeit und Erschwinglichkeit – viele Gewürze durch, wie auch der Zucker, dessen Auftreten in der Küche die Geburtsstunde der Konditorkunst bezeichnet. Die Trinkschokolade bleibt lange Zeit kostbar und auf höchste gesellschaftliche Kreise beschränkt. Durch die neu eingeführten Warmgetränke erhält auch die Geselligkeit eine neue Note. Im gewerblichen Bereich entstehen die Kaffeehäuser, und im häuslichen Bereich setzt sich ein neuer Typus von Besuchsmahlzeit durch, der in Mitteleuropa von Kaffee und Kuchen geprägt wird. Die Kaffeehäuser werden zunächst von reichen Kaufleuten, höheren Beamten, von Adeligen und Höflingen frequentiert. Tee und Kaffee bleiben bis zu Beginn des 19. Jahrhunderts für breitere Schichten unerschwingliche Getränke.

Dem gemeinsam eingenommenen Mahl wird im Barock und Rokoko ein hoher Stellenwert beigemessen. Man läßt es gerne von Musik- und Theateraufführungen, Feuerwerken, Spielen und von Tanzvorführungen begleiten. Die Tafel ist der Ort des erholsamen Verweilens und der gepflegten Konversation. Ein Zeichen der neuen Gemütlichkeit ist die Entwicklung von Clubs, Tee- und Kaffeehäusern. Eine völlig andere Bedeutung als heute haben die Wirtshäuser, die weniger um der Geselligkeit willen aufgesucht werden, sondern der Nahrungsaufnahme außer Hauses dienen.

Parallel zu den Entwicklungen im Essensbereich verläuft die Verfeinerung der Tischsitten und der Gestaltungskultur. Ein Hauptaugenmerk wird auf die optische Wirkung gelegt, womit man das Essen um der reinen Nahrungsaufnahme willen verabschiedet. Verstärkt wird die neue Eßphilosophie durch die Erfindung und Entwicklung der bis dahin wenig phantasievollen Eßgeräte. Man verwendet von nun an kostbares Geschirr, kunstvoll drapierte Stoffe, pompöse Tafelaufsätze und legt großen Wert auf die künstlerische Aufbereitung von Speisen. Das Essen mit den Augen soll den Gaumen reizen, geistig darauf vorbereiten und die reine Nahrungsaufnahme in den Bereich einer eigenen Kunst oder Wissenschaft erheben.

Wie prunkvoll barocke Tafeln ausgesehen haben

Zuckerbäcker-Küche (Stich, 1694). Mit der Verbreitung des Zuckers, der erst im Barock durch seine Gewinnung aus der Zuckerrübe möglich gemacht wird, entfaltet sich die Zuckerbäckerkunst.

müssen, ist bei Lady Mary Wortley Montagu anläßlich ihres Wienaufenthaltes im Jahr 1717 nachzulesen: „Ich muß gerechterweise sagen, daß der ausgezeichnete Geschmack und der Prunk ihrer Tafeln [der Wiener Gastgeber] zu dem ihrer Einrichtung sehr gut paßte. Ich wurde wiederholt mit mehr als fünfzehn Fleischgerichten, alle auf Silber serviert und aufs schönste angerichtet, bewirtet. Der Nachtisch wird im selben Maßstab auf feinstem Porzellan aufgetragen. Das überraschendste ist jedoch der Reichtum und die Mannigfaltigkeit der Weine. Es ist hier üblich, den Gästen ein Verzeichnis derselben neben die Servietten zu legen, und ich habe zu wiederholten Malen bis zu achtzehn Sorten gezählt." Hiermit wird gleichzeitig der eingeführte Gebrauch der Stoffserviette in der Gesellschaft zu Beginn des 18. Jahrhunderts belegt.
Unsere heutige Tischkultur leitet sich im wesentlichen von der Tafelgestaltung des 18. Jahrhunderts ab. Die Materialvielfalt früherer Eßgeräte wird ab dieser Epoche zugunsten eines einheitlichen Silberbestecks aufgegeben. Löffel, Messer und Gabel werden zum ersten Mal in Form und Dekor aufeinander abgestimmt. Weiters ergänzen Tischtuch, Serviette, Aufsätze, Kerzenschmuck und Blumen das in Verwendung stehende Geschirr und Tafelgerät. Gerne werden auch aus weichen Stoffen gefertigte Kunstblumen als Tafelschmuck verwendet. In Denis Diderots (1713–1784) und Jean Le Rond d'Alemberts (1717–1783) Enzyklopädie ist unter dem Stichwort Kunstblumenhersteller (Fleuriste artificiel, Tafel VIII) eine solcherart geschmückte Tafel abgebildet. Der Gestaltungs- und Ideenreichtum übersteigert sich ständig, in welchem Verlauf ein gewisser Monsieur Carade einen Lack erfindet, mit dem man Tafelblumen überzieht, so daß sie aussehen, als wären sie von Reif bedeckt. In der Wärme einer tafelnden Gesellschaft löst sich der Lack auf, und während des Essens geht die winterliche Landschaft in den Frühling über.
„... prunkvoll wie Geschirr und Tafelgerät war auch der Ablauf der großen Feste. Kunstvoll gefaltete Tischtücher bedeckten mehrlagig den Tisch. Sie wurden zwischen den einzelnen Gängen abgenommen, dienten aber auch zum Reinigen und Abtrocknen der Hände. Servietten [die regelmäßige Verwendung führt sich aus Frankreich ein] lagen für jeden Gast bereit ..." (Eßkultur, S. 14). Überraschend auf dem Gebiet der Tischkultur ist das beinahe gleichzeitige Aufkommen von Serviette und Gabel, obwohl man Tücher zur Reinigung der Hände schon in der Zeit, als man noch mit den Fingern gegessen hatte, gebrauchen hätte können. Aber diese Gleichzeitigkeit hängt mit der erst jetzt eintretenden Überarbeitung der Tischsitten zusammen, für die ab dem beginnenden 17. Jahrhundert Gebrauchsregeln festgelegt werden.

DAS ESSBESTECK

Im 17. Jahrhundert entwickelt sich die Form des Messers zu jener, die bis heute erhalten ist: Es entwickelt sich von der spitzen Form zum abgerundeten, stumpfen Schneidewerkzeug, das von der Gabel als Spieß- und Eßwerkzeug abgelöst wird. Obwohl die Gabel schon im 10. Jahrhundert erwähnt wird, der regelmäßige Gebrauch wird sich aber erst sieben Jahrhunderte später durchsetzen. Bis zum Ende des Mittelalters dient die Gabel beinahe ausschließlich dem Vorlegen von Fleisch. Ab dem 16. Jahrhundert ist sie gelegentlich auch als Eßgerät in Verwendung. Vor allem aber nimmt man

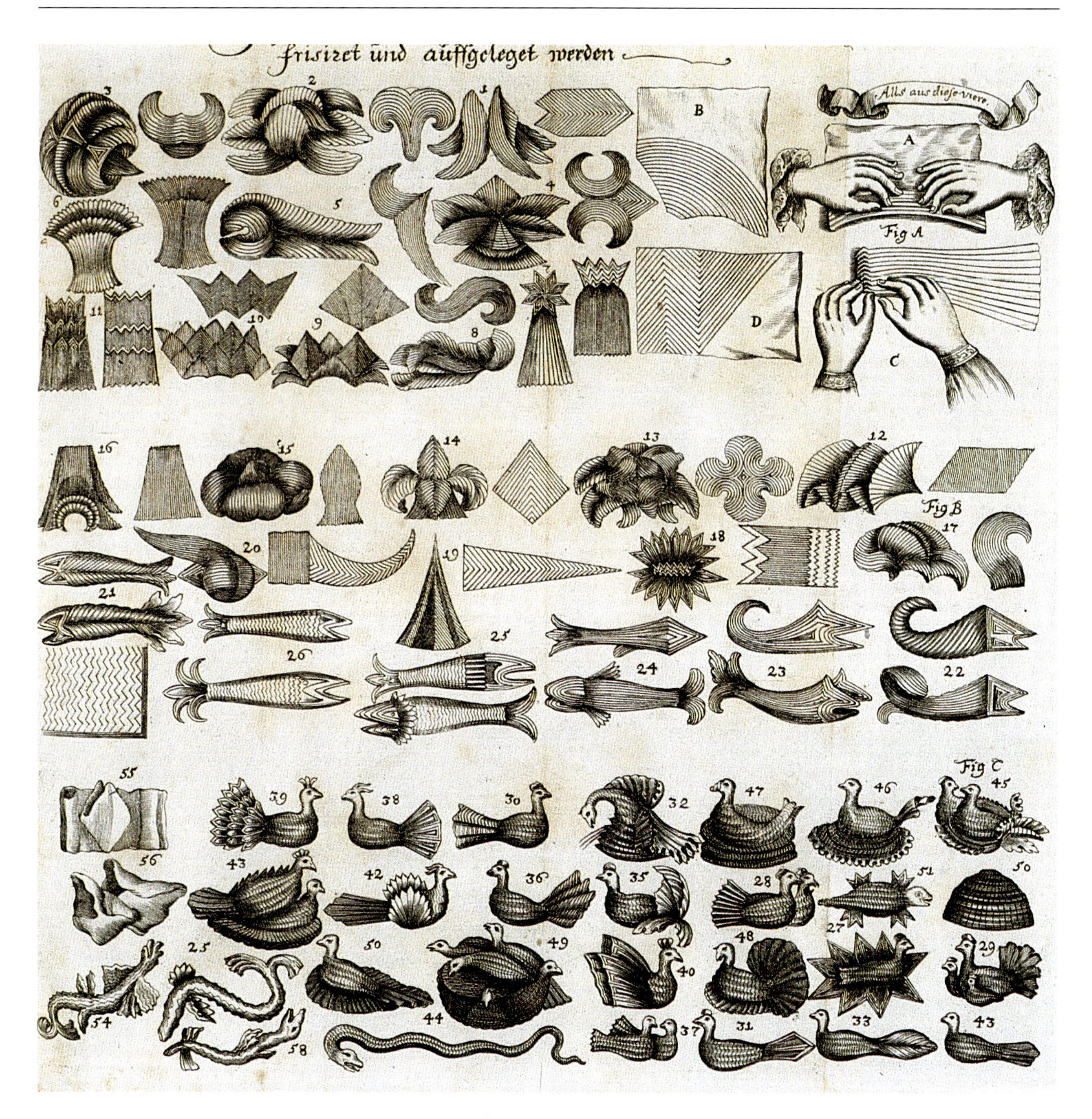

damit das Fleisch von der Platte. Auf französischen Gemälden des 17. und frühen 18. Jahrhunderts, die sowohl private als auch repräsentative Essen in Hofgesellschaft darstellen, bemerkt man, daß für jeden Gast eine Gabel bereit liegt. Trotzdem nehmen die meisten der auf den Bildern dargestellten Gäste die Speisen mit den Fingern vom Teller. Außerdem führen – wenn überhaupt – eher Männer als Frauen die Gabel zum Mund. Das mag entweder mit dem *Waffencharakter* des Gerätes zusammenhängen oder damit, daß eine Dame mit einer Gabel in der Hand aus Schicklichkeitsgründen nicht abgebildet wird. Neben der Sitte, eine Gabel zu verwenden, hat auch ihre Form eine Entwicklung zu durchzulaufen: Frühere Stücke unterscheiden sich von den späteren am vorerst geraden, längeren Mundteil, das oft nur zwei bis drei, sehr schmale, spitze Zinken aufweist. Am Übergang vom 16. zum 17. Jahrhundert erhält die Gabel – im Seitenprofil – die bekannte geschwungene Form, die außer dem Aufspießen der Speisenteile auch einfacheres Aufladen ermöglicht. Ab dem Ende des 17. Jahrhunderts werden in Frankreich vierzinkige Gabeln hergestellt. In der zweiten Hälfte

Links: Ab dem 17./18. Jahrhundert wird ein Hauptaugenmerk auf die optische Wirkung der Speisenzubereitung und der Tafeldekoration gelegt: Wer es sich leisten kann, verwendet kostbares Geschirr, pompöse Tafelaufsätze und kunstvoll gefaltete Tischtücher und Servietten.

des 18. Jahrhunderts entstehen neben dem jetzt eingeführten dreiteiligen Besteckset und dem Tranchierbesteck viele neue Tischgeräte, die den Anforderungen des Zweckes und denen der Verfeinerung der Tafelsitten entgegenkommen: Tee- und Kaffeelöffel, Zuckerzangen, Zuckerstreuer, Tortenmesser, Fischbesteck, Suppenkellen oder Butterstecker.
Eng im Zusammenhang mit der Verwendung der Gabel steht die Art der Vorbereitung der aufgetragenen Speisen. „Aufgrund der immer wichtiger werdenden Zeremonie, Fleisch, Wild oder Geflügel vor den Augen der Mahlteilnehmer würdevoll zu tranchieren, entwickelte sich ein eigens dafür bestimmtes Tranchierbesteck, das aus Vorschneide- und Vorlegemessern und einer oder mehreren Gabeln bestand. Das Tranchieren wurde zur künstlerischen Darbietung, zum großen Schauspiel, der Vorschneider hatte ein ehrenvolles und hochbezahltes Amt, zu dem er bestimmte Voraussetzungen mitbringen mußte“ (Hofer, S. 18).
Typisch für die Zeit wird einem alltäglichen Handgriff enorme Bedeutung beigemessen und der Akt des Schneidens zum Zeremoniell hochstilisiert. Selbst für die Herkunft des Ausführenden gelten eine Unzahl von Bestimmungen. Der Tranchierer sollte „*... entweder vom Adel oder sonst wie gutes Herkommens / gerade und wohlproportionierten Leibes / freundlichen Angesichts / guter gerader Arme / leichter wohlgestalteter Hände / wohlbekleidet und unerschrocken sein*“ (aus einer zeitgenössischen anonymen Schrift über vornehme Tischsitten für die Dienerschaft).
Mancherorts ist es üblich, den männlichen Ehrengast mit dieser Aufgabe zu betrauen, was viel Übung und Können des Ausführenden voraussetzt, um die Zeremonie würdig und elegant erscheinen zu lassen. Die nächste Stufe der Verfeinerung dieser Sitte besteht darin, das Schneiden und Zerteilen vom Tisch zu verbannen. Abgeschlossen wird die

Links: Die zweizinkige ‚vorbarocke‘ Gabel, die beinahe ausschließlich dem Vorlegen von Speisen dient, aber auch jedem an einem Essen Teilnehmenden aufgedeckt wird.
Rechts: Letztes Abendmahl (wahrscheinlich 17. Jahrhundert). Ab dem 16. Jahrhundert ist diese Art der Gabel gelegentlich auch als Eßgerät in Verwendung.

Entwicklung, wenn jedem Gast eigens serviert und vorgelegt wird.

„Im bürgerlichen Haushalt war das Eßgeschirr für die Wochentage oft noch aus Holz, einen Aufschwung erlebte aber das Zinngeschirr. Die ursprünglich nur flachen, meist rechteckigen Platten wurden zu Tellern im heutigen Sinne, hier erreichte man mit dem eingravierten Wappen des Besitzers die Einheitlichkeit des Services unserer Tage. Bei festlichen Anlässen kam das Silbergeschirr auf den Tisch, das jede etwas besser gestellte Familie besaß. Fayenceschüsseln gehörten zu den Kostbarkeiten (Fayence, der Vorläufer des Porzellans, eine weißglasierte bemalte Töpferware, die nach Faënza, einem ersten Hauptproduktionsort, benannt ist. Ab dem 14./15. Jahrhundert werden Geschirr und Ziergegenstände aus Fayence hergestellt, zunächst teuer gehandelt, verlieren aber ab dem 18. Jahrhundert wegen zunehmender Massenproduktion an Bedeutung) und wurden für Schauzwecke auf die Kredenz gestellt. Zum Waschen diente das Gießfaß mit Becken aus Zinn oder Messing" (Katalog Rosenburg, S. 153). Während der barocken Epoche nimmt die Fayencekunst vor allem in den Niederlanden einen bedeutenden Aufschwung. Die Delfter Manufaktur erzeugt die für die Zeit so typische Tonware mit Blauweißdekor, die ostasiatische Motive und chinesische Geschirrformen nachahmt.

Silbergeschirr (vor allem Teller) gehört im Barock zur gängigen Einrichtung des aristokratischen, des großbürgerlichen und auch immer öfter des bürgerlichen Haushalts. Mit dem Silber eines fürstlichen Haushalts zu konkurrieren, würde aber jeder kultivierten Familie schwerfallen. Denn dort sind nicht nur Bestecke und Geschirr aus Silber, sondern auch Tische, Stühle, Betten, *Feuerhunde* im Kamin, Spiegelrahmen, Wand- und Deckenleuchter,

Rechts: Mit dem aufkommenden Brauch, die Gabel zum Essen zu verwenden, ändert sich auch ihre Form: Frühere Stücke unterscheiden sich von den späteren am geraden, längeren Mundteil mit zwei bis drei Zinken. Am Übergang erhält die Gabel – im Seitenprofil – die bekannte geschwungene Form, die außer dem Aufspießen der Speisenteile auch einfacheres Aufladen ermöglicht. Auf Gérard Jean Baptiste Scotins († 1716) Festtafel in Paris (1707) verfügen die Gabeln schon über die neue, geschwungene Form.

Blumenkörbe, Badewannen, Kühlkessel für Wein, Bouteillen, Rauchfässer, Statuen, ja sogar Wagen und Schlitten werden aus dem weichen Edelmetall gefertigt. Die Entwicklung gipfelt darin, alle Gegenstände aus Gold herstellen zu lassen. *„Die Unserigen wollen auch dise Curiositet haben, mit der Zeit ein gantze Credenz von purem Goldt zu haben in allem, was zu Speisung eines Tisch oder Tafels vonneten, von Schissln und Theller, auf ein 10 oder 12 Persohnen zu speisen; auch was zum Credenztisch geherig von Credenzschalen, Comnfectschalen, Giespeken, Kiehl-kessel und Leichter … sol auch nicht per ordinari gebrauchet werden, sondern nur bei vornehmen Occasionen und vornehmer Gest"* (Karl Eusebius, S. 206 f.).

Eine wesentliche Neuerung erhält die barocke Tafel durch die Einführung der Speiseservice aus Porzellan. In einem Augenblick, in dem die Gestaltung der Tafel eine immer größer werdende Rolle spielt, wächst das Interesse an der Schönheit im einzelnen wie im großen ganzen. Das Augenmerk richtet sich auf das harmonische Ensemble, das die Einheitlichkeit bis in die kleinsten Dinge voraussetzt – eine typisch barocke Idee, die in der Architektur eine Entsprechung findet. Erst das Aufkommen des einheitlichen Silberbesteckes und des Porzellangeschirrs – das von nun an in Serie hergestellt werden kann – ermöglicht die Entwicklung der Tafelkultur. Das bis dahin übliche Tafelgeschirr aus Holz oder Metall wird mit der Entdeckung Johann Friedrich Böttgers im Jahr 1708, in Europa Porzellan herstellen zu können, fast gänzlich durch dieses verdrängt. Dabei verdankt die Erfindung mehr einem Zufall ihr Leben, denn eine frühe Arbeit über Steingut des Grafen von Tschirnhaus, die 1701 dem sächsischen König August II. überreicht worden war, bleibt zunächst völlig unbeachtet. Da man ihm die Errichtung eines Laboratoriums nicht bewilligt, zieht

Silbergeschirr gehört im barocken Haushalt zur unerläßlichen Ausstattung des aristokratischen, des großbürgerlichen und immer öfter auch des aufstrebenden bürgerlichen Haushaltes: Silberkännchen und silberner Zuckerstreuer in der beliebten Balusterform.

Kühlbecken aus Metall (oben, im linken Bildvordergrund auf Franz Christoph Jannecks Gesellschaftsszene) und links aus Porzellan (um 1720), die mit eiskaltem Wasser gefüllt werden, um die Getränke kühl zu halten.

sich Tschirnhaus enttäuscht auf sein privates Gut zurück, bis ihn derselbe König eines Tages zu einer schicksalhaften Begegnung ruft. Johann Friedrich Böttger (1682–1719), ein Berliner Apothekerlehrling, hat durch seine Prahlerei, Gold herstellen zu können, auf sich aufmerksam gemacht. Als König Friedrich I. (1657–1713) Proben seines Könnens zu sehen verlangt, flieht Böttger nach Sachsen, wo ihn König August II. in Schutzhaft nimmt. Der Regent überträgt dem Grafen Ehrenfried Walther von Tschirnhaus (1651–1708) die Aufsicht über Böttgers Versuche, Gold herzustellen. Da er trotz großzügig bewilligter Mittel und Mitarbeiter keinen Erfolg vorweisen kann, flieht der in Zugzwang Gekommene abermals. Er wird aufgegriffen, erneut dem Grafen Tschirnhaus unterstellt, und man befiehlt ihm, die *Universaltinktur* endlich zu produzieren. Da die Experimente Unmengen an Geld verschlingen, ohne daß Gold hergestellt werden kann, wird zuletzt dem Anliegen Tschirnhausens stattgegeben, wenn nicht Gold, so doch wenigstens Porzellan zu erzeugen. Gemeinsam, zunächst gegen den Willen Böttgers, unternimmt man keramische Versuche. 1707 gelingt die Herstellung von rotem Steinzeug. Am 28. März 1709 meldet Böttger dem König –

sein Gönner Tschirnhaus war kurz vor Vollendung der letzten Experimente verstorben – die erfolgreiche Produktion von anfangs gelblichem und später weißem Porzellan.
Das früher bekannte, seit dem 13. Jahrhundert in China hergestellte Porzellan ist in Europa seit dem 16. Jahrhundert nachgewiesen und wird bis dahin mit mehr oder weniger großem Erfolg nachgeahmt. Nach den geglückten Versuchen Böttgers und von Tschirnhaus' wird 1710 die erste europäische Manufaktur errichtet, die ihren Sitz auf der Albrechtsburg in Meißen hat. Obwohl das Geheimnis der Porzellanherstellung auf Befehl König Augusts II. von Sachsen (1670–1733) streng gewahrt werden soll, gelingt es dem geschickt taktierenden kaiserlichen Kriegsagenten Du Paquier, einen Meißener Werkmeister abzuwerben, dem er die Leitung seiner neueingerichteten Wiener Manufaktur überträgt. 1718 hatte Claudius Innocentius Du Paquier ein Dekret erhalten, demzufolge ihm alleine das Recht eingeräumt wurde, für die Dauer von 25 Jahren in den Erbländern Porzellan herzustellen. Noch im selben Jahr wird die Wiener Manufaktur eröffnet, die sich zunächst in der Roßau befindet. 1721 übersiedelt man in das neuerworbene Breunersche Sommerpalais, das sich von der Alserbachstraße bis beinahe zur heutigen Fürstengasse erstreckt. Der längsseitig des Gebäudes verlaufenden Straße hat die Manufaktur den noch immer geltenden Namen der Porzellangasse beschert.

Links: Tafelaufsatz aus Porzellan: Putti Schale tragend, um 1750.
Rechts: Schreibzeug aus Meißener Porzellan, um 1760. Die beiden würfelförmigen Gefäße enthalten Tinte und Streusand.

Nach Gründung der Wiener Manufaktur entstehen drei Porzellanfabriken in Italien. Ab 1746 zieht man im deutschen Reichsgebiet nach, es beginnt die Produktion bei Hoechst in Deutschland, 1747 werden die Fabriken in Nymphenburg und in Fürstenberg eröffnet, 1751 die Manufakturen in Berlin und 1758 in Ludwigsburg. Die bedeutendste französische Produktionsstätte verdankt ihr Bestehen der Förderung König Ludwigs XV. (1710–1774) und der Marquise de Pompadour (1721–1764). Bereits vor der Verlegung nach Sèvres wird die seit 1738 bestehende und in Vincennes beheimatete Fabrik 1753 zur *Manufacture Royale de porcelaine* ernannt. Es handelt sich dabei zunächst aber nur um Frittenporzellan (Töpferware aus Steingut), das durch Erhitzen von pulverförmigen oder körnigen Materialien bis zum Erweichungspunkt entsteht, deren einzelne Teilchen nur oberflächlich schmelzen. Allerdings erzielt man mit dieser Methode einen sehr großen Farbenreichtum der Produkte. Die Herstellung von Hartporzellan gelingt in Sèvres wie in der Manufaktur von Sankt Petersburg erst in den sechziger Jahren des 18. Jahrhunderts. Die Liste der Dinge, die aus Porzellan gefertigt werden, reicht damals wie heute von Gebrauchsgegenständen bis zum künstlerisch gestalteten Zierat. Revolutionär für die Zeit ist die Serienherstellung in Manufakturen, wo die Massenproduktion ihren Anfang nimmt. Zu den ersten Gegenständen aus Porzellan zählen Kaffee- und Teeutensilien, was sicherlich mit den eben aufgekommenen Getränken aus denselben Ursprungsländern zusammenhängt. Zudem werden die modernen einheitlichen Tafelservice um Terrinen, Saucieren, Anbietplatten und zahlreiche andere praktische Einrichtungen erweitert: wie die vielen Arten von Kühlbehältern – die

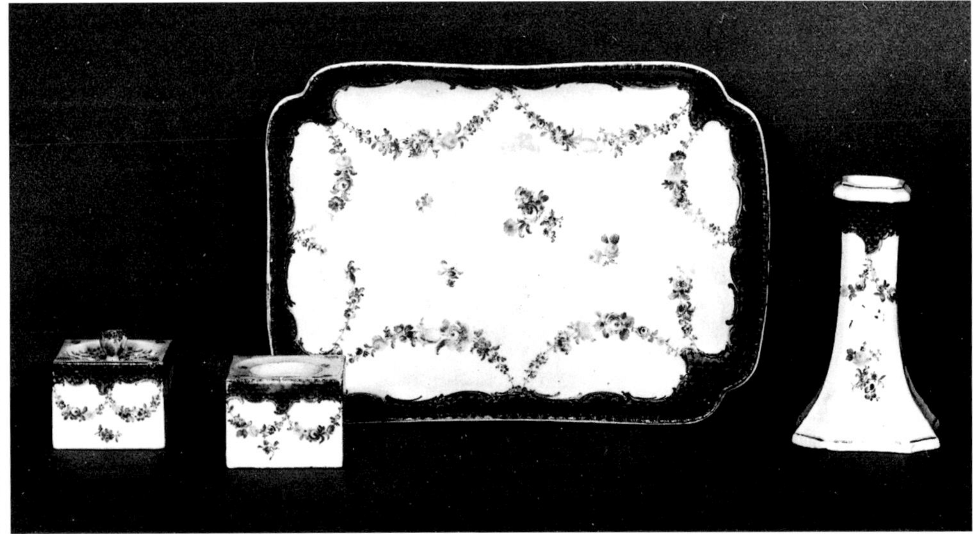

aus Porzellan oder aus Glas gefertigt den späteren Sektkübeln ähneln – und die Warmhaltegefäße (meist in Form kleiner barocker Öfen), die die gleichbleibende Speisentemperatur auf den oftmals langen Wegen von der Küche bis zur Tafel gewährleisten sollen. Weiters produziert man aus Porzellan Bonbonnieren, Konfektschalen, Vasen, Luster, Kandelaber, Wandleuchter, Tabakaufbewahrungstöpfe, Uhrgehäuse, Weihwasserbehälter, Flakons, Apothekergefäße, Spucknäpfchen, Schreibzeuge (mit Untersatz für Tinte, Kerzenleuchter und Ausnehmungen für Federkiele, Streusandbüchse und Tintenfaß), kleine Büsten, medaillonartige Porträts, Statuetten und Tischaufsätze, die entweder zweckgebundene Behälterformen haben oder in Kombination von Statuette mit Gefäß oder Behälter vorkommen: Figurinen mit angedeuteten Landschaftsteilen, die sich als Kerzenleuchter entpuppen, oder Statuetten, die an Brunnenrändern lehnen oder denen kleine Butten, Kessel oder Becken beigegeben sind, die als Senf- oder Salztiegel dienen. Ebenfalls aus Porzellan werden Kannen, Krüge und Zierflaschen hergestellt. Ausgenommen sind Flaschen, die man im Alltag zur Aufbewahrung und zum Transport von Flüssigkeiten gebraucht. Sie werden vorzugsweise aus Zinn gefertigt, da ein Gegenstand aus Glas, Keramik oder Porzellan nach dem Zerbrechen nicht nur den künstlerischen, sondern auch den Gebrauchswert verliert. Außerdem können schadhaft gewordene Gegenstände aus Zinn wieder eingeschmolzen und zu neuen Waren verarbeitet werden.

Aus Porzellan werden auch die sehr alltäglichen *Pots de chambre* (Nachttöpfe) in allen europäischen Manufakturen erzeugt. Aus Frankreich kommend, hat sich für den Gegenstand auch die Bezeichnung Bourdalou eingeführt, welcher Name in Zusammenhang mit dem berühmten Prediger Père Bourdalou steht, der am Hof König Ludwigs XIV. wirkt. Seine Predigten, die oftmals einige Stunden dauern, werden außerordentlich geschätzt, weshalb man sich sogar lange vor Beginn seiner Auftritte Kirchenplätze reservieren läßt. Wenn sich während der langen Predigten ein dringendes Bedürfnis einstellt, erledigt man es, um den Sitzplatz nicht zu verlieren, gleich in der Kirche. Dafür bedient man sich einer eigens im Mantel mitgebrachten *Vase du jour,* die später den Namen *Bourdalou* erhält. Die öffentliche Verrichtung dieser Tätigkeit darf nicht verwundern, wenn man bedenkt, daß sich der französische König vor den Augen seines Hofstaates des Leibstuhls bedient, und es eine Ehre darstellt, den Topf mit den Exkrementen des Königs aus dem Raum zu bringen. Dieses Amt gehört wie viele andere Riten der täglichen Toilette zu den öffentlichen Zeremonien und gipfelt darin, daß dem vorbeigetragenen vollen Topf von jedermann die Reverenz zu erweisen ist.

ENTWICKLUNG VON GLAS

Obwohl die Herstellung von Glas auf eine vieltausendjährige Geschichte verweisen kann, entstehen die berühmten Glashütten Europas erst im 13. Jahrhundert. Die Insel Murano bei Venedig wird einer der Hauptsitze der kontinentalen Glasererzeugung und schon sehr früh ein Zentrum der Brillenherstellung.

Unter dem Einfluß islamischer Künstler entwickelt sich während des 14. und 15. Jahrhunderts im venezianischen Raum nach und nach eine eigenständige Glaskunst. Man vermag eine sehr feine, farblose Glasmasse herzustellen, die im gehärteten Zustand durch vielerlei Arten von Malerei- und Schleiftechnik kunstvoll gestaltet wird. In weiterer Entwicklung beginnt man mit Materialien, Formen und Farben zu spielen, wobei die Herstellung von Achatglas *(calcedonico)* – ein Glas mit starken farblichen Marmoreffekten, das die Qualität von Steinen verblüffend nachahmt – zur Vollendung gelangt. Ähnliche Naturnähe erreichen die Gefäße aus Eisglas, die den Eindruck vermitteln, als würden sie jederzeit schmelzen.

Bald sind venezianische Gläser weltweit begehrt.

Glasbläser (Stich von Christoph Weigel, 1698).

Die Ausfuhr bringt hohe Erträge, und man verbietet den Glasmachern – ähnlich wie in Sachsen den Porzellanarbeitern – unter Strafandrohung das Abwandern in andere Länder. Trotzdem tauchen nördlich der Alpen schon bald Namen venezianischer Glasmacher in Verbindung mit der Gründung von Kristallin-Glashütten auf, wo man in den neugegründeten europäischen Glashütten in Reichenau, in den Tiroler und in den böhmischen Hütten die venezianische Kunst nachzuahmen sucht, die später als *façon de Venise* bezeichnet werden wird. Städte wie Hall in Tirol, München, Nürnberg, Köln und vor allem viele Orte der Niederlande treten die venezianische Nachfolge an. Nach Erfindung des Bleikristalls (1674) kommt gegen Ende des 17. Jahrhunderts der Glasschliff in Mode. Diese Technik, die in Prag zur Vollendung gelangt, verhilft Böhmen auf dem Gebiet der Glaskunst zu einer führenden Rolle. Die Erfindung des Kreidekristallglases in den böhmischen Hütten schafft beste wirtschaftliche Grundlagen und eine Blütezeit des Glashandels. Böhmisches Glas zeichnet sich von da an durch besondere Reinheit und Brillanz aus, wodurch es jene Weltgeltung erlangt wie vorher das venezianische Glas.

Ähnlich wie aus Porzellan werden bald sehr viele Gegenstände des Eß- und Trinkbedarfs aus Glas hergestellt. Auf der Tafel setzt sich das einheitlich gestaltete Porzellan durch, Glas findet sich dort vorwiegend als Sammelbehälter von Getränken oder als Trinkglas, wenn man auch zunächst bestrebt ist, die einzelnen Teile der Speiseservice aus weißem undurchsichtigem Glas herzustellen, das vom Aussehen dem Porzellan sehr nahekommt. Bei den Formen besteht eine zeitbedingte Ähnlichkeit mit den Gegenständen aus Porzellan, Silber und Zinn.

Für Trinkgefäße entwickeln sich bald eigenständige Formen, die – je nach Getränk – eine große Vielfalt erreichen. Unter den Trinkgläsern zählt der Becher zu einer der häufigsten und frühesten Formen, der auch kugeltopfartig wie bei der mittelalterlichen Keramik auftreten kann, woraus sich später – in hochgezogener Form – der Humpen entwickelt. Unter Humpen versteht man ein mit Deckel versehenes Henkelgefäß, das im 17. und 18. Jahrhundert von niedrigen Deckelkrügen nur schwer zu unterscheiden ist. Hinzu kommen die im Barock beliebten Römerformen (aus dem Niederländischen *roemen,* was *rühmen* im Sinn von *jemanden hochleben lassen* bedeutet) und die immer komplizierter gestalteten Arten von Stielgläsern als Kelch oder Pokale mit und ohne Deckel. Die berühmtesten und später immer wieder nachgeahmten Stücke stammen aus böhmischen Glashütten. Als Ziergegenstände – mit Freundschaftssymbolen, Wappen, Porträts oder mit Darstellungen zum Andenken an historische Ereignisse versehen – erfreuen sie sich großer Beliebtheit. Um 1600 setzt sich der Typus des Römers mit kleinem gesponnenen Fuß, zylindrischem Hohlschaft und einer eiförmigen Kuppa (das ist der oberste halb- bis dreiviertel-kuppelförmige Gefäßteil des Glases) durch, dem man auf den zeitgenössischen niederländischen Stilleben immer wieder begegnet. Die vielen Reihen versetzter warzen- oder beerenartiger Nuppen, die schon seit dem Mittelalter auf den Gläsern angebracht werden, verstehen sich nicht als Zierat, sondern sollen den Schaft für die Hand griffiger machen. Einen ähnlichen Sinn erfüllen die fingerkuppenartigen Eindellungen des Daumenglases. Alle Grundformen lassen sich mit wenigen Veränderungen bis in unsere Tage verfolgen, vom Reisebecher vielleicht abgesehen, der den Eindruck einer stark geriffelten, flachen, gequetschten Vase erweckt. Die Form dieses Bechers, dessen obere Öffnung durch Zusammendrücken gegenüberliegender Randteile schlitzartig verengt wird, wirkt der Bewegung auf dem Rücken eines Pferdes oder in schwankenden Kutschen ent-

A. van Beyeren (1620/21–1674), Frühstücksstilleben mit einem Römerglas, welcher Name sich aus dem Niederländischen ‚roemen' herleitet, was ‚rühmen' im Sinn von ‚jemanden hochleben lassen' bedeutet.

Bei den Kannen zählt die Balusterform mit Henkel zu den beliebtesten Grundformen, was sicherlich mit dem oftmaligen Gebrauch des Motivs an Mobiliar, Innen- und Außenarchitektur zusammenhängt: Kanne, Kandelaber (oben) mit Balusterschaft (um 1700) und in einer riesigen Spielart – balusterförmiges Geländer und Baluster-Säule im Stiegenhaus des Hauses Glockenspielplatz 5 in Graz (unten).

gegen und gehört zu den typischen Erfindungen des 17. und 18. Jahrhunderts, die es sich zum Auftrag machen, Gegenstände des täglichen Lebens praktischer zu gestalten.

Bei den Kannen zählt die Balusterform mit Henkel zu einer der bedeutendsten Grundformen, die seit dem Mittelalter als Weinkanne in Gebrauch ist. Dieser Kannentypus erreicht während des Barocks einen hohen Beliebtheitsgrad – was sicherlich auch mit der oftmaligen Verwendung des Motivs an Innen- und Außenarchitektur zusammenhängt – und wird bevorzugt als Behälter für die neuen Getränke Tee, Kaffee und Schokolade verwendet. Der Terminus des Gebrauchsglases schließt in erster Linie die Flasche mit ein, sie ist die primäre Erscheinungsform: zuallererst werden Flaschen aus Glas hergestellt. Sie treten im Barock in zahlreichen Spielarten auf, oftmals mit viereckigem oder mehrseitigem Grundriß, meist ohne Flaschenhals (als Transportbehälter) mit Schraubverschluß aus Metall, Apothekenflaschen, Nachtflaschen mit übergestülpten Bechern, Schnupftabaksflaschen, Scherzgefäße in Form von Tieren, wie die Schnapshunde, Nuckelflaschen für Kälber und Lämmer, Giftflaschen, sowie ein Exemplar aus dem Venedig des 17. Jahrhunderts, das – um es von den ungefährlicheren Produkten zu unterscheiden – mit vertikal geführten, dornenartigen Auflagen und einer sich nach oben weitenden Öffnung versehen ist. Die kleinen Gefäße in Reiseapotheken, oftmals mit ziselierten Schraubverschlüssen aus Silber, die einzelnen Teile von Toilettengarnituren, Tintenfässer, Öllampen, Wasserbarometer sowie Flakons mit geschliffenen Stöpseln gehören zu den gängigsten Produkten aus Glas, wobei man formal Porzellanprodukte nachzuahmen versucht.

Einen künstlerischen Höhepunkt bezeichnet die Mitte des 18. Jahrhunderts, in der Gegenstände der gehobenen Eßkultur – wie Konfektschalen zum Beispiel – immer kompliziertere Formen annehmen und die später maria-theresianisch bezeichneten Glaskristalluster mit geschliffenem Behang Verbreitung finden. Besondere Beliebtheit erlangen die auf Metallgerüsten montierten Leuchter aus Kristall oder Glas, da die vermehrten Lichtreflexe die Leuchtkraft steigern. Zuallererst werden Kristalluster in Frankreich und Italien tatsächlich mit Teilen aus geschliffenem Bergkristall behangen. Man verwendet dafür eine Art *Kristallabfall,* der bei der Fertigung größerer Gegenstände wie Vasen und Pokale, die aus einem einzigen Stein gehauen werden, entsteht. Die frühesten dieser Luster bestehen aus dichten Behängen von Kristallperlenschnüren.

Kronleuchter aus Metall (Gerüst) und Glas (Schmuckteile), frühes 18. Jahrhundert. Die hochpyramidenförmigen Glasteile sind bei Bedarf auszuwechseln und durch Kerzen zu ersetzen.

Ab dem 17. Jahrhundert wird die Idee in den böhmischen Glashütten abgewandelt, man ahmt die Kristallhänger mit Glasteilen nach. Die frühesten Glasformen sind hohlgeblasene Stangenteile, mundgeblasene Kerzenteile und andere geschliffene Hohlteile. Im Frühbarock setzt sich der Behang mit Rautenschliff durch, die Formen reichen von der Glasleiste über die Glasrosette, den Glassternen, Perlen oder Tropfen aus Glas bis hin zur Diamantimitation und dem Obelisken nachahmenden, sich nach oben verjüngenden Pfeiler in der Größe von Kerzen. Wie praktisch diese Luster konzipiert sind, läßt sich gerade anhand der letztgenannten Dekorationsteile erklären. Sie stecken in Kerzentassen und sind – wie alle Glasteile des Leuchters – abnehmbar. Dem Bedarf entsprechend, können sie durch Kerzen ersetzt werden und tragen beim mit weniger Kerzen bestückten Luster zur größeren Lichtbrechung – und somit auch zu stärkerer Helligkeit – bei.

Als Grundform der Lustergerüste stellt man sich einen birnen- oder stabförmigen Umriß mit einer Bekrönung an der Oberseite und zahlreichen Verästelungen vor, an die die einzelnen Hänge- und Steckteile, manchmal auch weitere Arme, angebracht werden. Meist wird von einer stabartigen Grundform ausgegangen, wobei sich von oben abwärts Kronenteil und verschiedene stab- oder kugelartige Zwischenteile abwechseln. Jeweils in den Kerzenreihen befindet sich eine nach außen hin gläserne Halbkugel am Mittelstab, die innen aus Holz und mit vielen Ausnehmungen versehen ist. Dort hinein steckt man die Glasarme, die je nach Geschmack mehr oder weniger bestückt werden können. Die Gestelle aus Bronze, die die Basis der französischen Luster bilden, bleiben – meist unverkleidet – sichtbarer Teil des Ganzen und werden mitunter feuervergoldet. Das preisgünstigere Produkt aus Böhmen basiert auf einem handgeschmiedeten Eisengestell, auf das die Glasteile des Gerüsts zur Veredelung aufgefädelt und dem Auge des Betrachters, wenn schon nicht unsichtbar gemacht, so zumindest weiter entrückt werden. Dem sich laufend ändernden Zeitgeschmack unterliegt nur die Form des Metallgestells, von dem – wenn es aus der Mode gekommen ist – die Glasteile abgenommen werden, um sie an einem neuen Gerüst zu befestigen oder in Truhen zu verwahren.

BAROCKE KÜCHENGERÄTE UND KOCHGESCHIRR

„Die Ausrüstung mit [Küchen-]Geräten wurde im Laufe des Mittelalters immer reichhaltiger: eiserne Roste von verschiedener Größe waren vonnöten, eiserne Bratspieße von den einfachsten Formen bis zu den nach dem Aufziehen selbständig sich drehenden Apparaten, die an das Werk einer Turmuhr erinnern. Zahlreiche Pfannen verschiedenster Form, ein mächtiger Holzblock zum Fleischschneiden und Fleischklopfen, Mörser aus Bronze und Messing, irdene Häfen, Holzkufen und Gefäße, Teller, Gläser, Siebe, Kellen, Löffel und Messer gehören zur Küche des Spätmittelalters wie zu der des beginnenden 19. Jahrhunderts ... Berücksichtigt man das Material der Geräte, die im Haushalt Verwendung fanden, so ist aufgrund der Inventare aus bäuerlichen ebenso wie aus bürgerlichen Schichten festzustellen, daß sich um 1680 ein Wandel vollzieht: die große Zahl der aus Holz angefertigten Geräte nimmt ab, während die Tongefäße ... merklich zunehmen" (Katalog Rosenburg, S. 149 f.). Nicht zu vergessen die Geschirre aus Eisen und aus anderen Metallen, die als Bratgeräte oder Kuchenbleche sehr phantasievolle Formen annehmen können. Zu den Tongefäßen zählen topfartige Behälter mit Deckel und Füßen, die man zum Braten verwendet. Manche Stücke haben die Ge-

Küche mit Bratspieß und Braten im linken Bildhintergrund und mit eisernem Rost und Würsten im linken Bildvordergrund (links).
Basilius Grundmann († 1798) zugeschrieben, Küchenszene mit Pfanne und guten Inventarbeispielen (rechts).

stalt von Tieren, ebenso wie es tiefe Kuchenbleche gibt, die man gerne in Form von Wappenkartuschen mit den Insignien der Besitzer gestaltet.
Einen Beweis dafür, wie wenig sich Töpfe und Geräte der Kücheneinrichtungen innerhalb der letzten Jahrhunderte verändert oder weiterentwickelt haben, belegt die Inventarliste eines reichen und vornehmen Haushaltes aus dem Jahr 1667 (Bestand des Küchengeschirrs der *„Fürstl. Hoffküche zu Waldtstein"*), in dessen Küche sich dieselben Geräte finden, wie sie während der gesamten Dauer des Kochens auf Feuerstellen in europäischen Haushalten verwendet werden:

„1. Khupfergeschier
10 Pfanen mit 4 Fiassen [mit vier Füßen], *13 unfießete Pfanen, 1 Schöpfpfanen, 1 Überfangkössl, 2 Bratpfanen, 2 Fleischkößl, 1 langer Löffl, 8 Schüssl*

2. Eysengeschier
2 Bluetpfanen, 1 Ribeißen, 5 Schöpflöffl, 3 Faimblöffl [zum Schaumabschöpfen], *2 Schaufeln, 4 Fleischgabbln, 9 Pfanen, 1 Kösten Pfan, 5 Hafen döchln, 2 Bratrost, 1 Rübenscharber, 2 Bratschaufln, 1 Plöchernes löffl Bestöckh, 2 Schirehäckheln, 7 Sibl, 2 Walger, 7 Bratschpiß, 1 gewirz ladl, 1 Schmalzlöffl, 1 Buterlöffl*

3. Zühngeschier
12 Schißln, 9 kleinere Schißln, etc."

„... eiserne Kuchengeräthe ... sind selbiges die Bräter oder Bratenwender, und entweder hier zu Land die Feder Bräter oder Zug- und Gewichts-Bräter, samt denen dazu gehörigen, wie auch allerley Arten von Hand-Spiszen also genannt, weil man sie mit der Hand umdrehet; theils Orten werden auch Bräter von Hunden umgetrieben: Man hat von Eisenwerck in denen Küchen beedes Brat-Pfannen und gemeine Pfannen, Glut- und Kohl-Pfannen, Schüssel-Ringe, gemeine und aufgebogene Stirzen zum abbräunen, Rost, tiefe Traif-Löffel, löcherichte Faim-Löffel, flache löcherichte Bach-Löffel, Fisch-Reisten, Hackmesser, Fleischparten, Bratwurst-Zänglein, Fisch-Schäufelin, Schmaltz-stecher, Spick-Nadel, Leuchter und liechtschneutzen, Feuerzeug, Feuer-Zangen, Feuer-Hakken, Pfannen-Knechte, Dreyfusz, Ofen-Gabeln, Ofen-Schäufelein" (Die so kluge ... Hauszhalterin, Nürnberg 1703).
Für die Bratspieße aus Eisen, die Vorläufer der selbsttätigen Grillöfen, die ständig gedreht und gewendet werden müssen, gibt es schon seit frühen Tagen Vorrichtungen, die diese Aufgabe verrichten. In den Kochbüchern des 17. und 18. Jahrhunderts finden sich Darstellungen solcher automatischer Bratenwender, die entweder durch ein Seil mit Zuggewichten, durch Warmluft oder mit Hilfe einer stählernen Zugfeder betrieben werden. Letztere ist mit einem Ende an der Wand und mit dem anderen an der Achse des sogenannten Federhauses befestigt und darin eingeschlossen. Eine damit verbundene Schnur, Darmsaite oder stählerne Kette dreht eine Schnecke um, die etwaige Unregelmäßigkeiten der Feder korrigiert. Andere Bratenwender bewegen sich, weil sie mit Wasserrohren oder fließendem Wasser verbunden sind. *„Die Küchen müssen das Wasser zum wenigsten in der Nähe haben, wo man es aber zum handsamen Gebrauch durch einige Wasserleitung oder eine Pompe gar in der Küchen haben kan, ists um so viel besser"* (Hauß-Vatter, S. 197).
Im Zusammenhang mit der Erfindung von ersten Uhren, die durch Räderwerk angetrieben werden

und deren Geschichte sich nicht mehr genau nachvollziehen läßt, ist die weitere Entwicklung des mechanisch laufenden Bratenwenders von Bedeutung. Während sich der Spieß oberhalb des Herdfeuers dreht, läßt ein Windflügel das Getriebe langsam anlaufen. Mit dem Anbringen der Hemmung wird aus dem Laufwerk ein tickendes Gangwerk. Als Antrieb des Räderwerkes dient ein Stein oder ein Gewicht. Die zeitgleichen Mechaniken von Turmuhren und Bratenwendern unterscheiden sich vom Aussehen nur geringfügig voneinander.
Neben der laufenden Entwicklung des selbsttätig arbeitenden Bratenwenders erfahren auch die handbetriebenen Spieße eine technische Verbesserung, so daß mit der Zeit eine einzige Handkurbel ein vielfaches Zahnradwerk und etliche daran angeschlossene Bratspieße in Bewegung zu setzen vermag.
Ebenfalls aus Eisen werden die korbartigen Fleisch- und Fischroste gefertigt, wobei die Form der Gestalt des zu bratenden Tieres angepaßt ist. Das Fleisch wird in den Rost gelegt, der mittels einer hakenartigen Vorrichtung leicht zu öffnen und zu schließen ist. Der Korb mit Inhalt wird auf Feuerböcke gestellt oder gelegt, und die Köchin wendet anstatt

Unten: Rauchküche mit zwei Dreifüßen: auf dem linken kleineren steht eine Pfanne, auf dem rechten größeren im Bildhintergrund ein größerer Kessel, dahinter befindet sich noch ein kleinerer leerer Dreifuß. Auch der große hängende Kessel ist in Kochstellung, denn das Feuer würde sich genau darunter befinden, der Abzug erfolgt im oberen haubenartigen Teil, von dem nur die Ränder zu sehen sind.

des Bratens in der Pfanne den Eisenkorb am Bock. Ähnliche Kochvorrichtungen mit Stützen bestehen für Töpfe und Kessel. Auf die geschlossene Herdplatte des Steinofens – später gibt es bei den gemauerten Öfen auch eigene Ausnehmungen, in die man die Töpfe stellt – werden eiserne Dreifüße postiert. Die drei Füße gehen an ihrer Oberseite in einen eisernen Ring über, in den die Kochgeschirre eingehängt werden können.
Der größte Formenreichtum barocker Geräte findet sich beim Serviermaterial, das in der Küche, an Wänden und Borden, auf Schränken und an Simsen aufgereiht, zur Schau gestellt wird. Wobei neben dem Aussehen auch die *Menge* einer bestimmten Gerätschaft eine große Rolle spielt. Die mathematische Aneinanderreihung von gleichen oder ähnlich gearteten Gegenständen, so wie es früher im Kapitel über die neue Tafelkultur erwähnt wurde, findet ihre architektonische Entsprechung in den endlosen Reihen gleichgestalteter Fensterachsen an barocken Fassaden.

Da die offenen Feuerstellen erst um die Mitte des 19. Jahrhunderts abkommen, sind bis zu diesem Zeitpunkt im bäuerlichen, bürgerlichen und adeligen Haushalt altertümliche Rußküchen in Verwendung, die man heute gerne ausschließlich dem bäuerlichen Haushalt zuordnet. Diese lange Zeit gepflegte und weitverbreitete Kochkultur bezeugen bei Restaurationsarbeiten an Wiener Bürgerhäusern entdeckte Rußwände, die auf jene Zeit verweisen, als der Rauch seinen Weg durch die Küche genommen hatte und erst an der Decke in einem Abzug mündete.
„Das oberdeutsche Haus weist schon im Mittelalter zwei Wärmequellen auf, das offene Feuer des Herdes, der häufig zugleich den wärmespeichernden Ofen beschickte. Dazu war nötig, daß der im Einraum ursprünglich freistehende Herd an die Wand der eingeschobenen Stube gerückt wurde und auf

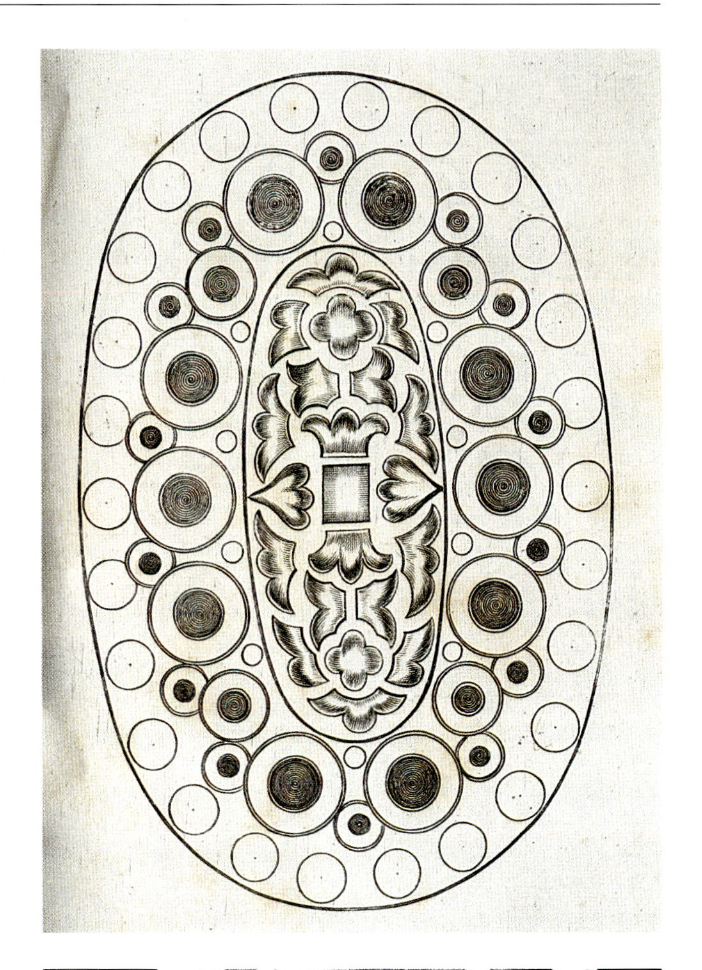

Oben: Tafelordnung als Beispiel der im Barock aufkommenden mathematischen Aneinanderreihung von vielen gleichen Stücken mit denselben Formen oder rechts: praktisch angewendet bei der Tafel des Vierten Standes anläßlich der Erbhuldigung Maria Theresias oder S. 133 oben die mit Tellern, Pokalen und Kannen bestückte Anrichte im Vorzimmer des Belvederes in Wien. Diesen Anordnungen entspricht in der Architektur die unendliche Aneinanderreihung unzähliger Fensterachsen wie an der Fassade S. 133 unten des Leopoldinischen Trakts der Hofburg in Wien (den Balkon muß man sich wegdenken, da er nicht zur Originalausstattung gehört und in späterer Zeit hinzugefügt wurde).

der Gegenseite der Ofen angebracht war. So sind die meisten Öfen ... Hinterlader, was den Vorzug hat, daß die Stube frei von Feuerungsmaterial und Schmutz bleibt ... Die Zusammenlegung der Feuerstellen schuf die Voraussetzung für die Anlage des Kamins, der einen weiteren Fortschritt der Wohnkultur bedeutete, denn zunächst zog der Rauch des Herdfeuers durch Fenster und Türen oder durch Dachluken ab. Der Herd bildete die Küche um sich" (Deutsche Bauernstuben, S. 4).

HERDSTELLEN IN BÜRGERLICHEN HAUSHALTEN IN WIEN

„19., Agnesgasse 1: Ehemaliger Wirtschaftshof der Kamaldulenser. Erbaut im 17. Jahrhundert, Umbau nach 1683 ... Der abgesenkte Erdgeschoßraum, welcher zugleich als Küche diente, enthält einen gemauerten Herd ... über welchem noch der mit einer eisernen Klappe verschlossene Rauchabzug sichtbar ist ... dieser Raum [wird] eigens als *Rauchküche* erwähnt" (Kaessmayer, S. 264). Als Rauchküche wird der Raum deshalb bezeichnet, weil der Abzug erst an dem am Gewölbe eingebauten Kamin erfolgt und aller Rauch und Qualm zuerst den Raum erfüllt. Der Herd besteht aus einem blockartigen Mauergehäuse mit aufgelegter Herdplatte, in deren Öffnungen die Kochgeschirre eingesetzt werden.
Mit den Problemen, die sich aus dem Beheizen von Wohnräumen ergeben, befaßt sich um die Mitte des 17. Jahrhunderts Fürst Karl Eusebius von Liechtenstein in seinem Architekturtraktat. „Weder die Sommer- noch die Winterzimmer bekommen sichtbare Even zum Heitzen, die Sommerzimmer gar keine, die Winter- aber werden durch das untere geheizet, nemblich gleichwie vermeldet, *dass ... zwischen einem und dem andern Gahrn* [wahrscheinlich Stockwerk] *ein kleines Zimmer von 10 oder 11 Schuech zu machen ... als werden in disen kleinen Zimmern die Even gesetzet werden, welche als nidrige mit den Oven alsi in die Hech gefillet werden, also dass er die obrige* [Decke] *schier beriehret und die Hitze in die Hech wierfet durch das ofene Loch, so in den obrigen Winterzimmer ist, so mit einen gezierten Gatter vermachet, dass man nicht durchdreten kan ... und also eine Zierde den Zimmer gebe, die Werben einlasse, und man dennoch kein Oven sehe ... durch dise Weis aber wiert weder das Haitzen noch der Oven gesehen ... in den kleinen* [Zimmern] ... *stehen die Even, dehren Rauchfang durch die mitere Mauer miessen gefiehret werden*" (Karl Eusebius, S. 127).

In den nicht sehr reichen Bürgerhäusern, wo die Frage nach der Ästhetik gar nicht gestellt wird, dienen die Öfen hauptsächlich als Kochstellen. „[Wien] 7., Spittelberggasse 22. Erbaut erste Hälfte des 18. Jahrhunderts. Das zweigeschossige Gebäude umschließt einen Innenhof mit Pawlatschengängen ... Im linken Teil des Erdgeschosses [gemeint ist ein Trakt für ärmere Bewohner innerhalb dieses Hauses] lagen zwei offene Feuerstellen. Eine war links vom Durchgang neben der Straße gelegen, die andere im linken Hoftrakt. Letztere wies zwei Herdstellen auf, die in einem Block gemauert waren. Darüber ein Funkengewölbe mit offenem Abzugsloch ... [Die Küchen] waren jeweils vom Hof beziehungsweise der Pawlatschen aus zugänglich und dienten zugleich als Vorraum, von welchem eine Tür in den Wohnraum führte. Im Obergeschoß ergab sich nur bei der Hausherrenwohnung ein anderes Schema" (Kaessmayer, S. 273).
Zuletzt das seltene Beispiel einer erhaltenen Gesindeküche im Dach: „[Wien] 1., Naglergasse 13. Das Gebäude stammt in seinem Kern aus dem 16. Jahrhundert. In der zweiten Hälfte des 17. Jahrhunderts Umbau und Neugestaltung der Fassade ... [Küchen] fanden sich erstaunlicherweise im Dachgeschoß ... [An einer Seite] befand sich eine ehemals offene Feuerstelle, welche an den Kamin angebaut war und nach außen als Gaupe mit Fenster in Erscheinung trat. Sie enthielt einen Rauchmantel, der Rauch wurde direkt in den Kamin geleitet. Offensichtlich waren hier die Dienstboten- beziehungsweise Gesindewohnungen untergebracht ..." (Kaessmayer, S. 277).

OFENTYPEN

Seit dem 14. Jahrhundert zählt der Kachelofen zu der meistverbreiteten Form des Ofens. Die ersten Exemplare stammen aus der Schweiz und aus Tirol und sind mit farbigen Kacheln versehen. Zur besseren Wärmespeicherung werden Topfkacheln – der Name bezeichnet eine Kachelform mit Vertiefung – eng gereiht, die wegen der dadurch größeren Oberfläche auch die Wärmestrahlung verstärken. Häufig werden die Kacheln mit Reliefs verziert oder bemalt. Im 17. und 18. Jahrhundert erhalten die Öfen eine besonders reiche Gestaltung. Die Kacheln vergrößern sich zu vielfigurigen Reliefplatten, die von Pilastern und Säulen gerahmt sein können und oftmals die Jahreszahl der Ofensetzung und die Initialen der Namen der Besitzer tragen. Zur selben Zeit setzen sich in Bauernstuben jene grünen Kachelöfen durch, die sich bis heute dort fin-

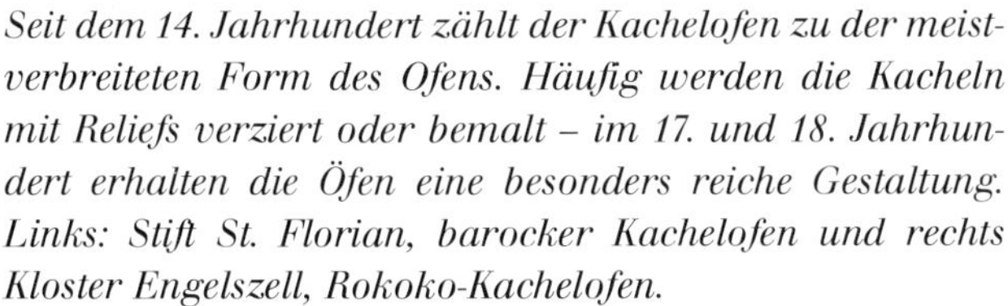

Seit dem 14. Jahrhundert zählt der Kachelofen zu der meistverbreiteten Form des Ofens. Häufig werden die Kacheln mit Reliefs verziert oder bemalt – im 17. und 18. Jahrhundert erhalten die Öfen eine besonders reiche Gestaltung. Links: Stift St. Florian, barocker Kachelofen und rechts Kloster Engelszell, Rokoko-Kachelofen.

den. Sie lösen zu Beginn des 16. Jahrhunderts die mit Graphit geschwärzten Öfen ab. In ländlichen Regionen umgibt eine Ofenbank den gemauerten oder Kachelofen. Reiche Bauernöfen des 18. Jahrhunderts aus bunter Fayence treten zwischen Süd- und Nordeuropa in vielerlei Spielarten auf und variieren zeitlich und örtlich in Aufbau, Farbe und plastischem Schmuck.

BELEUCHTUNG

Mit dem Wegfallen des offenen Feuers in der Küche oder in der Stube muß die abendliche Beleuchtung im Barock neu überdacht werden. Zieht man das zeitgenössisch in Verwendung befindliche Arbeitslicht der Bauern, Handwerker sowie der unteren Gesellschaftsschichten zur Betrachtung heran, hieße es, die Situation überzubewerten, wenn man sich auch nur angemessene Beleuchtung vorstellt. Denn der Mensch des 17. und 18. Jahrhunderts legt sich bei Eintritt der Dunkelheit schlafen und steht mit dem Sonnenaufgang wieder auf. Geselligkeit und Arbeitszeit bleiben hauptsächlich auf den hellen Tag beschränkt. Was in der Nacht an Handgriffen zu erledigen ist, wird meist vom Schein einer Kerze beleuchtet.

Als Zwecklicht verwendet man in bäuerlichen und kleinbürgerlichen Haushalten auch den Kienspan, eine seit alters bekannte Lichtquelle aus harzreichem Kiefernholz, das mit helleuchtender Flamme abbrennt. Kienspäne werden als Wand- oder Tischleuchter zumeist an Metallgestängen befestigt. In Form von Wandleuchtern stecken sie in metallenen Ringen, die ihrerseits mit an der Wand befestigten Metallplatten verbunden sind.

Auch die Ölfunzel gehört zu den billigen Beleuchtungsformen. Die Gefäße aus Glas oder Metall werden mit allen Arten in der Natur vorkommenden Ölen gefüllt. Der Docht aus zusammengedrehten Faserstoffen hält sich mittels eines Schwimmers an der Flüssigkeitsoberfläche.

Die Fackel, ein am oberen Ende mit leicht und hell

Das Arbeitslicht der Spitzenklöpplerin: ein an einem Metallgestell befestigter Kienspan aus harzreichem Kiefernholz, der mit helleuchtender Flamme abbrennt.

Gerard Dou, Mädchen am Fenster mit Laterne. Diese Art von Windlicht kann man entweder in Händen tragen oder mittels des an der Oberseite befestigten Ringes an Wandhaken hängen, wo es als Raumlicht dient.

brennenden Stoffen (Teer, Harz oder Wachs) versehener Holzstab, gilt als Vorläufer der Kerze, durch die sie seit dem Mittelalter im Innenbereich des Hauses verdrängt wird. *„Licht, Kertze, heisset ein mit Unschlitt oder mit Wachs dick oder dünne überzogener Tocht von Garne, welcher, wenn er angezündet, einen hellen Schein von sich giebet, und einen verfinsterten Ort erleuchtet. Nach der Materie, die dazu kommet, heissen sie Unschlitt=Lichter oder Wachs=Lichter, Wachs=Kertzen. Die Unschlitt=Lichter werden am allerbesten von Rindern=Unschlitt gemachet, weil die von Schäffen=Unschlitt verfertigte allzusehr rinnen; doch nimmet man gemeiniglich beyderley Unschlitt untereinander"* (Zedler, Bd. 17, S. 828).

Für Wachskerzen auf metallenen Ständern, die auch mit Schirmen versehen sein können, besteht bereits eine einfache Mechanik, die das Kerzenlicht automatisch in derselben Höhe hält. In den metallenen, hohlen Ständerteil, von dem nur an der oberen ringförmigen Begrenzung der Mittelteil für ein Stück Kerze und Docht ausgespart bleibt, ist am unteren Ende eine Feder eingebaut. Die Wachskerze steckt man als Gesamtes in dieses Gehäuse, wodurch die Feder am Boden auf ein Minimum zusammengedrückt wird. Wenn die Kerze beim Abbrennen kleiner wird, läßt der Druck der Feder nach und schiebt den verbleibenden Wachsteil automatisch in die Höhe. In einfacherer Ausführung steckt die Kerze in einem Metallhohlraum mit seitlich eingebauter Schiebevorrichtung, die in gewissen Zeitabständen händisch nachgestellt werden muß. Der Sinn, das Licht in derselben Höhe zu halten, liegt in der brauchbareren Verwendung als Arbeitslicht. Für Handwerker, die starkes punktuelles Licht benötigen, besteht sogar eine noch zweckmäßigere Vorrichtung: Das Licht einer Kerze, die sich im Zentrum eines Gestänges befindet, an dessen oberem Querbalken mehrere mit Wasser gefüllte Glaskugeln hängen, wird um die Anzahl der Glasbehälter vervielfacht. Diese Technik ermöglicht eine dichte und kleinflächige Bestrahlung, setzt aber voraus, daß der Werkstoff immer auf derselben Höhe wie das Licht gehalten werden muß.

Die barocke Kerze brennt innerhalb einer Stunde etwa sechs Zentimeter ab, das entspricht der doppelten Brenngeschwindigkeit heutiger Kerzen. Da die Kerzen des 17. und 18. Jahrhunderts etwa dreißig Zentimeter lang sind, ergibt sich daraus eine nur fünfstündige Beleuchtungszeit. Zudem sind Wachskerzen sehr teuer und bleiben deshalb lange Zeit den vermögenderen Gesellschaftsschichten vorbehalten. Im bescheidenen Haushalt rechtfertigt nur ein besonderer Anlaß ihren Einsatz. Gaslampen finden ab dem Ende des 18. Jahrhunderts erste Verbreitung.

VIII
MÖBEL – EINRICHTUNGSGEGENSTÄNDE

In den Zeiten, als Möbel noch nicht in Serie hergestellt werden, fertigen Tischlerei- und Schreinerbetriebe die meisten Einrichtungsgegenstände der Wohn- und Schlafräume aus Holz. *„Tischerarbeit, de la Menuiserie, kommt bey Kaufleuten in ihrem Handel selten vor, ausser was sie an Kisten und Regalen zu ihrem eigenen Gebrauche nöthig haben ... Oder was von vornehmen Leuten an kostbaren und künstlichen Meublen von Eben=Cypressen=Oliven=Brasilien= und Indianischen=Zuckertannen=Wurtzeln= Nußbaum=Masern=Cedern= und Königsholtze bey ihnen gesuchet wird, ingleichen was an schönen Spiel=Tischchen, Pulten und dergleichen, bey den sogenannten Kunst= oder Galanterie=Händlern zu finden ist, und zwar mehrentheils seit der Zeit, da die Chinesische und Japanische Holtzarbeit von den Ostindischen Compaanien so häuffig nach Europa gebracht worden, und die Kunst zu laquiren bey uns sehr hoch gestiegen ...“* (Zedler, Bd. 44, S. 415). Wie alle Handwerker durchlaufen auch die Schreiner während der Ausbildungszeit Lehr- und Wanderjahre in der Fremde, um sich Techniken und Moden anderer Länder anzueignen. Italien und Frankreich zählen im 17. und 18. Jahrhundert zu den bevorzugten Ländern für Lehraufenthalte, was bewirkt, daß die meisten Handwerker dieselben künstlerischen Eindrücke gewinnen und dasselbe Ideengut in ihrer Heimat weitergeben. Aus diesem Grund entwickelt sich die Möbelkunst am Kontinent sehr ähnlich oder parallel, ein anderer Grund liegt in der einseitigen Orientierung der Auftraggeber in Richtung Frankreich. Die meisten europäischen Herrscher mehr oder minder mächtiger Fürstentümer erwählen sich den französischen Absolutismus zum politischen und kulturellen Vorbild, wobei ihnen der damit verbundene Repräsentationsstil am nachahmenswertesten erscheint. Deshalb berufen sie beinahe ausschließlich französische Künstler an ihre Höfe, welcher kulturelle Austausch eine starke Vereinheitlichung der Kunstwerke und aller kunsthandwerklich gefertigten Gegenstände zur Folge hat, die man Jahrhunderte später gerne dem Einfluß der Medien anlastet.

WOHNKULTUR IN LÄNDLICHEN GEBIETEN

Anders verhält sich die Entwicklung auf dem Land. Während sich Kunst und Kunsthandwerk von Stadt zu Stadt und von Fürstenhof zu Fürstenhof beeinflussen, hinkt die ländliche Wohnkultur immer ein wenig nach. Schon der Begriff des Landbewohners ist vielschichtig und nicht eindeutig zu bestimmen, da auch der Bauer als Eigner in vielfachen Abstufungen auftritt. Man unterscheidet zwischen dem Großbauern mit etwa hundert Hektar Grundbesitz, dem Kleinbauern mit ein paar Hektar Land und dem Kleinhäusler mit oft nur einer Kuh Viehbestand, der aber auch zum Bauernstand gezählt werden möchte. Kulturell hat er ebenso Anteil an der bäuerlichen Lebensform, die durch Bodenständigkeit, Leben mit der Natur und Pflege des organischen Wachstums gekennzeichnet ist. Allerdings entfaltet sich eine eigenständige bäuerliche Kultur meist nur dort, wo freie und wohlhabende Bauern leben. Kulturbestimmend sind die Mittel- und Großbauernhöfe der Schweiz, wo freie Bauern dem Adel als gleichberechtigt angesehen werden, in Tirol, Altbayern (das bezeichnet die Gebiete, die das Kurfürstentum vor 1803 beziehungsweise 1777 umfaßt, wozu die heutigen Regionen Oberbayern, Niederbayern und die Oberpfalz zählen), Oberschwaben, Westfalen, Hannover und Schleswig-Holstein. Hier finden sich auch die reichsten Stuben und Hausformen. Die in unseren Regionen ansässige, arme und größtenteils unfreie Bevölkerung trägt zur Entwicklung der bäuerlichen Wohnkultur nur unwesentlich bei.

Worin unterscheidet sich bäuerliches von städtischem Mobiliar? Zunächst in der Art der Fertigung durch den ländlichen Möbelhersteller. Wenn ein Bauer einen Auftrag erteilt, besorgen am Land ansässige Handwerker und Schreiner die Ausführung, die den Zweckanforderungen des Bauern entgegenzukommen und den regionalen Verschiedenheiten von Kultur und Klima Rechnung zu tragen haben. Meistenteils fehlt der Anspruch von künstlerischer Feinheit und Eleganz. *„Die gemeinen Tischer* [im Unterschied zu den städtischen Kunsttischlern] *belegen den Boden in den Gemächern, machen Thüren, Fenster=Zargen und Treppen in den Häussern, wie auch allerhand Haußrath an Schräncken, Kasten, Tischen, Bettstellen usw. Die Kunst= oder Eben=Tischer* [nach der französischen Bezeichnung *ébéniste*, dem Schreiner, der das wertvolle Ebenholz verarbeitet] *arbeiten allein in Eben=Sackerdan=Cedern=Oliven= und andern kostbaren Holtze, und machen eingelegte Arbeit, nicht mit Holz allein, sondern manche auch Helffenbein, Schildkroten und Perlen=Mutter“* (Zedler, Bd. 44, S. 413).

Eine eigenständige Bauernmöbelkultur setzt sich erst dann von der großbürgerlichen oder städtischen ab, wenn das dort beheimatete, weiter entwickelte Schreinerhandwerk auch in der Lage ist, verfeinertes Mobiliar für herrschaftliche Wohnräume herzustellen. *„Es ist aber die … Schreinerkunst keine von den geringsten, wie sich mancher einbildet, denn erstlich muß derjenige, der sich einen rechten verständigen Schreiner nennen will, die Perspectiv= und aus der Baukunst die fünf Seulen= Ordnung wohl verstehen, als ohne welcher er keine gute und kunstrichtige Zierrathen, es sey an Kränzen und Einfassungen oder an Seul= und Schnitzwerck angeben kan, ja er muß ein halber Bildhauer seyn, und in Laub= und Blumenwerck wissen zu reissen, wie auch in Figuren, indem das Tischerhandwerck von dergleichen eingelegter Arbeit, von Bildern, Blumen= und Laubwerck oft so schöne Wercke macht, als ob es ein künstlicher Mahler verfertigt hätte“* (Zedler, Bd. 44, S. 413 f.).

Die unterschiedliche Entwicklung ermöglicht letztendlich die Abgrenzung der Möbel hinsichtlich technischer, regionaler und gesellschaftlicher Eigenheiten. Eine weitere Unterscheidung ergibt sich aus dem Zweck des Mobiliars, denn Schreibsekretär, Kommode und Kabinettschrank befinden sich in den Wohnräumen der – meist städtischen –

Links: David Ryckaert († 1661), Flämische Bauernfamilie in einem schlichten Interieur mit den gebräuchlichen Nutzmöbeln Tisch, Stühle und einem im linken Bildhintergrund befindlichen Baldachinbett.

Rechts: Eine Unterscheidung der Möbel des städtischen und des ländlichen Haushalts ergibt sich unter anderem in den Zweckanforderungen. Während Schreibsekretär, Kommode und Kabinettschrank den Wohnräumen der – meist städtischen – Oberschicht zuzuordnen sind, gehören Tellerborde und Spinnstuhl vor allem dem kleinbürgerlich-ländlichen Haushalt an: Thomas Wyck? († 1677), Frau am Spinnrad – Bauerninterieur mit vielem kleinteiligen Hausrat und mit Kindersitz für den Säugling.

Oberschicht, während Spinnstuhl, Teller- oder Löffelbord eher im kleinbürgerlich-ländlichen Haushalt anzutreffen sind. Selbstverständlich lassen sich aber keine eindeutigen Grenzen ziehen. Für ein Verwischen der Konturen zwischen Stadt- und Landmobiliar sorgt zum einen Teil auch die bäuerliche Lebensweise mancher Kleinstädter. Zum anderen behält der vom Land in die Stadt Gezogene Gewohnheiten der früheren Wohnkultur in der neuen Umgebung bei und übernimmt einen Großteil der Einrichtungsgegenstände des aufgelösten ländlichen Haushalts. Weiters unterliegt das städtische Möbel stärkeren Veränderungen, da es sich den jeweiligen Modeströmungen anpaßt. Während der barocken Epoche ist das herrschaftliche Möbel mit exotischen Hölzern furniert, was wiederum eine Vereinheitlichung der gehobenen Wohnkultur nach sich zieht. Für das Bauernmöbel bilden heimische Hölzer den gebräuchlichen Werkstoff, wodurch – neben regionalen Unterschieden im Erscheinungsbild – die Holzart wesentliches Merkmal der Herkunftsbestimmung bleibt. Innerhalb des deutschen Reichsgebietes lassen sich für die Möbel der mittleren Gesellschaftsschichten regionale Unterschiede herauslesen, so daß zum Beispiel Möbel der nördlicheren Landstriche vor allem aus Eichenholz bestehen, diejenigen aus dem Süden aus Nadelhölzern und die aus dem Westen aus Nußbaumholz. Auch die Arten des Zierates an Möbeln, wie Schnitzereien (im Norden), Bemalung (im Süden) und das Polieren der Holzflächen (im Westen), geben Hinweise auf den Entstehungsort.

Zusammenfassend kann festgehalten werden, daß sich Stilelemente der jeweiligen Epochen bei ländlichen Möbeln in wesentlich zurückhaltenderer und sparsamerer Form finden als bei den städtischen Gegenstücken und daß sie, wenn überhaupt, zeitlich verzögert auftreten. Unabhängig vom Fortschreiten der einzelnen Kunststile erhalten sich bestimmte Möbelformen hartnäckiger in ländlichen Gegenden.

So finden sich in abgelegenen Dörfern der Alpen noch im 17. Jahrhundert Truhenformen aus dem 14. und 15. Jahrhundert. Als spätere Erzeugnisse sind sie häufig nur durch den zeitgenössisch angenäherten Zierat erkennbar.

In weiterer Folge bewahren dörfliche Schreinerdynastien barocke Möbelformen bis ins 19. Jahrhundert, worauf der Terminus des sogenannten Bauernbarocks verweist.

NEUE MÖBELTYPEN DES 17. UND 18. JAHRHUNDERTS

Im 17. und 18. Jahrhundert entstehen zahlreiche Möbeltypen, von denen der Fauteuil und die Kommode die auffälligsten im Hinblick auf eine neue Wohnlichkeit und Zweckmäßigkeit sind. In weiterer Folge entwickeln sich aus zusammengesetzten Formen die Aufsatzsekretäre (auch Schreibkommode oder Schreibschrank genannt), die in Deutschland in der ersten Hälfte des 18. Jahrhunderts einen großen Beliebtheitsgrad erreichen. In Frankreich entstehen zahlreiche Möbelsonderformen, die sich gegen Mitte des Jahrhunderts formal übersteigern. Während zu Beginn der Entwicklung eine noch ruhige, in sich geschlossene Form herrscht, arten die Möbel des Spätbarocks und Rokokos in *Möbelkaprizen* aus. Die plastisch stark durchformten Möbel scheinen sich von innen her in Bewegung zu befinden.

Kostbare exotische Hölzer, Beschläge aus Edelmetallen und bis dahin artfremde Möbelwerkstoffe wie Steine, Halbedelsteine, Elfenbein, Zinn, Messing oder Schildpatt werden für die Dekoration verwendet. Eine besonders kunstvolle Technik mit verschiedenen Materialien, die Boulle-Technik, nach ihrem Erfinder, André Charles Boulle (1642–1732), benannt, bezeichnet eine neue Art des Furnierens mit Schildpatt und Messing, in selteneren Fällen auch mit Elfenbein und Zinn. Mehrere Platten dieser Materialien werden aufeinandergeleimt und nach einem darauf aufgetragenen Muster ausgesägt. Die aus den verschiedenen Werkstoffen erhaltenen Einzelteile der wieder getrennten Platten, fügt man mosaikartig so zusammen, daß jeweils verschiedene Materialien nebeinander zu stehen kommen. Die Anzahl der aneinandergeleimten Platten entspricht der der Furniere, die sich aus dem Positiv-Negativ-Formenspiel der verschiedenen Platten gemäß der auf dem Furnier verwendeten Materialien ergeben.

Die Marketerie, die im 17. und 18. Jahrhundert vor allem in Form der Würfelmarketerie auftritt, ist seit dem 16. Jahrhundert bekannt und kann eigentlich – in noch nicht so vielschichtiger Gestaltungsart – als Vorläufer der Boulle-Technik bezeichnet werden. In Schichten aufeinandergeleimte Furniere werden ausgesägt und anschließend in anderer Kombination wieder zusammengefügt. Während bei der Boulle-Technik und bei der Intarsie als Werkstoffe des Dekors auch Edelmetalle, Perlmutt und Schildpatt verwendet werden, handelt es sich bei der Marketerie ausschließlich um die Auflage eines Holzfurniermosaiks. Für die Würfelmarketerie werden Furnierstücke aus drei unterschiedlich getönten Holzarten in Rautenform so aneinandergefügt, daß optisch der Eindruck von aufeinandergeschichteten Würfeln entsteht.

Von der Technik ähneln Intarsien, Einlegearbeiten in Holz aus Elfenbein, Perlmutt, Schildpatt, Metall und andersfarbigem Holz, der Boulle-Technik. Die Muster, bei der Intarsie auch bildhafte Darstellungen von Landschaften oder Architekturen, werden entweder aus dem Holzkörper ausgehoben und mit anderem Material gefüllt oder aus verschiedenen Stücken Holzfurniers zusammengesetzt und als Holzmosaik auf den Möbelkorpus aufgeleimt. Dieselbe Technik setzt die Pietra-dura-Inkrustation in Steine um, die man gerne für die Gestaltung von Deckplatten verwendet. Es handelt sich dabei um eine Art Mosaik aus verschiedenfarbigen Stein- oder Marmorstückchen. Diese schon länger bekannte italienische Einlegearbeit findet zu Beginn des 17. Jahrhunderts an deutschen Fürstenhöfen große Verbreitung. Stein- oder Marmorplatten ersetzen oft auch die hölzernen Abschlußflächen auf Kommoden und Tischen.

Andere in ländlichen Regionen beliebte Arten, Möbel kunstvoller zu gestalten, stellen die Bemalung oder das Beschlagen des Möbelstücks mit metallenen oder vergoldeten Stanzformen dar.

Mit der glanzvollen Hofhaltung König Ludwigs XIV. (1638–1715) und dessen Rolle als Schirmherr und Förderer aller Künste erfährt die Wohnkultur eine bedeutende Entwicklung. Wenn man sich vorrangig mit dem bürgerlichen Möbel auseinandersetzen möchte, kommt man nicht umhin, das Prunkmobiliar aus der Zeit des Sonnenkönigs als Vorbild heranzuziehen, vor allem auch deshalb, weil diese Kunst über die Vermittlung der wandernden Handwerker jeden Landstrich Europas erreicht und weil andererseits jeder absolutistisch regierende Landesfürst den Lebensstil des französischen Herrschers nachzuahmen sucht. In weiterer Folge verbreitet sich die Kunst strahlenförmig aus der Residenz des Landesherrn in die Häuser der reichen Adeligen und Bürger sowie in die der sozialen Aufsteiger. Verzögert findet dieselbe Entwicklung auch von der Stadt in Richtung Land statt. Durch die Konzentration bedeutender Künstler in Paris, die in enger Zusammenarbeit die gesamtkünstlerische Ausstattung der königlichen Schlösser besorgen, entwickelt sich das Möbel in jene Richtung, die es unverwechselbar zum *französischen Möbel* werden läßt. Abgesehen von der bewundernden Nachahmung verbirgt sich hinter dem eigenen kulturellen Stillstand in den deutschen Fürstentümern noch ein anderer Grund, warum die Kunst so lange fran-

André Charles Boulle (1642–1732): Standuhr und Schrank in kunstvoller Einlegearbeit aus verschiedenen Materialien, die nach dem Erfinder als Boulle-Technik bezeichnet wird.

Prunkmobiliar aus der Zeit König Ludwigs XIV.: Ruhebank mit reicher Schnitzerei (um 1720).

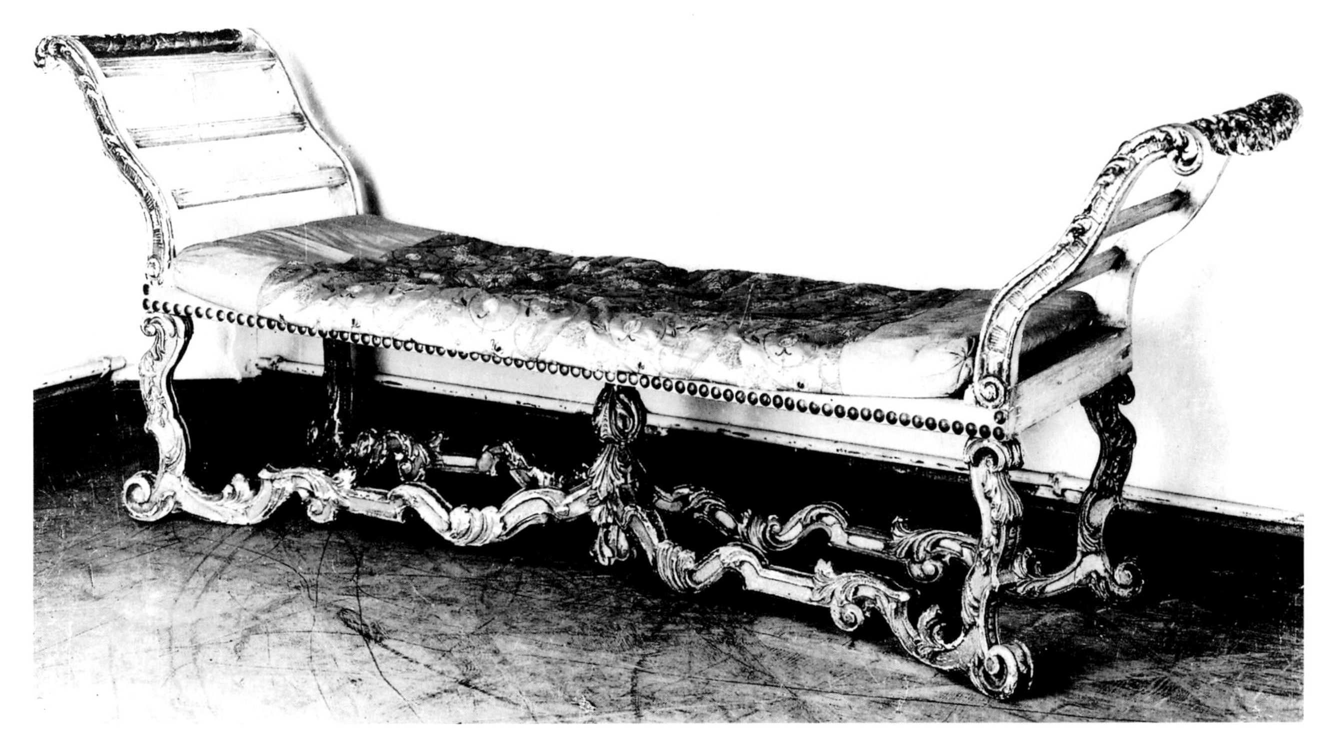

zösisch beeinflußt bleibt. Der Dreißigjährige Krieg hat in Deutschland häßliche Spuren hinterlassen, und das vorrangige Ziel gilt dem notdürftigsten Wiederaufbau des Landes. Künstler und Anregungen werden noch einige Zeit aus Frankreich bezogen, doch bildet sich mit zunehmendem wirtschaftlichen Aufschwung die künstlerische Eigenständigkeit heraus.

Sitzmöbel

Als eines der ältesten in Europa eingeführten Sitzmöbel gilt der Hocker mit niedriggelagerter Sitzfläche und ohne Rückenlehne. Drei- oder vierbeinig tritt er im 17. und 18. Jahrhundert auch als höfisches und bürgerliches Möbel auf, wobei sich Form und Dekor den Stühlen anpassen.

Auf eine ähnlich lange Entwicklungsgeschichte kann der Stuhl verweisen. Er zählt zu den ältestbekannten Sitzmöbeln und wird seit Jahrtausenden aus den verschiedensten Materialen und in vielfältigen Formen hergestellt. Im 17. Jahrhundert führt sich die Polsterung der Sitz-, Arm- und Rückenlehnen ein, die nicht nur eine Revolution im Hinblick auf das neue Sitzgefühl bewirkt: Ausgerechnet im Zeitalter des streng von Zeremonien und Etikette geprägten Lebens bricht das Sitzmöbel die zeiteigene Steifheit in Richtung häuslicher Bequemlichkeit. Bei manchen Stühlen findet man anstatt der gepolsterten Lehnen aus Holz auch geschnitzte oder gedrechselte Rückenteile. Einmal mehr taucht das im Barock so beliebte, hier meist als Relief auftretende oder nur linear angedeutete, Balustermotiv auf. Neben dem Schnitzwerk des Rahmens spielen farbige, kostbare Bezüge eine bedeutende Rolle. Als eine der vielen französischen Erfindungen findet der Fauteuil binnen kurzem auch in Deutschland großen Anklang. Eine Abart bildet die Bergère, die gegen 1735 aufkommende Form des Fauteuils mit Vollpolsterung und mit von den Armlehnen bis zur Sitzfläche – auf der meist ein loses Kissen liegt – geschlossenen Seitenteilen. Die Rükkenlehne weist mitunter Ohren auf. Ähnlich aussehende Modelle en miniature führen sich als Kinderstühlchen ein. Aus vier leicht auswärts geneigten Beinen, die durch etliche Stege und Bretter miteinander verbunden sind und die an der Rückseite in eine sich nach oben verjüngende Rückenlehne mit Ohren übergehen, entsteht ein standfestes, zweckmäßiges Kindermöbel. Über den vorderen Teil der Armlehnen wird ein Spielbrett gelegt, das seitlich durch eiserne Haken und Federn gehalten wird.

Links: Als eines der ältesten in Europa eingeführten Sitzmöbel gilt der Hocker: Gepolsterter Hocker, 18. Jahrhundert.
Mitte: Auf eine ähnlich lange Entwicklungsgeschichte wie der Hocker kann der Stuhl verweisen. Allerdings führt sich im 17. Jahrhundert die Polsterung der Sitz-, Arm- und/oder Rückenlehne ein, die eine Revolution im Hinblick auf das bequemere Sitzen darstellt: Barocker Lehnstuhl mit gekreuzten Füßen und gepolstertem Sitz- und Rückenteil (um 1730).
Rechts: Stuhl mit geschnitzter Rückenlehne und leicht gepolsterter Sitzfläche (um 1700).

Einen weiteren Erfolg auf dem Gebiet des bequemen Sitzmöbels stellt die Chaiselongue (auch *lit duchesse* genannt) dar. Sie hat sich aus dem gepolsterten Stuhl entwickelt und tritt ein- oder zweiteilig auf. Im letzteren Fall besteht sie aus einem Fauteuil mit ähnlich aussehendem Verlängerungsstück (Auflegefläche mit angedeuteter Rückenlehne) für die Beine. Die Grundflächen der beiden Teile sind gegengleich gearbeitet, so daß sie, aneinandergeschoben, den Eindruck eines einzigen, geschlossenen Möbelstücks erwecken.

Der Begriff des Kanapees führt sich im späten 17. Jahrhundert ein, als neben den Stühlen auch die Bank gepolstert wird. Es handelt sich um ein breites Sitzmöbel (mit Rückenlehne und offenen oder geschlossenen Seitenlehnen), das in der zweiten Hälfte des 17. Jahrhunderts auf französischem und deutschem Gebiet gebräuchlich wird. Als Abart kommt gegen Ende des 17. Jahrhunderts unter türkischem Einfluß das Sofa mit Arm- und Rückenlehne auf. Ursprünglich bezeichnet es eine noch breitere Sitzmöglichkeit als das Kanapee, der Begriff des Sofas setzt sich aber im deutschsprachigen Raum stärker durch als Kanapee, so daß man in der Folge auf die wörtliche Unterscheidung zwischen breiterem oder schmälerem Sitzmöbel verzichtet.

Im Unterschied zu den frei im Raum gruppierten, bequemen Kanapees laufen in den Bauernstuben Holzbänke mit oder ohne Lehnen den Wänden entlang. Bänke und Stühle sind aus gedrechseltem, geschnitztem oder bemaltem Holz und in den meisten Fällen ungepolstert. Häufig stehen nur ganz einfache Bänke, ohne Lehnen und formal auf ein Mindestmaß reduziert, an den Tischen. Gelegentlich finden sich entlang der Wände mächtige Bänke in Truhenform – gleichzeitig als Sitzgelegenheit und Stauraum in Verwendung –, wie man sie zu allen Zeiten und in den meisten ländlichen Regionen finden kann: von der rohesten Form der einfach zusammengefügten Bretter bis hin zum kunstvoll gedrechselten, bemalten, mit Relief oder mit Einlegearbeit verzierten Möbelstück.

Gepolstertes Kanapee aus der Zeit König Ludwigs XV. mit Petit Point-Stickerei.

Betten

Ab dem 15. Jahrhundert setzt sich die Plazierung des Bettes frei im Raum und mit dem Kopfteil zur Wand allgemein durch. Während der barocken Epoche rücken die Betten zum Repräsentationsmöbel auf, behalten aber die übliche 4-Pfosten-Konstruktion bei. Von den an der Oberseite befestigten Verbindungsstangen hängen schwere, kostbare Vorhänge, die das Bett wie geschlossene Räume wirken lassen. Der anfänglich von Säulen getragene Baldachin, der das Bett überdachte, reduziert sich auf immer bescheidener werdende Ausmaße, bis im Laufe des 18. Jahrhunderts die heute geläufige Form des Betts entsteht, das aber noch lange nicht die Bequemlichkeit späterer Jahrhunderte erreichen wird. Zur verschwenderischsten Art, sich zu betten, gehörten eine mit Federn gefüllte Decke, eine mit Stroh gefüllte Matratze und saubere Überzüge, welcher

Links: Frans van Mieris d. Ä., Der Besuch des Arztes mit gutem bürgerlichen Interieur und Baldachinbett.
Rechts: Reich geschnitztes und bemaltes Baldachin-Bett aus Bludenz, 18. Jahrhundert.

Aufwand von mittleren und niederen Gesellschaftsschichten gern ins Lächerliche gezogen wird: „[Ein vornehmer Dauergast eines Wirtshauses] *schickt sein Bettzeug / nachdem es gewaschen ist / allezeit auf die Bleiche / als wenn es nicht genug gewaschen wäre / und seine Madrazzen sind alle mit Stroh gestopft*" (Gastwirt in: Ollapotrida, S. 98). Bettzeug und ein leicht zerlegbares Bett werden im Barock auf Reisen meist im Gepäck mitgeführt.
Eine Abart des Betts, ein Zwischending aus Chaiselongue und Kanapee, stellt das *Lit de repos,* ein neu eingeführtes Tagesruhebett, dar. Es stammt aus der Zeit von um 1700, auf dem man während des Tages kurze Ruhepausen verbringt. Im Unterschied zur Chaiselongue, die wegen der malerischen Posen, die man auf ihr einzunehmen vermag, zu den Repräsentationsmöbeln zählt, dient das Lit de repos ausschließlich der Erholung.

Tische
Aus dem einfachen Tisch mit vier Pfostenbeinen, die im Barock auch oft die Form von Balustern annehmen, entwickeln sich mit der Zeit immer zweckmäßigere Tischkonstruktionen, die zum Beispiel ein Vergrößern der Stellfläche durch Ausziehen der Tischplatte ermöglichen. Abgesehen vom Reichtum der Formen und der Materialien setzt sich im 18. Jahrhundert die Mode durch, Tische für hunderterlei Gelegenheiten zu erfinden. Der Guéridon, ein zierliches, hochformatiges, meist rundes Tischchen, das seinen Namen einem berühmten Negersklaven verdankt, bezeichnet im 17. Jahrhundert einen kleinen Anbietetisch in Form eines tabletthaltenden Mohren. Ab dem 18. Jahrhundert überträgt sich der Begriff auf ein schmales, hohes Tischchen, auf das kleine Gegenstände oder Leuchter gestellt werden.
Zu den zweckmäßigen Möbeln zählen die Arbeits- und Nähtischchen, zierliche, leichte Möbel mit einer oder mehreren Schubladen und Zwischenfächern. Sie kommen in der Mitte des 18. Jahrhunderts auf und sind an der Arbeitsplatte häufig von einem Gitterrand umgeben, um das Herunterfallen der Arbeitsgeräte zu verhindern. In ähnlicher Größe, aber unfunktioneller Gestaltung werden zur selben Zeit Damensekretäre hergestellt. Diese graziösen Möbel entsprechen wie viele Schöpfungen des Rokoko mehr formalen denn zweckmäßigen Ansprüchen. Im Gegensatz zum Tabernakelsekretär oder zum Bureau-plat – an denen tatsächlich Büroarbeit verrichtet werden kann – wird an den zierlichen Damenschreibtischen oder Kommoden ausschließlich galante Korrespondenz erledigt. Sie sind fast ausnahmslos in den Salons der vornehmeren Gesellschaftsschichten zu finden.
Ein wirklich zweckdienliches Möbel stellt der klappbare Feldschreibtisch dar, der einfach auf- und abzubauen, leicht zu transportieren und als Arbeitstisch zu gebrauchen ist. Auf zwei scherenförmig gekreuzten Beinen, die mittels Schienen verlängert oder verkürzt werden können, wird ein flacher Kasten mit aufklappbaren Platten aufgelegt. Um das Schreibzeug aufbewahren zu können, sind Schubfächer eingebaut. Schreib- und Abdeckplatte können mit Stoff ausgeschlagen sein. Im Zusammenhang mit zusammenklappbaren Feldschreibtischen sei auf eine große Zahl verschiedener Reisemöbel hingewiesen, die mit ähnlichen Klappvorrichtungen zur praktischen Handhabung ausgestattet sind. Sie entstehen in der Not, möglichst platzsparend Möbel transportieren zu können, da es für Reisende noch keine eingerichteten Unterkunftsräume gibt. In Herbergen wird nur ein Zimmer zur Verfügung gestellt, das meist alle anwesenden Gäste gemeinsam bewohnen.

Abgesehen vom Reichtum der Formen und der Materialien setzt sich im 18. Jahrhundert die Mode durch, Tische für hunderterlei Gelegenheiten zu erfinden: Spieltisch mit hochgeklappter Platte aus Fichten-, Nuß- und Eichenholz mit Einlagen aus Ebenholz, Frankreich um 1670.

Der Toilette- oder Frisiertisch gehört zur gängigen Ausstattung des Rokoko-Damengemachs. Schreibtischartig im Aussehen besitzt er im unteren Bereich kleine Schubladen, die oben nur attrappenartig in Erscheinung treten. Der hochklappbare Teil ist innen verspiegelt, darunter befinden sich Abstellflächen für Puderdosen, Flakons und Cremetöpfe: Toilette-Kommode mit leicht geöffneter Deckplatte, um 1740.

Zurück zu den Tischen. Die Poudreuse, der Toilette- oder Frisiertisch, gehört zur gängigen Ausstattung des Rokoko-Damengemachs. Schreibtischartig im Aussehen, besitzt sie an den unteren Seiten kleine Schubladen, die an der Oberseite außen nur angedeutet werden. Dahinter verbergen sich Fachkästen, an die man durch Aufklappen der dreigeteilten Deckplatte herankommt. Der mittlere Teil ist innen verspiegelt und dient im hochgekippten Zustand als Standspiegel. Die links und rechts davon befindlichen Flügel können zur Seite geklappt werden, um den Zugriff zu den darunter liegenden Abstellflächen für Puderdosen, Flakons und Cremetöpfe zu ermöglichen. Der Liebhaberei der Zeit entsprechend, für jede Lebenssituation das richtige Möbel zu besitzen, verdankt man auch die Erfindung des Spieltischs, dessen Form in leichten Abänderungen bis ins 19. Jahrhundert seine Gültigkeit behält. Er ist meist kunstvoll furniert und mit aufklappbaren Platten oder wegschwenkbaren Füßen versehen.

Truhen, Kommoden und Schränke

Die Truhe zählt zu einer der ältesten Möbelformen, die auf den ausgehöhlten Baumstamm zurückgeht. Meist ist das Möbel mit Abwehrzeichen versehen. Zunächst von einfacher, wuchtiger Gestalt, bilden sich ab der Spätgotik regional verschiedene Typen aus, die sich durch verschiedene Holzarten, verschiedenes Dekor oder bestimmte, zweckgebundene Vorrichtungen voneinander unterscheiden. Eine Truhenart, die sich bis ins 18. Jahrhundert hinüberrettet und die früher zur Aufbewahrung von Kleidern auf Reisen diente, ist die Koffertruhe. Die Form mit dem gewölbten Deckel erinnert an die Reisetruhen der Jahrhundertwende. Als Raum der Kleideraufbewahrung verliert sie ab der Mitte des 18. Jahrhunderts an Bedeutung. Kommode und Schrank lösen das altertümlich gewordene Möbelstück ab. In ländlichen, bäuerlichen Regionen bleiben die großen, eisenbeschlagenen, geschnitzten oder bemalten Vorratstruhen noch lange Zeit in Verwendung. Sie bergen den Leinenvorrat, Kleider und Wäsche, Schriftgut, Schreibgeräte, Geld und wertvolle Gegenstände.

In der zweiten Hälfte des 17. Jahrhunderts entsteht die Kommode in der bis heute bekannten Form. Sie verdankt ihren Ursprung der italienischen Möbelschreinerei von um 1600. In unserem Gebiet bür-

gert sie sich im Laufe des 17. Jahrhunderts über französische Vermittlung ein. In Frankreich vertritt sie selbst den großen Schrank, dem, zumindest innerhalb des herrschaftlichen Wohnbereichs, keine besondere Bedeutung beigemessen wird. Wahrscheinlich hängt die geringe Beliebtheit mit der mächtigen Erscheinungsform zusammen, die auch der kunstfertigste Schreiner in keine grazilere umzuwandeln vermag.
Die Kommode, zunächst in kastenförmiger Ausführung auf niedrigen Füßen und mit drei bis vier gleich großen Schubladen, entwickelt wie die meisten Möbel des 18. Jahrhunderts einen großen Typenreichtum. Neben der schmalen Pfeilerkommode setzt sich die besonders beliebte Form der gebauchten, reich mit Bronzebeschlägen verzierten Prunkkommode durch, die im Rokoko auf geschweiften halbhohen Beinen steht.
Im späten 18. Jahrhundert kommt die Schreibkommode auf, deren oberste Schublade als Unterstützung der herunterklappbaren Schreibplatte herausgezogen werden kann. Später entwickelt sich aus der Schublade mit Schreibplatte eine von Scharnieren gehaltene, schräg aufgesetzte Platte, die an der äußeren Oberseite des Möbels zu verschließen ist. Von der Schreibkommode unterscheidet sich der Schreibschrank, der auch Aufsatzsekretär oder Tabernakelschrank genannt wird. Auf dem kommodenartigen Unterteil ist ein giebelbekrönter Aufsatz mit Schließfach und kleinen Laden angebracht. Dazwischen ist ein Mittelteil eingeschoben, dessen Pultdeckel als Schreibunterlage heruntergeklappt werden kann. In England entsteht im frühen 18. Jahrhundert der Tabernakelsekretär, der sich binnen kurzem zu einem der meistverbreiteten Möbel in Deutschland entwickelt. Ein Vorläufermöbel, der Kabinett- oder Kunstschrank, das sich aus einem rechteckigen Kasten entwickelt hat und dem Aufnehmen von wertvollen Sammlungen dient, ist an der Vorderseite durch zwei Türen oder mit einem Klappdeckel zu verschließen. Innen befinden sich Schubladen und in der Mitte ein Schließfach. Der kunstvoll gefertigte und reichdekorierte Kasten steht zunächst lose auf einem Tisch oder einem Gestell. Im Laufe der Zeit verschmelzen beide Teile zu einer Einheit. Die frühere Platte, auf der der Aufsatz ruhte, erhält eine stärkere Eigenbetonung und damit einen neuen Verwendungszweck als Arbeitsplatte. Nachdem sich in Frankreich Ende des 17. Jahrhunderts aus dem Kabinettschrank die Schreibkommode mit zurückgesetztem Aufsatz entwickelt hatte, nimmt im 18. Jahrhundert die Form des glatten Schreibtisches ohne Aufsatz an Beliebtheit zu. Das Bureau-plat kann trotz aller Forderungen nach Leichtigkeit und Eleganz in der Erscheinung auch denen der Zweckmäßigkeit entsprechen und hat sich in wenigen (stilistischen) Veränderungen bis in unsere Tage als klassisches Arbeitsmöbel erhalten. Im Unterschied zu späteren Stücken sind die barocken Bureaus sehr aufwendig und aus edlen Hölzern gefertigt, mit reichem Intarsienschmuck und kunstvollen Bronzebeschlägen, die darauf rückschließen lassen, daß die – ohnehin wenigen – des Schreibens mächtigen Besitzer der Adels- oder Großbürgertumsschichte zuzurechnen sind.
Der Geschirrschrank ist ein vor allem auf dem Land gebräuchliches Aufsatzmöbel mit regalartigem, zurückgesetztem Oberteil. Im unteren Bereich unterscheiden sich die Schränke mit zwei oder mehreren Türen von denen mit Schubfächern. Die Form

Aus der Schreibkommode hat sich der Tabernakelschrank entwickelt, auf dessen kommodenartigem Unterteil eine giebelbekrönter kleiner Schrankteil mit Schließfach und Laden aufgesetzt wurde. Dazwischen ist ein Mittelteil eingeschoben, dessen Pultdeckel heruntergeklappt und als Schreibunterlage verwendet werden kann: Tabernakelschrank, 18. Jahrhundert.

mit kasten- oder kommodenartigem Unterbau und regalartigem Aufsatz existiert sowohl als Porzellan- als auch als Bücherschrank, wobei der obere Teil – offen oder mit durchgehenden Gitter- oder Glastüren versehen – variiert. Wenn die Größe der Glastüren eine bedeutende Fläche der Schauseite erreicht, wird der Schrank als Vitrine bezeichnet, hinter deren Türen Sammlungen der verschiedensten Art Platz finden.

Anrichten, später auch Buffets genannt, sind schon seit dem frühen 17. Jahrhundert in Gebrauch. Sie haben die Form eines Halbschranks, auf dem man nicht nur die fertigen Speisen anrichtet, sondern hinter dessen Türen auch Bestecke und Geschirr aufbewahrt werden.

Eine raumsparende Einrichtung stellen Eckschränke dar, die sich im 18. Jahrhundert wachsender Beliebtheit erfreuen. Sie bilden im Grundriß meist einen im rechten Winkel geöffneten Fächer, wodurch ein Aufstellen in Zimmerecken möglich ist. Die Front mit Regalen und Glas- oder Holztüren schließt an die freien Kanten der Rückwände an. Es gibt halbhohe Eckschränke ebenso wie solche mit weiter vorspringenden Unterteilen und weniger tiefen, meist abnehmbaren Aufsätzen.

Stubenuhren

Die erste Stubenuhr soll um 1640 im Schwarzwald hergestellt worden sein. Diese volkstümlichen Zeitmesser, die man allgemein als *Schwarzwälder* bezeichnet und deren äußere Gestaltung bis heute nur wenige Veränderungen erfahren hat, werden im 17. Jahrhundert auch in Gosau (Oberösterreich) und Karlstein (Niederösterreich) hergestellt. Die Uhren werden hauptsächlich an den Wänden ländlicher Haushalte angebracht, während sich in den eleganten adeligen oder bürgerlichen Salons im 18. Jahrhundert Standuhren oder Kommodenstanduhren durchsetzen. Bei letzteren befindet sich das Uhrwerk in einem meist vierseitig verglasten, laternenartigen Holzgehäuse, das teilweise vergoldet oder mit verschiedenem Zierat in Form von Edelmetallbeschlägen versehen sein kann. Die Gehäuse der Standuhren werden von Kunst-

Die Gehäuse der Standuhren werden von Kunsttischlern angefertigt. Ihr Äußeres richtet sich – wie das der Kommoden und Tabernakelschränke – nach der jeweils herrschenden Möbelmode: Bodenstanduhr mit Einlegearbeit, Mitte 18. Jahrhundert.

Wolfgang Heimbach, Nächtliches Bankett mit Wandteppichen, die, an Stangen gehängt, als Vorhänge verwendet werden.

tischlern gefertigt, und ihr Äußeres richtet sich – wie das der Kommoden und Tabernakelschränke – nach der jeweils herrschenden Möbelmode.

Teppiche

Zunächst unterscheidet man nach der Art der Fertigung zwischen gewebtem, gewirktem oder geknüpftem Teppich. Der Webteppich wird in einem Webstuhl hergestellt, wo Kettfäden (das sind die senkrecht verlaufenden Fäden, die das Grundgerüst bilden) und Schußfäden (diejenigen, die sich rechtwinkelig mit den Kettfäden kreuzen) miteinander verwoben werden. In den gewirkten Teppich werden mittels Nadel oder Spule bunte Schußfäden in die Kette eingeflochten. Die durch jeden Farbwechsel entstehenden Schlitze schließt man durch Verschlingen der Endfäden oder Vernähen an der Hinterseite. Bei Knüpfteppichen wird zunächst die Kette senkrecht in ein Rahmengestell gespannt und mit festigenden Querfäden verwoben. Danach schlingt man kurze Fäden um die Kettfäden. Sie bilden das Muster. Beim europäischen Teppich des 17. und 18. Jahrhunderts bestehen Kett- und Schußfäden zumeist aus Leinen oder Hanf.

Der Brauch, Teppiche auf den Boden zu legen, führt sich in Europa erst mit dem Beginn der Industriefertigung ein. Vorher werden Teppiche an die Wand gehängt oder, wie viele Gemälde des 17. und 18. Jahrhunderts belegen, auch über Tische gebreitet. Außerdem verwendet man gewebte Bildteppiche oder Gobelinstickereien als Möbelpolsterbezüge. Gobelinstiche führt man schräg oder senkrecht, sehr dicht nebeneinander, mit Nadel und Faden auf abzählbarem Gewebe aus. Als Motive kommen Landschaften, Blumenmuster und Genreszenen zur Ausführung.

Seit dem Mittelalter werden Knüpfteppiche aus Persien eingeführt, während in Europa die Herstellung von gewirkten Bildteppichen Fuß faßt. Zwischen dem 15. und 17. Jahrhundert werden die meisten Teppiche in Flandern gefertigt, das Zentrum der Herstellung ist Brüssel. Ab dem 17. Jahrhundert übernimmt Frankreich die führende Rolle und beliefert die meisten europäischen Fürstenhöfe. Die

Teppiche werden nach der 1662 von König Ludwig XIV. gegründeten Manufaktur, die zuallererst ihren Sitz im Haus der Färberfamilie Gobelin in Paris hat, *Gobelins* genannt. Diese Bezeichnung ist allerdings nur im deutschen Sprachraum gültig, in Frankreich nennt man die gewirkten Teppiche Tapisserien. Gemäß einer großzügigen Schätzung vermag eine Person im Jahr nur drei bis vier Quadratmeter Wirkfläche herzustellen, was den hohen Preis der Bildteppiche erklärt und die Tatsache, daß sich diese Stücke bis heute nur in Wohnräumen vermögender Bevölkerungsschichten finden. Eine weitere Verteuerung erfährt der Teppich durch die Vorarbeit: Die für die Herstellung nötigen Muster und Motive, die sogenannten *cartons*, werden im Barock von berühmten Malern entworfen. Als Kartons bezeichnet man maßstabgleiche Vorzeichnungen mit Kohle, Kreide oder Bleistift auf starkem Papier, die den meist monumentalen Wandmalereien, Mosaiken oder Bildteppichen als Vorbild dienen. Maler wie Nicolas Poussin und François Boucher liefern die Entwürfe dazu, die meist großfigürliche, mythologische oder historische Szenen zum Inhalt haben. Abgesehen vom hohen Preis dieser Wandteppiche überfordert auch ihr Ausmaß von zwei bis drei Metern Breite und ein bis zwei Metern Höhe die Aufhängemöglichkeit in den Wohnräumen mittlerer Gesellschaftsschichten und darunter.

Flämische Tapisserie (gewirkter Teppich) mit Parklandschaft (Oudenaarde, Mitte 17. Jahrhundert), welche die aus Persien eingeführten Knüpfteppiche ablösen.

IX
RAUMSTRUKTUREN – INNENRAUMGESTALTUNG

Neben dem losen Zusammenstellen von Möbeln im barocken Wohnbereich spielt die Raumstruktur eine bedeutende Rolle, die sich aus dem Zusammenwirken der Werkstoffe, aus den einzelnen Motiven des Zierates und den Strukturteilen (Wand, Decke, Boden, Fenster, Türe, Pfeiler, Balustrade, Nische, Mauervor- und Rücksprung, Empore, Gewölbe, Gesims und Erker) ergibt. Daneben spielen Zweck und Art des Gebäudes sowie Vermögenslage, Rang und Würde des Hausbesitzers eine bedeutende Rolle.
An Werkstoffen, die zur Verkleidung des Mauerwerks verwendet werden, sind für das 17. und 18. Jahrhundert Verputz, Tapeten, Holzpaneele und Marmorvertäfelungen zu nennen. In Europa werden Tapeten aus Leder oder Stoff hergestellt, Papiertapeten müssen teuer aus China eingeführt werden. Im Unterschied zu späteren Zeiten werden sie zunächst auf Holzrahmen gespannt, die man auf Wand und Decke aufsetzt. Die Technik, Tapeten in Bahnen auf den Putz zu kleben, wird erst im 19. Jahrhundert gebräuchlich. Seiden-, Samt-, Leder- und die beliebten mit Ölfarben bemalten Wachstapeten finden sich auf den Wänden herrschaftlicher Gemächer. Billigere Produkte werden aus Flockmaterial, Velours, Jute oder Baumwolle hergestellt, oder man fertigt Wandverkleidungen aus Druckstoffen. Für Velourstapeten wird Wollstaub auf eine Leinwand geklebt, der den Eindruck einer gerauhten, samtähnlichen Oberfläche vermittelt.
Eine wesentliche Neuerung erfährt die Innenraumgestaltung ab dem 17. Jahrhundert durch den Einsatz möglichst vieler Farben: Bis dahin stehen beinahe ausschließlich Rot und Braun in Verwendung. „Ein französischer Schriftsteller berichtet, daß die Marquise von Rambouillet [Catherine de Vivonne, Marqise de R., 1588–1665], die Urheberin des modernen Salons, als sie ihr neues Hotel einrich-

An Werkstoffen, die zur Verkleidung des Mauerwerks verwendet werden, sind für das 17. und 18. Jahrhundert Verputz, Stukkatur, Tapeten, Holzpaneele und alle Arten von Vertäfelungen zu nennen. Graz, Palais Attems: Saal mit Kachelofen, eingeblendeten Malereien mit bis zur Decke reichenden Holzpaneelen und zarter Stuckierung an der Decke.

tete, es zum ersten Male gewagt habe, einen Salon blau zu decoriren ... Dieser ihr blauer Salon ist eine historische Berühmtheit in der modernen Sittengeschichte geworden, wenn sich auch die Thatsache, daß er mit der Farbe seiner Decoration der erste gewesen sei, bezweifeln läßt. Seit der Mitte des 17. Jahrhunderts – das Hotel Rambouillet bestand damals schon einige Jahrzehnte – beginnen in Frankreich die kalten Farben, insbesondere Blau, als Wanddecoration an die Stelle der warmen zu treten ... Noch haben damals die Farben einige Kraft, denn der Geschmack Ludwigs XIV. hatte es keineswegs auf Feinheit abgesehen, sondern liebte starke Wirkung, entschiedene Gegensätze. Im Laufe des achtzehnten Jahrhunderts, als mit dem Rokoko die Vorliebe für das Zarte kam, und der Geschmack geradezu schwächlich wurde, verblassen die Farben: das Blau verwandelt sich in Lichtblau, Goldgelb in Schwefelgelb, vom Roth bleibt nur noch Rosa, und auch diese Töne werden verwaschen und verdünnt, bis sie sich dem Weiß nähern oder in Hellgrau zerfließen" (von Falke, S. 129 f.).

Zurück zu den Materialien der Wanddekoration. Zu den einfachsten und preisgünstigsten Arten der Wandgestaltung gehört der Verputz, der in einer kostbaren Form als Trompe-l'œil (Malerei, die reale Gegenstände, Architekturen oder Landschaften vortäuscht) oder Freskomalerei ausgeführt wird. Für die Freskenmalerei werden mit Kalkwasser angerührte Farben auf den frischen, feuchten Verputz aus gipsfreiem Kalk, Sand und Wasser aufgetragen, die sich nach dem Trocknen unlöslich mit der Putzschicht verbinden. Die Malerei muß auf dem feuchten Grund abschnittweise und rasch ausgeführt werden, da nach erfolgtem Farbauftrag keine Korrektur mehr möglich ist. Um ein Verzeichnen zu vermeiden, verwendet man als Vorlage der Malerei ebenfalls Kartons, auf denen das Wandbild in Originalgröße festgehalten ist. „*Sie* [die Malereien à fresco] *reuscieren nicht so wol, dan man kan sie nicht retouchieren und verbessern wie die andern, an welchen man allezeit perfectionieren kan, an disen aber nicht. Derohalben man bei dehnen Gemahlen* (Gemälden) *der Öelfarben verbleiben sol, welche auch von dehnen besten Meistern der Weldt konnen gemacht werden, ja auch abwehsender; dann da ihnen die rechte Mahs der Felder iberschiket wiert, so machen sie es schon just. Wo aber à fresco gemahlet wiert, so mues der Mahler beiwehsent sein, welcher, wan er recht vornehm, mit hechster Müehe ein gantzes Werk eines felligen Palatii so viller Zimmer iber sich nehmen wieret*" (Karl Eusebius, S. 126).

Seit dem 17. Jahrhundert ist auch die Technik der Kaseinmalerei gebräuchlich. Als Bindemittel der

Eine architektonische Besonderheit der Epoche bilden die verschachtelten Baukörper mit vor- und rückspringenden Mauerteilen und scheinbar aneinandergefügten Gebäudeteilen, die an den verschiedenen Dächern abzulesen sind wie beim Oberen Belvedere in Wien, wo auch die Dachformen variieren (Walm-, Sattel- und Kuppeldach).

Farben dient Kasein, ein in Kalkwasser gelöster Stoff des Milcheiweißes. Die Farben können auf trockenem oder nassem Putz aufgetragen werden. Die im Mittelalter gebräuchliche Technik der Sekkomalerei, das Auftragen der Farbe auf trockenem Putz, die zwar eine nachträgliche Korrektur erlaubt, aber auch schnell wieder abblättert, findet im Barock keine Anwendung mehr.

Gerade im Barock muß auf die verschiedenen Möglichkeiten der Durchformung von Wand und Decke hingewiesen werden, die sich optisch in Bewegung zu befinden scheinen. Verursacht wird diese Wirkung durch die vor- und rückspringenden, die ein-

schwingenden und ausladenden Mauerteile, durch die rhythmische Anordnung von Säulen, Pfeilern und Nischen, durch das Einziehen von Gesimsen und *Dekor*-Stockwerken, die Emporen, die mehr der Erhöhung einer Person dienen als einem architektonischen Zweck, und durch die – an der Außenfassade als Erker oder Risalit in Erscheinung tretenden – Räume mit ovalen, vier- oder mehreckigen Grundrissen, die oftmals ineinandergreifen und innen wie außen eine *Verschachtelung* des Gefüges bewirken. Diese Stilmerkmale sind zwar hauptsächlich sakralen und repräsentativen Bauten zuzuordnen, sollen aber als typisch barocke Einführung und als Teil des standesgemäßen Alltags nicht unerwähnt bleiben.
Ähnliche *Bewegungen im Raum* treten bei den Gewölben in Erscheinung. Neben dem einfachen, flachen Abschluß existieren verschiedene Formen, von denen einige Aufnahme in der barocken Architektur finden. Im Sakralbereich spielen Kreuz- und Kappengewölbe eine bedeutende Rolle, während das Spiegelgewölbe sowohl im sakralen als auch im repräsentativen Gebäude anzutreffen ist, und die einfachste und älteste Form des Tonnengewölbes alle Arten von Architektur betrifft. Alle Arten von Zierat werden vorzugsweise an den Mauerkanten und an den eingeblendeten ebenen Flächen plaziert.
Besonderer Beliebtheit erfreuen sich Wandverkleidungen aus Gips, die weiß oder färbig und mehr oder weniger plastisch durchgestaltet sein können. *„Damit aber das Zimmer auch schen seie ohne Tapitzerei oder Gemahl* [Gemälde], *so konnen selbige Felder von einen geflekten Marmel sein ... Da der Marbl zu solchen Werk zu iberkommen gar schwer fiele, so sol solche Arbeit von Pasta gemachet werden, dieweil man dergleichen von Gibs machen kann von allerlei Farben, schen als der natierliche und eben disen Glantz annihmet ...“* (Karl Eusebius, S. 124).
Unabhängig von der äußeren Schönheit erzielen

Feuchtmayer, Der Honigschlekker (Birnau) – ein gutes Beispiel, um die fließenden Übergänge von Architektur und Plastik zu verdeutlichen: Die Stoffdraperie verschmilzt den Knaben mit den Mauerteilen, ein Fuß steht auf dem Sockelteil, der andere sucht, an der Altarwand Halt zu bekommen, einige Bienen haben den Korb verlassen und sich auf den Altarrahmen gesetzt.

Gipsbelege einen heute kaum mehr beachteten Nebeneffekt: „... seit einiger Zeit (werden) die Zimmer mit untermengter feiner und vergoldter Gipsarbeit in ihren weißen Wänden gelassen, welches besonders zu Behuf der Musik dienet ...“ (Moser, Bd. 2, S. 301). Diese Wirkung hat man lange Zeit außer acht gelassen und schließlich beinahe vergessen, obwohl auch einige Musiktheaterbühnen des 19. Jahrhunderts mit eingezogenen Gipswänden versehen waren. Erst als man in späteren Zeiten die Wände – die wegen ihrer Unbewegbarkeit für die immer schneller werdenden Auf- und Abbauten der Bühnenausstattungen hinderlich geworden waren – bei Umbauten niederriß, erkannte man im nachhinein ihren hohen Anteil an der Raumakustik.

Der Großteil des dekorativen Schmucks im Innenraum des barocken Gebäudes – an der Frieszone, an Treppengeländern und an den verschachtelten Mauerteilen – besteht meistenteils aus Gips und nicht, wie man annehmen möchte aus Marmor oder anderem Stein. Die Stukkatur, die nicht nur kleinteilig auf Wand oder Gesims aufgesetzt oder als Zierat verwendet wird, bewegt sich bis in die Höhen der Bildhauerkunst. Das Ausgangsmaterial ist Alabastergips, der, mit verschiedenen Bindemitteln und Farben vermengt, zu Scheinmarmor verarbeitet werden kann. In vielfärbiger Bänderung findet man ihn an Wänden und Säulen wieder, in weißer Form, gegossen, dann geschliffen, mit neuen Schichten versehen und abermals poliert und als Marmorplastik-Ersatz. Die Gründe seiner Beliebtheit hängen weniger mit den geringeren Kosten zusammen als mit dem wesentlich geringeren Zeitaufwand in der Herstellung: Der barocke Bauherr möchte die Vollendung des Gesamtkunstwerkes erleben und legt sein besonderes Augenmerk auf die plastische Aus- und Durchgestaltung des Baues sowie auf den Übergang von Architektur zum kunstvollen Architekturdetail: „... was sehen wir auf dem Altar rechts? Einen niedlichen, prallen Knaben, der einen Bienenkorb unterm Arm hält und sich die Finger der anderen Hand in naschhafter Reue schleckt. Die Statue stammt von Joseph Anton Feuchtmayer [manchmal auch Feichtmayer geschrieben], einem der berühmtesten Stukkatoren Süddeutschlands. Er [der Knabe] steht links vom Altar [der Kirche in Birnau am Bodensee] auf einem kleinen Marmorsockel. Doch während das rechte Bein auf dem Sockel ruht, tastet das linke an der Altarwand nach Halt ... von den vielen Bienen, die in einer Traube an der Pforte des Bienenkorbes hängen, [sind] drei weggeflogen und haben sich auf den Altarmarmor gesetzt. Diese beiden Details – der vom Sockel abgeglittene Fuß und die Bienen, die sich von der Statue gelöst haben – sind kennzeichnend für die Grammatik der Barockkunst ...“ (Fernandez, S. 107 f.).

Unabhängig von der Qualität des ausgeführten Werkes bevorzugt man die Arbeit aus Gips, die der Marmorplastik künstlerisch in nichts nachsteht. Die Vorteile der Stuckplastik ergeben sich aus der leichteren Handhabung – das Gemisch läßt sich feucht leicht formen (erhärtet aber sehr schnell) – und aus den geringeren Materialkosten.

Stuckreliefdecke mit reich durchformtem (als Zeichen der früheren Stukki) Fruchtdekor in Stams in Tirol.

Graz, Minoritenkloster, Treppe zum Kreuzgang mit Gitter und Deckenstuckierung.

Das Problem der Arbeit mit Marmor beginnt schon mit dem Abbau: Ein Mann vermag an einem Tag nicht mehr als 15 Zentimeter tief in den Block hineinzusägen. Marmorsägen haben keine Zähne, der Stein wird von den Klingen zermahlen. Die weitere Verarbeitung verlangt dem Künstler viel Zeit, Geduld und Geschick ab, ganz abgesehen davon, daß ein Stück, das während der Arbeit zerbricht, wertlos wird und nicht weiterverwendbar ist.
Formal unterscheidet sich der Stuckzierat des 17. Jahrhunderts vom späteren durch eine schwerere, plastisch stärkere Durchformung. Als Motive sind Fruchtgehänge, Girlanden, Putten und Trophäen beliebt. Im 18. Jahrhundert werden die Stukkaturen – abstraktes Bandelwerk und später die züngelnde, asymmetrische Rocaille – meist farbig gefaßt und flacher gearbeitet.

VERTÄFELUNGEN

Von den Vertäfelungen aus Marmor und Stuckmarmor unterscheiden sich die aus Holz, die – weiß lakkiert oder vergoldet – die Salonwände reicher Adels- oder Bürgerwohnungen schmücken, während sie in den Bauernhäusern meist naturbelassen, mitunter aber ebenso kunstvoll gestaltet, zu finden sind. Selbstverständlich zeugt auch hier das reichere Schnitzwerk vom größeren Vermögen des Besitzers, aber auch die Stuben der ärmeren ländlichen Bevölkerung sind großflächig mit Holz ausgestattet. Denn Holz gehört am Land zu den billigsten Baumaterialien. Vertäfelt werden Wände und Decken, an der Decke gerne in Form von Kassetten, während auf den Wänden – durch Pilaster, Nischen und Giebel gegliedert und oftmals die

Türen miteinbeziehend – Scheinarchitekturen aus Holz in Erscheinung treten. Die einzelnen Teile können mit Intarsienschmuck und mit Beschlägen versehen sein, wobei dieselben Techniken wie bei der Kunsttischlerei angewendet werden. Am Land verfügen nahezu alle Stuben über Holzdecken, seien es die gewölbten Decken des Mittelalters, die flachen Bretterdecken mit feinen Profilleisten, die plastisch bewegten Kassettendecken der Renaissance oder des Barocks sowie die schweren Balkendecken mit den mächtigen Tramen, die – Teile der tragenden Architektur – als Dekor in den Raum mit einbezogen werden.

In herrschaftlichen Residenzen füllt man von der Vertäfelung ausgesparte Flächen auch mit eigens dafür in Auftrag gegebenen Gemälden, die wie die Tapeten abnehmbar sind: *„Die* [Wände] *der Zimmer sollen von Stukatorarbeit sein und die Felder gemahlet; welche Gemahl aber schier besser sein werden auf Rahmen, solche auszumachen von Elfarben als al fresco, damit man solche in einer Feüersbrunst salvieren konne ...“* (Karl Eusebius, S. 125).

FUSSBÖDEN

Je nach dem Reichtum des Wohnungsbesitzers unterscheidet man Fußböden aus verschiedenen Materialen und in verschiedenen Techniken ausgeführt. Zu den aufgelegten, verfugten Böden zählen alle Arten des Holzfußbodens wie die Böden aus Platten, Tafeln und Kacheln. *„Die Sommerzimmer sollen mit pollierten geflechten Marbl gepflastredt sein, die Winter[zimmer] ... von Brett mit Fillungen angelegt sein, unterschidtlicher Holtzfarben, jedoch nicht zu villes durcheinander haben ...“* (Karl Eusebius, S. 125).

In den westeuropäischen Ländern erfreuen sich niederländische Fayencefliesen aus Delft als Wand- und Bodenbelag großer Beliebtheit. Zu Plattenböden verarbeitet man Stein-, Steinzeug- und Holzplatten. Bei Holzfußböden unterscheidet man zwischen den einfachen Bretterböden, den verschieden gestalteten Arten der Parkettböden und den Holzpflasterfußböden aus zehn bis zwölf Zentimeter hohen Hartholzklötzen, die gerne für Häuserdurch- und -einfahrten verwendet werden. Die einzelnen Elemente der Holzparkette, meist aus Eiche, Buche oder Kiefer, werden entlang der profilierten, gegengleich gearbeiteten Kanten ineinandergeschoben oder genagelt: *„Der Boden wird an besten von dürrer Aeschen und Eichen Brettern gemacht, und muß ein jedes Brett, auf jeden Balcken mit Nägeln angenagelt werden. Über diese Bretter soll man andere Bretter Creutzweiß nach rechten Winckeln legen, und wol vest nageln. Auf diesen Boden solle man aus Farren-Kraut, Stroh und Spreu eine Streu machen, damit das Holtzwerck vom Kalck nicht verderbt werde“* (Hauß-Vatter, S. 205).

Die Parkettstäbe werden im Barock parallel, sternförmig, tafel- oder geflechtartig zu Mustern verlegt, wobei verschiedenfarbige Hölzer den Eindruck von intarsienartig gearbeiteten Flächen vermitteln. Steinmosaikfußböden sind in mitteleuropäischen Gebieten selten anzutreffen und spielen während des Barocks keine bedeutende Rolle. Bei der Fußbodengestaltung kommt neben den gesellschaftlichen Ansprüchen und den Anforderungen an die Zweckmäßigkeit auch der geographischen Lage eine große Bedeutung zu, wobei südlichere Regionen den kühleren Materialien und nördlichere den wärmeren den Vorzug geben.

In den Häusern der ärmsten Bevölkerung findet man Böden aus gestampftem Lehm.

Der Fußbodengestaltung kann auch die Estrade – eine bühnenartige, ein- oder mehrstufige Erhebung im Inneren eines Raumes, die einen anderen architektonischen Teil wie Thron, Tafel, Bett oder Altar abschirmt – zugerechnet werden. „Zum Wesen des Menschen im Barock, vornehmlich zum absolutistischen Monarchen der Zeit, gehörte das Schauspiel, das große Theater, die Entwicklung der Pracht, die Entfaltung von Macht und Würde nach außen, vor einem Zuschauer. Da nun aber der Zuschauer so ganz nahe nicht kommen durfte, wurde [das Schauspiel vom Zuschauer] mit einem Gitter gegen draußen abgeschlossen, so daß zwar der gemeine Mensch ausgeschlossen war, aber doch den notwendigen Hintergrund bilden konnte“ (Geschmiedetes Eisen, S. 8). Gemeint sind allen Arten von trennenden Gittern zwischen einem höheren und einem niedrigeren Mitglied der Gesellschaft, im speziellen das Schutzgitter der Ehrenhofanlage. Von der Idee her sind aber auch Emporen, Balkone, Estraden und Balustraden miteinzubeziehen, alle architektonischen Teile, die bestimmte Personen abschirmen und zugleich erhöhen. „Mittelzimmer des ersten Stockes von Versailles war das Schlafzimmer des Königs. Es war Schauplatz des *Lever,* bei dem unter Anwesenheit des Hofadels das Aufstehen und Ankleiden des Königs als Staatsakt zelebriert wurde. Das Bett stand auf einem Podest, davor waren Balustraden angebracht, die die Zuschauer dieses *Theatrums* auf Distanz hielten“ (Ehalt, S. 90).

Auf dieselbe Einrichtung stößt man in den Damenboudoirs, „die im spanischen Alkoven, der damals nach Frankreich herüberkam, ihren Ursprung fin-

det. Man zog nämlich eine Balustrade, von der auch Säulen zum Plafond aufstiegen, mitten durch das Zimmer und theilte es so in zwei Theile. In einem derselben, den man mit einem früher schon ähnlich gebrauchten Worte die Ruelle nannte, wurde ein Paradebett aufgestellt, auf welchem die Dame des Hauses liegend ihre Freunde empfing. Nur die intimeren derselben wurden in die Ruelle zugelassen, und es wird als gewöhnlich Sitte erzählt, da die Sessel nicht ausreichten, daß die Herren ihre Mäntel auf den Boden legten und sich darauf setzten" (Ehalt, S. 90). Dieser Brauch und die Art der Ausstattung finden sich vorwiegend in Repräsentationsbauten vermögender Gesellschaftsschichten und zielen darauf ab, in ein *Oben* und *Unten* zu teilen. „Karl VI. speiste regelmäßig viermal im Jahr öffentlich im Rittersaal der Burg. Der Tisch stand auf einer Estrade unter einem Thronhimmel" (ebda.).
Auch die Estrade ist meist von einer Balustrade umgeben. Der Name rührt von der – nicht nur im Barock – beliebten Balusterform. Balustraden bestehen entweder aus plastisch geformtem Stein- oder Mauerwerk oder aus geschmiedetem, ornamentalem Gitter. Schmiedeeisen ist im Barock oftmals farbig gestrichen, welche Idee ab dem Ende des 18. Jahrhunderts zugunsten des reinen Schwarz oder Schwarz-Gold aufgegeben wird. In selber Form und selbem Aussehen wie die Balustraden säumen die Gitter die Treppenläufe.

PFEILER

Im Gegensatz zur Säule behält der Pfeiler zumeist etwas vom Charakter eines stehengebliebenen Wandstückes. Seiner Funktion nach ist er gewöhnlich eine senkrechte Stütze von meist quadratischem, rechteckigem oder auch kreuzförmigem Querschnitt, häufig mit rechteckigen oder gerundeten Vorlagen (=Pilaster, die wie Säulen oder Pfeiler in Fuß, Schaft und Kapitell gegliedert sind, aber nicht frei und vollplastisch im Raum stehen, sondern in die Wand eingemauert sind und nur wenig aus ihr hervortreten) besetzt. Er kann frei stehen oder als Wandpfeiler zwischen zwei Fenstern aus der Wand vortreten.
In der Funktion als Strebepfeiler dient er zur Aufnahme des Gewölbeschubs und ist entweder der Außenwand vorgelegt oder als Wandpfeiler nach innen gezogen. Auf jeden Fall ist er ein notwendiger architektonischer Bestandteil, den man *nicht ungeschehen* machen kann. Um ihn leichter oder weniger sichtbar erscheinen zu lassen, ummantelt man

Zwei Louis XIV.-Pfeilertapisserien aus Frankreich (um 1670), die wie Paneele oder Spiegelflächen die architektonisch notwendigen Stützen optisch ‚entschärfen' sollen.

ihn dekorativ mit Spiegeln, Vertäfelungen, Konsoltischchen oder Bücherregalen.
Seit der Spätgotik ist es gebräuchlich, Räume durch Holzverschalungen wohnlicher zu machen. Im 18. Jahrhundert bevorzugt man halbhohe, leichte Vertäfelungen, die, wenn sie Pfeiler umgeben, oft durch darübergesetzte Spiegel belebt werden. Hohe, schlanke Spiegel mit meist deckungsgleichen Flächen der jeweiligen Pfeilerfront vervielfachen nicht nur die dekorativen Elemente des Raums, sondern machen auch den Pfeiler beinahe *unsichtbar*. Anstelle von Vertäfelungen – oder den Verscha-

Links: Kloster Metten in Bayern, Bibliothek – ein Beispiel, wo Säulen und Pfeiler ‚ungeschehen' gemacht wurden: durch Verdecken mit Atlanten oder durch Einbeziehen in den Regaleteil (an der rechten Bildseite zu erkennen). Rechts: Fürstenzimmer im Chorherrenstift Vorau mit Supraporten (Türbekrönungen) oberhalb der getäfelten Türen: Medaillonporträts, die von goldenem Schnitzwerk umrahmt werden.

lungen vorgelegt – verbindet man Pfeiler und Spiegel gerne mit Konsoltischchen. Dieser Wandtisch, der seit dem Ende des 17. Jahrhunderts existiert, wird im Unterschied zu den frei im Raum stehenden Möbeln in die Raumarchitektur miteinbezogen. Das mitunter sehr kunstvoll gestaltete Gestell wird oftmals von Bildhauern entworfen. Nachdem der Konsoltisch einen Teil der Wandgestaltung oder Vertäfelung darstellt, verzichtet man schon bald nach seiner Erfindung auf die hinteren Beine und vermindert sie auf zwei, manchmal sogar nur eine stark gebogene Stütze. Das Holz der Stütze bleibt entweder naturbelassen, gebeizt oder weiß lackiert mit goldenen Fassungen.

TÜREN

Von der durch verschiedene philosophische Strömungen modern gewordenen „Vernunft" ausgehend, strebt man im Barock klare Ordnungen und ausgewogene Verhältnisse der Dinge zueinander an: „... je einfacher ein Verhältnis, oder durch je kleinere Zahlen es ausgedrückt ist, desto deutlicher stellt es sich dem Verstande dar, und desto mehr Gefühl von Vergnügen erweckt es. Die Baumeister beobachten diese Maxime auch mit der größten Sorgfalt. In den Thüren und Fenstern machen sie gemeiniglich die Höhe zweymal größer die Breite, und alltenhalben suchen sie Verhältnisse anzubringen, die sich durch kleine Zahlen ausdrücken lassen, weil das dem Verstand gefällt" (Euler, I. Theil, S. 14).

Unabhängig von Vernunft und Berechenbarkeit passen sich Türen wie alle anderen Möbel und Architekturteile aber auch der herrschenden Mode an. Sie sind im Barock aus gebeiztem oder lackiertem Holz, geschnitzt oder intarsiert und meist durch Kassetten gegliedert. Den Türrahmen aus Holz oder Marmor können Säulen vorgelegt sein. Griffe, Klinken und Beschläge sind wie die Möbelfassungen kunstvoll gearbeitet. Im bürgerlichen und bäuerlichen Haushalt meist einflügelig, bevorzugt man bei den repräsentativen Bauten zweiflügelige Türen. „Die nach der neuen Bauart gewöhnliche, gedoppelte oder Flügeltüren nehmen auch ihren Platz im Zeremoniell ein. Ordentlicherweise wird nur ein Flügel aufgemacht; beide werden aber der Herrschaft und der Familie eröffnet" (Moser, Bd. 2, S. 299).

Beide Flügel öffnet man aber auch in dem heiklen Fall, wenn zwei Personen desselben Ranges und derselben Würde in einen Raum gebeten werden. Man läßt sie gleichzeitig nebeneinander eintreten. Das Spiel mit den Türen, die oftmals von Supraporten bekrönt werden, soll den Akt des Eintretens erhöhen. (Als Supraporte bezeichnet man das künstlerisch ausgestaltete Feld oberhalb der Türe, das wie die Türe aus Holz, geschnitzt, bemalt oder eine mit Holz gerahmte Mauerfläche sein kann, die ein größenmäßig abgestimmtes Gemälde enthält oder in Grisaille- oder Freskotechnik bemalt ist. Grisaille nennt man grau-in-grau gehaltene Malerei, die plastische Werke so naturgetreu wie möglich nachzubilden versucht.)

ETIKETTE UND ZEREMONIELL – IHR EINFLUSS AUF RAUM UND PERSONEN

Die Etikette umfaßt die Gesamtheit der guten und angemessenen, nach Regeln festgelegten Umgangsformen. Dazu gehören die verschiedenen Arten von Reverenzen, unter denen man Hochachtungsbezeugungen einem Gleich- oder Höhergestellten gegenüber versteht. Wenn man dem Kaiser gegenübertritt, vollführt man die sogenannte spanische Reverenz, eine Kniebeuge wird ausgeführt, wenn der Name des Herrschers genannt wird. Man nähert sich dem Kaiser mit unbedecktem Haupt und darf ihm niemals den Rücken zuwenden. Wenn man den Raum verläßt, wo man ihm gegenübergetreten war, schreitet man unter dreimaligem Kniebeugen rückwärts, wobei das Gesicht immer dem Herrscher zugewendet bleibt. Der *Fußfall,* so wird die kniebeugende Reverenz genannt, wird 1786/87 von Kaiser Josef II. abgeschafft. Er untersagt *„die kniegebogenen Reverenzen und das Niederknien selbst von jedermann und in allen Fällen … mithin auch Niemand, wer immer es seye, der um etwas zu bitten oder sonsten was einzureichen hätte, künftig mehr niederknien solle, weil dieses von Mensch zu Mensch keine anpassende Handlung seye, sondern solche gegen Gott allein vorbehalten bleiben müsse“.* Das spanisch genannte, ursprünglich burgundische Hofzeremoniell, das 1548 in Spanien eingeführt wird und von dort in entschärfter Form auch auf den Wiener Kaiserhof übertragen wird, umfaßt eine Menge von Förmlichkeiten innerhalb des gesellschaftlichen Verkehrs: vom Verhalten in alltäglichen Situationen des Privatbereichs über die feierliche Staatsaudienz bis hin zum freundschaftlichen Besuch, die – beiden letzteren – meist auf den Augenblick des Zusammentreffens von Hausherren und Besucher ausgerichtet sind. Das Zeremoniell regelt die Abwicklung des Zusammenseins, die Art und Reihenfolge des gegenseitigen Worte-aneinander-Richtens, die Tafelgebräuche, die Präsentation von Geschenken und so fort. Strenge Anwendung findet es bei feierlichen Anlässen im staatlichen und religiösen Bereich, bei öffentlichen Auftritten

In einer Zeit der ausgeklügelten Etikette findet in einem zeitgenössichen Haushalts- und Wirtschaftsbuch sogar die korrekte Verbeugung beim Gruß gegen den Nachbarn gesonderte Erwähnung.

des Kaisers und/oder anderen Regenten, Regierungsmitgliedern, Würdenträgern und Botschaftern, wofür die Einzelheiten besonders genau ausgeklügelt werden.

Ein bestimmtes zeremoniöses Verhalten ist im Barock den Mitgliedern aller Gesellschaftsschichten zu eigen, manche Regeln und Verhaltensweisen bleiben über Generationen erhalten. Vor allem werden Rangordnungen und die damit zusammenhängenden Höflichkeitsbezeigungen streng berücksichtigt. Eine gesellschaftliche Wertigkeit – zum Beispiel in Form einer Berufshierarchie – gilt unter Bürgern, Kaufleuten, Bauern, Handwerkern ebenso wie unter den Standeslosen. Der Reichere, der Mächtigere, der Stärkere oder der Lautere hat den Vorrang vor dem anderen.

Wo gilt das Zeremoniell? Mit zunehmendem Streben nach privater Sphäre beinahe ausschließlich in Fürstenresidenzen und bei offiziellen Anlässen. „Es ist ein an den Höfen angenommener und ausgemachter Satz: Daß die Residenz auch der Sitz des Zeremoniells seie und dahero ein Regent auf Lust-, Land- und Jagd-Schlössern und Häusern in vielen Stücken nachlassen könnte, welches in erstem Fall seine Würde [dafür wurde das Zeremoniell erdacht, um diese Würde zu unterstreichen und um den Herrscher, der als von Gott eingesetzt gilt, aus der Masse der Mitmenschen zu erheben] und die Strenge der Hof-Gesetze nicht gestatten ... Dieses äußert sich nun vornehmlich darin: daß auf dem Land auf die Pünktlichkeit des Rangs nicht so genau als in der Residenz gesehen wird, daß auf dem Land fremde Gäste ehender bei Hof logiert und freigehalten werden als in der Residenz, daß es endlich auch auf dem Land mit dem Unterschied der Tafeln ... nicht so genau als in der Residenz genommen wird“ (Moser, Bd. 1, S. 274). Was nicht außer acht gelassen werden darf, ist die Tatsache, daß das Zeremoniell auch für die Obersten einen anstrengenden Bestandteil ihres Lebens darstellt, in dem ein Verweilen und ein Sichgehenlassen keinen Platz findet.

RANGORDNUNGEN AM WIENER KAISERHOF

Voraussetzung für ein zu erarbeitendes Zeremoniell ist eine wohldurchdachte Rangordnung der einzelnen an einer öffentlichen Handlung teilnehmenden Personen. So erlaubt eine Verordnung, die *Hofzutritt* genannt wird, den Hofwürdenträgern an feierlichen Prozessionen in einer bestimmten Reihung teilzunehmen. Die Hierarchie reicht vom Geheimen Rat über Kämmerer, Marschall, Truchseß bis hin zum Edelknaben. Bei den Damen gibt es weniger Unterscheidungen, da sich die vielen abgestuften Männerwürden parallel zu militärischen Ämtern entwickelt haben. An vorderster Stelle rangieren die Palast- oder Hofdamen. Die meisten Hofämter bestehen seit dem Mittelalter und bilden seitdem die Grundlage der Staatsverwaltung fast aller europäischer Länder. Am Wiener Hof gilt die Regelung des Hofstaates aus dem Jahr 1527 bis zum Zusammenbruch der Monarchie 1918. Die vier obersten Hofämter sind mit dem Obersthofmeister, dem Oberstkämmerer, dem Obersthofmarschall und dem Oberststallmeister besetzt. Der mächtigste Mann, einem späteren Minister gleichzusetzen, ist der Obersthofmeister, dem die meisten Verwaltungsbehörden unterstehen. Ihm obliegt die Klärung aller Zeremonialangelegenheiten, er leitet das Besoldungswesen, die Abteilungen für Uniformen und Hoflivreen, die Belange der Hofkapelle, der Hofmusik, mitunter auch des Hoftheaters. Weiters steht er den Kanzleien für Hofbauangelegenheiten, Hofarzneiwesen und für Hofdienste vor, die wiederum das Oberstküchenmeisteramt samt Hofkeller, das Oberstjägermeisteramt und das Oberstsilberkämmeramt umfassen. Der Oberstkämmerer arbeitet im unmittelbaren Bereich des Monarchen und beaufsichtigt alle Ämter, deren Bezeichnung mit *Kammer-* oder *Leib-* beginnen. Die Personen, die diese Ämter ausüben, stehen im Dienst des Kaisers und der anderen am Hof lebenden Mitglieder der kaiserlichen Familie in deren privaten Bereich. Weiters beaufsichtigt der Oberstkämmerer die Kammerzahlmeister, er leitet die Kämmererangelegenheiten und steht den Kammerdienern, Kammermusikern, Kammermalern, dem Leibarzt, der Leibwäscherin und dem Beichtvater vor. Der Obersthofmarschall ist die oberste Gerichtsinstanz des kaiserlichen Hauses und des Hofgesindes. Dem Oberststallmeister obliegen alle Angelegenheiten, die den Marstall, die Sattelkammer, den Wagenpark und die Erziehung der Edelknaben betreffen.

Den obersten Hofämtern unterstehen die am Hof bediensteten Beamten, wie die Kanzleidirektoren der Obersthofämter, die Schatzmeister, die Zeremoniengehilfen und die Herolde, die – letztere – im 17. und 18. Jahrhundert als Sendboten, Unterhändler und Wappenkundige ihren Dienst versehen. Zur Hofdienerschaft gehören die Hof- und Kammerfuriere (Furier ist ein aus dem Militärischen stammendes Amt im Rang eines Unteroffiziers, der für Verpflegung, Futter und Unterkunft zu sorgen hat), die Kammerdiener, der Equipageninspektor und die Geheimen Ratstürhüter, gefolgt von der niederen Hofdienerschaft der Türhüter, Einspänner, Tafeldecker, Lakaien und Kammerherrenansager.

Eine besondere Stellung haben Geheimräte, Kämmerer und Truchsesse (der Truchseß waltet über Küche und Tafel) inne. Alle diese Ämter werden von Personen bekleidet, die sich als Beamte oder Offiziere im Ruhestand befinden. Um gesellschaftlich nicht völlig ausscheiden zu müssen, können

Genaue Abfolge und Beschreibung der Hofwürdenträger anläßlich der Erbhuldigung Kaiser Josephs I. in der Hofburgkapelle.

sie sich nach Ablauf ihres Dienstverhältnisses um diese Würde bewerben.

Die Garden des Wiener Hofes bestehen aus Trabanten (Leibwächter zu Fuß oder zu Pferd) und Bogenschützen, die Hartschiere genannt werden. Das verdeutschte Wort stammt vom italienischen Begriff *arciere* für den Bogenschützen. Unter der Regierung Kaiserin Maria Theresias werden die Hartschiere in eine Eliteleibgarde umgewandelt. Die Schweizergarde verdankt ihrem Gemahl, Franz Stephan von Lothringen, die Beschäftigung in Wien, wo sie als kaiserliche Garde neben den Trabanten und Hartschieren den Wach- und Ehrendienst versieht. 1766/67 wird die Schweizergarde durch Kaiser Josef II. wieder aufgelöst.

Eine besondere Stellung unter den Hofzeremonien nimmt die öffentliche Tafel ein, die mit Gewißheit mehr der Schaubefriedigung der Menge als dem Repräsentationsbedürfnis des Herrschers entgegenkommt. Eine wichtige Rolle spielen die beteiligten Personen, ihre Würden, Ränge und Ämter sowie das Arrangement der Zeremonie im Raum. Im Unterschied zu den häufig stattfindenden öffentlichen Tafeln am französischen Hof, *„ist zu wissen, daß Kaiserliche Majestät ordentlicherweise nicht mehr, als viermal im Jahre öffentlich speisen, und zwar in dem sogenannten Rittersaal, nämlich an denen drei höchsten Festen und am Andreastag, da sie mit denen Rittern vom Goldenen Vlies zugleich zu Mittag essen … Die kaiserliche Tafel nun stehet ordentlich unter einem Dais* [Baldachin] *und ist eine Staffel hoch erhaben, und wenn der Kaiser öffentlich speiset, mit Hartschieren und Trabanten umgeben. In der Burg werden die Speisen von denen Kaiserlichen Truchsessen in Spanischer Mantelkleidung, à la Campagne aber von denen Edelknaben aufgetragen … Bei der Tafel warten, nebst dem Obrist-Hof-Kuchel-Meister, oder Obrist-Hof-Stabel-Meister, verschiednen Kämmerer, zwei Vorschneider und zwei Mundschenken auf, welche letztere die Getränke kredenzen und Kaiserlicher Majestät damit knieend servieren. Bei der Tafel stehen die Botschafter und der Päpstliche Nuntius* [mitunter auch andere Hofwürdenträger, die nicht am Essen teilnehmen, sondern zur persönlichen Betreuung des Kaisers hinter dessen Stuhl stehen] … *Nach der Tafel wird der allerhöchsten Kaiserlichen Herrschaft das Handwasser nebst der Serviette wiederum gereicht“* (Küchelbecker, S. 359 ff.).

In bezug auf Raum und Zeremoniell sei auf die Auswirkungen des letzteren auf die Architektur verwiesen, die im Barock beide an bedeutender Stelle rangieren. „Ein Herzog, der nicht wohnt, wie ein Herzog zu wohnen hat, der also auch die gesellschaftlichen Verpflichtungen eines Herzogs nicht mehr ordentlich erfüllen kann, ist schon fast kein Herzog mehr“ (Elias, S. 99). Das sei an den Anfang gestellt, da das Zeremoniell eine gewisse Größe an Raum, eine bestimmte Raumabfolge und eine gewisse Menge an handelnden Personen voraussetzt, weshalb ein Fürst eben eine seiner Würde entsprechende Wohnung zu nehmen hat.

TREPPENHÄUSER

„Die Treppen dienen … nach Abschaffung der beschwerlichen Wendel- wie auch anderer unbequemen Treppen nicht nur zur Vergrößerung der Pracht … sondern sie haben auch nicht geringen Einfluß in das Zeremoniell bei Hof überhaupt und gegen Fremde insbesondere“ (Moser, 2. Bd., S. 286). Das Ausmaß der Bedeutung, das ein Treppenhaus um 1700 als Raum für gesellschaftliches Aufeinandertreffen einnimmt, ist heute nur noch schwer vorstellbar. Die zunächst unscheinbare, im Gebäude unbetont liegende, nur dem Zweck des Auf- und Absteigens dienende Treppe wandelt sich im Barock in ein wirkungsvolles, raumdurchdringendes, saalartiges Etwas, das – meist in der Mitte des Baues liegend – ein architektonisches Eigenleben entwickelt und gleichzeitig höchste Pracht entfaltet. Optisch wird eine Erweiterung nach allen Seiten angestrebt, die horizontal durch Fenster, Spiegel, Galerien und daran anschließende Zimmerfluchten verstärkt wird und an der Oberseite in einem Gewölbe oder in einer Kuppel mit Deckenfresko gipfelt. Die barocke *Bewegung* der Architektur wird mittels rhythmischer Gliederung hergestellt und hinaufstrebend gesteigert, was beim Aufwärtsschreitenden eine optische Sogwirkung nach oben bewirken soll. Die größte Bedeutung erhält die Treppe, als sie in das höfische Zeremoniell einbezogen wird, um nun auch sinnbildlich die Bewegung von unten nach oben anzudeuten, die aber trotzdem bequem zu überwinden sei. „[Die Treppe] *sol mit gar nidern und breidten Staflen sein … Daß jede Stiefen sol hechst gelegen sein zum Hinaufsteigen, und also dass man gleichsamb das Hinaufgehen nicht merke und Ahtem des Menschen benehme, ihn nicht schnaufend und miedt mache, sonder [ge]fellig und in allen seie, als wehre er gantz keine Heche oder Stiegen gestigen“* (Karl Eusebius, S. 171).

Treppenhäuser werden peinlich saubergehalten, deshalb dürfen *„… die Haubtstiegen von den Gesindt nicht gebrauchet werden, dieweil solches Gesindt alles unsauber machet, beschmieret, zerschlaget und verterbet“* (ebda., S. 120).

Stift Göttweig, Treppenhaus mit stark gegliederter Wand, Balustrade und breiter, sachte ansteigender Treppe: „(Die) Treppen sol mit gar nidern und breidten Staflen sein ... also dass man gleichsamb das Hinaufgehen nicht merke und Ahtem des Menschen benehme ...“

Meist in der Mitte des Gebäudes gelegen, teilt die Treppe das Stiegenhaus in zwei selbständige und gleichwertige Teile. Die Idee stammt aus Frankreich, historisch gilt Kardinal Richelieu (1585–1642) als ihr Erfinder, der sie zuerst beim Schloßbau in Charlesval anwendet. „Die ganze Schloßanlage sieht das Corps de logis mit einer Treppenanlage in der Mitte vor ... Diese Treppenanlage sowie die Räume links und rechts sind für den repräsentativen Gebrauch bestimmt ... Besonders bedeutsam ist, daß der Kardinal dieses Schloß nicht nur für sich mit Appartements austatten ließ, sondern, daß er sich nur den linken Trakt des Hauptstockes behielt, während jenseits der Treppe unter der Kuppel die Appartements für den König und die Königin eingerichtet wurden ... Man hat dem Herrscher damit Wohnraum für Reisen oder Jagdaufenthalte bereitgestellt ... Jedenfalls finden sich in Frankreich Räume dieser Art in den Adelsschlössern im Gegensatz etwa zu den habsburgischen Bereichen, wo die Kaiserzimmer in den Klöstern (Stift Göttweig, Klosterneuburg) ein Gegenstück sind.“ (Residenzen, VIII / 16 f.) Zu erklären ist die österreichische „kirchliche“ Abart sicherlich als eine Art dankender Geste des Klerus an das österreichische Herrscherhaus, das ihm innerhalb des Staats- und Gesellschaftsgefüges eine bevorzugte Stellung eingeräumt hatte.

In Zusammenhang mit der barocken Treppenanlage steht das darauf abgestimmte Zeremoniell, das für die Handhabung des Empfanges eines Gastes viele Spielarten entwirft. Ob der Schloßherr den Ankommenden in seinen Privatgemächern erwartet oder ihm einen hohen Diener entgegensendet, ob er ihn an der Treppe empfängt, ihm eine oder mehrere Stufen entgegengeht oder ihn gar an der Schwelle begrüßt, läßt die Wertschätzung des zu Empfangenden erkennen.

BAROCKE RAUMANORDNUNG IN FRANKREICH

Andere architektonische und gesellschaftliche Regeln legen die logische Abfolge barocker Räume fest, selbstverständlich auch im Hinblick darauf, wem wie weit entgegengegangen wird, aber auch wem wie weit der Eintritt erlaubt wird. In diesem Punkt unterscheiden sich deutsch-österreichische von französischen Regelungen wesentlich. „Der König [Ludwig XIV.] lebte in voller Öffentlichkeit. Jedermann hatte Zutritt zu ihm und zu seinen Gemächern, in seinem Schlafgemach wurden die Staatsbesuche und Würdenträger empfangen. Dieser Raum war wichtiger als der Thronsaal" (Residenzen, I / 14). *Öffentlichkeit* meint wohl auch in Frankreich in erster Linie die Hofgesellschaft, vor der sich der Tagesablauf Ludwigs XIV. abspielt. Denn die Mehrzahl der französischen Untertanen kommt an die Person des Herrschers nicht so leicht heran. Allerdings ist es Bittstellern jeder Gesellschaftsklasse gestattet, den König in der Galerie auf dem Weg zur Messe anzusprechen. „Viele Gäste mußten auf den König warten, bis er durch die Galerie ging, um die Kapelle zu erreichen. In England hat man – ganz anders – die Gäste durch möglichst viele Räume [zum Thronsaal] geführt ... Das Schlafgemach hinter dem Thronsaal war für die Öffentlichkeit nicht zugänglich" (ebda.). In Frankreich sind die Galerien meist in den Schloßbau miteinbezogen. Sie dienen als Vorraum zu den Gemächern des Königs oder verbinden diese mit der Kapelle. Anders im mitteleuropäischen Raum, wo die Galerie zur höheren Ehre ihres Erbauers als Ahnengalerie in Erscheinung tritt. In Frankreich laufen *„etliche Gallerien und also auf allen 4 Seiten des Schlosses, welches wier zwar nicht fellig desaprovieren wollen, aber loben nicht konnen noch wollen, dass die Unserigen selbigen nach bauen sollen ... Dise Gallerien haben zwar was Holtzsehliches* [Holdseliges] *in sich, doch die Wohnung und die Gelegenheit benehmen, nachent an einander zu sein, und von auswerts die Faccia verterben. In Frankreich belieben sie sich mit Gallerien so vil genueg ist es an ein bar Gallerien, eine vor Gemahl* [gemalte Bilder], *und die andere vor Statuen"* (Karl Eusebius, S. 104).

RAUMABFOLGEN AM WIENER HOF

Wie viele Möglichkeiten stehen dem Bewohner des Habsburgerreiches offen, sich seinem Fürsten zu nähern? Wenige. Der Kaiser lebt – das Zeremoniell schreibt es so vor – abgeschirmt von der Öffentlichkeit. Von Gottes Gnaden eingesetzt, muß er dem Normalsterblichen unerreichbar gehalten werden. „Ziel war es, das Menschliche zu verhüllen. Der Herrscher wurde zu einer fast übertriebenen Hoheit emporgehoben ... Das bedeutet eine wesentlich größere Distanz vom Herrscher zu den Untertanen. Diese dürfen nicht ohne weiteres in das Schloß hinein. Lange Zimmerreihen sind zu durchschreiten, um in den Thronsaal des Fürsten zu gelangen. Erst dahinter sind die Privatgemächer, mit dem Schlafzimmer, zu dem nur wenige Zutritt haben" (Residenzen, II/ 1). *„Die Entrée"* – so heißt in der Hofsprache das Recht, unangemeldet beim Herrscher erscheinen zu dürfen – in das Schlafzimmer ist folgenden Personen gestattet: *„1. Der Gemahlin, oder die an deren Statt ist, und den Kindern und Anverwandten des Regenten, 2. dessen Lieblingen und Vertrauten, 3. dem Oberstkämmerer oder der dessen Stelle versieht, 4. dem Kammerherrn oder Kammerjunkern vom Dienst, 5. dem oder denen Leib- oder Kammerpagen, 6. dem Leibmedico, 7. dem oder denen Kammerdienern, 8. den geheimen Sekretärs, 9. bei r. Katholischen den Beichtvätern"* (Moser, Bd. 2, S. 290). Das schränkt den Gesellschaftskreis auf die nächste und vertrauteste Umgebung des Herrschers ein, politische Würdenträger werden nicht wie am französischen Hof im Schlafgemach empfangen. Interessant ist der ausdrücklich formulierte Hinweis, *Lieblinge, Vertraute oder die Frau, die die Stelle der Frau vertritt,* vorzulassen. Womit öffentlich bestätigt wird, was in den Kapiteln über sozialen Aufstieg schon angedeutet wurde: daß nämlich einzelne Personen – unabhängig von Rang, Alter und Würde – bevorrechtet behandelt werden: aus Liebe, Freundschaft oder Wertschätzung. „Eine Strategie ... der sich die absolutistischen Fürsten durchwegs mit großer Geschicklichkeit bedienten, bestand in der Protektion von Menschen, die ihre Stellung, ihr Ansehen, ja ihr ganzes Glück nur ihnen verdankten. Die Herrscher schufen so, indem sie Parvenüs, bürgerliche Minister, Bastardsöhne und Mätressen protegierten, ein Gegengewicht zum Hochadel" (Ehalt, S. 131 f.).

Das öffentliche Leben findet in anderen, dafür vorgesehenen Räumen statt, und auch zu den Audienzen ist nur ein bestimmter Kreis von Personen zugelassen. Der eintreffende Höfling oder adelige Gast wird von Dienern durch ein oder mehrere Vorzimmer bis in den Raum geführt, in dem seine Standesgenossen warten.

Eine höhere gesellschaftliche Stellung bewirkt die Erlaubnis, die Wartezeit bis zum Gesprächstermin in den dem Kaiser räumlich näher gelegenen Vorräumen zu verbringen.

DIE GALERIE

Die Galerie, die zunächst als Bauteil zwei weit auseinanderliegende Hausteile miteinander verbindet, wird im Barock neu überdacht, da sie für Gesellschaft und Zeremoniell zahlreiche Verwendungsformen offenhält. Seit der Renaissance zu einem vornehmen Aufenthaltsraum aufgestiegen, übernimmt sie ab diesem Zeitpunkt teilweise die Funktion eines Saales. In der Spiegelgalerie von Versailles, die mit Charles Lebruns (1619–1690) geschaffenen Gemälden vom Leben König Ludwigs XIV. ausgestattet ist, findet sie eine besonders prunkvolle Gestaltung. Von da an erhält sie einen festgefügten Platz in der Grundrißdisposition europäischer Schloßbauten. Die Galerie ist wegen der vielen aneinandergereihten Fenster durch große Helligkeit gekennzeichnet, weshalb man in ihr seit dem 16. Jahrhundert gerne Kunstwerke ausstellt. Als Spiegelgalerie kommt sie der barocken kindlichen Freude an dem alles verwandelnden und täuschenden Spiel entgegen, das durch die zahlreichen an Wänden und Decken plazierten Spiegel hervorgerufen wird, die Architektur und Gesellschaft auf geheimnisvolle Weise vervielfachen und erhellen. *„Lichte Farben geben dem Zimmer eine anmuthige Helle, gleichwie auch die Spiegel- und Crystal-Scheiben“* (Hauß-Vatter, S. 201).
Eine Erkenntnis der Zeit, die wie die vielen anderen Ergebnisse aus der Beschäftigung mit Architektur und Innenraum von nun ab formuliert werden.

Der barocken kindlichen Freude an dem Spiel von Licht und Schatten, Verwandlung und Täuschung kommen die zahlreichen (Spiegel)Galerien entgegen. Unten: Schloß Schönbrunn, Große Galerie und S. 166: Schloß Versailles, Spiegelgalerie.

KABINETTE UND SÄLE

Außer der Treppenanlage und der Galerie, die beide für das Zeremoniell und die Raumkommunikation von hoher Bedeutung sind, spielt die Existenz und die Ausgestaltung des Festsaals eine große Rolle. *„1. Muß ein solcher Hauptsaal also angeleget sein, daß man gemächlich aus den vornehmsten Gemächern dazu kommen kann. 2. Zum wenigsten muß ein Hauptsaal zwei große räumliche Türen haben. 3. Soll man nicht erst durch Gemächer sondern alsobald von einer Haupttreppe dazu gelangen können. 4. Es werden meistenteils zwei Kamine gegeneinander über in solchen Gebäuden beliebet. 5. Die Figur soll meistens viereckicht und je näher dem Quadrat, je besser sein. Im übrigen muß man 6. großen Raum an der kleinsten Seite niemals unter 32 Fuß dazu nehmen. 7. Wird auch eine ziemliche Höhe dabei erfordert. 8. Das Licht wird durch 5 oder 7 Fenster an einer der längsten Seiten am liebsten genommen, und sonderlich vor schön gehalten, wenn über den ordinär-Fenstern überdies noch Halbfenster gemachet werden. 9. Der Prospekt des Saales muß in einen Garten oder auf einen räumlichen Platz vor dem Haus fallen“* (Goldmann, S. 115).

Einem den verspiegelten Räumen verwandten Geist für *Merkwürdiges* und Exotisches entspringen die chinesischen und japanischen Lack- und Porzellankabinette. Diese kleinen Räume werden mit asiatischen Lackmöbeln ausgestattet, bergen die Sammlungen von Porzellan oder täuschen mittels Scheinmalerei Porzellangegenstände und -wandverkleidungen vor. Die Wände der Kabinette sind – meist in symmetrischer Ordnung – bis zur Frieszone mit unzähligen Regalen und Konsolen für Vasen und Nippes bestückt. Porzellanbilder und -teller hängen in langen Reihen neben- und übereinander, die größten Prunkstücke finden auf Konsoltischen Platz.

Einer Forderung nach mehr Intimität, die im Laufe des 18. Jahrhunderts ständig zunimmt, kommen die neueingeführten kleinen Säle entgegen. Musikzimmer, Kabinette und Gartenpavillons sollen plötzlich, in einer nach außen gekehrten Zeit, das Gefühl von Abgeschiedenheit, privater Atmosphäre, Geborgenheit und Wärme vermitteln. *„Die Groten sollen von einwerts reich von Wasserspill sein, von allerlei Regen von unten und oben, so kreitzweis pogenweis, geradt hinauf und hinunter spritzen, auch einen felligen Regen representiren konnen … jedoch solle man die*

Einem den verspiegelten Räumen verwandten Geist für ‚Merkwürdiges' und Exotischen entspringen die chinesischen und japanischen Kabinette: Schloß Schönbrunn, Blauer chinesischer Salon.

Ebenerdige (Garten)-Säle sollen Schloß und Park nahtlos miteinander verbinden, die in Form von Grotten, Groteskenräumen oder einfach als ‚kiehle Zimmer bei der Erden' in Erscheinung treten: Oberes Belvedere, Sala terrena mit Nischen und Atlanten an Baumstümpfen.

Groten also und nicht anderst spilen lassen, als dass allezeit genuegsame Ohrt sein, wo man sich hin retiriren konne, druken zu stehen und zu verbleiben. Dan wir halten es vor ein Grob- und Unbescheidenheit, die Frembden oder jemandts in einer Grota durch dergleichen Spil zu netzen, so billiche Offesa … einem Frembden nie widerfahren sol, sondern alle Hefligkeit" (Karl Eusebius, S. 162).

Ebenerdige Gartensäle, die sich nahtlos mit dem Park zu einer Einheit verbinden, Grotesken- und Grottensäle, *Stanzien terrenen, kiehle Zimmer bei der Erden* (Karl Eusebius), deren Wände mit Muschelwerk, Steinmosaiken und antikisierendem Beiwerk versehen sind, dienen als Orte der Erholung und Selbstfindung. Man muß diese plötzliche Sucht nach Verinnerlichung nicht überbewerten, denn auch sie ist – epochebedingt – Teil des Gesellschaftsspieles, Neues zu finden und zu erfinden, genauso wie man neue Werkstoffe nutzt und versucht, sich die Materie untertan zu machen: In diesem Sinn täuschen Kunstwerke aus Holz oder Stein Bewegung und beschnittene Natur kunstvolle Starre vor, in diesem Sinn werden Paläste mit Gartensälen ausgestattet (Unteres Belvedere in Wien, Schloß Hellbrunn in Salzburg) und im Gegenzug

Einen ebenso harmonischen Übergang vom Gebäude in den Garten vermitteln die ebenerdig gelegenen Zimmer in Schloß Schönbrunn mit idealer Landschaftswandmalerei, mit floraler Dekoration und Schnitzwerk (am Konsoltisch), das Ast- und Laubwerk nachahmt, die in den Park führen: Canaletto, Gartenseite des Schlosses Schönbrunn (S. 168/169).

Parks mit Bänken, Nischen und Statuen als geschlossene Festräume in der Natur gestaltet; außerdem entspricht man damit der zeitgenössischen Forderung nach Harmonie, wenn die Grenzen zwischen Haus und Garten verwischen. „Bruchlos fanden so die durch mannigfaltige Architekturmalereien scheinbar geöffneten Innenräume des Schlosses ihre Fortsetzung im großen Innenraum des Gartens. Die luftigen Pavillons und Belvederes, die an zentralen Punkten des Gartens errichtet wurden, förderten die Integration von gebauter und gewachsener Architektur. Wenn – wie beim Oberen Belvedere – der große Parterresaal [Sala terrena] im Sommer tatsächlich gegen den Garten völlig offen war und im Vestibül die gestutzten kleinen Bäumchen aufgestellt wurden, dann war die Illusion einer monumentalen Festlandschaft perfekt“ (Ehalt, S. 104). Die meisten Moden werden vom Adel vorgegeben und vom Bürgertum – je nach Kunstsinn und Vermögen – in abgewandelter oder reduzierter Form übernommen. Trotzdem erwecken die verbliebenen Zeugen den Eindruck einer einseitigen Entwicklung und der kulturellen Alleinherrschaft der Hocharistokratie. Denn wer vermag eine Reihe barocker bürgerlicher Wohnhäuser anzuführen, ehe ihm nicht fünf, zehn oder mehr adelige Wohnpaläste in den Sinn kommen. In welch – unbedeutendem – Ausmaß hat bürgerliche Kultur stattgefunden? „Selbstverständlich sind nicht nur Räume von Fürsten und Herren ... und von reichen [Ordensleuten] erbaut und eingerichtet worden. Gewiß waren solche weit in der Minderzahl gegenüber den bescheideneren bürgerlichen Wohnräumen. Aber wegen ihrer Kostbarkeit sind fast nur die aufwendigen und anspruchsvollen Räume erhalten geblieben, waren doch die bürgerlichen meist weit weniger ausgesprochen für ihre Zeit und damit schon viel stärker und ganz natürlich dem Wandel der Moden unterworfen“ (Fest- und Wohnräume, S. 9).

X
WOHNUNGSVERHÄLTNISSE IN WIEN

Zu einer Besonderheit des barocken Wien zählt das Hofquartiersrecht des Kaisers, demzufolge den oft jahrelang unbezahlt arbeitenden Hofbediensteten in bestimmten Häusern einige Zimmer oder eine Wohnung für ein Drittel des normalen Zinssatzes zur Verfügung gehalten werden müssen. Die Notwendigkeit ergibt sich zu Beginn des 16. Jahrhunderts, als Kaiser Ferdinand I. seine Hofhaltung für ständig nach Wien verlegt und die Stadt nach einer etwa hundertjährigen Unterbrechung wieder zur Residenz erhebt. Daraufhin macht sich eine gewaltige Wohnungsnot bemerkbar: die kaiserliche Burg erweist sich für die Unterbringung des Gefolges und des Verwaltungsapparates als viel zu klein, weshalb Hofbedienstete anderswo einquartiert werden müssen. „Es kommt zu Zwangsvermietungen, die bei der Bevölkerung bald auf erbitterten Widerstand stießen, da sie den Besitzern die größten Unannehmlichkeiten bereiteten. Meist waren die Hofmieter sehr anspruchsvolle und unbequeme Herren, die ohne jede Rücksichtnahme auf ihre Quartiergeber in den von ihnen bewohnten Häusern oft ein richtiges Gewaltregime aufrichteten ... Die Zahl der Quartierfähigen, wie die vom Hof aus in den Bürgerhäusern eingemieteten Personen genannt wurden, erhöhte sich noch dadurch, daß man nicht nur die unmittelbaren Angehörigen des kaiserlichen Hofstaates unterbringen mußte, sondern die Quartierfähigkeit auch als billige Ablöse für geleistete Dienste oder als besondere Gnade verliehen wurde; dadurch stieg die Anzahl der unterzubringenden Personen bald ins Ungemessene.
Andererseits wurde dem Adel und geistlichen Stiftungen, ebenfalls in Form von Gnadenakten, die Quartierpflicht abgenommen, und die Quartierfreiheit war ebenso eine nur zu oft vom Kaiser begehrte Gunst.
Die daraus erwachsenden Lasten verblieben fast ausschließlich dem mittleren und niederen Bürger-

Aufbau eines Wohnhauses (mit zwei allegorischen Figuren im Bildvordergrund) mit den zeitgenössischen Bauwerkzeugen, -geräten und anderen Behelfsmitteln.

Wien – Hofburg (1558): in der Bildmitte mit den vier Ecktürmen der älteste und lange Zeit gesondert stehende Bauteil des Schweizerhofes, der im 16. Jahrhundert ‚die Burg' darstellt.

Eine Besonderheit Wiens stellen die zahlreichen, barocken ‚Hochhäuser' dar, die aus der Not an Platz und Wohnraum in die Höhe gebaut werden (Häuser Am Hof).

tum, dessen Behausungen ohnedies nicht in der besten Verfassung waren" (Bürgerhaus, S. 15 f.).
Das ohnmächtige Bürgertum, das die Last des Hofquartiers nicht länger alleine tragen möchte, schreitet darufhin zum Angriff: In der Folge zerstören viele Hausbesitzer die zwangsvermieteten Wohnungen, reißen Öfen nieder und brechen Fußböden, Fenster und Türen heraus, um die unerwünschten Mieter anzuregen, sie freiwillig zu räumen. Erste gesetzliche Mittel, um einen Ausweg aus dieser Situation zu finden, ersinnt der Leiter des Hofquartiersamts, Obersthofmarschall Wilhelm Graf Starhemberg, der das Wohnungswesen gründlich reorganisiert, neuen Wohnraum schafft und den Bürgern zu einer befristeten Hofbefreiung verhilft. Abgesehen von der großen Wohnungsnot, ist das barocke Wien durch verfallene und mit Ungeziefer verseuchte Häuser geprägt. Gegen das Versprechen, Quartierfreijahre zu erhalten, die sich an der Höhe der aufgewendeten Bausumme errechnen, spornt man die Bürger zu Um- und Neubauten und Renovierungen an. Eine andere Möglichkeit, sich von der Hofquartierspflicht freizukaufen, ist die Beteiligung am Bau von Basteihäusern, die der Stadtguardia, der Tag- und Nachtwache, zur Verfügung stehen. In den Jahren der Quartierfreiheit dürfen die Wohnungen zu normalem Mietzins an Privatpersonen vergeben werden. Was den Neubau betrifft, so wird allerdings nicht immer nur auf die Errichtung großer und bequemer Wohnungen geachtet, sondern man legt bald das Hauptaugenmerk auf eine prächtig gestaltete Fassade. In unausbleibbarer Folge wird ein Großteil des Gelds anstatt auf die Sanierung der Bausubstanz auf die Fassade aufgewendet, die die Renovierung des Ganzen vortäuschen soll. „Es waren nicht die besten und gesündesten Wohnungsverhältnisse, die auf diese Weise zustandekamen, und sie standen nicht selten im argen Gegensatz zu den prunkvollen Fassaden, welche die Häuser nach außen zierten" (Bürgerhaus, S. 17).

SICHERHEITSAUFLAGEN IM WOHNBAU – FEUERVERORDNUNGEN

Spätestens nach der Zweiten Türkenbelagerung im Jahr 1683 überdenkt man in der *Leopoldinischen Feuerwehrordnung* den Brandschutz in Wien neu, der wegen der vielen Holzbauten und der zahlreichen strohgedeckten Häuser notwendig geworden war. Eine interessante Form der Brandbekämpfung hatte man in Rußland entwickelt, die Engelbert Kaempfer unter einer Eintragung in seinem Reisetagebuch festhält. Er wird während seines Aufenthaltes in Moskau Zeuge eines Stadtbrands, „welchen wir die vorige Nacht angesehen [der an die tausend Häuser, zwei Kirchen und einige Paläste erfaßt] ... welchen [Bauwerken] jedoch kein anderer Schaden als am Dach zugestoßen, da man an allen steinernen Gebäuden die eisernen Fensterladen zumacht ..."
In Wien richtet man 1685 eine erste – noch nicht

völlig planmäßig aufgebaute – Berufsfeuerwehr ein, neun Jahre vor London und zwölf Jahre, bevor in Paris eine ähnliche Institution geschaffen wird. „Leitern und Wassereimer mußten nun in jedem Bürgerhaus in der Einfahrt vorrätig sein. Hölzerne Rauchfänge wurden verboten, die Feuerstätten im Haus sollten alle vier Wochen gesäubert werden. Hölzerne Verschläge im Dach wurden verboten, das Dach hatte mit Ziegeln gedeckt zu sein ... 1721 [wurden] Dach- und Bodenzimmer gänzlich verboten. 1725 ordnete die Regierung die Ausarbeitung einer neuen Bauordnung an. 1759 wurde eine neue, umfangreiche Feuerverordnung *(Maria Theresianische Feuerordnung)* erlassen. Sie bildete die Grundlage für die Errichtung einer städtischen Berufsfeuerwehr und deren Ausrüstung. Unter den Vorschriften finden sich wieder die Reinhaltung der Schornsteine, Verbot neuer Schindeldächer sowie der Einlagerung feuergefährlicher Stoffe. Wien wurde in *Feuer-Commissar-Bezirke* eingeteilt. Jede Kommission mußte zweimal jährlich Feuerbeschau in allen Häusern vornehmen" (Kaessmayer, S. 130). Ab nun schreiben die verschiedenen Bauordnungen, soweit sie in den Städten vorhanden sind, auch die Errichtung von Feuermauern vor. *„Die Wände der Feuermauern müssen zum wenigsten eine gemeine Ziegel Breite oder einen halben Fuß dick seyn, auch ihre Fugen gehäb schliessen, damit der durch die gelassene Ritze ausdringende Rauch die Wand nicht berusse. Und eben diese Anschwärzung zu verhüten, müssen alle kleine Ritze und Löcher von der Camin-Mauer weg bleiben"* (Hauß-Vatter, tom. I, S. 223).

Jan van der Heyden († 1712), Feuerwehrübung – eine barocke Neueinführung – in Amsterdam mit einer Handpumpe.

VORAUSSETZUNGEN HYGIENISCHER NATUR – DIE KANALISATION

„Die latente Bedrohung durch die Türken brachte es mit sich, daß alles in die durch Wall und Graben geschützte Innenstadt drängte. Dort hauste, auf engstem Raum zusammengepfercht, die Mehrzahl

Nach den wegen der Türkenbelagerungen zerstörten Vorstädte wohnt in der Innenstadt zusammengedrängt der Großteil der Wiener Bevölkerung. „Darunter viele Gewerbetreibende ... wie zum Beispiel die Gerber, deren Schmutz und Gestank verbreitende Abwässer mangels jeglicher Kanalisation ganz einfach auf die Straße geleitet wurden." – Weißgerber (Stich von Christoph Weigel).

der durch die Entwicklung Wiens zur *Kaiserstadt* beträchtlich angewachsenen Bevölkerung. Darunter viele Gewerbetreibende aus den 1529 [während der Ersten Türkenbelagerung] zerstörten Vorstädten, wie zum Beispiel die Gerber, deren Schmutz und Gestank verbreitende Abwässer mangels jeglicher Kanalisation ganz einfach auf die Straße geleitet wurden. Was aber alles entlang der Rinnsteine des frühbarocken Wien dahinfloß, läßt die Infektionsordnung vom 9. Januar 1679 erkennen ... ‚*Es darf kein Blut, Eingeweid, Köpf, und Beiner von abgetötetem Vieh, noch auch Krautblätter, Krebse, Schnecken, Eierschalen oder anderer Unflat auf den Gassen und Plätzen mehr ausgegossen werden. Ingleichen dürfen keine toten Hund, Katzen oder Geflügel auf die Gassen geworfen, sondern vor die Stadt hinausgetragen werden.*‘ Dazu kamen noch der Mist und die Jauche der viehhaltenden Betriebe, deren es damals in der Innenstadt noch zahlreiche gab. Die *Heimlichkeiten* genannten Senkgruben der Häuser durften während der warmen Jahreszeiten nicht geöffnet und geräumt werden" (Barockes Wien, S. 70).

ENTWICKLUNGSGESCHICHTE DER SANITÄREN ANLAGEN

In den kulturell früh entwickelten Städten Mesopotamiens gibt es seit dem dritten Jahrtausend vor Christus Abwasserkanäle und Senkgruben. In Rom beginnen die Etrusker mit dem Bau einer Kanalisation, die bis zu vier Meter Höhe und Breite erreicht und die gepflastert und mit einem Gewölbe überdeckt wird. An diese sogenannte *Cloaca maxima* werden in der Folge alle Abwasserleitungen Roms angeschlossen. Im Mittelalter und zu Beginn der Neuzeit befindet sich das Sanitärwesen europäischer Städte nur wenig weiterentwickelt, mancherorts könnte man eher von einem Rückschritt sprechen. Die Abwässer fließen nicht selten durch offene Gräben oder Rinnen in die nächstgelegenen Wasserläufe, obwohl die Bevölkerung – wenn nicht unter den gesundheitsschädigenden Folgen – zumindest an der Geruchsbelästigung stark leidet. *„Der Stanckgemächer Unsauberkeit muß unter der Erden fortgeschaffet werden, damit die Lufft durch den heßlichen Gestanck nicht so offt, als geschieht, verfälschet werden möge. Dazu dienet ein Gewölb 7. oder 8. Schuh hoch, 3½. oder 4. Schuh breit, damit die daran bessernde sich umwenden und durchgehen mögen können. Der Boden hätte einen sich neigenden Hang, damit der Unflat abflösse. In solches Gewölbe könten ein und andere benachbarte Rinnen mit dem Regenwasser sich ergiessen, es wären auch die anlauffende Bäche von der Strassen nach Nothdurfft dahin zu leiden. Im Fall aber Quell-Wasser vorhanden, ist es um so viel bequemer solchen Wust wegzuspühlen. Dazu aber gehören ferner Möhrungen, d. i. steinerne Röhren, oder von guten Zeug gemauerte Canalen welche überdecket, durch die solcher Unflat fortgeschaffet wird"* (Hauß-Vatter, tom. I, S. 216). Pläne zur Beseitigung des Unrats bestehen genügend, die Verwirklichung läßt aber noch lange auf sich warten. Sogar in den europäischen Großstädten geht man erst nach der Mitte des 19. Jahrhunderts an den Ausbau der Kanalisationsanlagen, nachdem verheerende Seuchen die Verbesserung der Abwasserbeseitigung akut notwendig machen. Trotzdem scheint der spätbarocke Reisende den Zustand der Wiener Straßen und des Kanalisationssystems als zufriedenstellend zu empfinden. *„Die Vorwürfe, welche man vor der Zeit der Wienerstadt wegen der Unreinigkeit ihrer Straßen gemachet, können jetzt von rechtswegen, derselben nicht mehr zur Last gereichen; da man nicht sparet, solcher Unsauberkeit abzuhelfen. Das von großen breiten Steinen bestehende starke Pflaster, welches den schwersten Lasten zu*

Oben: Offener Wasserabfluß (im linken, schattigen Teil des Bildes) neben der Straße und parallel zur Häuserzeile verlaufend (Kirche und Kloster Maria Hilf in Wien, Stich von Ziegler) und an ähnlicher Stelle im Bild unten gegenüber des Eingangs zum Augarten-Palais in Wien (Stich von Ziegler).

wiederstehen fähig ist, wird jährlich zweymal erneuert. Nicht nur die Hauptstraßen, sondern auch die meisten Nebengassen sind seit einigen Jahren, mit gewölbten unterirdschen Schläuchen versehen worden, welche den Unrath aus den Häusern ableiten" (Weiskern, S. 9).

MATERIALIEN ZUM HAUSBAU

Im 17. und 18. Jahrhundert werden vor allem Holz, Steine und Ziegel, weiters Sand, Kalk und Metalle verwendet. Aus Kupfer fertigt man Dachrinnen und die im Barock sehr beliebten, aber sehr kostspieligen Kupferdächer. Für den täglichen Gebrauch im Hausbau stellt man aus Kupfer Draht und Blech her. Aus Eisen werden Nägel, Schrauben, Geländer, Riegel, Stangen, Ofenblätter, Türbänder und -schlösser, Werkzeuge wie Beile, Zangen, Hämmer, Hauen, Hebeisen, Heckenscheren, Schaufeln, Sensen, Sicheln, Hackmesser, Reißhacken, Pflugscharen, Eggen, Heu- und Mistgabeln, Radschienen, Bänder, Schließen, Sperrketten, Hufeisen sowie Spindeln und Klammern erzeugt, die – letztere im Hausbau verwendet – die einzelnen Bauteile zusammenhalten. Die Beliebtheit des Bleies zum Dachdecken nimmt im 18. Jahrhundert ab, da es wegen des großen Gewichtes die im Haus oben befindlichen Mauerteile zu stark belastet, bei Hitze springt oder schmilzt, im Brandfall starke Beschädigungen anrichtet und für Löschmannschaften einen hohen Unsicherheitsfaktor darstellt. Wasserrohre, Gewichte und Fassungen des Fensterglases werden aber weiterhin aus Blei gefertigt. Wichtiges Baumaterial stellen alle Arten von Stein dar, die *„durch die Stein-Brecher, als rauh und ungeformet, durch Stein-Pickel, Dölbe, Heb-Eisen, und Zwecke gebrochen, wann sie in grossen gantzen Klippen, durchgelassen noch aneinander hafften"* abgebaut werden. *„Diese … Werck Stücke werden erst aus jenen durch des Steinmetzen Hand und Zeug nach dem Richtscheid, und Winkelmaß in ihre manchfaltige vierekkichte Formlichkeit … gebracht …"* (Hauß-Vatter, tom. I, S. 176).

WERKZEUGE UND BAUMASCHINEN

Schwere Steine oder anderes schweres Material werden seit der griechischen und römischen Antike auf Rollwägen gezogen oder selbst rollend weiterbewegt. Außerdem verwendet man im Barock schon eine Art Scheibtruhe, die der heutigen nicht unähnlich ist. An Kränen befestigte Flaschenzüge,

Oben: Bau (wahrscheinlich einer Kirche) mit Baugerüsten, Flaschenzügen und einem Rollwagen im linken Bildvordergrund, der von einem Pferd gezogen wird. Die Steinfassade entsteht gleichzeitig mit dem Mauerwerk. Im Unterschied dazu unten der Tüncher (Stich von Christoph Weigel), der die Fassade nach Fertigstellung des Baues mit Putz versieht.

die auch auf eine jahrhundertelange Geschichte als Baumaschinen verweisen können, ermöglichen die Beförderung schwerer Lasten mit geringem körperlichen Aufwand. Am Ende des Kranseils ist oft eine Zange angebracht, die das Heben von schweren Lasten erleichtert, an die zum Beispiel mit einem Seil umwundene Holzbalken und Säulen gehängt werden. Kleine Steine hebt man mit der Zange, in die man zwei flache Löcher in zwei gegenüberliegende Seiten schlägt, um sie für das Werkzeug griffiger zu machen. In größere Steine meißelt man ein nach unten erweitertes Loch, in das zur sichereren Beförderung spitz zulaufende Eisenteile geschoben werden können. An ein Ende eines jeden Eisenkeiles schmiedet man je einen Eisenring, der wahrscheinlich mit einem passenden Stück Holz, auf das die Last gelegt wird, verbunden war. An den äußeren Enden des Holzstückes befestigt man das Seil des Flaschenzugs. Kräne mit Hebevorrichtungen werden meist von Treträdern angetrieben, die früher oft von im Radinneren laufenden Menschen in Bewegung gesetzt werden.

Für die Herstellung von Mauerwerk werden Ziegel, Betonsteine (sie sind seit der Antike bekannt und werden aus vulkanischer Erde, Kalk, Bruchsteinen und Wasser hergestellt), Holz, Lehm und verschiedenes Steinmaterial verwendet, die je nach der Möglichkeit ihrer Beschaffung, nach den Bauerfordernissen und nach den Anforderungen an ihre Eigenschaften (Gewicht, Festigkeit, Wärmedämmung, Frostbeständigkeit und geringe Wasseraufnahme) zweckentsprechend eingesetzt werden.

Die sich nach oben hin verjüngenden Gemäuer verdanken im Barock ihre Form weniger der Verteidigung als der Statik. *„Weil die unterste Theile der Mauren mehr Last zu tragen haben, als die Obere, so gibts die Vernunfft, daß es viel besser sey, daß die Mauren nicht in einer senckrechten Linie von unten biß oben ausgeführet werden … Müssen daher … die Mauren des Grundbaues, über die Erden dicker seyn als in der ersten Reihe drüber, und diese dicker als in der andern, und so fort. Die Abnahm der Dicke aber ist von keiner Zuspitzung, und sich unvermerckt verliehrenden Dicke zu verstehen: solche Keil-Form und Böschung oder Abdachung ist hier unanständig, unerachtet sie an manchen Dorff-Kirchen befindlich"* (Hauß-Vatter, tom. I, S. 205).

FENSTER

Ab der Renaissance entwickelt sich das Fenster neben der Zweckfunktion des Licht- und Luftspendens immer stärker zu einem die Fassade gestalten-

Frühbarocke Fenster: oben Hoogstraaten, Der Mann im Fenster, und unten Scheinfenster in Stams in Tirol.

den Element. Es erhält eine Umrahmung und wird im Barock oft von Giebel- oder Segmentbogenformen bekrönt. Auch in bezug auf die Wirksamkeit und leichtere Handhabung werden an das Fenster höhere Ansprüche gestellt als in vorangegangenen Jahrhunderten. *„Alle Fenster müssen mit Flügeln, die man auf- und zuthun, ausheben, säubern, und wieder einhängen kan, versehen seyn ... Die Fenster-Läden sollen so wol von innen als von aussen gegen der Strasse solcher gestalt angemacht werden, daß man sie nach Nothdurfft und Gefallen auf- und zumachen, als aus- und einheben möge, und so dann sind die inwendige für scharffer Witterung, und daher rührenden Fäulung verwahret, und dienen sehr wol wider die Winter-Kälte, und Einsteigen der Nachtraben, dawider sie um so viel besser und vester eingehänget und verrigelt werden können, sie verstecken auch nichts an der Bau-Zier. Die auswendige aber sind so wol wegen des offt plötzlich einstürmenden und durch Einschlagung der Fenster-Scheiben sehr schädlichen Sturm- und Hagelwetters zumalen gegen der Abend- und Nord-Seiten sehr nothwendig und nützlich. Damit sie aber auch der Zierlichkeit nichts benehmen, muß man sie so bereiten, daß sie früh leicht ausgehoben, und Nachts leicht eingehenget mögen werden ...“* (Hauß-Vatter, S. 197).
Das oftmalige Ein- und Aushängen der Fenster und Läden scheint in ländlichen Regionen stärker betrieben worden zu sein, da dort die Häuser dem Wetter in besonderem Maße ausgesetzt sind. In

Der Glaser (Stich von Christoph Weigel).

Seite 179 oben und unten: Häuser am Graben am Stock im Eisen-Platz (Stiche von Schütz) mit Jalousien, Läden und Fensterkörben (am Graben: links in den beiden oberen Stockwerken des fünfgeschossigen Hauses als Schutz für kleine Kinder, am Stock im Eisen-Platz: links im abgeschnittenen Haus als Schutz gegen Einbrecher).

den städtischen Gebieten spielt der Schutz gegen die Sonne eine bedeutende Rolle, weshalb die meisten Fenster mit zarten Klappläden oder Gestängen für Jalousien versehen sind, die das Einhängen und Nachvorklappen einer Art Jalousie ermöglichen. Die Gebäude Wiens sind durch besonders hohe Fenster gekennzeichnet, *„wozu das in engen Gassen nöthige Licht noch mehr Ursache gegeben haben mag. Die Fenster haben gewöhnlich drey doppelte Flügel, und in jedem nur drey große Scheiben nebeneinander, wovon die beiden untersten zusammen aufgemacht werden. Die meisten Fenster, besonders auch die Mittagsseite, sind, um die Hitze abzuhalten, durch alle Geschosse mit Fensterläden, welche aus schmalen beweglichen grünen Brettchen bestehen, oder mit sogenannten Jalousien* [versehen] *... Man findet in vielen bürgerlichen Häusern in Wien an den Fenstern der oberen Geschosse wohl 1 Fuß breite Gitter, welches eben kein gutes Ansehen giebt. Aber diese Gitter sind zu einem sehr nützlichen Gebrauche. Da die meisten Häuser nur geringen Hofraum haben, und von der Höhe der obern Geschosse herunter zu steigen beschwerlich ist; so werden in diese Gitter kleine Kinder hineingesetzt, welche auf die Art die frische Luft genießen, die oben reiner ist als unten. Es sieht sonderbar aus, wenn man von der Gasse in die Höhe blickt, und in den 4ten und 5ten Geschossen zehn oder mehr Kinder hängen, spielen und mit den Kindern die in den nächsten Fenstern hängen, schäkern sieht“* (Nicolai, Bd. 3, S. 137). Die an vielen barocken Gebäuden erhaltenen Fensterkörbe, die meist sogar alle Geschoße durchziehen, dienen vor allem in den unteren Etagen zum Schutz gegen Einbrecher.
Glasfenster werden von den Römern seit dem ersten Jahrhundert nach Christus in die Häuser eingebaut. Trotzdem scheint sich der Brauch im 17. und 18. Jahrhundert noch nicht in allen europäischen Ländern durchgesetzt zu haben: „... der Hof [gemeint ist der königliche Hof] von Portugal soll überaus ärmlich und schmutzig sein ... Es gibt dort keine Glasfenster ...“ (Pepys, 17. 10. 1661) – eine in den Mittelmeerländern nicht ungewöhnliche Sitte, denn sogar in Italien benutzt man im 18. Jahrhundert noch in vielen Regionen anstelle der Glasscheiben Ölpapier als Wetterschutz. Im Banat, wo die arme Bevölkerung, Kleinbauern und

Hirten, in einräumigen Blockhütten zusammenlebt, haben die Fenster schießschartenartiges Aussehen, die die Bewohner „im Winter mit einer Blase oder mit einem Bogen Papier verkleben und im Sommer offenstehen lassen“ (Steube, S. 172).
In den mittel- und nordeuropäischen Ländern gehören Fenster mit Flügeln und Glasscheiben zur üblichen Bauausstattung und sind – wie man den zeitgenössischen Dokumenten entnehmen kann – meist mit eisernen Gitterkörben und Jalousien-Einhängevorrichtungen versehen.

ZWECKGEBÄUDE

Zur Alltagsbewältigung des Fürsten wie des Bürgers und jedes Arbeitnehmers gehören die verschiedensten Arten von Zweckgebäuden, in denen die täglich anfallenden Arbeiten, die den Haushalt, die Lagerhaltung und die Lebensmittelversorgung betreffen, verrichtet werden. *„Was aber selbige vor Gebeu, werden solche keine andere sein, als grosse Holtzstadl, Provision an selbigen vors gantze Jahr zu machen, Heu- und Strohstadl ... Eissgrueben, Schidtkasten, Waschkuchl und allerlei dergleichen Nohtorften, so man unumbgenglich haben mieste. In die selbige Gebeu sol man auch die meisten Secreta* [Toiletten] *hinmachen, dieweil sie aldorten gelegner als in der Wohnung selber und dennoch nicht weit abgelegen, die Nachtstiel der Vornehmern, als auch aus den Schlos, dahin zu tragen“* (Karl Eusebius, S. 142).
„Die heimlichen Gemächer [Toiletteanlagen] *muß man der Natur zufolge an einer Hinter-Seiten, gleich einem verborgenen Kämmerlein verstecken, und nicht mit kleinen verdächtigen Gußfensterlein, sondern mit einem Regular-Fenster, so den andern nechst herum stehenden gantz gleich, versehen, mit nichten aber auf Erckers Art dem Gemäuer anhängen, und herausstehen lassen. Müssen oben aus zur Seiten schräg ausgehende Lufft-Löcher, unter aber durchschwemmendes Wasser, so den Unlust ausführet, haben“* (Hauß-Vatter, S. 197).
In den Kellerräumen befinden sich auch die Lebensmittel- und Brennmaterialvorräte, wie schon im Kapitel über die Lebensmittellagerung beschrieben wurde. *„Unten im Hof sollen unter der Erden Holtzgewelber sein, das Holtz verborgner zu halten; sollen danenhero die Helft dergleichen unter der Erden, nemblich ein Seiten umb und umb zu Weinkeller, die ander theils aber zu gedachten Holtzgewelber sein“* (Karl Eusebius, S. 191).
In einem planmäßig durchdachten Betrieb vermag

Jan Vermeer van Delft († 1675), Stadtansicht mit einem alles überragendem Turm und „Uhrn ... von auswerts auf alle 4 Seiten zu zeigen, und also von allen Seiten die Uhr zu sehen ...“

Zeichnung von Salomon Kleiner, Wiener Straßenszene mit Wagen vor der Augustinerkirche. Entlang der Häuserfassade verlaufen Randsteine mit Eisenketten, um die Gebäude vor der Unachtsamkeit von Passanten und Kutschern zu schützen.

der Arbeitnehmer auch im Barock seine Arbeitszeit zu überprüfen, wofür – in einer noch taschenuhrlosen Zeit – eine für jedermann und überall ersichtliche Uhr eingerichtet werden muß. „*Aldieweilen zu solcher* [einer Uhr] *keinen Thurm verlangen, wie sonst in dehnen Schlessern in Deutschlandt, so etwas ein gemeines Werk ist, also konte sich die Uhr, dan wier 4 haben wolten, im Tach im miteren Kopffenster stehen, so bey den Thor sich befindet, und also 4 Uhrn sein, von allen Theilen des Hofs oder Stecken und Wohnungen zu sehen. Dan wan nicht auf allen Seiten Uhrn, so konten die jenigen die Uhr nicht sehen, da auf ihrer Seiten und Stok die Uhr iber ihrer Wohnung stehet, sie keinen Zeiger jehemals sehen konnen, so sehr ungelegen, von seinen Fenster kein Uhr zu sehen, herentgegen gantz gelegen von allen Seiten solche vor sich zu haben. Danenhero dise Gelegenheit nothwendig ist auch solche nicht allein von innen des Hofs die darinnen Wohnenten zu sehen sondern auch von auswerts von allen 4 Seiten ... also von der auseren Seiten, als den Vorhof, nicht zu sehen ist, als miessen die aussern Kopffenster, so auf die innern zutregen, auch Uhrn haben von auswerts auf alle 4 Seiten zu zeigen, und also von allen Seiten die Uhr zu sehen, so grosse Gelegenheit machet*“ (Karl Eusebius, S. 143 f.).

Die oft übertrieben sorgfältig klingenden Erläuterungen barocker Bauherren, Wissenschaftler oder anderer schriftstellerisch hervorgehender Zeitgenossen müssen mit den *Ohren der Zeit* verstanden werden. Sie entstammen aufklärerischem Gedankengut, das eine möglichst große Zielgruppe von Menschen erreichen möchte. Der Sinn liegt in dem wohlmeinenden Wunsch, das Verständnis des Lesers zu erwecken. Die Ausführung steht der Idee lange hinten nach, da das Volk eine Menge einfacher Grund- und Verhaltensregeln noch nicht beherrscht. Von ethischen Grundsätzen ganz abgesehen, die unter anderem die Wahrung und den Schutz von fremdem Besitz beinhalten. In der Folge werden innerstädtische Gebäude über alle Geschoße mit Eisenkörben, zahlreichen Abriegelungen wie Randsteine, Eisenstangen und -ketten versehen, um sie vor der Unachtsamkeit von Passanten und Kutschern zu schützen. Im selben Ausmaß steht das Hauspersonal im Ruf, die Häuserfassaden der Arbeitgeber nicht mit der nötigen Achtsamkeit zu behandeln:

„*Die Rahtstein von auswerhts sollen gar nachent am Gebeu anstehen, damit man nicht zu weit in die Gassen komme, welches ein Statt nicht zulasset, zu weit hinaus zu fahren; von einem Rahtstein zum anderen soll ein euserne Stangen gehen, damit man verhindere, dass die Leidt nicht hinein konnen und gar an der Mauer gehen, dan sie verterben alles und stossen alle Gesimbser ab. So eben also inwendig in Hof sein soll, dan das Gesindt ist bald erger als die Frembden*“ (Karl Eusebius, S. 190).

XI
ARCHITEKTUR – DER TRIUMPH DER KIRCHE

„Was der Bracht der Kleider, was die Meng der Diener was das Tractieren im Essen, was die Mobilien? Alles gehet hin und vertierbet und verwehset, allein das vornehme Gebeu nicht, so sein gehabte Spesa immerdar weiset ohne Unterlassen allen“ (Karl Eusebius, Seite 93).

Mit dem Aufschwung des Katholizismus im Zuge der Gegenreformation und der Bezwingung der Türkengefahr in den achtziger Jahren des 17. Jahrhunderts gewinnt die Kirche an selten dagewesener Macht und erhält einen vorderen Platz innerhalb der Gesellschaft des Habsburgerreichs. Die Bauaufgabe gilt der Schaffung unzähliger, neuer sakraler Bauten. Die Kirche wird zum eifrigsten Förderer der Architektur, ihre Vertreter prägen der Nachwelt mittels hervorstechender Baudenkmäler ihre Namen ein. Künstler und Anregungen bezieht man zunächst aus Italien, dem Mutterland des Katholizismus. Die jesuitische Mutterkirche Il Gesù in Rom wird zum architektonischen Vorbild erhoben, und ihre Fassade wird in etlichen Abwandlungen auf die neu entstehenden Kirchengebäude übertragen. Einen liebenswürdigen Außenseiter sakraler Barockarchitektur schafft der früher zitierte Tiroler Arzt und Architekturdilettant Hippolitus Guarinoni, von dem die Pläne der Kirche des Servitenklosters St. Karl Borromäus in Volders stammen. In die Außenwände der halbrunden Bauteile sind hochovale, von zweifärbigen Putzfeldern doppelt gerahmte Fenster eingeschnitten. Noch phantastischer werden die Dekorationsformen am Chorturm, und auch die Kuppeln entziehen sich allen traditionellen Vorbildern.

Anders als in späteren Epochen entwickelt sich barocke Kunst nicht nur in Zusammenhang mit Künstlerpersönlichkeiten. Der Vorrang gilt der Bauaufgabe, die durch politische Geschehnisse und die Persönlichkeit des Bauherrn beeinflußt wird. Der Bauherr läßt – als ein von Zeremoniell, Etikette und Geschichte geprägter Mensch – Denkmale aus Stein, Stuck und Ziegeln entstehen, die an die Mit- und Nachwelt gerichtet sind. Oft wird der Architekt nur als technischer Betreuer und Ratgeber in der Wahl der Ausdrucksmittel herangezogen. Das Gesamtkonzept behält sich der – wie jeder gebildete Mensch seit Kindesalter in Architektur unterrichtete – Bauherr häufig selbst vor, da er als barocker Mensch nicht nur Macht, sondern auch künstlerische Gewandtheit beweisen will. Ein gutes Beispiel von starker Bauherrenpersönlichkeit stellt der Salzburger Erzbischof Wolf Dietrich von Raitenau, ein Großneffe des Medici-Papstes Pius IV., dar, mit dessen Auftreten das Salzburger Frühbarock seinen Anfang nimmt. Von einer Romreise zurückgekehrt, empfindet er die Enge der mittelalterlichen Stadt als erdrückend, woraufhin er den alten Dom und 55 umliegende Bürgerhäuser niederreißen läßt, um ein geistliches Forum nach eigenen Idealvorstellungen zu errichten. Vincenzo Scamozzi (1552–1619), ein Schüler Palladios, übernimmt die Planung des Dombaues, dessen Fortschreiten durch die Absetzung Wolf Dietrichs von Raitenau unterbrochen wird. Dem erzbischöflichen Nachfolger Marcus Sitticus Graf von Hohenems scheint das in Vorbereitung befindliche Domvorhaben Scamozzis als zu aufwendig und zu verschwenderisch, weshalb er Santino Solari (1576–1646) beauftragt, einen gemäßigteren Lösungsvor-

Seite 183: Beispiele für barocke Kirchenfassaden: Oben Salzburger Dom mit fünf Achsen und Betonung der beiden Außenachsen durch zwei Türme, Kirche der Barmherzigen Brüder (unten links) in Graz mit drei Achsen, Betonung und Erhöhung der Mittelachse durch Turm und unten rechts Mariahilfer Kirche in Graz mit drei Achsen, zwei zwischengeschobenen Achsen und mit Überhöhung durch die beiden Ecktürme.

Rechts: Canaletto, Platz vor dem Palais Lobkowitz mit Bauarbeiten.
Unten: Graz, Mausoleum (Pietro de Pomis/Johann Bernhard Fischer von Erlach), das auf engem Raum kirchliche und dynastische Repräsentation (Grablege von Kaisern) vorführen soll. Zeitgeschichtlich von großer Bedeutung ist die elliptische Grundrißform des Gebäudes, da es Johannes Kepler kurz vor Baubeginn zum ersten Mal gelungen war, eine Ellipse mathematisch genau zu konstruieren.

schlag zu finden. Unter Erzbischof Paris Graf von Lodron wird der Dom mit den beachtlichen Maßen von 99 Metern Länge und einer Querschifferstrekkung von 68 Metern 1628 seiner Bestimmung übergeben.
Auch in der Steiermark wird der katholische Erneuerungsgedanke baulich untermauert. Pietro de Pomis (1569–1633), der in der Werkstatt Tintorettos in Venedig zum Maler ausgebildet worden war, erhält den Auftrag zum Bau der Mariahilferkirche, der Katharinenkirche (an der Südseite der heutigen Domkirche) sowie des unmittelbar anschließenden Mausoleums, die – letztere – auf engem

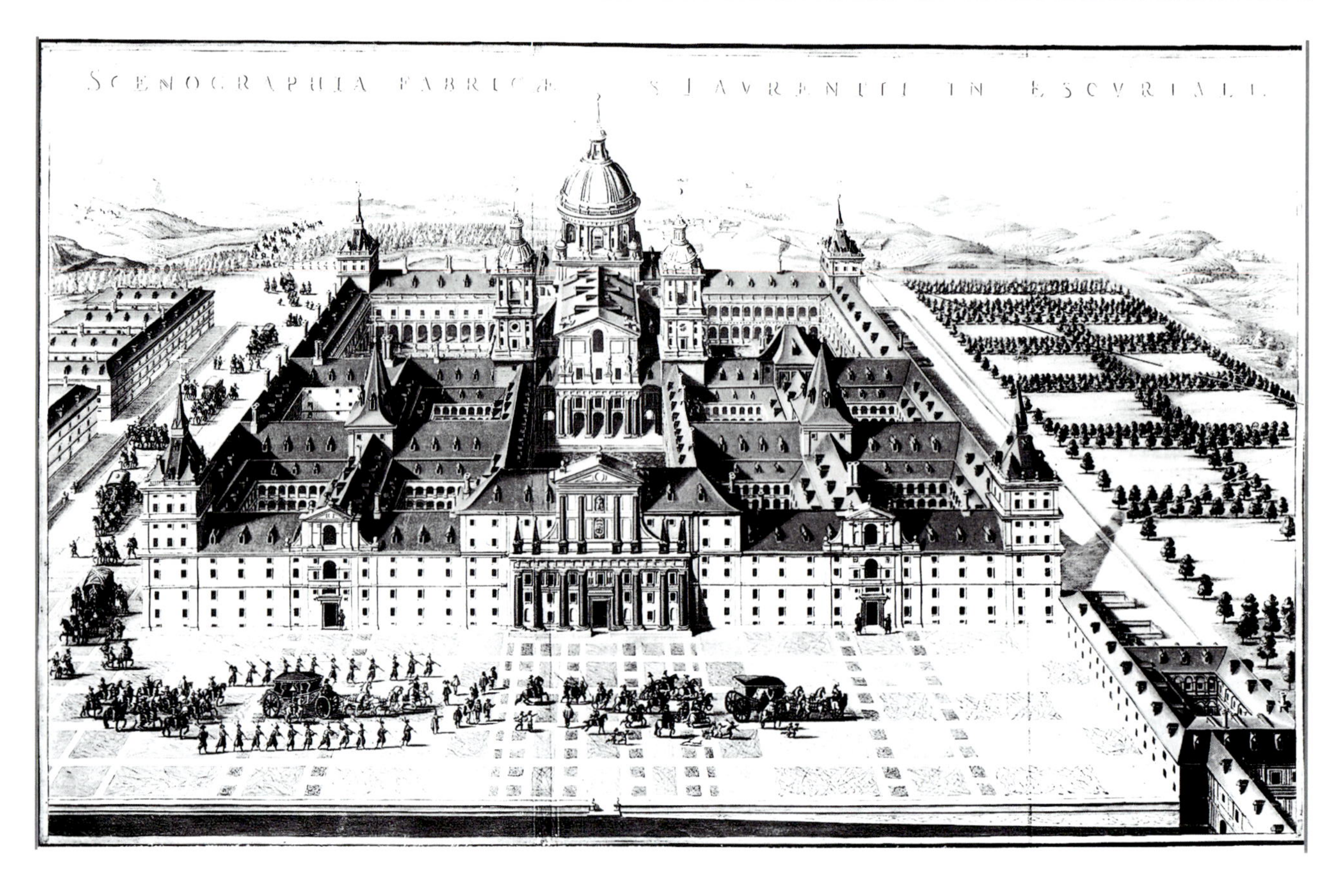
SCENOGRAPHIA FABRICÆ S. LAVRENTII IN ESCVRIALI

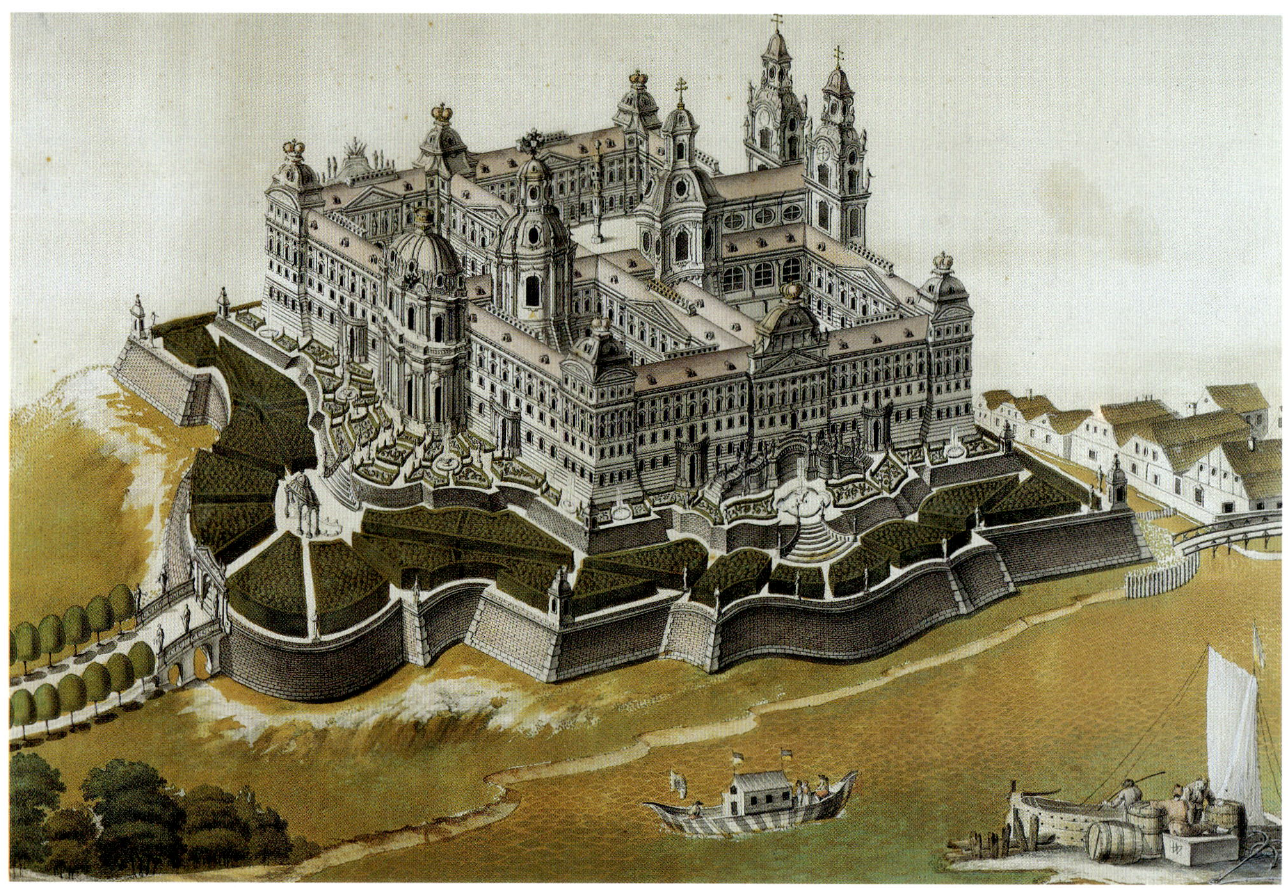

Seite 186 oben: Der Escorial bei Madrid als architektonisches Vorbild vieler nachfolgender Bauten mit sakralem und profanem Charakter: allen gemeinsam ist die Vierkantanlage, die ins Zentrum gerückte Kirche (außen an der überhöhten Kuppel ablesbar) und die Gliederung der Außenfassade durch Ecktürme, die Hoheitszeichen weltlicher Macht darstellen. Vergleichsbeispiele: Seite 186 unten, sakral – Stift Klosterneuburg (nicht vollständig ausgeführtes Projekt) und oben auf dieser Seite profan – Schloß Eggenberg, Graz.

Raum kirchliche und dynastische Repräsentation vorführen sollen. Der durch die vielen Kriege und anderen Katastrophen wenig vermögende Habsburgerhof wird in allen Grazer Bauvorhaben finanziell von Hans Ulrich von Eggenberg unterstützt. Auch ideell leistet die Familie Eggenberg bedeutende Vorarbeit, da de Pomis in Ehrenhausen für sie schon früher ein ähnliches – kirchliche und weltliche Macht repräsentierendes – Mauseolum errichtet.
Zeitgeschichtlich von großer Bedeutung ist die elliptische Grundrißform des Mausoleums, da es Johannes Kepler kurz vor Baubeginn zum ersten Mal gelungen war, eine Ellipse mathematisch genau zu konstruieren. Der durch den Tod de Pomis' ziemlich unvollendet gebliebene Bau wird durch den neu aufstrebenden Johann Bernhard Fischer von Erlach weitergeführt, der den Hauptbeitrag zur Ausgestaltung des Mausoleums leistet. Die Beziehung Ulrichs von Eggenberg zum Kaiserhaus nimmt im frühen 17. Jahrhundert ihren Anfang, als der vermögende Eggenberger den eben zum Kaiser gewählten Ferdinand als engster Vertrauter zur Seite gestellt wird. In der Folge wird Hans Ulrich zum Direktor des Geheimen Rates gewählt und erhält 1621 das Amt des steirischen Landeshauptmanns. 1623 wird er in den Reichsfürstenstand, 1628 zum Herzog von Krumau erhoben. Als einer der wenigen, der – nach dem Dreißigjährigen Krieg – in einer wirtschaftlich stillstehenden Zeit über gewaltige finanzielle Mittel verfügt, setzt er sich mit dem Neubau der Grazer Schloßanlage ein repräsentatives Denkmal. Unter starkem katholischen Einfluß stehend, wählt er den Escorial bei Madrid – Klosteranlage, Königsresidenz und Grablege der spanischen Könige – zum architektonischen Vorbild, dessen Gesamtkonzept im Barock von weltlichen und geistlichen Bauherren gerne auf Neubauten übertragen wird.

FRÜH-, HOCH- UND SPÄTBAROCKE PROFANARCHITEKTUR

Da es nicht einfach ist, die drei Abschnitte des Früh-, Hoch- und Spätbarocks voneinander abzugrenzen, soll eine Zuordnung hinsichtlich epochecharakterisierender Merkmale versucht werden. Wenn sich im folgenden eine frühe, italienisch angeregte, eine hochbarocke, nationalbewußte und eine späte, französisch beeinflußte Epoche herauskristallisieren, dann in der Absicht, um Unterschiede ablesbar zu machen. Mitunter entstehen auch – zum Leidwesen des Forschers – ziemlich gleichzeitig zwei völlig gegensätzliche Bauten wie die Böhmische Hofkanzlei in Wien und das Belvedere des Prinzen Eugen, wobei letzteres in vielen Einzelheiten französisch beeinflußte Architektur des Spätbarocks vorwegnimmt.
Die Entwicklung der frühbarocken Profanarchitektur nimmt in den sechziger Jahren des 17. Jahrhunderts in Wien mit dem Bau des Leopoldinischen Trakts der Hofburg ihren Ausgang, der wie die gleichzeitig entstehenden Sakralbauten von Italienern geplant und ausgeführt wird. Die neue Kaiserresidenz wird mit ihrer enormen Längserstrekkung, der ständigen Wiederholung von (25) gleichförmigen Fensterachsen und der riesigen flachen Wandpfeilergliederung richtungweisend für nachfolgende Paläste des Adels und Bürgertums.
Am Übergang zum Hochbarock werden die langen *Einheitsbauten* durch riesige flache, mitunter plastisch ausgebildete Wandpfeiler vom Hauptgeschoß aufwärts, durch hohe Sockelzonen und symmetrisch angelegte, vor- oder rückspringende Mauerteile und zur Mitte hin ausgerichtete Portalanlagen gekennzeichnet.
Die Architekten – Philiberto Lucchese, Giovanni Pietro Tencala, Domenico Egidio Rossi, Domenico Martinelli und Enrico Zuccalli – entstammen italienischen Familien.
In Graz setzt die Bautätigkeit wie in Wien erst nach

Die frühbarocken Gebäude sind durch Längserstreckung, ständige Wiederholung gleichförmiger Fensterachsen und riesige, flache Wandpfeiler, die über zweieinhalb Geschoße reichen, gekennzeichnet. Seite 188 oben: Leopoldinischer Trakt der Hofburg in Wien (mit Balkon, der erst in maria-theresianischer Zeit hinzugefügt wurde) und Minoritenplatz, Seite 188 unten, mit dem etwa gleichzeitig entstandenen Palais Starhemberg (rechts).

erfolgter Abwehr der Türken ein. Es entstehen die Stadtpaläste des steirischen Adels sowie zahlreiche barocke Bürgerhausfassaden im Zentrum der Stadt. Im Unterschied zu den herrschaftlichen Hoheitsmotiven, zu denen vor allem die riesigen Säulen- und Wandpfeilerordnungen zählen, begnügt man sich beim bürgerlichen Wohnbau meist mit zarten Stuckornamenten in Form von Früchten, Blüten und Ranken oder geometrischen, rasterartig angelegten Elementen.
Mit zunehmendem nationalem Selbstbewußtsein entwickeln österreichische Künstler und Architekten, wie Johann Lucas von Hildebrandt, Jakob Prandtauer, Matthias Steinl, Joseph Munggenast, Joseph Emanuel Fischer von Erlach und Anton Ospel, ihre eigenständige Note. Allen voran der in Graz geborene Johann Bernhard Fischer von Erlach, der in den neunziger Jahren des 17. Jahrhunderts als Auftakt seiner Laufbahn zum Architekten des Fürsterzbischofs von Salzburg bestellt wird. Über die Vermittlung des Fürsten von Liechtenstein gelangt er nach Wien, wo er in der Folge das Belvedere im Roßauer Gartenschloß ausführt und erste Pläne zum Neubau des Schlosses Schönbrunn erarbeitet. Die hochbarocke Fassade erhält eine stilistische Neuerung, indem die Einförmigkeit der Fensterachsen zugunsten einer alle Richtungen durchlaufenden Rhythmisierung aufgegeben wird.
In der letzten Phase, dem Spätbarock, weicht der Repräsentationsbau dem bequemen Wohnpalast. Wohnlichkeit – auch innerhalb der Adelsresidenzen – steht an vorderster Stelle der Forderungen. In Schönbrunn werden zum Beispiel in vorgesehene Riesenhallen Zwischengeschoße eingezogen und die Innenräume kostbar verspielt und behaglich ausgestattet. Die Mode wird aus Frankreich eingeführt. Hildebrandt und die beiden Fischer übernehmen von dort die – wie so viele architekto-

Oben: Am Übergang zum Hochbarock werden die Portale stärker akzentuiert und plastisch durchformt: Seitenportal des Palais Liechtenstein in Wien.
Unten: Ein Beispiel mit stark plastisch ausgebildeten Wandpfeilern (im schattigen Teil der linken Gebäudehälfte zu erkennen) in Graz: das Palais Wildenstein.

Robert Wimmer
Gewerbegericht
FRANZ KORITNIK
SCHWARZEN HUND
HEINRICH PFA

Bürgerhausfassaden: in Graz (Haus Luegg oben), Seite 190 oben Leoben (Hacklhaus) mit Stuckornamenten und figürlichem Schmuck oder mit Bemalung Seite 190 unten anstelle der plastischen Ornamente (Graz, gemaltes Haus).

Aus Frankreich stammt die Betonung der Dachzone, die am Palais Trautson in Wien durch den starken plastischen Schmuck hervorgehoben wird.

nische Einrichtungen auf das Zeremoniell zurückzuführende – französische Ehrenhofanlage: „Die Schloßhöfe und Burgplätze haben ihre mehrfache Absicht und Nutzen. Die äußerste dienen 1. zur Pracht, besserm Ansehen und Aussicht des Schloß-Gebäudes, 2. zur Sicherheit der Herrschaft und der Gebäude, da durch die den Höfen beigelegten Rechte der Ein- und Zugang dem Pöbel und anderen fremden oder verdächtigen Personen verwehrt ist, die inneren Höfe dienen 3. zur Erhaltung der Ruhe und der Gemächlichkeit der Herrschaft, insoweit nämlich die Erlaubnis mit Carossen in selbige zu fahren, sehr eingeschränkt ist, aus welchem Grund 4. die Abteilung der Höfe zugleich einen Einfluß in den Rang und das Zeremonielle zuwegen gebracht hat" (Moser, Bd. 2, S. 275).
Weiters entstammen die turmähnlichen, in den Gebäudekomplex eingegliederten sogenannten Pavillons und eine meist statuengeschmückte, betonte Dachzone dem französischen Formenschatz, wo Mansardendächer, Kuppeln und Satteldächer einander rhythmisch abwechseln, um Bauteile in ihrer Eigenständigkeit zu betonen. Am Ende der Entwicklung stehen nicht, wie man vermuten möchte,

Stift und Sternwarte in Kremsmünster (letztere rechts außen), die historisch den Anfang der modernen Hochhausarchitektur markiert, und S. 193 das Wiener Gegenstück: Observatorium der Jesuiten (Bildmitte) in Wien von der Dominikanerkirche aus gesehen (Gemälde von Canaletto).

Rokokogebäude, die sich im heute Österreich genannten Raum an einer Hand abzählen ließen. Eher sollte man sie als *späte Spätbarockbauten* bezeichnen, als die sie – in einer sich immer bürgerlicher gebenden und aufklärererisch geprägten Zeit – errichtet werden. Unter französischem Einfluß, aber ohne jede Verwandtschaft zu dort beheimateten Rokokobauten, entsteht auf Betreiben Franz Stephans von Lothringen ein stilistisch schwer einzuordnendes, neues Gebäude: die Akademie der Wissenschaften in Wien. Mit der Ausführung wird der aus Frankreich stammende Jean Nicolas Jadot betraut.
Ein wesentlich interessanteres Beispiel ausklingender Barockarchitektur befindet sich im Areal des Stiftes von Kremsmünster: die nach Plänen Pater Anselm Desings entstandene Sternwarte. Der neungeschossige, völlig frei stehende Bau bezeichnet historisch den Anfang der modernen Hochhausarchitektur. Außerdem gilt die Sternwarte als das früheste selbständige Museumsgebäude. Ebenfalls in Oberösterreich, in der Stadt Steyr, entstehen nach der Mitte des 18. Jahrhunderts zahlreiche spätbarocke Bürgerhausfassaden, deren Schöpfer, Johann Gotthard Hayberger, auch für den Bau des dort befindlichen Rathauses verantwortlich zeichnet. Mit diesem Profanbau wird der spätbarocken Entwicklung ein würdiger Endpunkt gesetzt. Der viergeschossige Baublock wird durch einen schlanken Turm mit phantasievollem Dachschmuck bekrönt, die elegant hochgezogenen flachen Wandpfeiler und der mit Skulpturen besetzte Balustradenabschluß verleihen dem Bauwerk einen festlichen Akzent.
Die vielen Teilbarockisierungen stehen in keiner besonders einheitlichen Fassadentradition. Die am Umbau beschäftigten Architekten haben sich nach einem vorgegebenen – meist mittelalterlichen – Kern zu richten. Es entsteht eine nur vordergründig barocke Architektur, da die wenigsten Hausbesitzer über die nötigen Mittel verfügen, neue Gebäude in Auftrag zu geben. So begnügen sich viele damit, die bestehenden Bauten zumindest mit einem zeitgenössischen *Gesicht* zu versehen.

XII
SICHERHEIT IN STÄDTEN UND AUF REISEN – REISEKOMFORT – TRANSPORT

Wenn man aus den vielen Umständen, die im 17. und 18. Jahrhundert das Leben erschweren, die unangenehmsten herausfiltert, so fällt zunächst die unvollkommene Straßenbeleuchtung ins Auge, die zum großen Teil an den schlechten Sicherheitsverhältnissen Schuld trägt. Die wenigen in Wien installierten Laternen leuchten nicht hell genug, und die Stadtverwaltung spart zudem an den für die Durchführung bestellten Lampenansteckern. Ab dem Jahr 1637 wird die Aufgabe den Wiener Hausmeistern überantwortet, die täglich die am Haus befestigte, leere Laterne abzunehmen, sie im Lampenamt am Tiefen Graben mit Öl zu füllen lassen und sie abends – auf ein akustisches Signal hin – anzuzünden haben. Mit welcher Regelmäßigkeit dieses Amt versehen wird, läßt sich leicht denken. Die erste städtisch geregelte Beleuchtung findet auf Anordnung Kaiser Leopolds I. um 1687/1688 statt. Sie

Wenn man aus den vielen Umständen, die das barocke Leben erschweren, die unangenehmsten herausfiltert, so fällt zunächst die unvollkommene Straßenbeleuchtung ins Auge, die an den schlechten Sicherheitsverhältnissen Schuld trägt: Wien, Gebäude am Hof mit einigen wenigen Laternen und einem Laternenanstecker im Bildhintergrund (er befindet sich links vom Brunnen auf einer Leiter).

wird probeweise in der Dorotheergasse eingerichtet, die damals – weil sie von den Hofwürdenträgern bevorzugt begangen und befahren wird – zu den vornehmsten und wichtigsten Straßenzügen Wiens zählt. Als Beleuchtungskörper verwendet man laternenartige Gefäße, die zunächst mit Talg oder Inschlitt, später mit Rübensamenöl, Leinöl und Schweinefett gefüllt werden. Es wird eine eigene Mannschaft bestellt, die ihren Hauptsitz in einem Gebäude zwischen dem Tiefen Graben und Am Hof hat und das Reinigen, Nachfüllen und Anzünden der Lampen besorgt. Die Hausinhaber haben für diesen Dienst einen bestimmten Betrag beizusteuern.

Auch in Frankreich wird unter König Ludwig XIV. die pflichtmäßige und streng gehandhabte Beleuchtung eingeführt. Dort legt man größten Wert auf ein reibungslos funktionierendes Anzünden und Warten der Lampen, mutwilliges Zerstören wird sogar mit dem Tod bestraft: *„Als Ludwig XIV., König in Frankreich, die nächtliche Beleuchtung der Gassen zu Paris eingeführet, verpönte er deren Sicherheit bei Leib- und Lebensstrafe. Ein unglückseliger Page schnellte aus Mutwillen um eine Laterne ein Seil herum, wodurch das Licht ausgelöscht und die Laterne beschädiget worden. Er wurde durch ungesäumte Nachforschung aufgefunden und in wenig Tagen lag ihm eben an dem Ort, wo die Tat begangen worden, der Kopf vor den Füßen, und die Laternen blieben hinfüro in Ruhe. Ja, wird mancher denken: Der König in Frankreich ist aber ein Tyranne. Allein, wäre er in allem so rein, wie in dieser Tat, so wollten wir ihn bei lebendigem Leibe canonisieren. Dann durch sotane einige geschwinde und ernsthafte Execution ist nicht nur die Straßen-Beleuchtung, sondern mittelst dieser unter andern auch die nächtliche Sicherheit, so darob hanget, zu Paris erhalten und zweifelsfrei viel hundert Totschläge, viel tausend Dieb- und Beutelschneidereien … verhindert worden“* (Hörnigk, S. 72).

In Wien beeinträchtigen neben der schlechten Straßenbeleuchtung unzählige Durchhäuser die nächtliche Sicherheit. *„Da des Nachts niemand mehr sicher auf den Gassen der Stadt gehen kann, ohne von bösen Leuten beraubt, angegriffen, verwundet oder wohl gemordet zu werden, welches gemeiniglich an solchen Orten geschieht, wo entweder in deren Herren Häuser Durchgäng oder sonsten enge Gasseln sein, dahin oder dadurch sich dergleichen mörderisches Gesindel nach geschehener Tat retirieren oder salvieren tut, welches gar wohl verhütet werden könnte, wenn die Herrenhäuser, wo Durchgäng sein, zur rechten Zeit gesperrt würden“* (aus dem Codex Austriacus, zitiert in: Barockes Wien, S. 59f.).

DIE STADTGUARDIA

Die persönliche Überwachung der städtischen Sicherheit in Wien liegt im Barock in den Händen der Stadtguardia, der sogenannten Tag- und Nachtwache-Truppe, die schon im 13. Jahrhundert ins Leben gerufen worden war. Sie teilt sich den Wachedienst mit der Bürgerschaft. Die Patrouillen bestehen jeweils aus einer bestimmten Anzahl von Bürgern und Angehörigen der Stadtwacht, die auch mit der Schließung der Stadttore betraut sind: sechs Schlüsselwärter der Stadtguardia öffnen morgens die Stadttore und sperren sie abends wieder zu. Im Jahr 1741 wird die Stadtguardia aufgelöst. An ihre Stelle tritt 1791 eine einheitliche Polizei, der Wachdienst mit Patrouillen durch die Stadt wird vom Militär übernommen, wobei der Polizei im 17. und 18. Jahrhundert die Regelung des schon damals problematischen Verkehrs zukommt: *„Es würde in diesen engen, krummen, ungleichen Gassen, in denen von frühem Morgen an eine unglaubliche Menge Menschen sind, und besonders von 10 Uhr Vormittags an eine ungeheure Menge Wagen fahren, nothwendig sehr viel Unordnung und Unglück geschehen; wenn es nicht die vortreffliche Polizey und auch die Geschicklichkeit der Wienerischen Kutscher verhütete. Man sieht auf den engsten Gassen sehr selten, daß Wagen ineinander geräthen, oder sonst Unordnung entstehet … auch die Kutscher selbst vornehmer Herren sind viel achtsamer als an anderen Orten, anzuhalten, auszuweichen, kurz Unordnung und Unglück zu verhüten, und vielleicht wegen dieser Achtsamkeit geschickter dazu“* (Nicolai, Bd. 3, S. 132).

FAHRTEN UND REISEN

Gilt das nächtliche Leben in der Stadt schon als unsicher, so stellen Reisen zu Wasser und zu Land im 17. und 18. Jahrhundert ein Vielfaches an Beschwerden und Unsicherheit dar. Die Reisenden selbst haben unendliche Strapazen hinzunehmen, die von der Wetterabhängigkeit, dem schlechten Straßenzustand, der Unbequemlichkeit in dauernd schüttelnden Kutschen bis hin zur Überfallsgefährdung reichen. Zudem verursacht das Reisen übertrieben hohen Personalaufwand und in der Folge ebenso hohe Kosten, wie dem Tagebuch des Fürsten Joseph Wenzel von Liechtenstein, das er auf einer Repräsentationsreise von Wien nach Parma führt, zu entnehmen ist. Auf Reisekutschen und Anhängern werden die Einzelteile der riesigen und schweren Galawagen transportiert, die wegen der

Philipp Wouwermann (1619-68), Überfall auf Reisende.

sperrigen Größe und des Gewichts zahlreiche Sondermaßnahmen nötig machen. Im Namen des Thronfolgers Josef (späterer Kaiser Josef II.) tritt man 1760 die Fahrt nach Parma an, um dessen italienische Braut standesgemäß nach Wien zu geleiten. Für den 700 Kilometer langen Weg benötigt die Reisegesellschaft – im Sommer – einen vollen Monat. Als häufigste Verzögerungsgründe werden schlechtes Wagenmaterial und die unausgebauten Straßen genannt.

Von Wien aus reisend, erreicht man am ersten Tag (Wiener) Neudorf und muß bereits zwei Räder eines Wagens reparieren und vier große Räder über Nacht zur Säuberung in den Bach werfen lassen. Der zweite Tag endet in Neustatt (Wiener Neustadt) mit dem Abnehmen aller großen Räder aller am Zug beteiligten Wagen, um sie über Nacht ins Wasser zu legen. Außerdem sind drei Tore durch Grabearbeiten zu vergrößern, Teile eines Schwibbogens abzuschlagen und etliche andere kleine Reparaturen durchzuführen. Am dritten Abend erreicht man Schottwien, wo man ein Tor von acht Personen untergraben läßt und – da man die Wagen nicht durch das niedrige Wachthaus am Semmering (die Straße über den Semmering besteht übrigens erst seit dem Jahr 1730, früher hatte man auf dem Weg in den Süden noch größere Umwege zu berücksichtigen) führen kann – den Weg über eine Wiese nehmen muß. Als Ersatzleistung für das Niederfahren des Rasens hilft man den Bauern anschließend bei der Feldarbeit. Zudem werden sechs Männer eingestellt, die während der Fahrt über den Semmering die Wagen stützen, damit diese nicht umkippen oder hangabwärts stürzen. Die folgenden Tage verlaufen nicht minder aufwendig: immer wieder werden Ortsansässige angeheuert, um Toreinfahrten zu untergraben, Bögen niederzureißen, Reparaturen an den Wagen durchzunehmen, neue Wege auszuhauen und anzulegen, Brücken auszubessern oder neu zu errichten (was am zwölften Reisetag in Kärnten geschieht), Äste abzuhauen, vorspringende Dachteile abzuschlagen, Zäune zu zerlegen und wieder aufzubauen und so fort. In Südtirol muß man den Erker eines Gebäudes abreißen, in Rofferedo (Rovereto) einen Schwibbogen abtragen und ein 150 Fuß langes Gerüst über die Etsch schlagen, weil die breiten Wagen die Felswege überragen. Alle Leute, die durch

Ausbesserungsarbeiten zu Schaden kommen, erhalten großzügige Abfertigungen, um ihre Häuser wieder in den Urzustand versetzen zu können.
Knapp 100 Jahre früher begibt sich Fürst Eggenberg von Innsbruck auf die Heimreise nach Graz, wobei er die ungefähr 500 Kilometer lange Strecke – die vorteilhafte Ausbaustrecke von Klagenfurt nach Graz existiert noch nicht, weshalb man einen Umweg von 50 Kilometern zu nehmen hat: von Klagenfurt führt der Weg nördlich über Judenburg nach Leoben über Bruck an der Mur nach Graz – bei einem Tagesschnitt von 24 Kilometern und drei Rasttagen in 24 Tagen bewältigt. Damit liegt Fürst Eggenberg trotz des schlechteren Straßenzustands – aber mit wesentlich leichterem Fahrwerk – um einige Zehntel über der Geschwindigkeit des 100 Jahre später reisenden Fürsten Liechtenstein.
Die bequemste und schnellste Art der barocken Fortbewegung stellt die Reise per Schiff dar, wie man etlichen Reisetagebüchern entnehmen kann, wobei die Jahreszeit eine bedeutende Rolle spielt und ob die Reise flußaufwärts, flußabwärts oder über das Meer führt. Engelbert Kaempfer, der Sohn eines deutschen Pastors aus der Grafschaft Lippe, unternimmt 1683 im Auftrag des schwedischen Königs Karl XI. (1655–1697) eine Reise von Schweden über Rußland nach Persien. Ende März verläßt die Gesellschaft das noch winterlich darniederliegende Schweden per Schiff und benötigt für die knapp mehr als 600 Kilometer lange Strecke nach Nyenschanze (das ist der frühere Name von St. Petersburg) bei schlechtesten Wetterverhältnissen und einigen wetterbedingten Halten, die Schneestürme und das eistragende Meer verursachen, einen Monat und einen Tag. Der Tagesschnitt zu Wasser liegt bei 19 Kilometern, für die Reise über die sumpfigen Landstraßen bei 8 bis 18 Kilometern. Mit zunehmender Wetterbesserung schafft man 30 Kilometer pro Tag im Wagen, wohingegen das Meerübersetzen durch die unsichere, klippenreiche See trotzdem einen Tagesschnitt von über 40 Kilometern bringt. Am 30. März 1683 – man hat die Ålandinseln vor Schweden erreicht – verschlechtert sich das Wetter. „Am Morgen konnten wir wegen des vom Sturm angetriebenen Eises nicht ausfahren, bis wir gegen Abend uns 2 Stunden durchs Eis gearbeitet und mit günstigem Winde 1½ Meilen [das entspricht ungefähr 11,5 Kilometern] gesegelt, wobei die Nacht und das zugefrorene Wasser uns Arbeit und fremde Wege gemacht." Das Wetter behält tiefwinterlichen Charakter. Am 11. April verläßt man Finnland vor Tagesanbruch: „3 Meilen durchs Eise gearbeitet, hernach mit Ostwinde ungefähr noch 3 und 4 Meilen [ungefähr 22 und 31 Kilometer] avanciert, aber wegen Veränderung des Windes in einen Sturm auf Südsüdost zurückmüs-

Links: Nach und nach werden die Straßen und Plätze der Städte befestigt und ausgebaut: Straßenbauarbeiter in Wien (rechts) neben dem Stadtpalais Liechtenstein. Im Unterschied dazu rechts Joh. Chr. Brands († 1795), Flußlandschaft mit Straßenarbeitern, die am Ende des 18. Jahrhunderts einen Landweg regulieren.

sen; in große Gefahr gekommen, bald auf die weit in und unter der See spielenden Klippen getrieben." Am 21. April ist Nyenschanze/St. Petersburg erreicht.

Kostengünstig, einfach und bequem ist die Reise oder der Transport auf den Binnenwasserstraßen. Die Wasserwege, vor allem Flüsse und Kanäle, zählen im Barock zu den am modernsten ausgebauten Verkehrsstrecken. Zahlreiche neu angelegte Schleusen überwinden die Höhenunterschiede bis dahin unschiffbarer Flüsse. 1743 besichtigt das Herrscherpaar Maria Theresia und Franz Stephan von Lothringen eine Schleuse, die am Traunfall eingerichtet worden war. *„Man liesse ein und andere Schiffe oder villmehr große Schiffer Zillen unter Trompeten- und Pauckenschall durch die bekante dortige Schleussen passieren, nach-hero auch die Prob an den so genanten wilden Fall thun, gegen welchen mann ein paar alte Zillen zurinnen ließe, welche dann im Herunterfallen auf die dortige Klippen in ville Stück zertrümmert wurden"* (Khevenhüller, 28. 6. 1743).

Wie viele ihrer Zeitgenossen bevorzugt auch Lady Mary Montagu die Reise per Schiff, wie man einem Brief aus dem Jahr 1716 entnehmen kann. Die Route von Ratisbon (in Böhmen) nach Wien, die sie beschreibt, gilt zu dieser Zeit als eine der bequemsten und wird wegen der Annehmlichkeiten des Transportmittels und der Geschwindigkeit geschätzt. „Ab Ratisbon nahmen wir das Schiff, eine sehr bequeme Reisemöglichkeit, in einem dieser kleinen Schiffe donauabwärts, die man hier passenderweise Holzhäuschen nennt. Man findet in ihnen alle Annehmlichkeiten eines Palastes: Öfen in den Schlafkabinen, Küchen und so fort. Die Schiffe werden von je zwölf Mann gerudert und gleiten unglaublich sanft dahin, so daß man innerhalb eines Tages in den Genuß vieler verschiedenartiger Landschaftszüge kommt …" (Brief der Lady Montagu an ihre Schwester, 8. 9. 1716).

Nach heutigen Maßstäben unvorstellbar unterentwickelt sind die Übernachtungsmöglichkeiten, über die mancher Reisende, auch wenn er über eine robuste Natur verfügt, klagt. „Das Königreich Böhmen ist landschaftlich das ödeste und verlassenste von allen Ländern, die ich im deutschen Raum gesehen habe. Die Dörfer sehen ganz arm aus, die Nachtquartiere sind elend: sauberes Stroh und klares Wasser sind rare Güter und nicht überall zu finden. Bequeme Einrichtungen braucht man sich nirgendwo zu erhoffen. Obwohl ich stets mein Bett mit mir führe, konnte ich oftmals keinen Platz finden, an dem ich es hätte aufstellen können. So habe ich beschlossen, trotz aller Kälte während der Nachtstunden zu reisen. Eingehüllt in meinen Pelz [ruhe ich besser] … als in den öffentlichen, beheiz-

Oben: Die bequemste und schnellste Art der Fortbewegung stellen die Reise und der Transport per Schiff dar: Christ. Georg Schütz († 1791) Kreis, Westdeutsche Flußlandschaft mit Lastschiffen.
Unten: Die Schleuse am Traunfall, Einfahrt in den Kanal (Stich Joh. Ziegler). 1743 stattet das Herrscherpaar Franz Stephan und Maria Theresia der neuen Anlage einen Besuch ab, wo man „ein und andere Schiffe oder villmehr große Schiffer Zillen unter Trompeten- und Pauckenschall durch die bekante dortige Schleussen passieren (liesse)".

Vom zweifelhaften Komfort des zeitgenössichen Reisens unterrichten Adriaen van Ostades (1610–1684) Reisende auf offenem Wagen, die sehr hoch und völlig ungeschützt befördert werden.

ten Unterkünften, die alle möglichen kranken Gerüche beherbergen" (Brief der Lady Montagu an Lady Mar über die Unterkünfte auf der Reise nach Prag, vom 17. 11. 1716). Das vermißte saubere Stroh bezieht sich nicht, wie man meinen möchte, auf die Beherbergungsstätte der Pferde. Der Reisende des 17. und des 18. Jahrhunderts schläft, wenn er kein Bett mit sich führt, das – wie man erfährt, auch nicht überall verwendbar ist – selbst auf Stroh. 48 Jahre nach Lady Montagus böhmischer Reise verbringt ihr Landsmann James Boswell auf dem Weg durch das Deutsche Reich noch seine Nächte auf Stroh: „Ich ... lief [bei der Ankunft in einem x-beliebigen Ort] immer zum Stall, richtete mir ein Bett aus Stroh ... warf mich darauf und trug Jakob [dem mitreisenden Diener] auf, mich zu wecken, wenn das [Post-]Horn tönte" (24. 8. 1764). Unter diesen Umständen kann das Mitnehmen des eigenen Reisebetts und einiger leichter Klappmöbel nicht

den Launen der vornehmen Gesellschaft zugerechnet werden. *„Für den König und Königin waren von Dresden* [Franz Stephan von Lothringen und Maria Theresia befinden sich auf dem unsicheren Weg zur Kaiserkrönung nach Frankfurt, das zu dieser Zeit von preußischen Truppen belagert wird. Die angefahrenen Ziele müssen aus Sicherheitsgründen oft kurzfristig geändert werden] *auss 2 grüne damastene, mit goldnen Borten eingefaste Raisbettl anhero geschickt, welche von seinen Leuthen aufgemacht wurden. Hernach kammen auch 2 grüne Rucksesseln ohne Lähn und ein Tisch. Von Wienn hatten wir rothen Damast zu Spalliren und dergleichen überzogene Tabouretl nebst einigen rothsammeten Chaise à bras mitgebracht ...“* (Khevenhüller, 20. 1. 1745).
In den allgemeinen Wirren dieser Reise gehen etliche Damenroben der mitfahrenden Hofgesellschaft verloren, wofür eilig Abhilfe geschafft werden muß: *„Indessen waren auch der Graff und die Gräffin Brühl angelangt, welcher lezteren meine Frau eine Robe und Wäsch herleihen muste, weillen alle Bagage zuruck gebliben. Die Königin* (Maria Theresia) *nahme aus der nemmlichen Ursach von der Gräffin von Brühl ein Hemet, um changiren zu können, und die Klenck muste ihr einen Sac oder Schlafrock leihen, in welchen Aufzug sie, obschon sehr ungern, bein Soupé erscheinte, dahero auch von nicht sehr guten Humor ware“* (ebda.).

TRANSPORT- UND POSTWESEN

Mit dem Gütertransport- und Postwesen ist es während des 17. und 18. Jahrhunderts auch nicht zum besten bestellt, da die Post im deutschen Reichsgebiet erst ab etwa 1722 regelmäßig arbeitet. Die gängigen Übermittlungsarten der Epoche sind die Verschickung von Gütern per berittenem oder laufendem Boten und für den Personentransport die Post- oder Mietkutsche, welche Transportarten in Europa seit dem Mittelalter bestehen und bis in das 17. und 18. Jahrhundert wenig Verbesserungen erfahren. Über größere Entfernungen bewährt sich wegen der Schnelligkeit der Wasserweg, als sicherste Art der Überbringung gilt weiterhin der Transport auf dem Landweg. Der gehende oder berittene Bote bildet die Grundlage des kontinentalen Post-

Fässertransport auf Fuhrwagen vor dem Kaffehaus der Erben Kolschitzkys bei der Schlagtorbrücke in Wien (Stich von Delsenbach).

Georg Philipp Rugandas († 1742), Galoppierende Postreiter als Teile einer Kette, die – gemäß des seit dem 16. Jahrhundert bestehenden neuen Überbringersystems – Briefe befördern. In Abständen von zwei bis drei Meilen (etwa 15 bis 23 Kilometer) können an den Poststationen die Pferde gewechselt und die Briefbündel übergeben werden. Bis dahin besorgt ein einzelner Bote die gesamte Wegstrecke alleine und zu Fuß.

wesens. Ab dem 16. Jahrhundert erfährt das aus *einer* Person bestehende Überbringersystem, die den Gesamtweg des Briefs alleine bestreitet, eine fortschrittliche Neuordnung: der Bote wird Teil einer Kette von Überbringern, wodurch das System eine errechenbare Planmäßigkeit erhält. Die Leitung dieser neuen, grenzüberschreitenden Organisation wird der Familie Thurn und Taxis übertragen, die neu geschaffene Einrichtung heißt: Post. Darunter versteht man zu diesem Zeitpunkt die Briefbeförderung per berittenem Boten mit Pferdewechsel und Ablösung des Boten in Abständen von drei, später sogar nur noch zwei Meilen (= 23 bzw. 15 Kilometer) angelegten Poststationen, an denen Briefbündel übergeben und Pferde gewechselt werden können. Dieser stafettenartig angelegte Beförderungsdienst arbeitet ab dem Jahr 1490 Tag und Nacht und muß wegen Essens- oder Schlafpausen des Überbringers nicht unterbrochen werden. Zu Beginn stößt das neue System auf einige Schwierigkeiten: Wichtige Städte wie zum Beispiel die Reichsstadt Speyer verweigern die Errichtung von Postämtern innerhalb ihrer Mauern, wodurch in der Folge eine Reihe kleiner, unbedeutender Orte zu Poststationen ersten Ranges aufsteigen. Die Verweigerung rührt von der Angst, die reichsunmittelbare Eigenständigkeit und die ablesbare Abgrenzung dem Umland gegenüber durch die Stadtmauer zu verlieren. Da die Postreiter Tag und Nacht eintreffen, müßte man ihretwegen die Stadttore auch nachts öffnen. Viele Städte entwerfen aus diesem Grund eigene Nachtübergabesysteme: In Köln zieht man die Pakete gebündelt über die Stadtmauer, in Lüneburg wird die Post in einem Sammelkrug abgelegt, der anschließend ebenfalls über die Mauer gezogen wird.

Das Wegenetz des Personen- und Botenverkehrs besteht im Mittelalter aus natürlichen Durch- und Übergängen sowie aus Resten alter Römerstraßen. Der Straßenzustand ist oft gerade an *Verkehrsknotenpunkten* besonders schlecht, da die Bewohner von Durchzugsgebieten aus Angst vor feindlichen Einfällen an Verbesserungen kein Interesse zeigen. An der Qualität der Wege ändert sich bis in das 17. Jahrhundert nur wenig, so daß mancher Überbringer lieber Umwege in Kauf nimmt, die entlang der eingebürgerten Reiserouten liegen. Dort bildet sich im Laufe der Zeit ein Netz von Herbergen heraus, die in Abständen von Tagesreisen (etwa 23 bis 38 Kilometer) auseinanderliegen. Im Herbst 1215 bewältigt ein Reiterbote den Weg von Lüttich nach Rom in einem Monat. 200 Jahre später braucht man für den Reitweg von Venedig nach Augsburg elf Tage, bis Nürnberg zwei Wochen. Die höchste Geschwindigkeit pro Tag liegt bei etwa acht Meilen (um 62 Kilometer), die den äußersten Grenzwert bezeichnet. Ein gehender Bote legt den Weg von Nürnberg nach Wien im 15. Jahrhundert in sieben Wochen zurück. Die Bewohner der Orte, die nicht an das Botennetz angeschlossen sind, überlassen die Übermittlung der Briefe der Hilfsbereitschaft zufällig Vorbeikommender. Mit der Einrichtung der Post schnellt die Verkehrsgeschwindigkeit des Mittelalters mit einem Schlag von 25 auf 166 Kilometer pro Tag. Ein Postvertrag aus den ersten Jahren des 16. Jahrhunderts sieht für die Überbringung eines Briefs von Brüssel nach Innsbruck (880 Kilometer Wegstrecke) eine Beförderungsdauer von fünfeinhalb Tagen (132 Stunden im Sommer, 156 Stunden im Winter) vor. Schon 1516 benötigt man für denselben Weg nur noch 120 Stunden (fünf Tage), im Winter 144 Stunden (sechs Tage). Die Dauer der Beförderung kann in den „Post-Stundpässen" abgelesen werden, in die die Boten Ort, Zeitpunkt der Übergabe, Name des Überbringers und Zeitpunkt der Weitergabe der Briefsendungen einzutragen haben. Die Zeitersparnis ergibt sich aus dem Vermeiden von Rast und Schlaf des die gesamte Strecke allein marschierenden Boten. Das Netz der zu Ende des 15. Jahrhunderts in Abständen von etwa fünf Meilen (ungefähr 39 Kilometer) angelegten Poststationen verdichtet sich schon bald auf Abstände von 31 (vier Meilen), im 17. Jahrhundert von 23 Kilometern (drei Meilen). Unregelmäßigkeiten der Beförderungszeit wird durch einer dem Reiter mitgegebenen Vertrauensperson auf die Spur gegangen, die etwaige Mängel am Überbringersystem herausfinden soll. Die Kontrolle gilt dabei weniger den Reitern, als vielmehr den Übergabebedingungen an den Poststationen, wo mancher Reiter ein, zwei Stunden warten muß, um mit einem neuen Pferd versehen zu werden. Andere Verzögerungen werden durch Witterungseinflüsse verursacht, aus der mangelnden Mitarbeitsbereitschaft etlicher Torschließer oder aus der Angewohnheit mancher Kunden, die Postreiter so lange aufzuhalten, bis alle erhaltenen Briefe beantwortet sind, um weiter verschickt zu werden. Die Geschwindigkeit der Boten selbst ist anhand des Poststundenzettels zu überprüfen, für selbstverschuldete Verspätung muß der Überbringer zwei Reichstaler Strafe bezahlen.

Bei dem noch geringen Briefaufkommen zu Beginn des 16. Jahrhunderts wird das Porto individuell und enorm hoch ausgehandelt, so daß die Dienstleistungen vorerst nur von den staatlichen Stellen und von Kaufleuten, aber kaum von Privatpersonen in Anspruch genommen werden können. Für die Briefübermittlung von Augsburg nach Venedig hebt man anfangs mehrere Gulden Gebühr ein (vgl. dazu auch den Abschnitt: Preise im 17. und 18. Jahrhundert). In der zweiten Hälfte des 16. Jahrhunderts sinken die Portokosten beträchtlich, und der Versand per Post wird die billigste aller Beförderungsarten. Fortan zahlt man für einen Brief von

Wien Stubentor, Kaiserliches Postamt mit Wächtern.

Jan Victors, Die Rast der Kalesche.

Augsburg nach Köln den einheitlichen Preis von zehn Kreuzern, wenn das Gewicht eine halbe Unze nicht überschreitet.
Wie regelmäßig wird der Postverkehr abgewickelt? *„Kundt und zu wissen sey hiemit jedermäniglichen, daß man allhie zu Münster hinführo dreymal die Woche absönderlich mit den Kayserlichen Reichs Posten hin und her, an Tag und Stund wie unten specificiert, durch das gantze Römische Reich unnd andern Oertern die Post abfertigen unnd durch solches Mittel geschwinde Correspondentz allhier anordnen wirdt."* Mit diesem Versprechen wirbt ein Postmeister, der die Lizenz zum Halten des Postamts vom Reichsgeneralpostmeister erhält. Für die Leistung der Postdienste bezieht er ein Gehalt. Eine weitere wirtschaftliche Basis stellen die Porti, die Einkünfte aus dem Führen eines Gastwirtsbetriebs sowie die Trinkgelder dar, die der Postmeister als Unternehmer erhält. Aus diesen Erträgen hat er den Unterhalt des Teil-Postkurses zu bestreiten und die Reiter an den Pferdewechselstationen zu entlohnen. Portoüberschüsse werden quartalsweise mit dem Reichspostgeneralat abgerechnet und abgeliefert. Die Personenbeförderung entlang des Poststationennetzes führt sich in der zweiten Hälfte des 17. Jahrhunderts ein, zuallererst setzen sich die Postwagen im flachen Norden Deutschlands durch. 1748 wird die Diligence, die Eilpost, zwischen Wien, Regensburg und weiter eingerichtet, ab 1749 befährt sie alle Hauptstraßen des deutschen Reichsgebiets. Wie umständlich und mühsam sich das Vorwärtskommen aber auch mit der Eilpost gestaltet, läßt sich anhand eines praktischen Beispiels erkennen: „... Um vier Uhr nachmittags kam ich nach Purkersdorf, ich ließ mir eine Kalesche mit zwei Pferden geben. Die Diligence war abgefahren, ich folgte um fünf Uhr nach und holte sie unweit von Weidlingau ein. Ich passierte Maria Hülf, Brunn und Hütteldorf, wo ich zwei Kreuzer geben mußte, die Linien, wo ich neun gab, und das Burgtor, wo ich vier Kreuzer Sperrgeld zahlte" (Zinzendorf, 7. 2. 1761).

Oben: Eilpost (Diligence) bei der Spinnerin am Kreuz (18. Jahrhundert) und unten die Hauptmauth am Roten Turm, zwei typische Einrichtungen des barocken Beförderungswesens: „Die Diligence war abgefahren, ich … holte sie unweit von Weidlingau (bei Wien) ein. Ich passierte Maria Hülf, Brunn und Hütteldorf, wo ich zwei Kreuzer geben mußte, die Linien (der Linienwall an der Stelle der heutigen Gürtelstraße), wo ich neun gab, und das Burgtor, wo ich vier Kreuzer Sperrgeld zahlte.“ (Zinzendorf, 7. 2. 1761)

Interessant sind die vielschichtigen und verschiedenartigen Wegezölle und die individuell gehandelten Kontrollen: „Es wird zu Wien in der Maut so scharf visitieret als möglich ist. Man sagt zwar, daß die Maut-Bedienten zu Wien sich nicht bestechen lassen, inzwischen ist es nicht bekannt, daß einer von diesen Leuten jemanden eine Injurien-Klage an den Hals geworfen, welcher etliche Gulden mit der Bitte begleitet hat, mit der Untersuchung des Reise-Kastens, das Zeug und die Wäsche nicht zu verderben" (Willebrandt, S. 295).

ÜBER DIE FUHRWERKE

Den von privater Hand zu mietenden *Rollwagen* gibt es schon seit dem Spätmittelalter, dessen Bau, Bequemlichkeit und Verkehrssicherheit sich in den folgenden Jahrhunderten nur wenig verbessert. Doch selbst als unkomfortables Reisemittel bleibt der Gebrauch nur den Mitgliedern vermögender Gesellschaftsschichten vorbehalten: Der Fahrpreis für eine 40 Stunden dauernde Fahrt beträgt 13 Gulden (das entspricht in den vierziger Jahren des 18. Jahrhunderts dem Jahresgehalt eines Roßknechts). Abgesehen davon bleibt das *Kutschen= und Pferd=Chaise= und Calesche=halten* wie das Anlegen bestimmter Kleider oder Schmuckstücke laut verschiedener Ordnungen Personen vom dritten Stand abwärts *durchgehends benommen.* Eine Sonderregelung ermöglicht den ausnahmsweisen Gebrauch dekorationsloser Wagen, *„daferne ... ein= oder anderer / zu seiner Nothdurfft deß Fahren sich bedienen wolte / soll ihme solches / jedoch anderer gestalt nicht / als gegen Jährlicher Reichung funffzig Rthaler in das Löbl. Losungs=Ambt; auch anderst nicht verstattet werden / dann daß die Kutschen ohne alle Bildschnitzer=Arbeit / und ohngemahlt / auch ohne Dollen / und allein mit grauen Tuch gefüttert"* (NKO, S. 24). Für den Kurzstreckenverkehr innerhalb der Stadtmauern bestehen auch Tragsesseltransporte, die 1619 erstmals in Paris eingeführt werden. Später folgen Düsseldorf, München, Turin und Brüssel. Michael de la Place erhält 1689 als erster Wiener die Tragsesselkonzession. In England lehnt man diese Art der Personenbeförderung lange Zeit ab. Gegen einen Peer, der sich dennoch in einer Sänfte tragen läßt, wird Anklage erhoben, „weil er mit Verachtung des Respektes, den ein Mensch dem anderen schuldig sei, in seinem Garten bei völliger Gesundheit sich in einem mit Stangen versehenen Tragsessel habe herumtragen lassen" (Barockes Wien, S. 42). Unabhängig davon, ob man als Reisegefährt einen privaten, gemieteten oder einen Postwagen wählt, läßt die Bequemlichkeit aller Fahrzeuge nach heutigen Vorstellungen zu wünschen übrig, welcher Zustand sich erst mit der Einführung der Eisenbahnen nach der Mitte des 19. Jahrhunderts bessern wird. „Der Postwagen (ein riesiger Wagen auf hohen Rädern, die erstaunlich schütteln) ist ein Überbleibsel barbarischer Zeiten und Sitten ... Er besitzt keine Abdeckung [der Engländer Boswell befindet sich auf der Reise von Berlin nach Magdeburg, wo laut

Für den Kurzstreckenverkehr innerhalb der Stadtmauern bestehen Tragsessel-Transporte: Standplatz in Wien am Kohlmarkt (Stich von Schütz).

Reichspostordnung von 1698 eigentlich in jeder Posthalterei zumindest zwei gedeckte Kaleschen zur Verfügung stehen sollen], aber drei oder vier bretterartige Trennwände, die umgeklappt werden können, um als Sitze zu dienen. Auf diese Art reisen die Deutschen bei Tag und bei Nacht. Es war

Ein Dokument des zeitgenössischen,
komplizierten Verkehrswesens im ländlichen Bereich:
Jan Siberechts (1627 – um 1700), Die Furt.

naß, und ich begann zu frieren ... Als wir kurz vor Potsdam durch einen Wald fuhren, schlug mir ein Zweig ins Gesicht und verletzte mein Auge. Ich wurde über die auszustehenden Reiserisiken so nachdenklich, daß ich meine Sinne nicht mehr beisammen hatte" (Über die deutschen Postwagen, Eintragung vom 4. August 1764). Die Wagen entbehren jeder statischen Ausgewogenheit. Die extrem enge Radspur und der hohe Kabinenteil tragen Schuld an einer äußerst geringen Standsicherheit, die durch die schlecht ausgebauten Straßen noch gefördert wird. *„Den 7. fuhre ich mit denen Herrschafften und übriger Compagnie um 6 Uhr fruh nacher Fahrafeld ... ein Wagen von der Suite, allwo Hoff Dames sassen, hatte das Unglück, bei der Einfahrt in das Orth umgeworffen zu werden, jedoch ohne daß jemand einiges Leid wiederfuhre"* (Khevenhüller, 7. 5. 1744).

Als besonders reiseerschwerend gelten die schlechten Straßenverhältnisse im gesamteuropäischen Raum, von denen Steube in der zweiten Hälfte des 18. Jahrhunderts während einer Reise durch die damals unter Türkenherrschaft stehende Walachei berichtet: *„Wir waren nämlich kaum aus dem Gebürge in die zwischen Döplitz und Schuppaneck liegende Ebene gekommen, als neuerdings ein ... starker Regenguß herabfiel und uns nötigte, unter den Wagen zu kriechen* [man war in einem offenen Wagen unterwegs]. *Aber auch hier konnte ich mich nicht lange halten, denn das Wasser kam so stark den Weg herabgeschossen, daß es den Wagen fortzuschwemmen drohte. Da ich auch sahe, daß die vor mir liegende Brücke mit fortgerissen wurde, so war guter Rat teuer, wo wir uns hinwenden sollten ...* [Als wir zurück zum Gebirge fahren wollten,] *fanden wir den Weg schon hin und wieder mit fortgerollten Steinen, Sand und Kies angefüllt, und besonders lag an einer Stelle von letzterem so viel, daß wir kaum mit äußerster Mühe hindurchkamen; und kaum waren wir hinüber, so löste sich eine ganze Masse oben vom Gebürge los und bedeckte mit großem Geprassel eine ziemliche Strecke Wegs, so daß uns einige Minuten Verzug das Leben gekostet haben würden ... Den Tag darauf mußten wir* [im Wirtshaus] *liegenbleiben, weil die Brücken erst gemacht und die Wege aufgeräumt werden mußten; und ohngeachtet schon mehr als zweihundert Wagen von dem Herabgefallenen weggeschafft worden waren, so fanden wir doch beim Durchfahren noch ebensoviel liegen; und an drei Orten hatte das Wasser solche Hohlungen gerissen, daß wir den Wagen ebensovielmal abladen, zerlegen und stückweise hinübertragen mußten, welches aber beim walachischen Fuhrwesen eben keine große Mühe erfordert"* (Steube, S. 124 f.).

Der schlechte Zustand der Straßen im gesamteuropäischen Raum ändert sich erst im Lauf des 18. Jahrhunderts, bis dahin leiden die Straßen je nach Wetterlage an mangelnder Befestigung, an Unebenheit und an Überflutung. Sandige und sumpfige Straßen verzögern das Fortkommen der Postreiter und Kutschen. Eine Regelmäßigkeit kommt erst durch die Chaussierung der Landstraßen ins Verkehrswesen. Um 1760 erfindet der französische Ingenieur Pierre Marie Jérome Tresaquet (1716–1796) den Straßenbau in drei Schichten (bestehend aus einem Fundament, darüber aufgeschüttetem Schotter in gröberer Qualität, der ganz oben mit kleinen, harten Steinen belegt wird), welche Erfindung Kaiser Josef II. aufgreift. Erst diese verbesserten Straßen führen zu einer wesentlichen Erleichterung des Reiseverkehrs.

Der Gütertransport liegt im 17. und 18. Jahrhundert in den Händen von Privatunternehmern. Als Frächter treten oftmals Bauern auf, da sie über die besten Voraussetzungen zum Halten von Pferden verfügen. In der Steiermark blüht das Gewerbe, das Frächterzentrum befindet sich in der Umgebung von Graz, entlang der alten Handelsstraße in Richtung Süden nach Laibach und Triest. Der Gütertransport aus dem Grazer Becken nach Wien dauert – gutes Wetter und glatte Wege vorausgesetzt – vier Tage, nach Prag zehn Tage. Das entspricht einer durchschnittlichen Tagesleistung von 50 Kilometern. Ein hoher Wert, wenn man mit der Geschwindigkeit der Reiterboten und der Reisekutschen vergleicht. Oft haben diese Bauernfrächter im Auftrag des Landesfürsten sehr weite Strecken zurückzulegen, wobei sie drei Viertelgulden für ein Tagwerk erhalten. Das entspricht einer guten und angemessenen Entlohnung, wenn man bedenkt, daß um 1700 im Grazer Raum eine Stute um die 40, eine Kuh um acht Gulden kostet. Allerdings haben die Bauern in den vielen Kriegsjahren auch hohe Risiken zu tragen, wie ein Dokument des 17. Jahrhunderts belegt: „[Da] *... die gesambte Compagnia der 74 Gräzfelderische Fuehrleüth, welche anno 1639 auf 2 mahl in Ihrer Khayserl. May. Veltleger nach Prag gezogen, fasst al ihre Armuthey, ja deren vill in erbarmlichen Ellent unnd Hungers noth gaar Leib unnd Leben darüber eingepüesst: So ist doch benebens auch unwidersprichlich wahr, daß Ich armer Alter auf 70 Jahr erlebter Fuehrman, vor andern meinen Gespannen, bey diesem Veltzug mein Euseristes* [Äußerstes] *gelaistet, meinen dienst gar auf die 21 Monnat lang, in erlittner Gott erbarmlicher, ya gleichsamb unaussprechlicher noth, Leib unnd Lebens gefahr würkhlich erstrekht, auch ehender nit außgesezt, biß alle meine roß (deren mir in wehrenden dienstzeit zwar mehr*

Der Gütertransport liegt im 17. und 18. Jahrhundert in den Händen von Privatunternehmern: Fuhrmann (Stich von Christoph Weigel).

Jan Miel († 1663), Fuhrwerker vor der Schenke. Als Frächter treten oftmals Bauern auf, da sie über die besten Voraussetzungen zum Halten von Pferden verfügen.

untergangen, so ich aber allwegen wider ersezt) samt den wagen zu grundt unnd poden gefierth worden, unnd noch darzu mit lären Händen, armsellig petlend ab- und nach Hauß ziehen müessen ..." (Bittgesuch eines alten Fuhrmanns um Bezahlung seiner sich auf 1500 Gulden belaufenden Rechnung für die Dienste vor Prag 1639). Ab dem letzten Drittel des 17. Jahrhunderts treten die städtischen Frächter in den Vordergrund, die sich wie die meisten Handwerks- und Gewerbetreibenden zünftisch zusammenschließen und vom Landesfürsten etliche Privilegien erhalten. Binnen kurzem laufen sie den bis dahin *marktführenden* Bauernfrächtern den Rang ab.

XIII
WIRTSCHAFT – PRODUKTION – HANDEL – BANKEN

Mit der Verbreitung und der Differenzierung der Handelsbetriebe und mit dem Ausbau der Handels- und Verkehrsorganisationen im 17. Jahrhundert wird in Europa die Epoche des Merkantilismus (im deutschen Sprachraum auch Kameralismus genannt) eingeleitet, der zur selben Zeit eine gleichnamige Theoretisierung erfährt. Als Hauptziel strebt man die Mehrung von Macht und Wohlstand des eigenen Landes sowie die Vergrößerung des Ruhms des Landesherrn an. Als Mittel der Durchführung bedient man sich streng erstellter – mitunter sehr schwerfälliger – Traktate, die vorrangig die Förderung der gewerblichen Produktion und des Exports der hergestellten Güter bei gleichzeitiger Einschränkung der Einfuhren (vor allem der Luxusgüter, obwohl sie im deutschen Reichsgebiet gar nicht hergestellt werden) zum Inhalt haben. „[Die parfümierten Waren, die zu den Luxusgütern zählen] *werden gemeiniglich von den Italiänern und Frantzosen geführet, und dadurch nicht wenig Geld aus Deutschland weggeschleppet ...*" (Zedler, Bd. 26, S. 867).
Auch der Wiener Markt hat einen großen Bedarf an Luxusartikeln. Die Einfuhr der Waren aus Süd- und Westeuropa belastet zunehmend die Handelsbilanz, so daß unter Kaiser Leopold 1659 und 1671 unter Strafandrohung Verordnungen gegen den Kauf und Verbrauch kostbarer ausländischer Waren erlassen werden. Außerdem verweist bereits Zedler auf *gefinkelte* Werbemaßnahmen der wirtschaftlichen Konkurrenz, die zu dieser Zeit schon umfangreiche Warenkataloge erstellt: „[Die] *parfumierten Sachen, deren sich das Zarte Frauenzimmer vor andern zu gebrauchen pfleget,* [sind] *so viel und mancherley, daß auch die Parfumeurs, welche in Italien und Franckreich eine eigene Profeßion und Handwerck machen, gantz grosse gedrückte Bücher=Verzeichnisse darüber ausgeben können, aus welchen wir nur die vornehmsten Stücke allhieranmercken wellen, in folgenden bestehend: Allerhand parfumirte gestickte Tafel=Tücher, Hemdquärders, Schnupftücher, Beutel, Handschuh, parfumirter Haarpuder ... allerhand Masse oder Paste, die Hände weiß zu machen, Essenzen ... parfumirte Mundtüchlein oder Pastilles von Ambra, bereitete Muskadinen, Räuchwerck in Kammern zu gebrauchen ... und andere Balsame, weisse Jungfermilch, spanisches Roth auf Porzellainart ... Pomade vor Zitracht und Flecken, dergleichen zu den Lippen, alles die Gestalt und Angesicht der Frauens=Personen schön zu machen, und zu erhalten; ferne Opiata, Corallen, Pulver und Stänglein von Althee, die Zähne weiß zu machen; vielerley wohlriechende Wasser, Spiritus Vini, Savonetten=Kugeln, allerhand Ros Solis, Schnupftabak und Parfumirungen von starcken Kräutern*" (ebda.).

Unabhängig von der Aufarbeitung der heimischen Wirtschaft und des Versuchs, Luxusgüter selbst und vor allem zu erschwinglichen Preisen herzustellen, legt man auf deutschem Boden das Hauptaugenmerk zunächst auf die Bevölkerungspolitik: Man leistet Neuverheirateten und kinderreichen Familien finanzielle Hilfestellung und besteuert im Gegenzug Junggesellen. Man begünstigt die Einwanderung und belegt (nach den großen Bevölkerungsverlusten durch den Dreißigjährigen Krieg) die Auswanderung mit einem hohen Strafausmaß, da man den Wert der Arbeitskraft als wichtigen Wirtschaftsfaktor zu erkennen beginnt. In kriegszerstörtem Gebiet oder auf landwirtschaftlich ungenütztem Land treibt man die Ansiedlung von unternehmungsfreudigen Familien voran. Das umfaßt in etwa die Grundideen des Merkantilismus, der jedoch in den einzelnen Ländern je nach Stand der Industrialisierung und der ökonomischen Interessenlage unterschiedliche Ausprägung erfährt. In Frankreich, wo die Bewegung nach ihrem Begründer, Jean-Baptiste Colbert (1619–1683), Colbertismus genannt wird, legt man das Hauptaugenmerk auf die staatlich – das bedeutet in Frankreich soviel wie vom König – gelenkte Entwicklung des Gewerbes. Ludwig XIV., eifrigster Verfechter dieser Ideen und Gründer zahlreicher Werk- und Produktionsstätten, nimmt die Entwicklung so genau, daß er auf Krisen mit sofortigem persönlichem Einsatz reagiert: Als die einst blühende französische Schleifenmode darniederliegt, geraten Hunderte von Familien in wirtschaftliche Bedrängnis und werden oftmals gezwungen, ihren Lebensunterhalt durch Bettelei zu verdienen. Daraufhin beschließt der König im Juni 1689 gegen seine innere Einstellung, die Schleifenmode seiner Jugend wiederaufleben zu lassen und schmückt sich vorbildhaft reich mit Wogen von Satin auf den Ärmeln und den *galants* genannten Schleifen an den Schultern, obwohl er sie mittlerweile als äußerst unbequem empfindet. Innerhalb von wenigen Tagen überträgt sich die Mode auf die Hofleute – bis hin zu den ernstesten und gelehrtesten Männern –, und die Bandweber sind zunächst gerettet.

In England hängt man in Zeiten des Merkantilismus einer starren Gesetzesformulierung an, um zuallererst die Nachfrage nach den Erzeugnissen der heimischen Wollindustrie zu steigern. Franzosen wie Engländer beschäftigen sich eingehend mit dem Erwerb und dem Ausbau von überseeischen Besitzungen, während man in Deutschland nach dem Ende des Dreißigjährigen Kriegs mit der Erhöhung der Bevölkerungszahl Einfluß auf den Wiederaufbau des Gewerbes zu nehmen sucht. Außerdem verlegt man sich, im Unterschied zu den streng nach merkantilistischen Grundregeln gelenkten Staaten, auf die Förderung der heimischen Landwirtschaft, der eigenständigen Textil- und Metallindustrie, die auch wirklich innerhalb von wenigen Jahrzehnten großgewerbliche Betriebsformen annehmen. Der Absatz der Produkte ist zunächst nur für den Binnenmarkt vorgesehen, Ausfuhrbestrebungen werden nachrangig behandelt.

Apotheose Kaiser Leopolds I. mit den allegorischen Figuren der Kunst und der Wissenschaft (Stich Matth. Küsel, †1681). Da die Einfuhr von Waren aus Süd- und Westeuropa zunehmend die Handelsbilanz belastet, erläßt Kaiser Leopold I. unter Strafandrohung Verordnungen gegen den Kauf und Verbrauch kostbarer ausländischer Waren.

Bevölkerungspolitik zur Ankurbelung der heimischen Wirtschaft: Friedrich Wilhelm von Preußen mit Salzburger Emigranten, die er in kriegszerstörten Gebieten oder auf landwirtschaftlich ungenütztem Land ansiedelt.

Colbert, nach dessen ‚merkantilistischen Ideen' die neue berechenbare Wirtschaftlichkeit Colbertismus genannt wird, und König Ludwig XIV. von Frankreich, der auf die Entwicklung der Gewerbe großen Einfluß nimmt.

NAHRUNGSMITTELGEWINNUNG UND LANDWIRTSCHAFT

Innerhalb des deutschen Reichsgebiets bildet die Landwirtschaft die wesentliche Grundlage der Wirtschaft. Seit dem Mittelalter betreibt man den Anbau der üblichen Getreidesorten, der Anbau von Klee und anderen Futterpflanzen wird gezielt gefördert, da sie die Grundlage der heimischen, nicht immer unproblematischen Viehwirtschaft darstellen. In grundherrlichen Gebieten der Steiermark zum Beispiel steht den Bauern das Recht zu, eine gewisse Anzahl von Kühen während der Sommermonate auf den herrschaftlichen Almen grasen zu lassen, wobei die Tiere von Viehhütern begleitet werden. Von den sich daraus ergebenden Problemen zeugt ein Briefdokument aus dem Jahr 1684: *„Lieber gethreyer, der schwaizer* [alte Bezeichnung für Viehhüter, die oftmals aus der Schweiz, dem klassischen Land der Rinderzucht, rekrutiert werden.] *hat vnß geschriben d[a]z, d(a)z Viech erkhrankt ist, welches mir nit gern vernemben, er vermainth man solt die 2. schen* [schönen] *Khalbezen* [Kälber], *auf gesting* [wahrscheinlich Gösting bei Graz] *thuen d[a]z sie von der Khrankheit so daroben regiert saluierth werden, wan ihr desen vermainth d[a]z es so gueth ist, so khindt ihr die anstalt machen, wan ihr vermeint aber d[a]z man alles d[a]z gesunte Viech herab solt treiben d[a]z, d[a]z khrankhe d[a]z andere nit anstekht, so wirth mans mießen thuen, d[a]z man nitso großen schaden Laid, ich firchte nur d[a]z Viech wirth zu gesting khein waith* [Weidefläche] *haben, ist mechtig vill Vieh, vnd solt mans schon zum drukhenen fueter thuen, was wirth man in winter haben, wofehrn wihr d[a]z Viech Herundter schikhen wolt, so sol man ain par Tag zuvor berichten, damit man die anstalt Khan machen …"* (aus einem Brief vom 28. September 1684 an den Verwalter der Herrschaft Waldstein)

Sehr lukrativ kann die Viehwirtschaft auch nicht gewesen sein, oftmals schuldet man den Viehhütern den Lohn: *„… der schwaizer Verlangt ein gelt an der besoldung, d[a]z alte waß man ihn schuldig ist, also schauth wie ihr ihn helffen khindt, von hier hab ainmall kheines zuschikhen, der Pur* [der Bursche] *verlangt auch eines, der nar der schwaizer will heyrathen, in firht er wirth alweil auf sein mentsch gedenkh vnd werths d[a]z viech nicht in obacht*

Innerhalb des deutschen Reichsgebietes bildet die Landwirtschaft die wesentliche Grundlage der Wirtschaft: ‚Die Erndte macht, daß man nicht acht, was Schweiß vollbracht.‘ (Stich 1694, Nürnberg).

nemben, mir tresten vnnß Euerer wormit mir Euch mit gden (Gnaden) gewogen verbleiben gräz den 28 7ber 684 (Unterschrift)" (ebda.). Ein bemerkenswertes Detail am Rande, daß der Viehhirt aus Verliebtheit an Konzentrationsmangel leidet.

Aus welchen Erwägungen auch immer – die Merkantilisten ziehen letztendlich auch den Ackerbau der extensiven Weidewirtschaft vor.

Besonderer Reichtum herrscht an gängigen Lebensmitteln wie Salz, Brot und anderen Grundnahrungsmitteln, *„wohin fürnehmlich Korn, dann Weizen und Gersten gehörig. Hernach folgen der Haber, die Gemüs- und Hülsenfrüchte, dann das Obst und die Baumfrüchte, nicht weniger allerhand Gekräut- und Gartengewächs; ferner das Fleisch, wohin die Viehzucht, als Rinder, Schafe, Kitzen, Schweine mit ihrer gehörigen Weid und Fütterei, auch was davon zu Speis abfällt, als Milch, Butter, Käse, Speck, Fett, wiederum das Wildpret groß und klein, samt der Schnabelweid und das zahme Geflügelwerk zu zälen, auch die Bienen mit ihrem Honig nicht zu vergessen. Weiter das frische Fluß- und Teich- auch zu Triest und in Dalmatien das frische Seefischwerk. Hernach das Getränk, fürnehmlich Wein, darauf das Bier mit seinem Hopfen, auch Essig und Brandewein; endlich aus den edelen Gewürzen der in aller Welt berühmte österreichische Safran"* (Hörnigk, S. 31 f.).

Wo der *österreichische Safran* angebaut wird oder ob ein billigeres Gewürz diese Bezeichnung als Ersatznamen erhält, so wie man Knoblauch zur *Vanille des armen Mannes* erhebt (in der Wiener Küche ist die Bezeichnung durch den Vanillerostbraten erhalten), ist nicht mehr festzustellen. Echter Safran gedeiht bis heute in Mittelmeernähe. Falls es in Spanien, in den unter spanischer Herrschaft stehenden Königreichen Sizilien und Neapel, auf den Balearen oder auf Sardinien ein Vorkommen gab, würde man ihn sicher wie die spanischen Habsburger als *österreichisch* bezeichnet haben.

Trotz der reichen Nahrungsmittelvorkommen leidet die Bevölkerung aber an mangelhafter Versorgung. Ein großes Problem müssen demnach Lagerung und Konservierung sowie der Transport zum Endverbraucher dargestellt haben. Außerdem laufen Löhne und Preise auseinander, so daß trotz einer ungefähren Verdopplung der Löhne vom 16. zum 17. Jahrhundert das Gleichgewicht mit der steigenden Inflation nicht gehalten werden kann. Denn obwohl sich im deutschen Reichsgebiet die Arbeitsentgelte am Beginn des 17. Jahrhunderts verdoppeln und verdreifachen, steigt der Preis für das Grundnahrungsmittel Roggen im selben Zeitraum um das Fünfzehnfache. Auch die Lage der bäuerlichen Bevölkerung unterscheidet sich nicht wesentlich davon. Obwohl hier der Lebensmittelbedarf zum größten Teil aus selbstgewonnenen Produkten gedeckt werden kann, herrscht ein grobes Mißverhältnis zwischen den niedrigen Erträgen aus der Landwirtschaft und den hohen Preisen für gewerbliche und industrielle Erzeugnisse.

An Nahrungsmitteln und Rohstoffen fehlt es eigentlich nur an Meeresprodukten und – außer der Baumwolle (die im Wiener Raum in der 1722 gegründeten Baumwollmanufaktur in Schwechat verarbeitet wird) – an verschiedenen Luxusgütern. *„So gehet uns unter den speisbaren Waren ab: erstlich das nordische dröge und gesaltzene Seefischwerk; zweitens das indianische* [indische] *Gewürz; drittens die welsche und ander auswärtige Leckerbißlein … fürnehmlich Öl, hernach Pomeranzen, Limonen, Fei-*

gen, Rosinen, Oliven, Kapern, Austern, Sardellen, Reis (dessen Böhmen doch nicht gänzlich beraubet ist und wegen Überfluß seiner teich- und wasserreichen Gründe noch mehr und besser haben könnte), Tobak, Schokolade, Tee, Kaffee und sonst dergleichen Gattung mehr. Unter den Kleider-Sachen mangeln uns erstlich … Zoblen, Hermelin und was dieses Zeugs mehr, neben dem Corduan, Juchten und Safianleder. Zweitens, das sogenannte Kamel- oder vielmehr türkische und persianische Ziegen- und Bockhaar. Drittens, die Baumwolle, die nun so viel Wesens in Europa macht. Viertens und für alle andern, die Seide" (Hörnigk, S. 35). Was den Reis betrifft, muß hinzugefügt werden, daß damals beinahe überall in Europa der Versuch angestrengt wird, ihn heimisch zu machen. Baumwolle wird nicht angebaut, würde aber für die in vielen europäischen Ländern entstehenden Kattunfabriken dringend benötigt werden, da man erstmals in der Geschichte der Textilerzeugung billige Gewebe in großen Mengen zu erzeugen imstande ist. Was die Seide anbelangt, so kann sie trotz einiger Anstrengungen in Preußen und in Österreich – 1697 errichtet ein zugewanderter Italiener namens Bratti eine Seidenweberei und legt den Grundstein für eine bescheiden verlaufende Wiener Seidenindustrie – auf die Dauer zu niemandes Zufriedenheit hergestellt werden. Die Seidenzucht bleibt an besondere klimatische Voraussetzungen und eine ausreichende Käu-

Die Seidenherstellung kann trotz einiger Anstrengungen in Preußen und in Österreich auf die Dauer zu niemandes Zufriedenheit produziert werden: Seidengewinnung (Stichfolge). Die Seidenzucht bleibt an besondere klimatische Voraussetzungen und eine ausreichende Käuferschicht gebunden, ganz abgesehen von der Nähe der italienischen Konkurrenz und der höheren Qualität der eingeführten Produkte.

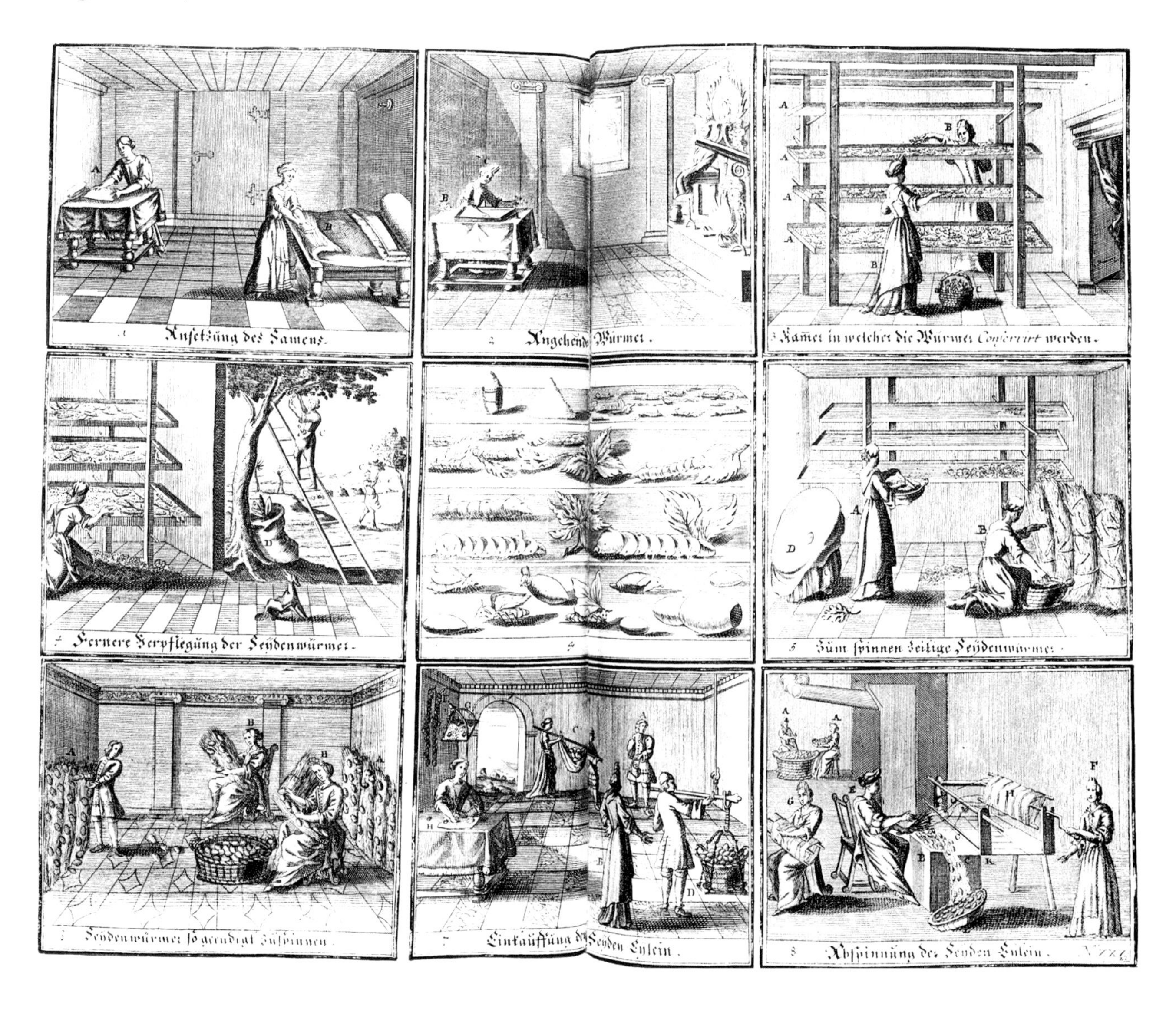

ferschicht gebunden, die hierzulande – ganz abgesehen von der Nähe der italienischen Konkurrenz und der höheren Qualität der eingeführten Produkte – nur ungenügend vorhanden ist.
Ebenfalls reiche Vorkommnisse bestehen an *„Wachs, Unschlitt, Horn, Glas, Bein, Papier, Pech, Roß- und Rehe-Haaren, Federn und dergleichen verschiedenen Dingen mehr ...“* (Hörnigk, S. 31 f.), auf die sich einige Industrien und Gewerbe aufbauen lassen. Neben einigen Gold- und Silbervorkommen in Ungarn, Böhmen, Tirol und Schlesien gibt es in bescheidenem Maß Opalvorkommen in Ungarn, Granaten, Diamanten, Amethyst, Saphir, Topas, Carneol, Aquamarin, Achat, Marmor und Jaspis sowie Kupfer, Eisen und Zinn in Böhmen. Blei wird in Kärnten, Böhmen und in der Steiermark gewonnen, wo seit 700 nach Christus das am häufigsten vorkommende Erz abgebaut wird, das einen gewaltigen Reichtum schafft. *„Im übrigen hat sich fast das Eisen allein noch zu rühmen, daß ihme mittelst der Gewerkschaften* [so werden die Produktionsstätten, die Hammerwerke, genannt, die Besitzer bezeichnet man als Gewerke] *in Ober-Österreich und Ober-Steir, auch der Eisen-Hämmer in Kärnten, Krain, Schlesien und sonsten noch etwas gebührender Ehre widerfahre“* (Hörnigk, S. 53).
Ansonsten gibt es Quecksilber-, Schwefel- und Kupfervorkommen in Ungarn; Messingbereitung in Tirol; Alaunabbau in Böhmen und einen allerortig großen Besitz an Holz, das man in Zeiten ohne Ersatzpflanzungsgesetze so lange schlägert, bis es gegen Mitte des 18. Jahrhunderts sogar zu einem unvermittelt auftretenden Engpaß kommt.

MANUFAKTUREN – ERSTE SERIEN- UND MASSENPRODUKTIONSSTÄTTEN

Parallel zum traditionellen Handwerk entwickelt sich im hochbarocken Europa rasch das Manufakturwesen, eine der Frühformen des kapitalistisch-industriellen Betriebs, das von Großkaufleuten zur Befriedigung des Massenbedarfs eifrig vorangetrieben wird. In ersten riesigen Produktionsstätten werden unter Beibehaltung alter Handwerkstechniken Luxusgüter wie Porzellan, Fayence und Gobelins (die Herstellung von Wandteppichen bleibt aber vorwiegend auf Frankreich beschränkt), Konsumgüter wie Nähnadeln, Glaswaren, Stoffe, Wolle, Flachs und Lederwaren sowie Produkte aus Kupfer, Blech oder Zinn gefertigt. Wesentlichstes Merkmal dieser Betriebe ist ein durch Spezialisierung, Arbeitsteilung, Serienfertigung und einen ersten bescheidenen Einsatz von Maschinen gekennzeichneter Produktionsprozeß. Im deutschen Reichsgebiet findet das Manufakturenwesen im 18. Jahrhundert weite Verbreitung und wird – um den Zuspruch zu neuen Einrichtungen glaubhaft zu demonstrieren – von fürstlichen Geldgebern und/oder Abnehmern großzügig gefördert. Besondere Bedeutung erhalten die Fertigungsstätten durch die Übernahme von kapitalintensiver, rationeller und technisch aufwendiger Warenproduktion, die von Kleinbetrieben nicht bewältigt werden können. Die größte wirtschaftliche wie künstlerische Bedeutung erreicht die Manufaktur in ihrer Form als Porzellanherstellungsbetrieb. Typisch für die Zeit und ihre Repräsentanten wird sie zur Befriedigung der Geltungssucht als ein *notwendiges Attribut des Glanzes und der Würde* errichtet, wie sich Herzog Carl von Württemberg im Dekret zur Gründung der Ludwigsburger Manufaktur 1758 ausdrückt. Die Wirtschaftlichkeit des Porzellanmanufakturwesens entwickelt sich aber – aus Mangel an Kapital, Finanziers und oftmals wegen schlecht gewählter Standorte – nicht überall nach den Grundregeln des Merkantilismus. Die herzoglich-württembergische Fabrik gehört zu den schlechten Beispielen, die, wie viele dieser Betriebe, unüberlegt und schnell aus dem Boden gestampft worden war und traurige Berühmtheit durch schlechte Organisation und als großer Zuschußempfänger erlangt. Während der gesamten Dauer des 18. Jahrhunderts gestaltet sich die Porzellanerzeugung sehr aufwendig, kostspielig und betrieblich schwerfällig. Die Gründe sind zum einen in der Beschaffung geeigneter Porzellanerde zu suchen: Die Frankenthaler, die Ludwigsburger, die Nymphenburger und die Wiener Manufaktur beziehen sie aus dem Bischöflich-Passauischen Ort Hafnerzell an der Donau, von wo sie in Fässern auf dem Schiffsweg befördert und ab Schiffsstation in Ochsenwagen an den Bestimmungsort gekarrt werden müssen. Ein anderes Erzeugungsproblem ergibt sich aus den hohen Brenntemperaturen der Produkte, die einen hohen Holzbedarf verursachen. Erst im Laufe des 19. Jahrhunderts gelangt die Porzellanherstellung durch laufende Verbesserungsmaßnahmen in die Wirtschaftlichkeit, so daß neben den weiterhin kostspielig bleibenden Luxusgeschirren und aufwendigen Dekorationsstücken auch preiswertes Alltagsgeschirr hergestellt werden kann. Ein gesellschaftlicher Aspekt, der sich aus dem Manufakturwesen ergibt, ist die Umwälzung von Kleinbauern- und Kleinbürgertum in die Arbeiterschichte, die sozial eine Verlierergruppe darstellt. Ohne rechtliche Ansprüche – zeit- und arbeitsleistungsmäßig ausgebeutet – wird diese Gruppe von einem Wirtschafts-

Die meisten Manufakturen verfügen nicht über die geeignete Porzellanerde, die deshalb aus verschiedenen Gebieten eingeführt werden muß. Sie wird mit Fässern auf dem Schiffsweg transportiert (Ausfahrt aus dem Kanal des Traunfalls mit Fässertransport, Stich von Joh. Ziegler) und ab Schiffstation in Ochsenwagen an den Bestimmungsort gekarrt.

zweig abhängig gemacht, dessen Erfolg oder Mißerfolg ihr weiteres Schicksal bestimmt. Der Anschluß an frühere Berufs- und Gesellschaftsgruppen geht verloren, und die betroffene Schicht markiert eine zahlenmäßig immer größer werdende Menge von sozialen Absteigern.

Als einer der ersten großangelegten und organisierten Handelsbetriebe ruft man 1719 die Orientalische Kompanie in Wien ins Leben, „die zu Wasser und zu Lande Handel mit dem Osmanischen Reich und dessen Nachbarländern treiben sollte und in allen Ländern der Monarchie Fabriken, Handelsniederlassungen und Magazine errichten durfte ... Die Gesellschaft hatte zunächst schnell bemerkenswerte Erfolge: 1721 erhielt sie das Recht zum Schiffbau an der Adria und das Monopol für die Erzeugung aller Güter zu Bau und Ausrüstung von Handels- und Kriegsschiffen. Schließlich gehörte ihr auch die Linzer Zeugmanufaktur, die über 10.000 Dorfweber in den österreichischen Ländern beschäftigte, und seit 1724 in Schwechat bei Wien eine zweite Fabrik. Aber Expansionsverlangen und Geldbedürfnis führten die Gesellschaft über Geldlotterien in Zahlungsschwierigkeiten, Verzettelung und Geschäftseinschränkungen, seit 1740 zur Auflösung in mehreren Etappen“ (Treue, S. 227).

Außerdem gründet man 1722 – nach Erwerb der spanischen (österreichischen) Niederlande 1713 – die Kaiserliche Ostindische Kompanie: „Während das sinkende Ideal Venedig am Adriatischen Nebenmeer eines weltwirtschaftlichen Nebenmeeres die österreichische Rivalität von vornherein nach dem Orient, also auf historische, für die Gegenwart minder wichtige Wege lenkte, waren im Norden die mächtigsten Handels- und Finanzstaaten (die skandinavischen Staaten, Kurland und Brandenburg) Nachbarn der österreichischen Provinzen. Das gab dem Plan einer Ostindischen Handelskompanie von vorneherein eine größere politische Bedeutung [die österreichischen Niederlande hatten nach einem langen Krieg große Staatsschulden und fanden, trotz der gedeihenden Landwirtschaft, des traditionsreichen Gewerbes und der Beliebtheit der Brabanter Spitzen, keinen Eingang in den großen Handel und stiegen erst im Verein mit Österreich zu einer Überseehandelsmacht auf] ... Der eigentli-

che Anstoß [zur Gründung der Ostindischen Kompanie, die schon von Kaiser Karl VI., 1685–1740, einem eifrigen Merkantilisten, und dem Prinzen Eugen als ein Hauptanliegen behandelt wurde] kam von Antwerpener Finanziers, denen sich brabantische und flandrische Kaufleute anschlossen. Sie sandten seit 1715 mit kaiserlicher Erlaubnis und unter kaiserlicher Flagge eine wachsende Zahl von Schiffen nach Ostindien … [Die] anfängliche privatwirtschaftliche Freiheit der Unternehmung [wird] schon bald in die Form der staatswirtschaftlichen Gesellschaft überführt [die zunächst aufblühte und] … Faktoreien in Kanton und an bengalischen Küstenpunkten [gründete]; der Kurs ihrer Aktien stieg auf das Doppelte des Nennwertes …“ (Treue, S. 228 ff.).
Als das im 17. Jahrhundert wirtschaftlich niedergegangene Spanien zu Beginn des 18. Jahrhunderts die westeuropäischen Großmächte erfolgreich um Hilfestellung bittet, beginnt unter dem Druck dieser Konkurrenz schon um 1725 der Abstieg der Kaiserlichen Ostindischen Kompanie.

GESCHICHTE DER GELDAUFBEWAHRUNG

Mit zunehmender Verwirklichung merkantilistischer Bestrebungen, die durch erste Massen- und Serienfertigungen, dem allgemeinen Aufschwung des Handels und des Börsenwesens, der Schaffung hoher Beamtenposten sowie dem wachsenden Privatvermögen untermauert werden, kommen große Mengen von Geld in Bewegung, dessen Aufbewahrung den Besitzern einiges an Mühsal beschert. Abenteuerliche Erlebnisse stammen wie so oft aus der Feder von Samuel Pepys, dessen Tagebuch eine für damalige Verhältnisse sehr genaue Auflistung der Aufbewahrung, der Bewegung und des Bestands seines Privatvermögens enthält. So erfährt man, daß seine Ehefrau einmal eine halbe Krone Taschengeldes ins Pfefferkästchen getan hatte und später vergaß, wohin sie es gegeben hatte. Weitere Eintragungen beschäftigen sich mit dem Problem, passende Verstecke für höhere Summen Geldes im Haus zu finden: „Nachts um 11 plötzlich angefangen, im Bett zu schwitzen.

Seite 218: Joh. Gottfried Auerbach, Kaiser Karl VI. und Allegorie des Prinzen Eugen (Stich), die beide eifrig den Merkantilismus fördern. Unter Kaiser Karl VI. wird die Ostindische Kompanie gegründet, die den Handel per Schiff mit Ostindien fördert und betreibt.

Cours der Obligationen von den Öffentlichen Fonds in Wien den 7ten 1771

Obligationen	Papier	Geld	Sind Verkauft worden
Wiener Stadt Banco	101	100 3/4	101
Staats Schulden Cassa	99 2/3	99 1/4	99 2/3
Kupfer Amt	99 1/2	99 1/2	99 1/2
Tirol. Kameral Obligat.			
Vorder oesterr. detto			
Wiener Oberkamer Amts			
Ständische Obligat.			
Böhmen	97 1/2	97	97
Mähren		98 3/4	99
Schlesien	97	96 1/2	
Oesterreich unter der Enns	100 1/2	100	100
Oesterreich ob der Enns			
Steyermarck			
Kärnten			
Crain		99	99
Görz und Gradisca		98	98
Oesterreich unter der Enns à 3 pr. Cento			

Aus der öffentlichen Wiener Börse

Corsi de Cambj in Vienna li 7 Settem. 1771

		G.	D.
[illegible]	Amsterdam B.co	[illegible]	
[illegible]	detto	110	
[illegible]	detto		
[illegible]	Amburgo B.co		
[illegible]	detto	181	
[illegible]	detto		
[illegible]	Londra p. 1 L. St.		
[illegible]	detta	8/36	
[illegible]	detta		
[illegible]	Parigi p. 1 L. Tor.		
[illegible]	detto	22 1/2	
Uso	Venezia B.co	127 1/2	
D.o	detta Corr.te		
D.o	Augusta Corr.te	99 1/2	
[illegible]	detta	99	
[illegible]	detta	98 3/4	
Uso	Trancofort M. di C.		
D.o	Breslavia B.co		
d.o	Norimberga Corr.te		
D.o	Praga Corr.te		99 1/2
[illegible]	detta		
Uso	Livorno M. B.co		
D.o	Milano Corr.te		
Per le Fiere			

Dalla Borsa pubblica in Vienna

Rechts: Mit zunehmender Verwirklichung merkantilistischer Bestrebungen erleben Handel und Börsenwesen einen großen Aufschwung: Effekten- und Devisenzettel der Wiener Börse aus dem Jahr 1771.

Dachte daran, wieviel Geld ich im Hause habe, hörte Geräusche und schwitzte immer mehr, bis ich vor Angst fast zerschmolz … Jetzt verstehe ich erst die Ängste reicher Leute, die um ihren Besitz fürchten“ (11. 7. 1664). Die Angst steigert sich, als in London ein Großfeuer ausbricht, das mehrere Tage dauert und dem in der Folge vier Fünftel der Stadt zum Opfer fallen. Am ersten Tag des Brandes, an dem man noch glaubt, das Feuer unter Kontrolle zu bekommen, notiert Pepys: „Bei Mondschein … trug ich viele meiner Habseligkeiten in den Garten, schaffte mit Mr. Hater die Geldkisten und die Eisenkisten in den Keller, wo sie wahrscheinlich am sichersten waren. Die Säcke mit dem Gold brachte ich ins Büro, damit sie rasch wegtransportiert werden konnten, meine wichtigsten Akten ebenfalls“ (2. 9. 1666). Einen Tag später, als sich der Brand weiter ausbreitet, läßt Pepys um vier Uhr morgens sein Geld und die wertvollen Dinge zu Bekannten in einen Vorort von London bringen. Er selbst begleitet die Fuhre im Nachthemd. Noch einen Tag später läßt er sein Gold (etwa £ 2350) unter der Bewachung seiner Frau und eines Freundes zu anderen Bekannten transportieren und weist beide an, den Schatz „Tag und Nacht zu bewachen“ (5. 9. 1666). Am 10. September, eine Woche nach Beginn des Brandes, klingt das Feuer ab, woraufhin Pepys sofort einen Wagen besorgt und alles Geld zurückholt. Er bringt es in sein Büro, woraufhin abermals Ängste in ihm aufkommen, da er fürchtet, „daß es dort von zu vielen Menschen gesehen wird. Organisierte eine ununterbrochene Bewachung“ (10. 9. 1666). Einen Tag später wird das Gold ins Flottenamt gebracht. Noch am selben Abend schafft er die Geld- und Goldkisten mit Hilfe von drei Männern in den Keller des Gebäudes. Irgendwann innerhalb der nächsten drei Tage scheint der Rücktransport in das Wohnhaus stattgefunden zu haben, das vom Brand unbeschädigt geblieben war. Allerdings mußten einfache Reparaturarbeiten durchgeführt werden, weshalb die Handwerker die Übersiedlung des Pepysschen Vermögens beobachten konnten. „Mußte in dringenden Geschäften mein Haus verlassen, was mir sehr unangenehm war, weil die Arbeiter meine Geldkisten sahen und sich bedienen konnten“ (14. 9. 1666). Erst fünf Wochen später sind die Arbeiten beendet, weshalb die Kisten aus dem Keller an ihren früheren Ort – in das private Arbeitszimmer des Hausherrn – übersiedelt werden. „Es war mir eine große Genugtuung, das Geld wieder in meinem Zimmer zu sehen, zumal der feuchte Keller die Kisten sehr angreift“ (21. 10. 1666).

Als sich ein Jahr später im Krieg England gegen die Niederlande die Lage zuspitzt, befindet sich Pepys abermals in der heiklen Situation, sein Geld in Sicherheit bringen zu müssen. Er schickt seinen Vater und seine Frau, jeden der beiden mit £ 1300 in Gold versehen, aufs Land. Pepys selbst schleppt £ 300 in Gold in einem eigens dafür angertigten Gürtel mit sich. Vom Land kommen schlechte Neuigkeiten, die ihn abermals in Aufregung versetzen. „Meine Frau erzählte mir, wie sie zusammen mit meinem Vater unser Gold vergraben hat, an einem Sonntag, bei hellichtem Tage, so daß man ihnen gut zusehen konnte, was mich schier wahnsinnig macht. Überlege jetzt, wie ich das Gold wieder zurückkriege“ (19. 6. 1667). – „Bei meinem Vater im Garten das Gold wieder ausgegraben. Konnten es zuerst nicht finden, stellten dann fest, daß es überall verstreut war, es fehlten etwa hundert Goldstücke, die sich aber bis auf wenige allmählich fanden. Regte mich darüber sehr auf und stellte fest, daß es ebenso mühsam ist, Geld aufzubewahren wie Geld zu verdienen“ (10. 10. 1667).

Stetig aufflammende Kriege, wie der zwischen England und den Niederlanden, erschweren Handel und Wirtschaft: Angriff im Hafen von Bergen (1665). In Zeiten vor dem geregelten Bankwesen müssen deshalb auch Privatvermögen wie Geldkisten ununterbrochen zwischen verschiedenen Stellen hin- und hertransportiert werden, da die Sicherung alleine dem Besitzer obliegt.

Rechts: ‚Die Heckenmüntz' – Kipper und Wipper (München 1680) – Darstellung von Spekulanten, die ‚kippen und wippen', das heißt, daß sie mittels Münzwaage übergewichtige Münzen aussondern, um sie mit Edelmetallgewinn einzuschmelzen. Unmittelbare Folge ist das Verschwinden des vollwertigen Geldes vom Markt und die Inflationen zu Beginn des Dreißigjährigen Kriegs (1619–1622) und in den Kriegen des späten 17. Jahrhunderts.

Um Aufbewahrung und Verschiebung des Geldes zu erleichtern, kommen allmählich erste Banken auf. Als Ursprung des modernen europäischen Bankenwesens kann die Geschäftstätigkeit der Geldwechsler im mittelalterlichen Italien angesehen werden. Zunächst schlagen die Lombarden ihre Tische an großen Messe- und Handelsplätzen auf, wägen und prüfen Münzen und Metalle und machen erste Geldwechselgeschäfte. Bald entwickelt sich das Depositengeschäft, das durch die Einführung des Depositenscheins (der Banknote) möglich wird, und der Giroverkehr. „[Um 1700 entsteht] ein lokaler Giroverkehr ... [da die Kaufleute für den lokalen Handelsverkehr eine von den Münzwirren unabhängige Grundlage für ihren Zahlungsverkehr brauchten]. Sie gründeten als Selbsthilfeinstitute die Girobanken. Der lokale Giroverkehr wurde auf der Grundlage des Depositengeschäftes organisiert. Die wertbeständigen Einlagen waren Gold- und Silbermünzen oder -barren ... Die Einlagen waren zunächst Regulardepositen, d. h. sie wurden im Tresor der Bank verwahrt und dem Einleger in den [selben] Stücken wieder zurückerstattet. Die Girobanken konnten deshalb zunächst noch nicht mit diesen Einlagen im Kreditgeschäft arbeiten ... Doch kam es bereits im 17. Jahrhundert in England, wo im Wirtschaftsleben schon früher eine größere Rechtssicherheit und eine höhere Kaufmannsmoral herrschte, zur Entstehung des Schecks" (Löffelholz, S. 703). Neben privaten Geldwechslern, Bankiers und Finanziers entstehen ab dem 17. Jahrhundert erste öffentliche und halböffentliche Banken (1609 in Amsterdam, 1619 in Hamburg, in Barcelona – das schon zu Beginn des 12. Jahrhunderts zum wirtschaftlichen Zentrum Aragoniens und einem der bedeutendsten Handelsplätze des Mittelmeerraums aufrückt – wird im Jahr 1401 eine erste Bank eröffnet). Besondere Bedeutung kommt der Gründung der Bank von England im Jahr 1694 zu, die sich den Ruf des ersten modernen Kreditinstitus erwirbt. In Österreich bestehen zunächst private Geld- und Kreditinstitute, vorwiegend jüdische Bankhäuser, bei denen der Kaiserhof seine chronische Geldnot zu beheben sucht. Eine große Rolle spielt Samuel Oppenheimer, der seinen Ruf als

Unten: Johann Andreas Pfeffel d. J., Samuel Oppenheimer († 1703), der im österreichischen Gebiet eine große Rolle als Kriegsfinanzier und Lieferant von Truppenverpflegung spielt.

No 20.

The two Underwritten acknowledge to have received the amount of taken up by the firſt of the Underwritten in conſequence of the authority conferred on him to that purpoſe by His Majeſty Joſeph the Second, Emperour of the Romans, Apoſtolical King of Hungary and Bohemia, by means of a letter of Credit ſigned by His Imperial Majeſty datet the 24 of April in the year one thouſand, ſeven hundred and eighty three. The ſaid amount of deſigned for being advanced and paid on Condition given at the

We John Philip Count of Cobenzl, Baron of Proſſegg, Chamberlain and one of His Imperial Majeſty's privy Council and his Vice Chancellor of the Court and of te State require and charge the of His Imperial Majeſty at to pay the amount of the above Receipt conformable to the conditions expreſſed in the ſame to order of In purſuance of the general directions addreſſed to him on that purpoſe by ordres of His Imp. Majeſty. In teſtimony of which we have ſigned and ſealed the preſent with our arms. Vienna April 1783.

Englischer Kreditbrief (Wien 1783) zwischen Kaiser Josef II. und Graf Johann Philipp Cobenzl.

Kriegsfinanzier und Lieferant von Truppenverpflegung begründet. Als er 1703 stirbt, entsteht eine ernste Finanzkrise, da die meisten Kreditgeschäfte auf seine Person aufgebaut worden waren und die Hauptschuldner, allen voran die Hofkammer, die Rückzahlungen einstellen. Nach diesen Erlebnissen geht man an die Gründung einer Staatsbank, der Banco del Giro, die einen Teil der Staatsschuld übernimmt und dafür eine bestimmte Quote der Grundsteuer erhält. 1705 bricht sie zusammen. Ein Jahr später folgt die Gründung der Wiener Stadtbank, deren Kredit durch städtischen Grundbesitz gedeckt ist und die 1759, dem Finanzministerium eingegliedert, eine Art Staatsbank wird.

PREISE IM 17. UND 18. JAHRHUNDERT

Allgemein zeichnet die Preise von der Mitte des 17. Jahrhunderts bis zur Mitte des 18. Jahrhunderts eine große Gleichmäßigkeit aus. Unstimmigkeiten ergeben sich – Achtung! – nur auf den ersten Blick zwischen Sachwerten und Personalkosten, wobei sich letztere zu ersteren ungleich nieder verhalten. Das liegt daran, daß die meisten Angestellten, robotpflichtige Bauern miteingeschlossen, Kost und Logis von der Herrschaft, dem Hof oder einer anderen Institution, für die sie Dienste leisten, erhalten. Außerdem empfangen Beamte, Verwalter und jede Menge Dienstnehmer prozentuell angegebene Gelder für Geschäfte mit Dritten und sogar für Empfehlungen: Arbeitsstellen können erkauft werden, wofür der Vermittler eine Provision einstreift.

1622
Verkaufspreis eines offensichtlich reparaturbedürftigen Schlosses 2.000 fl
Zum Vergleich mit heutigen Verkaufsangeboten soll der originale Angebotstext mitangeführt werden, dessen Werbewirksamkeit sich anzweifeln läßt: „Das Schloß liegt in gebirgigen kalten Orten, ist finster und altväterlich gebaut, hat auch die Weite nicht, daß man hineinfahren kann und ist in der vorübergegangenen Kriegsunruhe sehr ruiniert worden, besonders an Zimmern, Fenstern, Gesperren und Oefen; der Brunnen ohne Wasser, die Wohnung unbequem gebaut, der Meierhof baufällig und mit einer viele Unkosten verursachenden Wasserleitung, alles geschätzt auf 2000 fl" (Anonymer Anschlag, 1622).

1650 Wien
Arbeitsentgelt für zwei Diakonsornate 300 fl
Stickmaterial für dieselben Stücke 566 fl
Man beachte den hohen Preis des Materials – es handelt sich allerdings um Gold- und Silberfäden.

1688
Preise der Wiener Tischlerordnung
„1. Ein gemeine schwartz gepaizte von Buerbaumenen / oder Aichhornen=Holtz auff ein Persohn gehörige *Beth=Statt* so 6. Schuh lang / und 3. Schuh brait im Liecht / und mit einen außgeschwifften Außzigl ohne Füllung mit einem glatten Fueß=Brett / wie auch glatten Seiten=Blättern / doch mit dem gebräuchigen Fueß=Gesibms und einer Kellen Sitzleisten außgemacht ist / auch die vier Stäffel gedrähet und obenher mit einem Knopff gezieret seyn / doch ohne der Schrauffen /per 5 fl 30 kr

14. Ein von Nußbaumen Holtz wie Num 1. gemachtes *Beth=Stättl* / und das dises / und alle nachfolgende von Mußbaume Holtz gemachte Arbeit so wol in Bethstätten / und Rundtaffel sauber pollieret werde 6 fl 45 kr

22. Ein *Spann=Bethl* auff ein Persohn vom waichem Holtz / 1 fl 15 kr

27. Ein von Aichen Holtz 4. Schuh lang / 2. Schuh tieff / und 3. Schuh hoch mit 2. eingefasten Thüren / sambt doppelten geschwaifften Staffeleyen ohne Schubladen / und einem ausgeschwaifften Außzügl ober= und untern Gesimbs / auch die Beystierl mit Rauthen auff vier Kugl ohne Beschläg gemachter *Schenck=Kasten* 10 fl

28. Ein *deto* so sauber abgegripfft / und in den Stäffeleyen 4. Schubladen gemacht seyn / 12 fl

29. Ein von Aichen Holtz 5. Schuh hoch 1. Schuh 10.

Zahl tieff / 3. Schuh 3. Zahl brait / mit einer Thür / in welcher 2. Füllungen / oben auff ein sauberer Krantz / die Häupter / und Beystierl aber glatt auff vier Kugeln gemachter *Gewant=Kasten* 7 fl

33. Ein von Mußbaumen=Holtz auff die unter N. 27 besagte Manier ohne Beschläg gemachter *Schenck=Kasten* / per 11 fl 30 kr

42. Ein von Pir=Baum= oder Aichhorn=Holtz schwartz gebaizter mit glatten und graden Arm=Lainen / wie auch gantz glatten Säulen gemachtes *Sessel=Gstöll* / und daß die Zwerg=Leisten / und Schwingen geschwaifft / auch untenher ein Gsimbs an die Schwingen gekehlt werden / per 2 fl

44. Ein ordinari von Aichen=Holtz mit durchbrochenem Schwingen / und geschwaifften zwerg=Laisten / wie auch glatten Staffeln / oder so es verlangt wird mit Fisch=Schüppen / ohne Armb=Lainen gemachter *Taffel=Sessel* / per 54 kr
Ein Buchener deto / per 45 kr

48. Ein von Nußbaumen Holtz mit Armb=Lainen auff Frantzösische Manier gemachter *Sessel* / an welchen die Stützen mit Frantzösischen Lauben / von unten auff gezieret / auch die Schwingen mit Pollnische oder Frantzösische Lauben und in der mitten ein Fratz geschnitten ist / 3 fl

50. Ein von Nußbaumen Holtz mit hoher Lainen / und Kappen wie Num. 44. gemachter *Schlaff=Sessel* / und daß man undenher den Tritt heraußziehen könne 4 fl

52. Ein von Aichen Holtz auff 12. Persohn mit vier starcken / 9. Zahl dicken Säulen gemachte *Rund=Taffel* / und daß so wohl der Fueß / als daß in einer eingefasten Ramb gemachte Taffel=Blatt / wie auch untere / und obere 4. Flügl von gantzem Aichen Holtz gemacht sein ohne Beschläg / 12 fl

54. Ein vier Schuh lang / und 2. Schuh brait (vom waichen Holtz) mit einem Creutz=Fueß und Schubläden gemachter *Tisch* per 1 fl 30 kr

55. Ein *deto* mit gedrähten Säulen in eben diser Grösse und einer Schubladen 2 fl

63. Ein eingefaste sauber von waichem Holtz mit Köllestessen gezierte *Thür sambt dem Thür=Stock* zweyen Verkleydungen / so 6. Schuh hoch / 3. Schuh brait in Liecht ist / und daß von dem Maister das Holtz darzugegeben werde / 4 fl 15 kr

80. Ein Lehrbaumener 7. Schuh hoher *Fenster=Stock* mit 4. Liechtern und 2. Guggerlen / 3 fl

87. Ein *Leib=Stuel* mit Aerben beschlagen / per 45 kr"

Dieselbe Ordnung enthält auch Preise für Särge, die je nach Größe, Holzart und künstlerischer Beschaffenheit zwischen 45 Kreuzern und 18 Gulden erhältlich sind. Ins Auge fällt dabei der unglaubliche Unterschied von 16½ Gulden zwischen teuerstem und billigstem Modell für erwachsene Verstorbene: Um die Differenz könnte man einen wenig gebrauchten Wagen („khälleß mit aller zugehörr") erstehen. Ein „schlechterer waggen mit zugehörr" ist sogar um 8 Gulden zu bekommen. Beachtenswert in den Zeiten einer unglaublich hohen Kinder- und Menschensterblichkeit sind die Preise der Kirche für eine Beisetzung (20 Gulden), was dem Wert eines Wagens oder dreier teuerst gefertigter Betten entspricht, die Austattung des Kirchenraums mit Bahrtuch, Kruzifix und Bild kostet 7 Gulden, also wieder mehr als ein teures Bett.

1693
Sollwerte, also eine Art Höchstpreise, für Kleidungsstücke, auf die einzelnen Stände bezogen, und Geldstrafen bei Mißbrauch (NKO).

Erster Stand Sollwert Strafe

goldene Hutschnur	fl 20–25
Perücken	fl 18
verzierter Spitzenkragen	fl 12–15
goldene Hauben	fl 40
Verstoß gegen jeden einzelnen Punkt	fl 10

Zweiter Stand

silberne Hutschnur	fl 6
Samthauben	fl 24
Goldkette mit maximal vier Perlen besetzt	fl 25–30
Verstoß gegen jeden einzelnen Punkt	fl 10

Dritter Stand

silberne Hutschnur	fl 3–4
Silberhauben	fl 18
Spitzenkragen	fl 10–12
goldene Halskette, aber ohne Gehänge	fl 30
silberner Tanzgürtel	fl 11–12
Verstoß gegen jeden einzelnen Punkt	fl 10

Vierter Stand

Spitzenkragen (Herren)	fl 3–4
Spitzenkragen (Damen)	fl 5–6
Samthauben	fl 8–10
silberner Leibgürel	fl 10–12
Verstoß gegen jeden einzelnen Punkt	fl 6

Fünfter Stand

Krägen	fl 2
Hauben	fl 6–8

Perlenhaarband	fl 8–10
silberner Gürtel	fl 7–8
Verstoß gegen jeden einzelnen Punkt	fl 6

Handwerksgesellen, Dienstknechte, Jungen, Dienst- und Hausmägde

Hauben	fl 3–4
Perlenhaarband	fl 6
Krägen	fl 2
Verstoß gegen jeden einzelnen Punkt	fl 4

1697
Strafen aus dem Leopoldinischen Luxuspatent gegen das verbotene Tragen von goldenen und silbernen Spitzen, Fransen, Borten, Knöpfen etc.

Erste Klasse	fl 6
Zweite Klasse	fl 3
Dritte Klasse	fl 1 Kr. 30
Vierte Klasse	45

Dieselben Strafsätze gelten für das Tragen von Perücken, Spitzenhauben und gestickten oder mit Bändern verzierten Hauben.

1701
Preise/Schätzwerte aus einem Inventar, Steiermark

eine Stute	38–45 fl
eine junge Stute	35 fl
ein blindes Roß	22 fl
eine Kuh	7–8 fl
ein zweijähriger Stier	8 fl
ein Schwein	2–4 fl
eine Gans	1/2 fl
ein dreispänniger Wagen	20 fl
ein Fuhrwagen mit Strick und Plachen	12 fl
eine eiserne Egge	$2–2\frac{1}{2}$ fl
ein aufgerichtetes Federbett	18 fl
ein aufgerichtetes Strohbett	$2\frac{1}{2}$ fl
eine Truhe	$1\frac{3}{4}$ fl
ein kupferner Häfen	1 fl
eine kupferne Pfanne	$\frac{1}{2}$ fl
ein harbenes (aus Tierhaaren?) Tuch	1 fl

1705
Jahresgehälter am Wiener Hof

Hofmedicus	360 fl
Hoftrompeter	200 fl
Leibkutscher	150 fl
Meisterkoch	120 fl
Saaltürhüter	24 fl

Ins Auge fällt das nur eineinhalbmal größere Jahresgehalt des Arztes im Verhältnis zum Trompeter. Der wesentliche Unterschied ergibt sich aus den größeren Naturalienleistungen und verschiedenen Vorrechten des Arztes, wie zum Beispiel, für die einzelnen Behandlungen zusätzliche Rechnungen zu stellen. Diese Möglichkeit der Zusatzverdienste stehen allerdings den meisten Berufsgruppen offen.

1713
Verlassenschaftsinventar Heinrich Hösli, Waldstein/Steiermark
„1. Vüch

4 Kühe	50 fl
ein Schwein	2–3 fl
20 Schafe zu 4 Schilling	10 fl
Pferde zwischen	15 und 65 fl

2. Wein

1 stärttin zwischen	24 und 45 fl

3. Fahrzeuge

eine Kalesche (khälleß mit aller zugehörr)	17 fl
1 waggen mit zuegehörr	15 fl
1 schlechterer waggen mit zugehörr	8 fl

4. Mobiliarteile

1 völlig aufgerichtetes pött	12 fl
ein anderes Bett	7 fl
4 tuchendt, ein unterpoth mit födern sambt 2 khopfkhüsßen	20 fl
Kästen zwischen	2 und 3 fl
1 tisch	1 fl 60 kr
lainstüell und penkh (Lehnstuhl und Bank)	1 fl 20 kr
1 von kupfer doch vergulter pöcher	1 fl 60 kr
Truhen zwischen ein Gulden und darunter	
4 Spinnräder	1 fl
1 Pfeffermühle	1 fl
1 spanische Wand	6 fl
6 löidrene sößl	9 fl
eine Flinte	10 fl
Gebühr für die Schätzmeister	2 fl
(der hinterlasßenen wittib Maria Anna lauth heyrathscontract)	1.900 fl
Begräbniskosten	18 fl
den camerdiener vor gehabte miehe	4 fl“

1720

von Gold reiches Frauenkleid	350 fl
weißes Hofkleid, reich von Silber	474 fl

1730
„Landgerichts=Straffen“ Waldstein/Steiermark
Die meisten Strafen werden wegen Fornikation (Ehebruch, Buhlerei) ausgesprochen und sind in der Höhe dem jeweiligen Berufsstand angeglichen:

ein Fleischhackerknecht treibt Unzucht mit einer Unverheirateten, das kostet	6 fl

ein Dienstbub mit einer Dirn 2 fl
ein Amtmann mit einer Dienstdirn 1 fl
ein „armer abdankter Soldat im Hofamt“ mit einer Dienstdirn 2 fl
eine verwitwete Jägerin mit einem Weißgerbergesellen 2 fl
Ehebruch eines Kürschnermeisters mit einer Dienstdirn 16 fl
Unzucht eines Dienstknechtes mit einem Mädchen mit folgender Schwangerschaft 3 fl
Kupferschmiedmeister mit seiner Köchin und folgender Schwangerschaft 20 fl

1735 Wien
Arbeitsentgelte der am Bau des ehemaligen Palais Harrach in Wien 3., Ungargasse 69, beteiligten Künstler:
Für die Ausstattung des Festsaals erhält Santino Bussi 515 fl 5 kr.,
für die Stukkos im Vestibül 153 fl,
für die Arbeiten im Paradezimmer 155 fl,
der Maler Bartolomeo Altomonte erhält 800 fl,
Gaetano Fanti für Fresken 360 fl,
Johann Trebesky erhält für acht jonische Kapitelle im Festsaal 48 fl.

1741
Ausgaben Kanzlei, Waldstein/Steiermark
jährl. Gehalt eines Guts- u. Schloßverwalters 150 fl
eines Schreibers 100 fl
zusätzlich werden jährlich an die Kanzleiangestellten
Gewürze und „Fastenspeisß“ (Fastenbrot ist eine gewisse Art von Brot für die Dienstleute in der Fastenzeit) abgegeben im Wert von 10 fl
„vor einen stärtin besseren wein“ 25 fl
„gartner wird dermassen herrschafftlicher seiths Keiner gehalten, sondern der genusß des gartens dem Verwalter überlassen.“
„vor das beschlächt [Beschläge] deren ... zwey pferdten“ jährlich 8 fl
„vor einen menschen zu erhalt= und nachpressung guter obst=baumer in dem garten“ 25 fl
Der „Schlosß Caplan“ verdient jährlich 50 fl
„dan besonders wegen lesung einer wochentlichen ... Mesß“ 25 fl
für Wein 10 fl
für Gewürze und Fastenspeise 6 fl
Der Oberjäger erhält jährlich 90 fl
der „Jäger Adjunct“ 34 fl
„alß Waldaufseher“ (zusätzlich) 20 fl
„der Roß Knecht“ 12 fl
„das Kuchel Mensch“ 8 fl

In den meisten Aufstellungen sind die großen Mengen an Naturalien (Rind- und Schweinefleisch, Weizen, Korn, Gersten, Linsen, Schmalz und Kerzen) nicht enthalten, die an alle Angestellten und Arbeiter abgegeben werden und die meist den Jahresbedarf decken. Sie werden nach dem Gewicht und nicht in Barwerten erfaßt.

1745
Speisentarife für Gaststätten
Die Preise für Wirtshausspeisen sind gesetzlich vorgeschrieben,
wonach eine reiche Speisenfolge (aus 7 Gängen bestehend), die dem Mahl in einem vermögenden Haushalt entspricht 24 kr,
ein fünfgängiges Menü 17 kr,
ein billigeres fünfgängiges Essen mit immerhin noch drei Fleischgerichten 12 kr
und ein Spar-Menü bestehend aus Suppe, zwei Gängen mit Fleisch und Zuspeise 7 kr
kosten.
Wein, der in reichlichen Mengen (bis zu drei Liter pro Mann und Tag) genossen wird, zählt zu den billigsten Getränken und kostet – wenn man ihn überhaupt kaufen muß, denn er gehört zu den Naturalien, die gratis an Dienstnehmer abgegeben werden – je nach Qualität einige wenige Kreuzer.

1760
Spesen, die dem Fürsten Joseph Wenzel Liechtenstein anläßlich seiner Reise von Wien nach Parma entstehen, wobei die auseinanderklaffenden Preise von Gütern und Dienstleistungen zu beachten sind.
10. 6. „3 thore außgraben lassen und einen schwibbogen was abschlagen“ 4 fl 30 kr
11. 6. „Zue Schottwien abends das obere thor mit 8 persohnen außgraben lassen“ 1 fl 36 kr
„denen 6 männern, so mit denen wagen um anzuehalten iber den ganzen berg gegangen bezahlet“ (Wagen mußten gestützt werden, damit sie nicht den Berg abwärts stürzen) 1 fl 12 kr
12. 6. „Zue Meerzueschlag [= Mürzzuschlag] alle 3 thore bis 3 schuch tieff durchgraben lassen mit 18 mann und 4 maurer“ 6 fl
eine Kalesche von Mürzzuschlag bis Bruck 1 fl
13. 6. „Zue Prugg durch 5 bögen durchgraben, dann 2 abnehmen lassen, denen handlanger, maurer und zimmerleüthen bezahlet“ 3 fl 36 kr
„für große und kleine strikhe, so zuem wagen nöthig bezahlet“ 3 fl 36 kr
14. 6. „Zue Luiben [= Leoben] einen schwibogen

abbrechen, am anderten die große seithensteiner außnehmen, dann durch 3 andere thore 3 schuch tieff durcharbeithen, denen maurer und handlanger" 6 fl 24 kr
„zue Lorenz denen 8 mäner die wagen iber die brucken zue bringen, wie auch bey Knittelfeld" 1 fl 80 kr

15. 6. „Zue Knittelfeld ausser der statt die wege machen lassen, dann denen männern so die wagen helffen durchbringen" 4 fl 44 kr
„allda um die statt und durch den hohen berg die wege außarbeithen und die wagen hinaufbringen helffen" 3 fl 30 kr

16. 6. „Iber nacht am 2ten wagen einen raif anschrauffen, am grossen einen an der deichßelstang schweissen und 2 neue negel mit schrauffen zue machen, dann 2 band anlegen lassen" 1 fl 42 kr
„zue Neumarkt um das orth den weg außhauen lassen, 2 brukhen außbesseren und die wagen anhalten lassen" 3 fl 12 kr

17. 6. „Zue Frisach iber nacht, allda weillen die thore nicht zue passieren, mußte der feldweg zuegerichtet werden und die bretter von der mihl und brukhen zur passierung deren wagen zuegetragen werden, denen 12 männer so nachts und fruhe gearbeitet" 3 fl 24 kr
usf.

Gesamtsumme der während der Reise verursachten Spesen: 566 fl 57 kr

GEBRÄUCHLICHE WÄHRUNGEN DES 17. UND 18. JAHRHUNDERTS

Die bekannteste Währung stellt der Gulden (aus dem Mittelhochdeutschen: *guldin pfennic* = goldene Münze) dar, der in seiner Form als Goldgulden wertmäßig zunächst dem älteren Rechnungspfund gleichgestellt wird, er zählt 20 Schillinge oder 240 Pfennige. Als er im Kurswert steigt, verdrängt er als Rechnungsbegriff vielfach das Pfund, ohne daß ihm noch ein geprägtes Geldstück entspricht (= sogenanntes Rechnungs- oder Zählgeld). 1510 wird ein einheitliches Geldsystem für alle althabsburgischen Länder erlassen, wonach ein Gulden 60 Kreuzer oder – nach wie vor – 240 Pfennige zählt. Der Pfennig kann noch in zwei Heller geteilt werden. Ab 1623 gibt es nebeneinander vor allem den rheinischen Gulden (= 2/3 Reichstaler) und den fränkischen Gulden (= 5/6 Reichstaler = 5/4 rheinischer Gulden). Der Kurs der großen Silbermünze, die nach ihrem Prägeort Joachimsthal „Taler" genannt wird, beläuft sich um 1600 auf über 60 Kreuzer, zu Beginn des Dreißigjährigen Kriegs auf 90 und am Ende des 17. Jahrhunderts auf 120 Kreuzer. Der ungarische Goldgulden (Dukatengulden) hat im 17. Jahrhundert anfangs einen Wert von 80, später von 120 Kreuzern. Soweit die im Reichsgebiet gültige Einteilung, die in Wahrheit aber noch viel komplizierter ist, als man zu erahnen vermag. Denn im schlimmsten Fall unterscheiden sich die Währungen von Dorf zu Dorf. In einem Dokument des Jahres 1713 (Graz, Umgebung) sind im Anhang die gängigsten Umrechnungen gleich mitangegeben: 104 (regionale) Taler entsprechen 208 Gulden, ein doppelter Eggenberg wird zu 8,20 Gulden verrechnet, ein einfacher Dukaten zu 4,90 Gulden und eine Krone zu 2,15 Gulden.

MASSE UND GEWICHTE

Vom 16. bis zum 18. Jahrhundert sind Meile (die österreichische Meile entspricht 7,685 km), Klafter, Schuh, Elle und Daumenelle die gängigen Längenmaße. Ein Wiener *Klafter* (189,5 cm) teilt sich in 6 Schuh oder Fuß (31,52 cm) oder in 72 Zoll (2,6 cm). Eine Wiener Elle mißt, ins metrische System übertragen, 77,3 cm (die *Ellen* vom Wiener Stephansdom und der Freistädter Pfarrkirche belaufen sich auf 77,5 cm). Eine Elle aus Kastilien mißt 83,59 cm, womit auch die Längenmaße regional sehr auseinanderlaufen. Die Urmaße werden erst gegen Ende des 18. Jahrhunderts festgelegt.
Getreide wird in Mut zu 30 Metzen zu 4 Vierteln, 8 Achteln und 16 Sechzehntel gemessen. Der Wiener Metzen beläuft sich vor 1688 auf 59,22 l, von 1688 bis 1756 auf 61,01 l, ab 1756 auf 61,49 l. In Graz gilt seit 1480 der *Vierling* (vlg. = 147,8 l, später 157 l) als Stadtmaß, rund die Hälfte davon macht das Grazer Viertel (vtl.). Als Flüssigkeitsmaß ist für Wasser der Eimer zu 24 Dreiling zu 32 Fuder in Gebrauch. Für Wein gilt in Wien bis ins Jahr 1569 der Eimer (58 l) zu 32, später zu 41 Achtering oder Maß. Ab 1761 geben 40 Achtering zu 1,414 l einen Landeimer von 56,6l. Das steirische Maßsystem kennt als größte Einheit für Wein den Startin (stn.) von 524,1 l. Der *Startin* zerfällt in 5 große (= 10 kleine Eimer) zu 20 Achtel (16,24 l). (Unger: Ein Startin faßte 5 große oder 10 kleine Grazer Eimer oder 20 Cillier Eimer = 20 Achtel oder 400 alte Maß = 565,959 Liter.) Auch in Kärnten und Tirol gibt es zahlreiche Varianten. Von den Gewichten gehört das Wiener Handelsgewicht von einem Pfund (560 g), das in 32 Lot zu 17,5g gegliedert ist, zu den am meisten verbreiteten Maßen.

XIV
ZUNFTWESEN – BERUFE – HANDWERK UND GEWERBE

ARBEITSRECHT UND -PFLICHTEN IM HANDWERK

In bezug auf das Arbeitsrecht spielen die Zünfte eine bedeutende Rolle, die für die betroffenen Personengruppen des Handwerks – zu denen die Bäcker, Müller, Maurer, Zimmerleute, Schneider, Zeugmacher, Wollkämmer, Böttcher, Fuhrleute, Kürschner, Färber, Töpfer, Schlachter, Schmiede, Schuhmacher, Schlosser usf. zählen, sowie für die Ausübenden des Handels und dergleichen – alle sich aus der Arbeit ergebenden nötigen Regelungen treffen. Das Zunftwesen besteht seit dem Mittelalter als eine festgefügte Organisation. Die jeweiligen Zunftordnungen werden von der Stadtobrigkeit bestätigt oder erlassen. Zu den wichtigsten Zielen der auf christlichen Grundlagen aufgebauten Einrichtung gehört die Regelung wirtschaftlicher und organisatorischer Fragen wie Betriebsgröße, Arbeitszeit und Rohstoffbezug auf der Arbeitgeberseite. Neben den wirtschaftlichen obliegen den Zünften auch soziale Funktionen. So unterstützen sie die Gesellen durch Einrichtung von Herbergen, fördern das Recht des einzelnen auf Arbeit und sind Träger der Kranken- und Sterbekassen. Im Fall von Krankheit und Tod übernehmen die Zünfte je nach den Vermögensverhältnissen des Kranken seine Versorgung, die Kosten der Beerdigung und die Versorgung von Witwen und Waisen. Die Zunft setzt die Zahl der Gesellen und Lehrlinge, die ein Meister halten darf, ebenso wie die Zahl der Meister fest, wobei es in ihrem Interesse liegt, die Zahl letzterer möglich niedrig zu halten. Als Mittel zur Erfüllung dieses Zwecks schreibt man einen langen und schwierigen Lehrgang vom Lehrling zum Meister vor, der sich zudem sehr kostspielig gestaltet. Wenn ein Bursche im Alter zwischen zwölf und vierzehn Jahren Lehrbub werden möchte, muß er zunächst seine eheliche Geburt nachweisen. (Der Makel unehelicher Geburt kann in Ausnahmefällen durch einen Legitimationsbrief des Pfarrers oder Landesherrn getilgt werden.) Die Eltern des Bewerbers müssen *ehrlicher* Herkunft sein – wobei Unfreie, Henker, Abdecker (sie reinigen die Straßen von Tierkadavern), Schinder, Gaukler, alle Fahrenden, Schäfer und Totengräber, in früheren Zeiten auch die Bader, Müller und Kartenmaler, zu den *Unehrlichen* zählen. Ist die Ehrlichkeit bewiesen und eine mehrwöchige Probezeit bestanden, kommt es zur Belehrung und zum Gelöbnis des Buben vor den Zunftmeistern. Die Aufnahme wird bei Entrichtung der Aufdinggebühr rechtskräftig. Die Hinterlegung eines Bürgschaftsgeldes (meist 32 Gulden: um den Preis kann man laut Tischlerordnung mehr als fünf Betten der teuersten Ausführung erstehen) in der Zunftlade oder die Stellung von zwei Bürgen soll das Entlaufen des Lehrlings aus der Lehre verhindern. Je nach Gewerbe ist eine drei- bis siebenjährige Lehrzeit zu durchlaufen. Um *freigesprochen* werden zu können, ist noch ein Zeugnis über den Besuch einer Christenlehre vorzulegen und die vor dem Ortskatecheten abgelegte Prüfung nachzuweisen. Während einer Zunftversammlung erfolgt die Freisagung. Abermals ist eine Freisagegebühr bis zu fünf Gulden (das entspricht noch immer dem Preis eines sehr guten Bettes), Schreibgeld und eine Gebühr für die Ausstellung der Lehrbriefe zu erlegen. Zuletzt gilt es, den *geselligen* Teil in der Herberge zu ertragen. Je nach Gewerbe hat der Junggeselle von den Alteingesessenen eine langwierige Prozedur von Quälereien über sich ergehen zu lassen. Schließlich erfolgt die *Handwerkstaufe* mit dem Inhalt einer Zunftkanne, und nach einem Backenstreich beginnt der Umtrunk mit der Gesellenrunde. Nach der Freisagung unternimmt der Geselle eine zwei- bis vierjährige, manchmal auch sechsjährige Wanderzeit, die in den Zunftordnungen seit dem

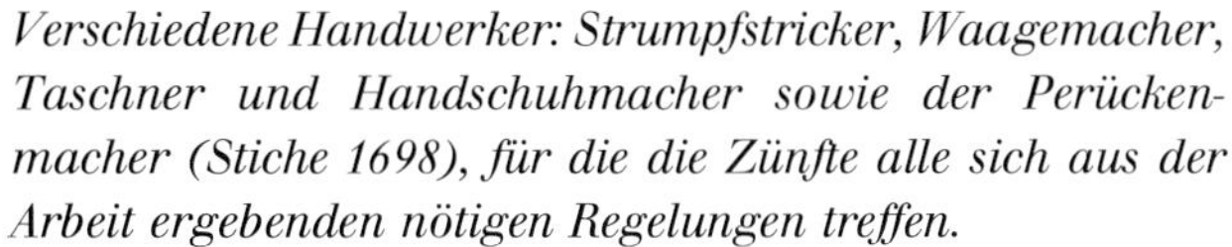

Verschiedene Handwerker: Strumpfstricker, Waagemacher, Taschner und Handschuhmacher sowie der Perückenmacher (Stiche 1698), für die die Zünfte alle sich aus der Arbeit ergebenden nötigen Regelungen treffen.

15. Jahrhundert zwingend vorgeschrieben ist. Dem wandernden Gesellen stellt die Zunft einen Brief aus, in dem der jeweils letzte Arbeitsplatz – oder der Vermerk, daß er keine Arbeit gefunden hat – verzeichnet steht.

Die Zugehörigkeit zur Zunft ist unter anderem an überprüfte Kenntnisse und Fertigkeiten, den freien Stand und einen guten Leumund gebunden. Die äußere Organisation beruht auf der Gliederung in Meister, Gesellen und Lehrling. Entscheidungen über den Berufsstand werden in den Meisterversammlungen getroffen, nur die Meister sind Vollgenossen der Zünfte. Ihnen stehen zunächst landesherrliche Beamte, später die gewählten Zunftmeister vor. Nach dem Vorbild der Meisterversammlungen schließen sich ab dem 14. Jahrhundert auch die Gesellen zu Gesellenbruderschaften zusammen, um ihre Interessen gegenüber den Meistern zu wahren. So schreibt zum Beispiel die Gesellenbruderschaft der Schuhmachergesellen um die Mitte des 17. Jahrhunderts in Arnstadt für ihre Mitglieder folgende Rechte und Pflichten vor: Der Geselle hat Anspruch auf Aufnahme in einer eigenen Herberge um einen dafür festgelegten günstigen Preis, die Lade ist im Abstand von 14 Tagen nach pflichtmäßigem Besuch des Gottesdienstes aufzusuchen, bestimmte Eintragegebühren sind zu entrichten. Kleidung und ein gebührendes Verhalten werden ebenso vorgeschrieben wie die Begräbnisordnung für verstorbene Mitglieder und Zunftbräuche. Abweichungen werden mit Strafen belegt, die in Form von Geld oder Naturalien, wie Wachs, entrichtet werden müssen.

Die Entwicklung der Zünfte steht in engem Zusammenhang mit der Entwicklung der Städte, in denen sie in immer stärker werdenden Maße politisch hervortreten. Seit dem 14. Jahrhundert streben die Zünfte in den sogenannten Zunftkämpfen – meist erfolgreich – nach Beteiligung am Stadtregiment, das bis dahin meist in den Händen patrizischer Familien liegt. Allerdings gerät das Zunftwesen mit der Entstehung neuer Gewerbe und der Erschließung neuer Märkte allmählich auch in eine Krise. Zum einen übertragen die Zunftmeister alte Rechte der Zünfte in Form von privatrechtlichen Privilegien auf sich selbst und bedienen sich selbstherrlich des Zunftzwangs als Mittel, Konkurrenz vom Gewerbe auszuschließen. Zum anderen drängen kleinliche Bestimmungen verschiedene Handwerke in die Enge und schreiben zum Beispiel vor, daß Tischler zur Verbindung einzelner Holzteile nur Leim und hölzerne Pflöcke verwenden dürfen, während der Gebrauch von Nägeln den Zimmerleuten vorbehalten bleibt, und Grobschmieden untersagt man, den Schraubstock, ein exklusives

Werkzeug der Kleinschmiede, zu verwenden. Mit zunehmenden Unregelmäßigkeiten nimmt die Regierung ab dem Ende des 17. Jahrhunderts wachsenden Einfluß auf die Zünfte. Kaiser Leopold I. schafft nach dem Vorbild von Paris und Berlin auch für Wien den Titel der Freimeister und Hofhandwerker, die sogenannten *Hofbefreiten,* die den Zünften nicht angeschlossen zu sein brauchen, und er paßt die Meisterzahl den herrschenden Bedürfnissen an. Schon früher (seit dem 14., 15. Jahrhundert) vom Zunftzwang befreit sind die sogenannten Hausgewerbe, die aus dem Verlagssystem entstanden waren. Sie stellen eine frühe Form der arbeitsteiligen Gütererzeugung dar. Organisatorisch liegen sie zwischen dem selbständigen Handwerk und der Arbeit in der Manufaktur: Ehemals selbständige Handwerker besorgen in der eigenen Werkstätte die Fertigung von Produkten im Auftrag von Großkaufleuten, die die Rohstoffe zur Produktion in Heimarbeit *vorlegen* und den Weiterverkauf der Produkte übernehmen.

1731 wird in Regensburg die reformierte Reichshandwerksordnung erlassen, die weitgehende Erleichterung bringt. Der Landesherr nimmt sich fortan die Freiheit, Zünfte zu schaffen und umzuformen, in der Folge werden vor allem viele Beschränkungen abgeschafft. 1791 bewirkt die Revolution auf französischem Boden unter anderem auch die Einführung der Gewerbefreiheit. Preußen folgt um 1810/11, Österreich erst im Jahr 1859.

ANSTELLUNG IM PRIVATEN HAUSHALT

Zu den häufigsten Berufen in Stadt und Land zählen Knecht und Magd, deren zu verrichtende Tätigkeiten begrifflich genau festgelegt sind: *„Knecht ist ein Dienst=Bothe mänlichen Geschlechts, welcher einem Hauß=Vater seine Arbeit zu Hauß und ausser demselben auf dem Felde und anderswo verrichtet, und davor die Kost neben einem gewissen Jahr= Lohn zu geniessen hat“* (Haußhaltungs=Lexicon, S. 486). Hauptsächlich wird zwischen Haus-, Akker-, Bau-, Fuhr- oder Pferdeknecht unterschieden. „[Offensichtlich ist aber] *dieser Unterschied in Benennung … nicht viel nutz, weil dadurch dergleichen Pursche sich einbilden, als ob sie nur zu dieser, oder jener Arbeit absonderlich bestellet werden, und anderen ihnen anbefohlene Arbeiten zu verrichten, Schwierigkeit machen …*“ (ebda., S. 487). Soweit zu den Mühsalen der Arbeitgeber, die Kompetenzbereiche zu klären.

„In Miethung der Knechte hat man vornehmlich darauf zu sehen, daß man, wo möglich, bekannte Knechte dinge, oder miete; vor gar fremden und unbekannten Knechten sich hüte; daß man nie zwey, oder drey Brüder zugleich in eine Haußhaltung dinge, oder miete, weil nicht allein wenig Fried und Verträglichkeit zwischen ihnen zu hoffen, sondern auch allerley, Untreu, Unfleiß, Partiten, Betrügerey und Schaden von ihnen zu befahren ist; und endlich, daß man vor alten, ausgearbeiteten Knechten sich

hüte, weil sie gemeiniglich stutzig und unwillig sind, sich nicht gerne einreden lassen, und alles besser als die Herrschaft selbst wissen und verstehen wollen" (ebda.).
Die Probleme der Arbeitgeberseite scheinen in Zeiten der ungeordneten Arbeitsregelungen und dem früher angesprochenen Mangel an menschlicher Arbeitskraft keinesfalls geringer gewesen zu sein als die der Arbeitnehmer.
Unter dem weiblichen Personal deckt die Magd, *„ein Dienstbote, weiblichen Geschlechtes, welche bey einer Herrschafft in Lohn und Brod tritt, mit dem Geding, daß sie dagegen derselben aufzuwarten, und allerhand bey der Haußhaltung vorkommende und ihr anbefohlene Hauß= und Dienst=Arbeit zu verrichten schuldig ist..."* (ebda., S. 553), einen großen Arbeitsbereich ab. Unterschieden wird zwischen der Haus- und Viehmagd (Schweinemagd), der Ausgeberin oder Beschließerin, der Hausjungfer, der Jungen, Großen, Mittel- oder Kleinen Magd, der Köchin, der Küchen- oder Kindermagd und der Käsemutter oder Hofmeisterin.
Dienstgebern und -nehmern entstehen aus den Dienstverhältnissen verschiedene Rechte und

Oben: Justus Juncker (†1767) zugeschrieben: Küchenmagd, „welche bey einer Herrschafft in Lohn und Brod tritt, mit dem Geding, daß sie dagegen derselben aufzuwarten, und allerhand bey der Haußhaltung vorkommende und ihr anbefohlene Hauß=und Dienst=Arbeit zu verrichten schuldig ist."
Seite 231 oben: Dem Bild des frühkapitalistischen Ausbeuters steht saufendes, arbeitsscheues und launisches Dienstpersonal gegenüber: Schwatzhafte Dienstboten (1652), und Seite 231 unten Canaletto, Freyung mit Prozession. „Im alten Wien verging keine Woche ... wo nicht aus den zahlreichen Kirchen, Klöstern und Kapellen der Stadt irgendeine mehr oder minder ansehnliche Prozession auszog ... Da Müßiggang, Schwelgerei und Ausgelassenheit eher verziehen wurden, wenn sie einen Anstrich von Heiligkeit oder Andächterei hatten, so waren diese Prozessionen dem Pöbel aus allen Ständen sehr willkommen."

Pflichten, die je nach Vermögenslage, Bildung und Charaktereigenschaften beider Seiten verschieden gedeutet und ausgeführt werden können. Dem Bild des frühkapitalistischen Ausbeuters steht saufendes, arbeitsscheues und launisches Dienstpersonal gegenüber. Wenig Erfreuliches ist in diesem Zusam-

C
A
B
D
E
F
G
1652

menhang über die Arbeitsmoral der Wiener überliefert, die ihre Arbeitsunlust oftmals hinter einer hochaktiven Religionsausübung verbergen: „Im alten Wien verging keine Woche, ja es waren sogar wenige Tage im Jahr, wo nicht aus den zahlreichen Kirchen, Klöstern und Kapellen der Stadt irgendeine mehr oder minder ansehnliche Prozession auszog und entweder bloß eine benachbarte Kirche oder ein nahes Dorf oder auch einen entfernten Wallfahrtsort besuchte. Da Müßiggang, Schwelgerei und Ausgelassenheit eher verziehen wurden, wenn sie einen Anstrich von Heiligkeit oder Andächterei hatten, so waren diese Prozessionen dem Pöbel aus allen Ständen sehr willkommen. Wenn sich der Österreicher einen guten Tag auftun wollte, so ging er wallfahrten; dagegen durfte kein Mensch was einwenden“ (Pezzl, S. 244).

Eine Weiterführung des christlichen Gedankens in Zusammenhang mit erklecklichem Broterwerb erfindet eine andere Personengruppe für sich. Da die Wiener gegen Bettelmönche sehr freigiebig sind, legen viele Berufsbettler ein geistliches Gewand an oder verkleiden sich als arme Pilger, um sich die Wohltätigkeit der Gesellschaft zunutze zu machen. Mancher Faulenzer nahm ein *blechernes Futteral* (Kennzeichen der wandernden Leute, in dem zum Schutz gegen Wind und Wetter die persönlichen Dokumente aufbewahrt werden) mit *„etlich falschen Paßporter, trug zur Rechten einen Kürbis, der allezeit mit Wein gefüllt war ... lief durch alle Gassen, Straßen und Wirtshäuser, bat um ein hl. Almosen, denn er gehe nach Santiago di Compostella oder Maria Zell oder gar nach Jerusalem, wohin er durch ein Gelübde verpflichtet sei“* (aus einer Predigt Abraham à Sancta Claras).

Das weibliche Geschlecht bedient sich mit ähnlichem Erfolg der übertriebenen Religionsausübung, der sogenannten Betschwesterei, was den wortreichen Prediger ebenfalls zu markiger Kritik anregt. So eine Betschwester sitzt den ganzen Tag in der Kirche, betet, daß ihr *„das Maul möcht stauben; sie dunckt fast alle Tag einen ganzen Weybronn-Kessel aus; sie tragt einen Sack Bücher mit ihr, daß man darmit ein Dromedari von Madian könt beladen, sie verbrennet fast täglich etliche Claffter Waxkerzerl“*, und die Wirtschaft zu Hause liegt im argen. Allerdings scheint die Arbeitsunlust nicht allein auf Wien beschränkt gewesen zu sein: *„Wie seind aber die Inländer zur Arbeit zu gewöhnen, die nur gewohnt seind im Luder zu liegen? ... Wann der Weinverschleiß hinauswärts durch gute Anstalt und Facilitierung der Abfuhr, auch die inländische, dessen Konsumption durch Mehrung des Volks besser gefördert, als das fürnhemste Instrument des Luderns teuer gemacht; wann der Brandewein beschwert, und vier oder fünfmal höher, als nun gebracht; wann denen Meistern gegen ihre Gesellen die obrigkeitliche Hand gehalten; wann durch die Abtuung oder Hinterbleibung der Zünfte in gewissen Manufakturen denen Gesellen ihre Zechen und blaue Montäge abgestellt; wann gegen die Bettler und andere Müßiggänger die Zucht- und Werk-Häuser etwas zu tun bekommen; wann die mutwillige Armut und daß sie nichts für sich bringen, wie in Holland verhaßt und verspottet wird; wann endlich nur einmal die Ämulation unter die Handwerker kommen, so wird es sich mit diesem Einwurf schon schicken.“* (Hörnigk, S. 82 f.) Soviel zu den Launen der Arbeitnehmer im gesamtdeutschen Reichsgebiet.

Für die Launen der Arbeitgeber liefert der bürgerliche Aufsteiger Samuel Pepys ein gutes Beispiel als schlechtes Vorbild. Er beschreibt sich sogar selbst als ungeduldigen und jähzornigen Vorgesetzten, der einem Schiffsjungen eine Ohrfeige verpaßt, weil er eine Kanne Bier über seine Schriftstücke leert, oder die Magd mit einem Besen verprügelt, weil im Haus Unordnung herrscht. Ein anderes Mal wird dasselbe Mädchen dafür in den Keller gesperrt. Als sich ein Diener durch Unachtsamtkeit eine Hand und die Seite verbrennt, ärgert er sich dermaßen darüber, daß er auch ihn verprügelt. Als Gegenbeispiel soll eine Begebenheit aus den Khevenhüllerschen Tagebüchern herangezogen werden, die das Verhalten der nachmaligen Kaiserin Maria Theresia in einer ungewöhnlichen Situation in Zusammenhang mit Dienstversäumnis festhält: *„Unter währendem Ammt ereignete sich, daß ein Officier von der Garnison, und zwar ein Leutenant vom Wurmbrandischen Regiment, ein junger noch nicht 30jähriger Mensch, sich ganz unvermerckt der herumstehenden Hartschieren Wacht durchgeschlichen und gahling I. M., zumahlen dero Bettschammel in der Kirchen nicht weit von dem Hoh-Altar gestellet worden ware, genähert und dieselbe mit ganz verwirrten Worten und Gebärden angesprochen. Die Königin vermainte gleich anfänglich, es wäre der von dem Printz Carl erwartete, auch nachero angelangte General Adjutant Franquin; da sie aber aus dessen confuser Contenance das Gegentheil bemercken muste, sagten sie ihme mit lauter Stimme, daß er mit mir sprechen solte. Es geschahe aber all dises fast in einem Moment und zu gleicher Zeit, da ich auf Vernehmung meines Nahmens und Ersehung dieses tollen Menschen aus meiner Banck zu I. M. vortretten wolte, waren schon die herumstehende Cammerherrn zugeloffen und hatten disen Menschen zuruckgezogen und sofort der Wacht übergeben lassen, durch welche er hierauf aus der Kirchen gebracht* *worden. Nachero aber äußerte sich, daß diser arme Mensch erst vor wenig Stunden verrucket worden und nun eben aus dem Beichtstuhl gekommen seie, wo er bereits verschiedene Spropositi gehalten und immer gesagt, er müsse gehen, die Königin* [die noch als Königin amtierende Maria Theresia] *um Vergebung bitten, weillen er sonsten nicht könne seelig werden. I. M.* [Ihre Majestät] *befahlen zwar, daß man ihn auf dero Unkosten bestmöglichst besorgen und alles anwenden solle, um ihn widerummen zu recht zu bringen; allein wie ich gehört, so solle er zwar in etwas restituiret worden, bald aber in sein voriges Delirium abermahlen verfallen sein"* (Khevenhüller, 9. 6. 1743). Bemerkenswert, wie nah man an die Person der Herrscherin herankam und daß der Vorfall, wie von Khevenhüller bestätigt wurde,von seiten Maria Theresias kein Nachspiel für die säumigen Wachtposten hatte.

BEAMTENTUM

Als im Verlauf des 18. Jahrhunderts die Verwaltung des Staates sowie der einzelnen Herrschaften und Besitzungen einen immer größer werdenden Stellenwert einnimmt, erfährt der Beruf des Beamten eine bedeutende Steigerung seiner Wertigkeit. Am Wiener Hof werden die obersten Hofämter von den jeweiligen obersten Amtsträgern ganz persönlich, kavaliersmäßig und meist unentgeltlich ausgeführt: *„Sollte nun ein jetziger Kavalier in der Welt das Glück haben, daß ihm ein großer Herr ... einen Charakter mit oder ohne Besoldung offerieren sollte, so hat er vorhero folgendes dabei in Betrachtung zu ziehen: 1. Ob ihm auch hiedurch in der Tat größere Ehre zuwachse, als er vorher gehabt? 2. Ob er die Geschicklichkeit besitze, die zur Bekleidung dieses Charakters erfordert wird? 3. Ob er so viel Einkünfte entweder selbst habe, wenn es ein bloßer Titul wäre, oder, da es eine Bedienung, ob die Besoldung dabei so viel austrage als wohl erfordert wird, diesen Charakter mit Ehren zu behaupten, und 4. ob sich dieses Prädikat mit seinen übrigen Umständen wohl vereinigen lassen und ihm eine wahre und beständige Zufriedenheit des Gemüts verschaffen könne. Bei dem dritten Stück, da er seinen Beutel zu Rate ziehet, muß er seine Gedanken nicht allein auf das Gegenwärtige, sondern auch auf das Zukünftige richten. Es ist nicht genug, daß er sich getrauet, einige Jahre auszuhalten und den Staat mitzumachen, sondern er muß auch den Überschlag machen, ob er ohne das seinige zu verzehren und die Kapitalien anzugreifen, die Ausgaben seinem Herrn oder seinem Titul zu Ehren beständig fortsetzen könne."* (Rohr, Privatpersonen, S. 82 ff.) Wer sich – auf seine inneren Werte geprüft – für geeignet empfindet und auch tatsächlich eine Beamtenstelle erhält, der zieht meistenteils Profit daraus: denn er verdient zumindest prozentuell an den einzelnen im Amt entstehenden Geschäften, er kann frei werdende Stellen *verkaufen*, und – als Leiter einer Abteilung – bleibt das Aktenmaterial des Amtes, das während seiner Amtszeit angefallen war, in seinem persönlichen Besitz auf Lebenszeit. Nach Ablauf des Dienstverhältnisses hat er das Recht, die Schriften an sich zu nehmen und sie seinem Privatarchiv einzuverleiben. Erst die Verwaltungsreform Kaiserin Maria Theresias bringt diesbezüglich entscheidende Veränderungen.

Für junge Adelige, die aus wenig vermögendem Haus stammen oder als fünfte, sechste Söhne an ungünstiger Erbfolge stehen, bietet sich die Möglichkeit, eine Laufbahn im Hofdienst als Edelknabe zu beginnen: Caspar Luyken, kaiserliche Edelknaben (Neu-eröffnete Welt-Gallerie).

Bei den Hofämtern unterscheidet man zwischen besoldeten und unbesoldeten Dienststellen. Beamtet zu werden gilt in erster Linie als Ehre und nicht als Garantie für finanzielle Sicherheit. In den meisten Fällen hat der Anwärter vor Antritt des Amtes seine finanzielle Situation zu erklären, um nachweisen zu können, daß er von seinem Vermögen leben kann und auf ein Gehalt nicht angewiesen ist. „Die Möglichkeit der standesmäßigen Versorgung durch ein besoldetes Hofamt, vor allem aber die Teilhabe am Prestige des Herrschers, verlieh dem Hofdienst immer größere Anziehungskraft ... Der Andrang auf die Hofämter war so groß, daß viele Adelige den Ehrendienst ohne Besoldung leisteten. Häufig wurden auch *Expektanzen* auf noch besetzte Stellen vergeben. Auch in den niedrigeren Ämtern wurde der Dienst manchmal ohne Besoldung von *supernumerarii* geleistet. Das Prestige, das der Dienst in der Nähe des Fürsten diesen Handwerkern, Künstlern, Juristen etc. brachte, vergrößerte deren Auftrags- und Karrierechancen auch außerhalb des Hofes“ (Ehalt, S. 41 f.).

Für junge Adelige, die aus wenig vermögendem Haus stammen oder als fünfte, sechste Söhne an ungünstiger Erbfolgestelle stehen, bietet sich die Möglichkeit, eine Laufbahn im Hofdienst als Edelknabe zu beginnen, die sorgfältige Erziehung miteinschließt und gesellschaftlichen Aufstieg offenhält. „[Die Edelknaben] wurden zu Gottesfurcht, Zucht und guten Sitten erzogen und *in allerlei ritterliche Sachen, auch in Künsten, der lateinischen und anderen Sprachen – im Schreiben und Sprechen* unterrichtet. Als Lehrer in diesen Fächern fungierten unter Kaiser Leopold I. im Jahr 1678: ein Hofmeister, ein Tanzmeister, ein Sprachmeister, eine Lautenist und ein *Trinchiermeister*“ (ebda.). Alles in allem gelten dieselben Grundsätze, die schon im Kapitel über die barocke Gesellschaft festgehalten wurden, daß durch Geburt oder/und Bildung jedes Amt und jeder Beruf erreicht werden kann und sozialer Aufstieg möglich ist.

XV
BILDUNG – SCHUL- UND UNIVERSITÄTSWESEN

DIE BEDEUTUNG DES KLERUS ALS LEHRER UND ERZIEHER – LEHRBERUF – LEHRMETHODEN

Historisch gesehen mißt man im 17. und 18. Jahrhundert der Volksbildung eine höhere Bedeutung bei als in vorangegangen Epochen, da der Staat und die merkantilistische Wirtschaft zunehmend an elementar geschulten Beamten, Soldaten, Bauern und Arbeitern interessiert sind, um die gestiegenen verwaltungstechnischen, militärischen, agrarökonomischen und industriellen Aufgaben bewältigen zu können. Die Wirklichkeit kommt den Bedürfnissen aber nicht überall entgegen, denn in ländlichen Regionen besuchen die Kinder bis ins 19. – mancherorts sogar bis ins 20. – Jahrhundert nur unregelmäßig die Schule, vor allem im Sommer, wo man sie im landwirtschaftlichen Betrieb als kostenlose Arbeitskraft, zum Beispiel zum Viehhüten, benötigt.
Das Schulwesen ist im süddeutschen Raum durch katholisch-kirchlichen Charakter geprägt. In den Schulordnungen der Lehranstalten, von den Elementarschulen bis zu den Universitäten wird nachdrücklich auf eine unzweifelhafte Katholizität von Lehrern und Schülern Wert gelegt. Allen voran die Jesuiten, die im katholischen Schulwesen die Führung übernehmen und entsprechend ihrer Ordenstradition das Hauptaugenmerk der elitären lateinischen Ausbildung widmen. Nur die Elementarerziehung liegt in den Händen anderer Orden oder geistlich orientierter Stiftungen, die – den wenigen privaten oder auf anderen Gründungen fußenden Institutionen gegenüber – einen vorwiegend sozialen Charakter haben. Man verzichtet auf das Schulgeld von Kindern ärmerer Familien, um auch ihnen den Besuch eines regelmäßigen Unterrichts zu ermöglichen. Finanziert werden die meisten dieser Schulen durch Stiftungen und großzügige Spenden vermögender privater Förderer. Neben der Schulbildung in Ordensschulen behauptet sich während des 17. und 18. Jahrhunderts beim Adel und vermögendem Bürgertum die private Hofmeistererziehung, die auf das Universitätsstudium vorbereitet. Von der Verwirklichung einer allgemeinen Schulpflicht ist man in allen europäischen Ländern während der Dauer des 17. Jahrhunderts noch weit entfernt.

Unterricht in einklassigen Dorfschulen (anonym und Seite 236 E. Heemskerk) für Kinder aller Altersstufen.

Die Schulpflicht wird zuerst 1642 in Sachsen-Coburg-Gotha und 1649 in Württemberg eingeführt. Für lange Zeit hat sie aber nur auf dem Papier Gültigkeit. Nur ein Bruchteil der Bevölkerung nimmt das Angebot des regelmäßigen Schulbesuchs an. Das Bildungsmonopol der Oberschichten ist damit allerdings gebrochen, und der Erwerb von Schulbildung auch für Angehörige mittlerer und unterer Schichten möglich. Den höchsten Zuspruch erhält die Schulpflicht von den Söhnen der mittel- und oberständischen Kaufmanns- und Handwerksschicht.

In Österreich wird die Schulpflicht erst unter Kaiserin Maria Theresia durch eine Verordnung im Jahr 1774 eingeführt, die erstmals auch eine fundierte Ausbildung für Lehrer vorsieht. Um in den Berufsstand aufgenommen zu werden, hatten die Anwärter bis dahin nur eine einzige Prüfung zu bestehen. Eine besondere pädagogische Qualifikation war bis zur Schulreform aus dem Jahr 1774 nicht nötig. Jeder, der sich zum Lehrer berufen fühlte, konnte einen Posten beziehen, sofern er willens war, sich einer *Prüfung*, die Auskunft über den Stand seines Allgemeinwissens geben sollte, zu unterziehen. Aus dem Protokoll einer pommerschen Dorfschullehrerwahl aus dem Jahr 1729 geht hervor, daß von fünf Bewerbern mit verschiedenen Berufen (Schuster, Weber, Schneider, Kesselflicker, Unteroffizier) der über 50jährige Weber Jakob Maehl als der *kapabelste* ausgewählt wird, da er die an ihn gestellten Aufgaben mehr oder minder gut bewältigt: *„Hat gesungen: a) O Mensch, beweine dein ...; b) Zeuch ein zu deinen Thoren ...; c) Wer nur den lieben Gott läßt ...; Doch Melodie ging ab in viele andere Lieder; Stimme sollte stärker sein, quekte mehrmalen, so doch nicht sein muß. Gelesen Josua 19, 1–7 mit 10 Lesefehlern; buchstabirte Josua 18, 23–26 ohne Fehler. Dreierlei Handschrift gelesen – schwach und mit Stocken; drei Fragen aus dem Verstand, hierin gab er Satisfaction. Aus dem Catech. den Decalog und die 41. Frage recitirt ohne Fehler; dictando drei Reihen geschrieben – fünf Fehler; des Rechnens auch nicht kundig“* (zitiert in: Kiesel/Münch, S. 69).

Bis zur maria-theresianischen Reform bestehen in den österreichischen Erblanden vorwiegend Lateinschulen, die auf den Besuch der Universität vorbereiten, und einige Pfarrschulen, die von der Kir-

che erhalten werden. Über den Luxus eigener Lehrer verfügen nur größere, meist städtische Schulen. In den ländlichen Gebieten erteilt der Mesner und/oder Organist den Unterricht und wird Schulmeister genannt. Neben seinem Einkommen als Mesner und Organist erhält er von jedem Kind, das die Schule besucht, ein Schulgeld: durchschnittlich einen Gulden pro Jahr. Wegen der geringen Einkünfte genießt er mancherorts auch das verbriefte Recht, täglich einmal von einer der Bauernfamilien mit Essen versorgt zu werden.
Die erste Aufnahme des Kindes in den Schulunterricht erfolgt mittels einer Prüfung durch den Schulmeister, in höheren Schulen durch den Schulleiter, wobei das Kind seiner Leistung und seinem Wissensstand gemäß – und nicht nach seinem Alter – schulisch eingestuft wird.
Der Unterrichtsstoff beschränkt sich auf Elementarunterricht in Lesen, Schreiben, Rechnen und Religion, Gesang eingeschlossen. Dem entspricht eine primitive Didaktik und Methodik, die meist aus mechanischem Auswendig-Vorsagen besteht und

François Boucher, Schulszene mit kleinem Kind, das bei mangelnder Leistung – den Erziehungsmethoden der Zeit folgend – mit einer Rute geschlagen wird (Pastell).

Giacomo Francesco Cipper (gen. Todeschini, † 1738), Ein Dorfschulmeister, der, um in den Berufsstand aufgenommen zu werden, eine sehr einfache Prüfung zu bestehen hat, jedem Beruf entstammen kann und über keinerlei besondere pädagogische Qualifikation verfügen muß.

durch die übliche Prügelstrafe unterstützt wird. Schon im 17. Jahrhundert fordern aufklärerich denkende Intellektuelle eine Reform des Lehrwesens, vor allem eine behutsamere Auswahl des Lehrpersonals: *„Es sollen aber der Jugend in allen Schulen solche Lehrer vorgesezet werden, die gelehrt und in deme, was sie lehren sollen, wohl erfahren, guten Wandels und höfflicher Sitten, dabey ernsthafft, doch freundlich, gedultig, unverdrossen, langsam zum Zorn und nicht allzu strenge seyn, damit durch Lehr und Leben ihr Untergebenen sich an ihnen bespiegeln und mehr aus Liebe als Zwang zur Lehre und Folge angewiesen werden“* (Weigel, S. 38).

UNIVERSITÄTSWESEN

Wie sich leicht denken läßt, klafft wegen der uneinheitlichen Vorbereitung der einzelnen Studenten auch das wissenschaftliche Niveau der Universitä-

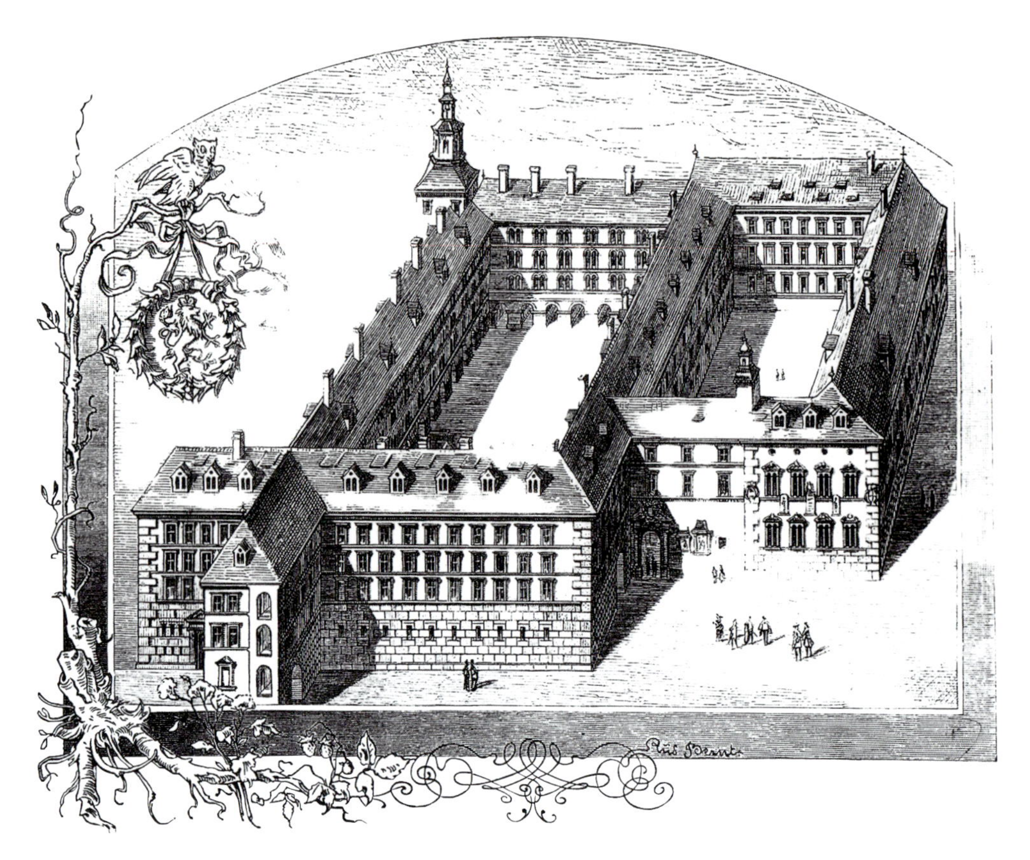

ten im Barock weit auseinander. In bezug auf das Angebot konzentrieren die einem Elitedenken verhafteten Jesuiten, die die Hochschulen von Graz und Wien leiten, ihr Interesse auf Theologie und aristotelisch-scholastische Philosophie. Die *weltlichen* Fakultäten der Rechtswissenschaften und der Medizin, die in Graz überhaupt fehlen, arbeiten in Wien auch nicht besonders erfolgreich. Selbst der Mediziner Paul Sorbait, der sich während der Pestepidemien und der Türkenbelagerung als führender medizinischer Geist hervortut, kann trotz aller Bemühungen für sein Fach keine Besserungen bewirken, denn die Problematik ergibt sich aus dem völlig ungeregelten Unterrichtssystem und den unzureichend ausgestatteten Universitätsbibliotheken und Instituten. Im 18. Jahrhundert nimmt man an diesen Zuständen endlich Anstoß und bemüht sich, durch Reformen eine Besserung der Ausbildung zu bewirken, die bis dahin mehr auf dem praktischen als auf dem theoretischen Sektor stattfindet. Von Forschungsarbeit im allgemeinen Sinn kann in Zusammenhang mit den Universitäten nicht gesprochen werden, und es ist oftmals nur den Bemühungen einzelner Privatpersonen (die ihre finanzielle Unterstützung meist auch nur von Privatpersonen beziehen) zu verdanken, daß die Wissenschaft einen Fortschritt nimmt.

Seite 238: Das Universitätswesen liegt in den Händen der Orden. Die einem Elitedenken verhafteten Jesuiten leiten die Hochschulen von Graz (oben) und Wien: Jesuiten-Universität in Graz und Canaletto, Universitätsplatz in Wien (unten).

Unten: Johann Heinrich Schönfeld (1609–1684), Akademieklasse der Klasse für Malerei, eine der wenigen eifrig betriebenen Hochschulen, da unter allen gelehrten Fächern, die im Barock wenige Fortschritte zu verzeichnen haben, die Bildenden Künste ziemlich alleine eine Hochblüte erleben.

Die meisten Wissenschaften befinden sich im 17. und 18. Jahrhundert in einem Stadium des Übergangs, auf einer Stufe, wo man über jahrhundertelange Beobachtungen erstmals irgendwelche Schlüsse zieht und die Erkenntnisse schriftlich festhält. In bezug auf den Terminus *Wissenschaft* kennt man bis ins 18. Jahrhundert keine genaue Unterscheidung zwischen Philosophie und Wissenschaft: Naturphilosophie und naturwissenschaftliche Physik bezeichnen ziemlich dasselbe, wohingegen nach Art geordnete Faktensammlungen und Kenntnisse unter den Oberbegriff der Geschichte gereiht werden.

ERFINDUNGEN

Was die Erfindungen betrifft, so ist den barocken Chemikern die Herstellung von Koks (1620), Hartporzellan (1693) sowie im Jahr 1747 die Gewinnung des Zuckers aus Rüben durch Andreas Sigismund Marggraf (1709–1782) zu danken. Letzteres bezeichnet einen Meilenstein in der Geschichte der Lebensmittelindustrie, da der bis dahin eingeführte Zucker nur zu horrenden Preisen erhältlich ist und man nicht anders als mit Honig süßen konnte.

Die mechanische Uhr braucht nicht mehr erfunden zu werden: Kirchen- und Turmuhren schlagen seit der Gotik, der Gebrauch von Stand-, Tisch- und Taschenuhr ist seit dem 16. Jahrhundert allgemein eingeführt. Der barocken Epoche verdankt das Zeitmeßsystem allerdings zwei wesentliche Verbesserungen: die Erfindung des Pendels im Jahr 1657 durch Christiaan Huygens (1629–1695) und die Erweiterung des Zeigersystems – der bis dahin alleinige Stundenzeiger der um 1500 erfundenen Taschenuhr erhält in der zweiten Hälfte des 17. Jahrhunderts zur genaueren Festlegung der Zeit den Minutenzeiger. 1609 richtet Galileo Galilei (1564–1642) zum ersten Mal ein Fernrohr gegen den Himmel, das ein Jahr zuvor von einem niederländischen Brillenmacher erfunden worden war und das er nach ihm zugegangenen Informationen nachgebaut hatte. *„Fern=Glas, Perspektiv, Telescopium, Tubus ist ... eine derer vortrefflichsten Erfindungen vorigen Seculi* [woraus sich schon bald die Camera obscura entwickelt, mit Hilfe derer sogar Lichtbilder projiziert werden können], *wodurch denen Weltweisen die Augen der Gestallt sind eröffnet worden, daß sich der Himmel bey ihnen in eine gantz andere Gestallt, wie sie ihn sich sonst eingebildet haben, verwandelt, und die Natur dadurch gezwungen, dasjenige eröffnet hat, was sonst weit vor unsern Augen verborgen würde geblieben seyn ... Gewiß ist es, daß (Fern=Gläser) erst anno 1609. durch die Holländischen Künstler in Gang gebracht, und besser ausgebreitet worden; und wollen einige, daß sie zufälliger Weise vor sich auf diese Erfindungen gefallen wären; wiewohl sie wegen dem rechten Erfinder nicht einig sind ... Galiléus [wußte] sich dieser Erfindung sehr wohl zu bedienen, und [that durch seine] Entdeckungen klärlich dar, was durch*

Oben: Johannes Kepler (Stich von Bauer-Wanderer) veröffentlicht die Planetengesetze, denen zu Folge sich die Planeten in Ellipsenbahnen bewegen und sich die Sonne in einem ihrer Brennpunkte befindet.
Links: Der barocken Epoche verdankt das Zeitmeßsystem zwei wesentliche Verbesserungen: die Erfindung des Pendels und die Erweiterung des Zeigersystems. Der bis dahin alleinige Stundenzeiger der Taschenuhr erhält in der zweiten Hälfte des 17. Jahrhunderts zur genaueren Festlegung der Zeit den Minutenzeiger. Wie das Bildbeispiel belegt, existieren auch einzeigerige Tischuhren (das gezeigte Stück wurde um 1640 hergestellt).

dieselbigen denen Wissenschafften vor ein grosses Wachsthum zugezogen worden sey“ (Zedler, Bd. 9, S. 591 f.). Galilei entdeckt mit Hilfe des Fernrohrs die Mondgebirge, vier Jupitermonde und die Sonnenflecken. Im selben Jahr veröffentlicht Johannes Kepler (1571–1630) die Planetengesetze, denenzufolge sich die Planeten in Ellipsenbahnen bewegen und sich die Sonne in einem ihrer Brennpunkte befindet. 1672 bestimmt Giovanni Domenico Cassini (1625–1712) die Entfernung von der Erde zur Sonne, 1676 errechnet der Däne Ole Römer (1644–1710) die Lichtgeschwindigkeit, 1687 entdeckt Isaac Newton (1643–1727) das Gravitationsgesetz, und

Oben: Der Philosoph und Mathematiker René Descartes († 1650), der durch die Einführung der Logarithmen die Berechnung von astronomischen Größen möglich macht.
Rechts: Die älteste erhaltene Rechenmaschine (für Additionen und Subtraktionen) stammt von dem französischen Philosophen, Mathematiker und Physiker Blaise Pascal: Mechanik der pascalschen Algebra- und Mathematikmaschine (1774).

Edmond Halley (1656–1742) bestätigt im Jahr 1707 Wiederkehr und Identität des Kometen der Jahre 1531, 1607 und 1682. In der Mathematik wird mit der Einführung der Logarithmen durch den Philosophen und Mathematiker René Descartes (1596–1650) die Berechnung von astronomischen Größen möglich. Mit Hilfe der logarithmischen Gesetze, die in der Praxis auf den Rechenschieber übertragen werden, kann Multiplizieren, Dividieren, Potenzieren und Wurzelziehen fortan auch mechanisch erfolgen. 1623/24 entwirft ein Tübinger Professor die erste mechanische Rechenmaschine für das Ausführen von Additionen und Substraktionen. Die älteste erhaltene Rechenmaschine stammt von dem französischen Philosophen, Mathematiker und Physiker Blaise Pascal (1623–1662) und datiert aus der Zeit von 1640 bis 1645. Eine erst am Ende des 19. Jahrhunderts zu hohen Ehren kommende Erfindung macht 1709 der italienische Marchese Giulio Poleni mit dem Sprossenrad, das er 1727 als Element einer Dosenrechenmaschine benützt und das – weiterentwickelt – den Grundstein der Lochkarten-Verrechnung bildet.

Aufgrund der Beobachtung, daß man beim Blick durch mehrere verschieden geschliffene Gläser alles Betrachtete vergrößert sehen kann, erfinden holländische Brillenmacher um 1590 das Mikroskop. Robert Hooke (1635–1703) gelingt 1665 eine technische Verbesserung der frühen, schwachen Exemplare, die noch Abbildungsfehler übermittelten. Beinahe fehlerfreie, bis über dreihundertfache Vergrößerung erzielt Antonie van Leeuwenhoek (1632–1723), der mit Hilfe des Mikroskops 1676 Bakterien nachweisen kann. Trotz der vielen Entdekkungen, Erfindungen und Verwertungen und der eifrigen Bestrebungen der Aufklärer, das neue Bildungsgut an eine möglichst große Menge von Leuten weiterzuleiten, behält das Volk sein Mißtrauen Unbekanntem gegenüber noch lange bei, wie ei-

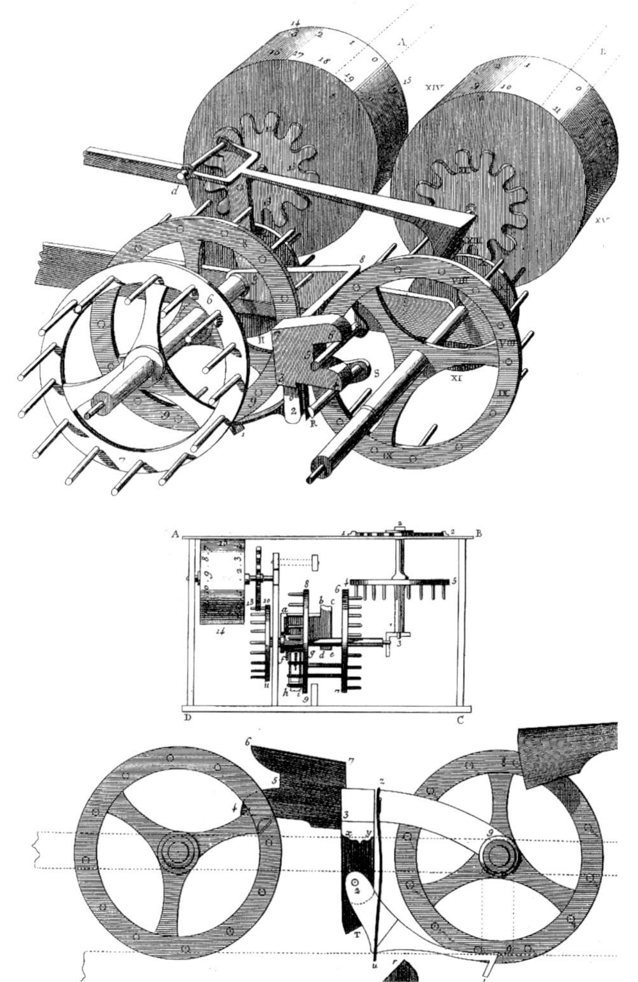

nem zeitgenössischem Bericht zu entnehmen ist. Als der *sehr gelehrte und berühmte* Professor Pater Adamus Tanner, einer der bedeutendsten Theologen des deutschen Jesuitenordens, auf der Reise von Ingolstadt in sein Heimatland Tirol vom Tod überrascht wird, findet man „[unter] *seiner Hinterlassenschaft ... ein Microscopium oder künstliches sauber gefaßtes Mucken-Gläßl, welches die kleinsten Dinge, so darin verschlossen werden, groß macht, und aus einer Mucken einen Elephanten*“. Die einfältigen Leute gaffen aus Neugierde durch das Gerät und erschrecken über *„ein haariges, abscheuliches Tier mit einem ungeheuren Schnabel“*, in dem sie sofort den Teufel vermuten. Wegen dieser Feststellung verweigert man den Hinterbliebenen zunächst, den Leichnam des vermeintlichen Zauberers in geweihter Erde zu bestatten. Erst nachdem ein vornehmer Freund des Verstorbenen die Bauern über die Wirkung des Instruments aufklärt und ihnen zeigt, daß sich hinter dem Monstrum nur ein armer gefangener Floh verbirgt, der mit Hilfe des Geräts zehnmal vergrößert erscheint, läßt sich die Menge beruhigen und den Pater den katholischen Riten gemäß beisetzen.

Louis XVI.-Barometer (um 1780), das zu den zeitgenössischen Erfindungen zählt.

Weiters verdankt man der barocken Epoche die Erfindung des Barometers und der – damals Wettergläser genannten – Thermometer. *„Barometrum, oder Baroscopium, ist ein Instrument, welches die Veränderung in der Schwere der Lufft andeutet. Dieses Instrument ist kurz nach der zufälliger Weise geschehenen Entdeckung der Schwere der Lufft erfunden worden. Ein Gärtner, nämlich zu Florenz, hatte eine Wasser=Plumpe [sic] über 18 Florentinische Ellen lang gemacht. Da er nun darinnen das Wasser nicht höher als 18 Ellen bringen konnte, unerachtet noch über dem Wasser ein von Lufft leerer Raum war, so fragte er den Galilaeum, als Mathematicum des Groß=Hertzogs zu Florenz um Rath, welcher, als er befand, daß die Plumpe keinen Fehler hatte, endlich aus der Hydrostatic, oder denen Gesetzen des Wagrechten Standes derer flüßigen Materien, erkannte, daß die Lufft schwer seyn müste, und so starck drucken, als das Wasser, welches 18 Florentinische Ellen hoch stehet, dergestalt, daß der Erdboden rings herum von der Lufft so viel gedrucket wird, als wenn er mit 18 Ellen hoch Wasser umflossen wäre ... Toricellus, welcher seinem Lehrmeister, dem Galileo, in seinem Amte, als Mathematicus des Groß=Herzogs von Florenz, nachgefolget, dachte dieser Entdeckung weiter nach, und gerieth auf die Gedancken, an statt des Wassers eine andere flüßige Materie zu substituiren, welche mit mehrerer Bequemlichkeit als das Wasser zu dem angeführten Experimente könte angewendet werden. Hierzu erwählt er das Quecksilber, weil es schwerer als Wasser, und füllete damit eine gläserne Röhre an, so an einer Seiten zugeschmeltzet, an der andern aber offen war. Hierauf verschloß er das offene Ende der Röhren mit dem äußersten Theil des Fingers, und tunckte diesen verschlossenen Theil der Röhre in ein ander Gefäß mit Quecksilber ... sobald innerhalb diesen stagnirenden Quecksilber der Finger, womit der offne Theil der Röhre verschlossen war, weggenommen wurde, dergestalt, daß die Oeffnung der Röhre in dem Quecksilber des Gefässes verbliebe; so fiel das Quecksilber bis auf eine gewissen Höhe herunter, u. ließ einen von der Lufft leeren Raum über sich. Und dieses ist der Ursprung und Erfindung des beruffnen Instruments, welches uns ein so helles Licht in Physicalischen Sachen angezündet hat“* (Zedler, Bd. 3, S. 496 f.).

Auf derselben Entdeckung, daß Luft ein Gewicht hat und sich in der Folge je nach Witterung ausdehnt oder zusammenzieht, beruht die etwa zeitgleiche

Erfindung des Thermometers. 1742 führt der schwedische Astronom Anders Celsius (1701–1744) die nach ihm benannte Skala ein, bei der der Abstand zwischen dem Gefrierpunkt und dem Siedepunkt des Wassers in einhundert gleiche Teile unterteilt wird. Aus dem Jahr 1714 stammt die von Daniel-Gabriel Fahrenheit (1686–1736) festgelegte Skala, nach der heute noch in Großbritannien und in den Vereinigten Staaten die Temperatur abgelesen wird.

Mit zahlreichen neuen Erfindungen und Geräten ausgestattet, setzt in der Physik eine Epoche des eifrigen Experimentierens ein, wovon auch eine private Tagebucheintragung zeugt: „Um vier Uhr holte mich Herr Thürheim ab, wir gingen zusammen in ein Haus an der Ecke der Kärntnerstraße [in Wien] und der Wollzeile, um den Beginn eines Kurses für Experimentalphysik zu hören, den ein Italiener namens Bianchi halten und der neun Tage dauern wird. Heute führte er die elektrischen Versuche Herrn Franklins vor. Er leitete die elektrische Materie durch eine Glasröhre, die in einer Masse von rotem Wachs endet, die ihrerseits Federn aus Glas hält, die durch ein Messingband gestützt werden. Damit berührte er ein verzinntes Gefäß und lud damit ein anderes. Wann er wollte, entzog er ihnen auch die elektrische Eigenschaft. Als eigene Erfindung gab er uns eine Doppelreihe von Glöckchen aus, statt einer einzigen. Sie sind durch je eine Kette mit einer Büchse verbunden. Wenn er die Kette rechts berührt, schweigt das Glockenspiel auf dieser Seite, während das andere ertönt und umgekehrt. Berührt er aber beide Ketten, sind beide Carillons still. Er ließ uns auch einen Donner, von einem sehr lebhaften Blitz begleitet, hören, in dem er Goldblättchen an ein Stück Töpferware legte und die Kette in einer Hand hielt. Ohne vom Blitz betäubt zu werden, nährte er mit der anderen Hand dieses Tongefäß der vorher heftig geriebenen Büchse. Das erste Experiment bestand darin, die in einem kelchartigen Gefäß hängenden Goldplättchen zurückweichen zu sehen. Dann beobachteten wir, wie sich alle Haare einer Glasbürste gegen eine elektrifizierte Kugel ausbreiteten, an die sie gelegt wurde. Wir sahen auch, wie die selben Goldplättchen nicht zurückwichen, wenn man ihnen die Hand nähert, daß sie aber dieser Hand überallhin folgen. Er hat ein in der Mitte verzinntes Glas, von einem Holzrahmen umgeben, dessen Ecken außer einer unten verzinnt sind. Er ladet dieses Glas auf und gibt dem, der den Schlag spüren soll, eine der verzinnten Ecken zu halten, während er mit der anderen das Glas berührt. Dann gibt ihm die elektrische Kraft einen starken Schlag, wie ich selbst erprobt habe. Wer die nicht verzinnte Ecke berührt, spürt nichts. Aus diesem Experiment machte er einen Spaß, indem er das Bild des Königs von Preußen auf das Glas klebte und hinzufügte, daß gute Preußen nichts spüren würden. Wenn man das Glas auf einer Seite berührt, jagt man den Strom oder die beiden Ströme der elektrischen Materie auf die andere. Man füllt die verzinnten Büchsen, die diese Materie aufbewahren, mit Metallteilchen und Eisenspänen. Beim letzten Experiment zeigte er, wie sich eine elektrisierte Glasplatte von selbst entladet. Er vereinigte die Ketten, legte auf die eine Seite eine und auf die andere eine zweite, die beide in die Büchsen mündeten. Er drehte dann den Zylinder, und sogleich sah man ständig kleine Blitze auf der Platte erscheinen, bis ein großer Blitz, von einem Donner begleitet, folgte und damit die Platte entlud ...“ (Zinzendorf, 22. 2. 1762).

Der schwedische Astronom Anders Celsius (Stich), der 1742 die nach ihm benannte Skala einführt, bei der der Abstand zwischen dem Gefrierpunkt und dem Siedepunkt des Wassers in einhundert gleiche Abschnitte unterteilt wird.

Geologie und Geographie begnügen sich im 17. und 18. Jahrhundert mit der Auswertung der seit Jahrhunderten in Reiseberichten, Beschreibungen und Messungen gefundenen Werte. Die bedeutendsten

Links: In den Geisteswissenschaften vollzieht sich eine ähnliche Entwicklung wie in den Naturwissenschaften, der gemäß man lange gesammelte Fakten und Gesetzmäßigkeiten in eine bestimmte Ordnung bringt und in umfangreichen Lexika und Enzyklopädien festhält: Wolf Helmhard von Hohberg, der Verfasser der Georgica curiosa, eines im Barock sehr gängigen Haushaltungs- und Wirtschaftsbuches.
Rechts: Gérard Dou (1613–1675), Der Arzt, dessen Wissenschaft sich während der barocken Epoche auf einem erschreckend niedrigen Niveau bewegt.

Hilfsmittel der Wissenschaft – Globus, Kompaß und Chronometer – waren schon zu Ende des 15. Jahrhunderts erfunden worden.
In den Geisteswissenschaften vollzieht sich eine ähnliche Entwicklung wie in den Naturwissenschaften, dergemäß man lange gesammelte Fakten und Gesetzmäßigkeiten in eine bestimmte Ordnung bringt und in umfangreichen Lexika und Enzyklopädien festhält. Johann Heinrich Zedlers *Grosses vollständiges Universal-Lexikon aller Wissenschaften und Künste* (Halle 1732–1754. 56 Bde.), Wolf Helmhard von Hohbergs *Georgica curiosa* (um 1700), *Francisci Philippi Florinis Oeconomus prudens et legalis continvatus Grosser Herren Stands und Adelicher Hauß-Vatter* (Nürnberg 1719), die *Vollständige Hauß= und Land=Bibliothec, worinnen der Grund unverfälschter Wissenschaft zu finden ist, deren sich bey jetziger Zeit ein Hof= Handels= Hauß= Burger= und Land=Mann zu seinem reichlichen Nutzen bedienen kann* (Regenspurg zu Statt am Hof 1701) und das *Compendieuse und Nutzbare Haußhaltungs=Lexicon, Worinnen Alle beym Feld= Acker=Garten= und Wein=Bau, Wiesewachs, Holtzungen, Jägerey, Fischerey, Bierbrauen, Vieh=Zucht, und sonst bey dem Haußhalten vorkommende Wörter und Redens=Arten gründlich und deutlich erkläret* ... (Chemnitz 1740) zählen zu den gängigsten Nachschlagewerken der Epoche.

MEDIZIN

Was die Medizin betrifft, so ist für das 17. und 18. Jahrhundert ein sehr niedriger Status festzulegen: Das Grundwissen befindet sich auf einem absoluten Minimalstand. Auf Heilmethoden und Rezepturen wurde schon in den verschiedensten Kapiteln hingewiesen. Über positive Erfolge von Operationen (in einer Zeit ohne Narkose und Desinfektion) ist erschütternd wenig zu berichten, Eingriffe werden auch erst dann gewagt, wenn der Patient ohne sie dem sicheren Tod geweiht ist. Der Kaiserschnitt zählt zu den am öftesten durchgeführten Operationen an einer sterbenden oder toten Mutter, um – wenn möglich – zumindest dem Säugling das Leben zu retten. Für die große Zahl der anderen Krankheiten bleiben die bewährten Hausmittel und die wenig erprobten Arzneien, vor allem aber ein starker Glaube und Wille, wieder gesund zu werden. „Daß bei jedem Medikament ein psychischer Faktor eine Rolle spielt, wissen wir heute aus den Placebo-Versuchen. Das sind Mittel, die keine wirksame Substanz enthalten und daher nur auf suggestivem Weg einen Effekt erzielen. Immerhin sprechen 30 Prozent aller Patienten positiv auf solche Placebo-Drogen an. In der Barockzeit war diese Placebo-Wirkung sicher noch viel größer. Denn sonst könnte man sich kaum erklären, daß gegen Epilepsie junge Schwalben verabreicht wurden" (Hausarzneien, Vorwort).
Zu den schlimmsten Epidemien der Epoche zählen die Pocken, die in wenigen Tagen ganze Familien hinwegraffen und die die Krankheit Überlebenden meist für immer entstellen. Kinder reicher Familien werden davon nicht weniger heimgesucht als die der Handwerker, der Tagelöhner oder der Bauern. Seit dem ersten Jahrtausend vor Christus ist die Seuche in China und Indien nachgewiesen, seit dieser Zeit gibt es auch die ersten primitiven Formen der Impfung. In Europa sind Pockenepidemien seit dem 6. Jahrhundert bekannt. Europäische Ärzte

übernehmen Anfang des 18. Jahrhunderts aus Konstantinopel, wo die Seuche häufig auftritt, die dort übliche Methode der Pocken-Schutzimpfung mit der Lymphe eines Pockenkranken. Gerade in unterentwickelten Gebieten, wie im Banat, das vorwiegend von armen Bauern und Hirten besiedelt ist und wo vielköpfige Familien in Einraumhäusern leben, greift man am häufigsten zum Pockenselbstschutz: „Nicht leicht wird eine Walachin warten, bis ihre Kinder von den natürlichen Pocken angegriffen werden, sondern sobald sie nur erfährt, daß es gutartige Pocken gibt ... so werden den Kindern dieselben eingeimpfet, welches sie auf die einfachste Art verrichten ... [Sie kaufen] Pockenmaterie, ritzen den Arm des Kindes ein wenig auf, lassen die Pockenmaterie hineinrinnen, binden es mit einem schmutzigen Lappen zu ... sich selbst überlassen, laufen die Kinder auf den Gassen herum, ohne daß sich die Eltern weder um die Blattern, noch auch um das Fieber bekümmern" (Steube, S. 160).

XVI
THEATER UND SEIN EINFLUSSBEREICH – LITERATUR – BILDENDE KUNST

Am Beginn der Entwicklung steht aus vielerlei Gründen das Theater, einer der wichtigsten ist die Übermittlung des *gesprochenen* Wortes in einer Zeit des weitest verbreiteten Analphabetismus. Das Theater entwickelt sich auf getrennten Bahnen: vom (jesuitischen) Schuldrama ausgehend über das Drama der zunächst ausländischen – seit der Mitte des 17. Jahrhunderts auch deutschen – Wandertruppen bis hin zum Hof- oder Nationaltheater, die je nach Gattung mehr Gewicht auf Aussage, Ausdruck, Belehrung oder Ausstattung legen. Den Autoren und Mitgliedern der Wandertruppen kommt es auf möglichst ereignisreiche Handlungen an: auf sensationelle und grausame Vorfälle, gepaart mit einem Übermaß an Blut und Schrecken, auf Possenreißerei, Mimik, Wahnsinnsszenen und Geistererscheinungen. Die Wanderbühne zieht das Zeigen dem Erzählen vor. Eine große Aufwertung erfährt das volkstümliche Theater zu Beginn des 18. Jahrhunderts, als sich Joseph Anton Stranitzky (1676–1726) mit seiner Wandertheatertruppe in Wien niederläßt und ein platzgebundenes Vorstadttheater eröffnet. Künstlerisch trägt er zur Gründung der Altwiener Volkskomödie bei, sowie er mit dem von ihm geschaffenen *Hans Wurst* eine der berühmtesten Theaterfiguren ins Leben

Hanswurst-Szene auf einem Fächer (die sitzende Figur ist wahrscheinlich Joseph Anton Stranitzky, der die berühmte Figur des Hanswurst ins Leben rief).

Das alte Burgtheater (Ansicht vor 1800), das 1776 unter Kaiser Josef II. zur Pflege der deutschen Sprache zum ‚Deutschen Nationaltheater' erhoben wird.

ruft. Über die Atmosphäre in den Vorstadttheatern mit Jahrmarktscharakter läßt Stranitzky den Hanswurst selbst zu Worte kommen: „*... bin aber kaum hinein gekommen* [in das Theatergebäude] */ so hab ich alsobald wahrgenommen / daß ein Mensch mit einem Korb voll Starnitzl umblieff / darinn waren allerhand Sachen / bachne Haßl=Nuß / Erbiß / Bohnen / und was man sonst vor G'schleck=Werck thut machen / auch thaetens mit einem Brett herumb gehen / darauff that ein Flaschen mit Eyß=kalter Butter=Milch stehen; Item sah ich wieder ein Weib / daß gieng von Stand / mit etlich Flaeschl Brandwein in der Hand ... einer ruffte: Mir! mir! gehört diese Maß Bier / der andere: Geld heraus oder 6. Pfennig Semmel darfür!*" (Hannß Wurst besucht das Comoedi-Hauß in Wien, in: Stranitzky, S. 40)

Großes Theater wird in den Hoftheatern der verschiedenen Städte gespielt. In Wien übernimmt das Burgtheater eine führende Rolle, das 1776 unter Kaiser Josef II. zum Nationaltheater erhoben wird und das durch ihn einen über seine Funktion der Unterhaltung hinausgehenden Vorbildcharakter erhält: Es steht fortan im Dienst zur Verbreitung ethischer Werte sowie der Durchsetzung einer einheitlichen deutschen Sprache.

Zu Beginn des 16. Jahrhunderts gelangen englische Komödiantentruppen, die sich aus Berufsschauspielern zusammensetzen, nach Deutschland und suchen für ihre Darbietungen größere Handelsstädte, vorzugsweise zu Messezeiten, auf. Am Anfang wird – durch die Sprachbarriere bedingt – das Hauptaugenmerk auf Mimik und Gestik gelegt. Ab 1604/05 spielt man auch in deutscher Sprache. Die Männerdomäne am Theater wird 1654 gebrochen, als in Frauenrollen erstmals auch Schauspielerinnen auftreten. Bis dahin werden alle Bühnenrollen von Männern dargestellt. Was befremdend anmutet, ist die damals nur *doppelt-verdreht* mögliche Ausführung von Hosenrollen, die gerade in Shakespeare-Stücken gern eingesetzt werden: Das bedeutet, daß eine sich als Mann verkleidende Frau bis dahin von einem Mann dargestellt wird, der vorzugeben hat, eine Frau zu spielen, die sich wie ein Mann bewegt, der er zwar ist, den er aber aus der Logik des Stückes anders anzulegen hat. Hosenrollen gewinnen ab dem Moment, als sie von Frauen dargestellt werden, zunehmend an Bedeutung. Der Reiz liegt in der speziellen Erotik der Travestie und ganz all-

Das Theater entwickelt sich auf getrennten Bahnen: vom Laienspiel über das (jesuitische) Schuldrama, dem populären Wandertruppentheater bis hin zum Hof- oder Nationaltheater. Constantijn Renesse († 1680), Dorfmesse (mit Komödianten eines Wandertheaters).

gemein darin, daß man offiziell die Beine der sonst verhüllten Damen sehen kann, was speziell beim männlichen Publikum große Begeisterung hervorruft.

THEATERGATTUNGEN

Im Zeitalter des Barock dient das Theater in allen Gesellschaftsschichten in erster Linie der Unterhaltung, meist mit dem Hintergedanken irgendeiner Institution, mit dem Spiel auf der Bühne eine Botschaft, sei sie belehrender, informativer oder auslegender Art, zu übermitteln. Als Aufführungsorte dienen Hoftheater ebenso wie das bürgerliche Schultheater, die Karren der volkstümlichen Wandertruppen, mitunter Kirchenplätze oder Wirtshäuser für die Laienspieler. Große Entwicklungen lassen sich auf die aus dem Ausland kommenden englischen und italienischen Wandertruppen (der Commedia dell'arte) zurückführen, die inhaltliche oder formale Veränderungen der deutschen Stücke nach sich ziehen. Den Spielen fehlt es bis dahin an Wortkunst, Gehalten, Herausformung der Charaktere und einem logischen Aufbau der Stücke. Bürgerliche Probleme, Fragen der Ehe und der Kindererziehung, kommen auf der deutschsprachigen Bühne erst viel später zu Wort als etwa in Frankreich bei Molière (1622–1673). Statt dessen besitzt das deutsche Barockdrama einen ungeheuren Reichtum an theatralischem Ausdruck, wobei das oberflächliche Spiel mit Worten, Gesang, Pantomime und Ballett, von einer umfassenden Bühnenmaschinerie unterstrichen, in den meisten Fällen sogar übertroffen wird. Anspruchsvollen Stücken zieht man allerorts die kraß überzeichneten Komödien der Wandertruppen und den Prunk der Ende des 16. Jahrhunderts entstandenen (italienischen) Oper vor. Bis zur Aufklärung bleibt sie die spezifische höfische Theaterform des Barock, die im Verein von Gesang, Tanz und Dichtung auch eine Form von Gesamtkunstwerk darstellt. Inhaltlich handelt es sich meist um mythologische Stücke, die aus Anlaß eines Jubiläums oder einer anderen Feier fürstliche Personen oder den Anlaß selbst verherrlichen.

Der bedeutendste österreichische Barockkomponist, Johann Joseph Fux, stammt aus der Steiermark. Das früheste datierbare Werk ist ein Requiem, das sowohl bei der Beisetzung des Prinzen Eugen im Jahr 1736 als auch bei den Trauerfeierlichkeiten für Kaiser Karl VI. im Jahr 1740 erklingt. Anläßlich der Krönung Kaiser Karls, des Vaters der nachmaligen Kaiserin Maria Theresia, war die Oper *Constanza e Fortezza* entstanden, die 1723 in Prag zur Uraufführung kam.

BALLETTOPERN

Was die Unterscheidung der verschiedenen Musiktheater-Gattungen betrifft, so verwischen sich die Grenzen: Wenn der Schwerpunkt auf dem Tanz liegt, spricht man von Ballettopern, die sich während des gesamten 17. und 18. Jahrhunderts großer

Links: Johann Joseph Fux, der bedeutendste österreichische Barockkomponist.
Unten: Szene aus einer turbulenten Stegreif-Komödie (‚Amor vehementer quidam ...'), Stich von Joh. Balth. Probst. Den Autoren und Mitgliedern der Theatertruppen kommt es auf möglichst ereignisreiche Handlungen an: sensationelle und grausame Vorfälle werden mit Possenreißerei und einem Übermaß an Blut und Schrecken gepaart.

Beliebtheit erfreuen. Am Anfang der Geschichte steht das *ballet de cour*, der höfisch aristokratische Tanz, der gegen Ende des 16. Jahrhunderts in Frankreich und Italien nach einer bescheidenen Andeutung von Choreographie *zeremoniell geregelt* wird. In einem *turnierartigen* Neben- und Gegeneinander bewegt sich die Tanzgesellschaft. Besonderer Wert wird auf Gruppenformationen gelegt, die – von oben betrachtet – ähnlich wie die zeitgleichen ornamentalen Gartenanlagen ausgeschaut haben mögen. Nach und nach erwacht das Interesse am stärkeren dramatischen Ausdruck, und man versucht, Seelenzustände und Charaktere darzustellen. Um kompliziertere Schritte und Figuren ins Programm aufnehmen zu können, werden Berufstänzer engagiert, die das vorerst aristokratische Corps im Tanz ausbilden. Am Wiener Hof komponiert Kaiser Leopold I., einer der vielen musikbegabten Habsburger, die Musik zu den Hofopern und Balletten. Auch diese *balletti* sind zunächst in

Rechts: Theatervorstellung im Beisein Kaiser Leopolds I., der selbst komponiert und unter den zahlreichen musikalischen Mitgliedern des Kaiserhauses zu den begabtesten zählt.
Unten: Lodovico Burnacini, Szenenbild aus dem dritten Akt des Stückes ‚Il Pomo d'Oro' (Stich von Matth. Küsel) als Beispiel für die Bedeutung der Theaterausstattung.

Formationen gestellte Gesellschaftstänze, die von den Mitgliedern des Herrscherhauses ausgeführt werden. Mit der Einstudierung wird ein kaiserlicher Hoftanzmeister betraut. Um die immer zahlreicher werdenden Einstudierungen bewältigen zu können, weist man den Tanzmeistern Substitute zu. Sie dürfen bei den Aufführungen mittanzen und auch bürgerliche Interessierte im Theatertanz unterrichten, die bei Bedarf das höfische Corps ergänzen. Dieser Moment gilt als die Geburtsstunde des Wiener Opernballetts. Der Tanzmeister avanciert in der Folge zum Ballettmeister.
Neben den volkstümlichen Stücken, Komödien und Ausstattungsopern gelangen auch Tragödien auf die Bühne, so wie sie zum Beispiel von Andreas Gryphius (1616–1664) geschaffen werden. Beliebt sind Stoffe aus der Geschichte, aus der man Gesetzmäßigkeiten der Vernunft- und Heilsordnung abzuleiten vermag. Die Lehrstücke sollen das Publikum unterrichten und zum Denken anleiten, um bösen historischen Wiederholungen vorzubeugen.

ENTWICKLUNG UND VERBREITUNG DER DEUTSCHEN SPRACHE UND LITERATUR

Zu einer der ursprünglichsten Formen von Literatur zählt der geschriebene oder gesprochene Text in Form von Meldungen, Nachrichten und Verordnungen. Verbreitet wird er zum einen in der Kirche über die Vermittlung der Prediger, wo die lebhafte, witzige Rhetorik eines Abraham à Sancta Clara eine eigene Literaturgattung begründet, und zum anderen durch die sogenannten Zeitungssinger, die auf Straßen und Plätzen, überall wo Menschenansammlungen zustande kommen, die neuesten Nachrichten vortragen. Auf deutschsprachigem Gebiet werden ab dem Jahr 1609 (die wöchentlich in Wolfenbüttel – *Aviso* – und in Straßburg – die *Straßburger Relation* – erscheinenden Zeitungen waren die ersten weite Schichten von Personen erreichenden Blätter) Zeitungen gedruckt. Die erste deutschsprachige Wiener Zeitung, das *Wiener Diarium*, erscheint erst im Jahr 1703. Die Verbreitung der Literatur erfolgt durch einen Kolporteur, der mit den Zeitungen oder Flugblättern – den Vorläufern der Boulevardpresse – durch die Straßen der Städte oder mit dem Bücherkarren über Land zieht. Seine Bedeutung liegt bei der großräumigen Verbreitung der Literatur, da im 18. Jahrhundert rund vier Fünftel der Bevölkerung auf dem Land wohnen und ganze Landstriche keine Buchhandlungen besitzen. Ein wichtiger Aspekt dieser Schriftenverbreitung betrifft auch die Weitergabe von praktischem Wis-

In einer Zeit des weitestverbreiteten Analphabetismus tragen die sogenannten Zeitungssinger auf Straßen und Plätzen die neuesten Nachrichten vor. Oben: Joh. Chr. Brand († 1795) zugeschrieben, Zeitungsverkäuferin (Aquarell) und rechts Isaac von Ostade († 1649), Die neuesten Nachrichten.

sen durch die zahlreichen zu diesem Zeitpunkt entstehenden Hauswirtschaftsbücher und die Durchsetzung einer einheitlichen deutschen Sprache, wovon innerhalb des Reichsgebiets auch anderssprachige Gebiete betroffen sind. Da Deutsch im 17. und 18. Jahrhundert noch nicht kodifiziert und der Mehrheit der Bevölkerung nicht geläufig ist, hinkt dementsprechend auch der künstlerische Wert hinten nach. Selbst Literatur-schaffen-Wollende verfassen ihre Werke mit Grammatik und Wörterbuch in der Hand und sehen ihren höchsten Ruhm darin, von der Kritik als korrekte „Schreiber" anerkannt zu werden. Ungleich schlimmer steht es um die sprachliche Ausgangssituation in einem Land wie Böhmen: „Da man sich gegenwärtig in Böhmen zur Verständigung vierer Sprachen bedienen müsse, der französischen für den Adel und das höhere Bürgertum, der lateinischen für die Gelehrten, der deutschen für das Bürgertum, die Kaufleute und die Dikasteristen, der böhmischen für Bürger,

Pöbel und *Ackersleute,* so wäre es besser, in Böhmen nur eine Sprache zu sprechen, und zwar die böhmische“ (zitiert in: Specimina, S. 50).

Dementsprechend schlecht steht es um die deutsche Lyrik und Prosa in Böhmen: „Von deutscher Literatur in Böhmen können wir eigentlich erst am Ende des XVIII. Jahrhunderts wieder sprechen; das XVI. und XVII. Jahrhundert gleicht mehr einem müden Erwachen aus tiefen Siechthum“ (Deutsch-Österreichische Literaturgeschichte, Bd. II, S. 358).

Neben der Kultivierung der französischen Sprache ist der Adel – seit dem Verlust seiner Rechte inner-

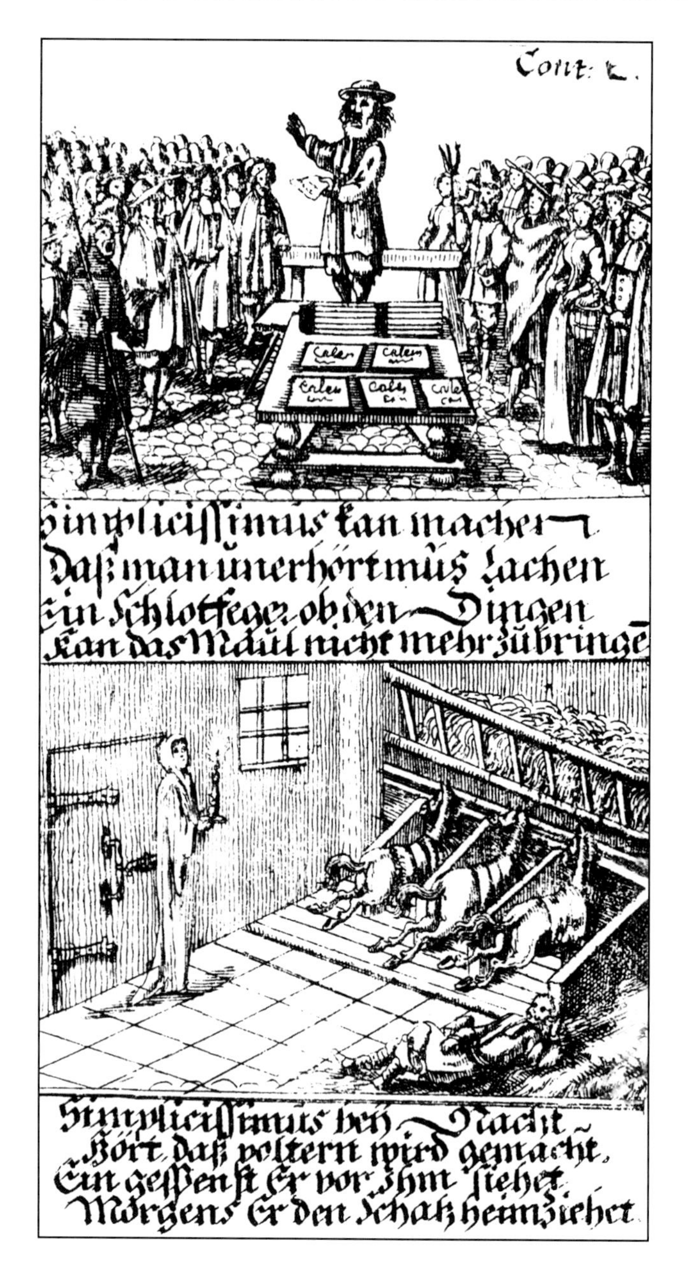

Links: Kupferstich zur ersten Fortsetzung von H. J. Chr. Grimmelshausens Simplicius Simplicissimus, ein volkstümlicher Roman, der sich auf den spanischen Schelmenroman zurückbezieht.
Unten: G. W. Freiherr von Leibniz (1646–1716), der sich um die Rechtslage der Autoren bemüht macht und die Finanzierung von aufwendigen Werken durch Subskription erfindet (auf dem Bild mit Sophie Charlotte von Preußen und Hofgesellschaft).

halb des Staatsgefüges – auch um die Verbreitung der deutschen Sprache bemüht. Über Gesprächsstoffe und Konversation erobert die Aristokratie (allen voran die adelige Damenwelt) die Literatur.
In der ersten Hälfte des 17. Jahrhunderts steht die Lyrik – teils in Salons, teils in Dichterkreisen gepflegt – im Vordergrund, von der Mitte des Jahrhunderts bis nach 1670 dominiert das Drama (Andreas Gryphius – 1616–1664, Daniel Caspar von Lohenstein – 1635–1683). Der Roman erreicht erst im letzten Drittel des Jahrhunderts seine Eigenständigkeit: als heroisch-galanter Roman (Daniel Caspar von Lohenstein), als Schäferroman sowie als auf den spanischen Schelmenroman zurückgehender volkstümlicher Roman (Hans Jakob Christoph von Grimmelshausen – um 1622–1676, Johann Beer – 1655–1700). Ebenso Beachtung findet die aus bürgerlichem Geist entstandene Kritik in Satire und Epigramm (Johann Michael Moscherosch – 1601–1669). Zu den niedereren Gattungen der Literatur zählen die zahlreichen Fabeln, Erziehungsbücher, Geschichtsaufzeichnungen, Chroniken, Korrespondenzen und Tagebücher, die jede auf ihre Art einen Einfluß auf Kultur und Sprache geltend machen. Im 18. Jahrhundert entwickelt sich in der Folge auf allen Gebieten des geistigen Lebens die *Aufklärung.*
Mit zunehmender Menge an Literatur gerät die Frage nach den Eigentumsrechten an Geisteswerken in den Mittelpunkt des Interesses. Im protestanti-

schen Deutschland ist die Meinung Luthers bestimmend gewesen, daß Wissen von Gott geschenkt werde und um Gotteslohn weitergegeben werden müsse! Ab der Mitte des 17. Jahrhunderts ist es zwar üblich, Autoren mit einer einmaligen Summe abzufinden, sie bleiben aber vom weiteren wirtschaftlichen Gewinn aus dem Verlag ihrer Werke ausgeschlossen. Bis zur Mitte des 18. Jahrhunderts geben sich beinahe ausschließlich nur wohlhabende Intellektuelle oder im Dienst von wohlhabenden Fürsten stehende Autoren der Schriftstellerei hin. Die finanziellen Rechte liegen damals allein auf der Seite des – zunehmend wirtschaftlicher arbeitenden – Verlegers. Aus dieser Problematik heraus erfinden Autoren den Selbstverlag, wobei die Finanzierung mittels Subskription erfolgt. Die Idee stammt von Gottfried Wilhelm Leibniz (1646–1716), der, über Habgier und Ignoranz von Verlegern klagend, ein Jahr vor seinem Tod die „societas subscriptoria inter eruditos", eine auf die Gelehrtenwelt eingeschränkte Subskriptionsgemeinschaft zur Förderung wissenschaftlicher Publikationen, ins Leben ruft. Das Wesen der Subskription liegt darin, Interessenten zur Vorbestellung eines noch nicht erschienenen Werkes zu bewegen. Das geschieht mittels einer schriftlichen Aufforderung, die Auskunft gibt über Inhalt, Umfang, Ausstattung, Erscheinungstermin und voraussichtlichen Preis, wobei der Subskriptionspreis als Anreiz meist zehn bis zwanzig Prozent unter dem Ladenpreis liegt.

MALEREI UND BILDHAUEREI – GESCHICHTLICHE UND GEOGRAPHISCHE BINDUNG

Um vom Hauptthema des vorliegenden Buches, dem Alltag, nahtlos auf Malerei und Plastik übergehen zu können, braucht es nicht mehr als einen Blick auf die Liste der Auftraggeber, die in den Kreisen der weltlichen und kirchlichen Fürstenhöfe oder des neu aufstrebenden Großbürgertums der Städte zu finden sind. Gemäß der zeitgenössischen Auffassung, ständig neue Gesamtkunstwerke zu schaffen, erklärt es sich von selbst, daß alle Höfe und großzügig angelegte Wohnpaläste zu Zentren künstlerischen und handwerklichen Schaffens aufrücken. Dort werden außer den zahlreichen, neu eingeführten Beamten eine Hundertschaft von Menschen benötigt, die schöpferisch tätig sind, und in der Folge solche, die die Entwürfe der Architekten, Techniker, Schreiner usf. ausführen, zuzüglich der Tapezierer, Lackierer, Näher, Glaser, Spiegelmacher, Porzellanhersteller, bis hin zu den Modistinnen, Friseuren, Schneidern etc., die allesamt gemeinsam an der Herstellung von Gesamtkunstwerken beteiligt sind. Von dieser Warte aus betrachtet, befindet sich sogar ein Großteil der Bevölkerung im Dienste der Kunst.

Den Auftraggebern gemäß entwickeln sich die Themen wie von selbst: An erster Stelle rangieren religiöse Szenen, gefolgt von Allegorien, die sich an den Fürstenhöfen großer Beliebtheit erfreuen (Darstellung der Herrschertugenden), repräsentativen Porträts – denen alle Gesellschaftsschichten gleichermaßen zusprechen – bis hin zu den *weltlichen* Gattungen der Genrebilder, Stilleben, Landschaftsdarstellungen und Veduten.

Die großen Meister der Malerei des 17. Jahrhunderts sind in den Niederlanden zu finden (Rembrandt, Rubens, Hals und Vermeer), deren Werk auf der italienischen Kunst des 16. Jahrhunderts aufbaut. Die Vorbilder heißen Tizian (das Spätwerk), Tintoretto, die Brüder Carracci. Die deutsche Barockmalerei bleibt lange Zeit durch in Rom tätige Meister bestimmt und steht hinter der – gleichzeitig in hoher

Repräsentativ-fürstliche und repräsentativ-bürgerliche Darstellungen: Detail aus einem Gemälde der Kaiserin Maria Theresia mit Kindern (unten) und die Familie des Malers Mazo (S. 256).

Blüte befindlichen – Architektur zurück, in deren Dienst sie getreten ist.

Malerisch unterscheidet sich die Kunst von ihren Vorgängern durch üppigere Formen, energischen, kraftvollen Ausdruck, durch einen neuen Naturalismus in der Darstellung (unter Beibehalt einer idealisierten Formgebung), durch harmonisch gesetztes Helldunkel und viel Bewegung und Dramatik. Ihren Ausdruck findet sie im Ölbild und im Fresko, das Johann Michael Rottmayr (1654–1730) ab der Mitte des 17. Jahrhunderts als einer der ersten zu künstlerischer Vollendung führt. „In Kirchen und Schlössern verwandelt die Freskenmalerei Gestalt und Wirkung der Architektur und wird mit neuartig aufgehellter Farbigkeit raumbeherrschend. Diese Malerei sollte im Gesamtbereich der Künste sehr schnell den Ton angeben. Ihre schwebende Verbildlichung des Irrealen greift bald auch auf das bewegliche Leinwandbild über, verändert sein Aussehen und vermindert seine Bedeutung. Das gerahmte Bild des 17. Jahrhunderts war zumeist eine Figuralkomposition gewesen, eine Landschaft oder ein Stilleben, durchwegs in dunkler Farbskala gemalt. Als selbständiger Schmuck hatte es einen Platz in den Wohn- und Repräsentationsräumen der verschiedenen Stände eingenommen und auch als gerahmtes Altarbild die Würde einer eigenständigen Neuschöpfung der sichtbaren und der überirdischen Welt erlangt" (Propyläen, 17. Jahrhundert, S. 198). Zudem fehlt der Kunst noch lange die nationale Eigenständigkeit. „Die Maler in Deutschland haben sich, verspätet und in immer neuen Ansätzen, bemüht, mit ihren Werken die einzigartige Stellung des Bildes in der italienischen und niederländischen Malerei zu erreichen. Gehemmt durch Kriegszeiten und engere Lebensverhältnisse, ha-

Fischer von Erlach, Schloß Frain: Ahnensaal Deckengemälde von Joh. Mich. Rottmayr (1695) – Verherrlichung des Hauses Althan.

ben sie sich manchmal bis auf die Höhe dieses Zieles erhoben, noch bevor die im 17. Jahrhundert zur Selbständigkeit herangewachsenen Künste im Laufe des 18. Jahrhunderts, im europäischen Spätbarock, miteinander in eine neue Verbindung und Verschmelzung eintraten" (ebda.).
Weiters mangelt es in der Frühphase an Künstlerpersönlichkeiten. „Das 18. Jahrhundert hat in Deutschland keinen Maler hervorgebracht, der wie Watteau oder Tiepolo einen Höhepunkt der europäischen Kunst darstellen oder sich mit einer Begabung vom Range Elsheimers (1578–1610) im 17. Jahrhunderts messen könnte. Die bedeutendsten deutschen Galerien des 18. Jahrhunderts zeigen, daß bereits damals [Anm: eigentlich *wieder* oder *noch immer*] die zeitgenössischen französischen und italienischen Meister den einheimischen vorgezogen wurden. Als 1751 Treppenhaus und Kaisersaal der Würzburger Residenz mit Deckenfresken ausgeschmückt werden sollten ... [wurde für diese wichtige Aufgabe kein heimischer Künstler, sondern] Tiepolo berufen" (Propyläen, 18. Jahrhundert, S. 402). Nicht anders in Wien, wo Fresken beinahe ausschließlich von Italienern ausgeführt werden, von denen viele zwar nur noch aus früher eingewanderten Familien stammen und als Nachkommen dieser schon im deutschsprachigen Raum geboren werden oder hier zumindest lange Zeit ansässig sind: wie die Familie Carlone (17./18. Jahrhundert in Deutschland, Österreich und Italien tätig), Gaetano Fanti (Bologna 1687 – Wien 1759), Marcantonio Chiarini (Bologna 1652 – ebda. 1730), Martin Altomonte (Neapel 1657 – Stift Heiligenkreuz 1745), Andrea Pozzo (Trient 1642 – Wien 1709) und Gregorio Giuglielmi (Rom 1714 – St. Petersburg 1773).
„Dennoch kann gegenüber dem 17. Jahrhundert ein Aufschwung der Malerei in Deutschland festgestellt werden, dessen Ursache vor allem in den gesteigerten Bedürfnissen der Auftraggeber, der katholischen Kirche und der zahlreichen Fürsten, zu suchen ist. So gaben vor allem die geistlichen und

weltlichen Machtzentren der Kunstlandschaft des deutschsprachigen Raumes ihr an Unterschieden reiches Gepräge. Die Zersplitterung der politischen Macht und der Mangel an Tradition verhinderten die Bildung von Kunstmetropolen, die es mit Städten wie Paris, Venedig oder London hätten

Unten: Palais Daun-Kinsky (Wien, Freyung 4), Deckenfresko oberhalb der Haupttreppe: Glorie eines Helden von Marcantonio Chiarini, Scheinarchitektur von G. Fanti – wie S. 257 ein gutes Beispiel barocker Bewegung und Dramatik. S. 259 oben: Vielfigurenprogramm an der Kuppel der Karlskirche in Wien von J. M. Rottmayr (1725).

aufnehmen können. Dafür bewirkte die Vielzahl der fürstlichen Residenzen und mächtigen Klöster mit ihrem wetteifernden Streben nach Repräsentation durch die Künste für eine Verbreitung über das ganze Land und eine Mobilisierung aller verfügbaren Teile" (ebda.).
Wie schon in anderen Kapiteln angesprochen, liegt ein großer Einfluß auf den Gesamtlebensbereich bei der katholischen Kirche, die im süddeutschen Raum – trotz ihrer ohnehin ungebrochenen Monopolstellung als Wissens- und Nachrichtenübermittler – über die Kunst zusätzliche Aufmerksamkeit auf sich lenkt. „Die Leistungen der Monumentalmalerei, obschon nicht ohne italienische Anregungen denkbar, sind der am meisten eigenständige Beitrag Deutschlands zur Malerei des 18. Jahrhunderts. Weil die Aufgabe der vorwiegend kirchlichen Monumentalmalerei darin bestand, das Volk anzusprechen, konnten sich in dieser Gattung und in der kirchlichen Kunst überhaupt volkstümliche und die in den Wesensunterschieden der deutschen Stämme begründeten Stileigentümlichkeiten deutlicher ausprägen als in der höfischen Kunst ... Die Unterschiede, die sich damit zwischen norddeutscher, vorwiegend protestantischer, und süddeutsch-österreichischer, hauptsächlich katholischer Kunst abzeichnen, klaffen weiter auseinander als beispielsweise die zwischen der Malerei in Paris und Venedig zur gleichen Zeit" (ebda.).
Die bedeutendsten Maler haben ihren künstlerischen Weg häufig von der sakralen Kunst ausgehend genommen: Johann Michael Rottmayr (1654–1730) wirkt zunächst als Freskant in Passau am Dom, arbeitet in Salzburg an der erzbischöflichen Residenz und an der Franziskanerkirche, später in der Melker Stiftskirche sowie in der Karls- und Peterskirche in Wien; Daniel Gran (1694–1757), der *weltlichste* unter diesen Künstlern, der vor allem Adelspaläste und die Wiener Hofbibliothek mit seinen Malereien ausschmückt, schafft aber auch Fresken für die Wallfahrtskirche am Sonntagberg, für das Stift Klosterneuburg und Altarbilder für die Stiftskirche Lilienfeld; Paul Troger (1698–1762) stattet Stift Melk, den Dom von Brixen und die Wallfahrtskirche Maria Dreieichen mit Deckenfresken aus, und sein Schüler Franz Anton

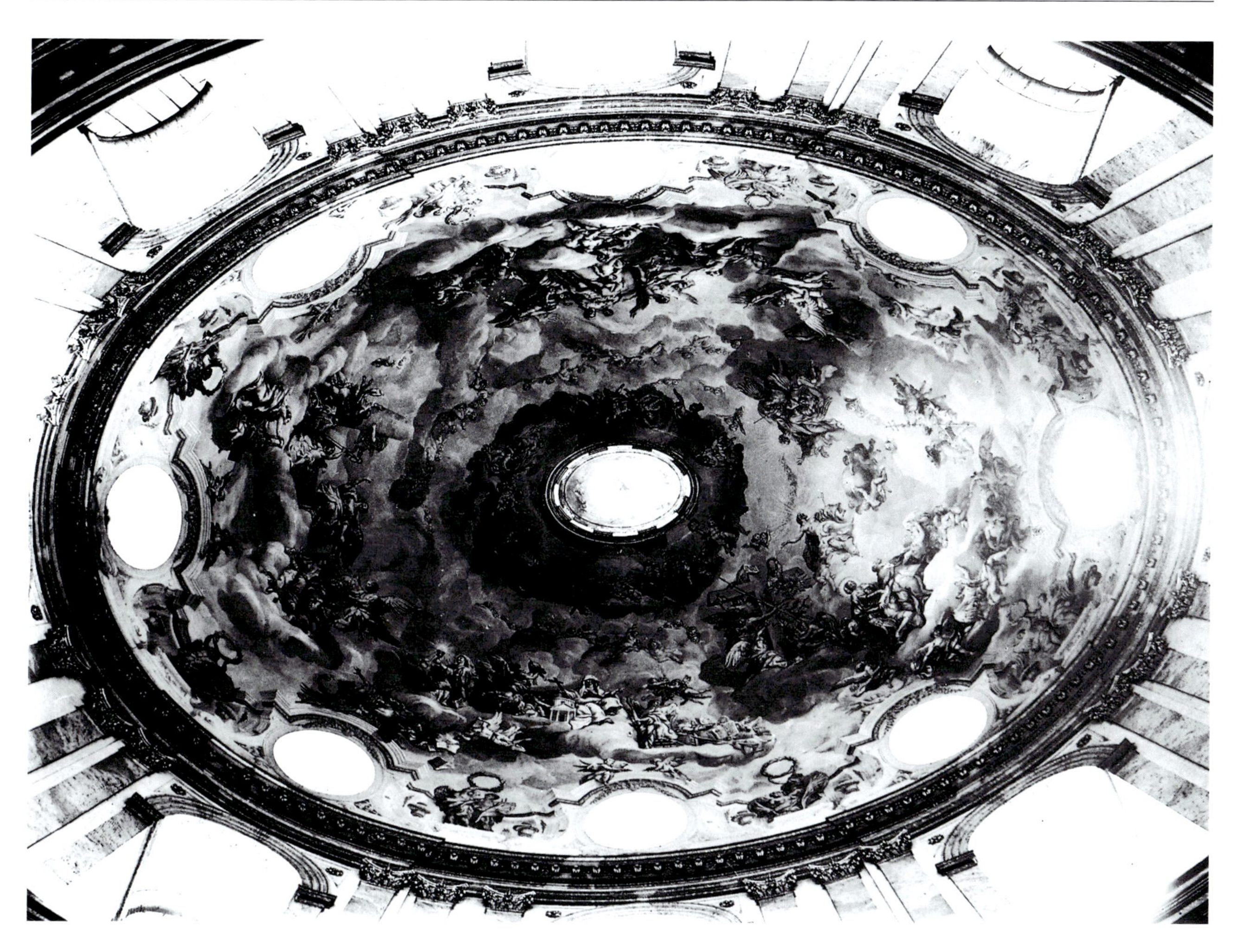

Maulpertsch (1724–1796) beginnt seine Künstlerlaufbahn mit den Fresken in der Wiener Piaristenkirche, in der Wallfahrtskirche in Heiligenkreuz-Gutenbrunn und in der Pfarrkirche in Sümeg/Bezirk Veszprém in Ungarn, ehe er an der malerischen Ausgestaltung der Hofburg in Innsbruck arbeitet. Martin Johann Schmidt, namentlich besser bekannt als *Kremser-Schmidt* (1718–1801), der am Ende der Entwicklung steht, erreicht seine künstlerischen Höhepunkte im Sakralbereich. Die Kirche ist zweifelsfrei der erste, bedeutendste und vor allem der häufigste Auftraggeber.

Die (Pastell-)Bildnis- und Genremalerei ist hierzulande hervorragend durch zwei nicht aus dem Reichsgebiet stammende Künstler, dem Schweden Martin van Meytens (Haag in Schweden 1648 – Stockholm 1736) und den Schweizer Jean Etienne Liotard (Genf 1702 – ebda. 1789), vertreten. Viele der barocken Porträtisten sind anonym geblieben, da ihr Wirken oftmals mit einem Hof oder mit

Martin Johann Schmidt (1718–1801), genannt der Kremser Schmidt, Selbstbildnis.

einer bestimmten Person verbunden war, mit deren Untergang oder *Verschwinden* sie Posten und Wirkungsbereich verloren und der Vergessenheit anheimfielen. Auch wurden im Barock nur wenige Porträts signiert, oder ihre Signatur ist heute unleserlich, so daß das Identifizieren der Künstlerpersönlichkeiten und das Zuordnen schwerfällt.
Die größte Verbreitung von Kunstwerken und Bildungsgut (Topographien, Illustration von zeitgenössischen Lehrbüchern, Lexika usf.) erfolgt in dieser Zeit ohne regelmäßig erscheinende und allen zugänglichen Medien über Flugblätter und Kupferstiche, die wegen der wenig strapazierbaren Kupferplatten allerdings nur geringe Auflagen erleben. Zeitungen erscheinen, soweit sie ab dem 17. Jahrhundert gedruckt werden, noch ohne Bildteile und erreichen schon wegen des hohen Prozentsatzes von Analphabetismus keinesfalls die breite Masse.

ALLTAG DES KÜNSTLERS

Von Daniel Gran (1694–1757), dem Schöpfer der berühmten Deckenfresken in der Wiener Hofbibliothek, sind zwei Dokumente im Zusammenhang mit seiner Arbeit im Stift Klosterneuburg erhalten, die ein typisches Problem des Künstleralltags beinhalten: gleichzeitig den Auftrag zur Arbeit zu erhalten und die finanzielle Seite geregelt zu wissen: *„Würde mir auch eine gnad sein, zu wissen, wann der Saal zu Closterneuburg wird können zu malen angefangen werden, inmaßen vernommen habe, daß aller bau eingestellet und der gnädige herr praelat resolviert seie, bei seinen lebszeiten nichts mehr machen zu lassen. Wollte wünschen, daß ich solchen saal nägst kommendes Jahr malen dörfte und da meine malerei nicht sonderlich und schwerlich so viel, als es sich der gnädiger herr praelat villeicht einfallen laßt, kosten wird, so würde hochgedachter herr praelat diese respective geringe unkösten ohner sonderliche empfindung leicht bestreiten können, indem auch die bezahlung successive erfolgen könnte. Ich besorge aber, daß schwerlich was daraus werden wird, indem mir verlässig gesagt worden, daß der gnädige herr praelat gar nicht intentioniert, anitzo was vorzunehmen. Ich recommandier mich ewer hochwürden zu gnaden und nebst gehorsamer empfehlung an ihr hochwürden herrn dechant gebleibe in aller veneration ewer hochwürden der treugehorsamer diener De Gran* [er hieß de Gran oder Gran della Torre]" (Brief Daniel Grans aus dem Jahr 1747). In der Zwischenzeit scheint der Prälat von Klosterneuburg den Auftrag doch in Aussicht gestellt zu haben, wie aus einem folgenden Brief des Künstlers herauszulesen ist:
„Indessen sage gehorsambsten dank vor die gnad, so ewer hochwürden wegen baldiger ausmalung des saals vor mich gehabt und haben sie gar nicht zu besorgen, daß ich in puncto des preises vor meine arbeit zu indiscret sein werde, sintemalen sich diesfalls noch niemand beschweret und noch jeglicher mit mir zufrieden gewest. Jedoch hoffe ich, daß ewer hochwürden auch nicht verlangen werden, daß ich so wohlfeil arbeiten sollte, als ich Ihnen zu gefallen die beiden Kuppeln hier in St. Pölten gemacht habe, denn Gott ist mein zeug, daß der verdienst nicht zulängig gewesen, dasjenige zu bestreiten, was ich zeit währender dieser arbeit vor mich die meinigen nötig gehabt" (aus einem anderen Brief Daniel Grans aus dem Jahr 1747).

ÜBER DIE FARBENHERSTELLUNG

Tips und Tricks zur Herstellung von Freskofarben verrät Andrea Pozzo in einem Traktat sowie die offensichtlich traditionelle Anwendung der einzelnen Töne. Die Anleitungen klingen wie die meisten zeitgleichen Rezepte für Speisen und Arzneimittelgewinnung kompliziert und langwierig. Der Maler bereitet „[drei] Sorten [von] Weiß: Kalkweiß, überall zu gebrauchen, wenn es mit anderen Farben gemischt wird, vorausgesetzt, daß der Kalk ein halbes Jahr oder ein Jahr getaucht wurde; das nur für Fleisch und Draperien zu benutzende Weiß, aus Eierschalen gewonnen, die mit ein wenig ungelöschtem Kalk gekocht werden, dann mit Brunnenwasser gewaschen und auf dem Stein des Malers zerstoßen werden; und das Weiß aus Carrara-Marmorstaub, mit Kalk gemischt und Wasser vermahlen. Für Rot zieht er [= Pozzo] dem Zinnober gebranntes Vitriol vor, aber die Mischung beider Töne ergebe eine dem Öl ähnliche Lackfarbe, die für Draperien beste Dienste tue. Rotgebrannte Erde für Fleisch, dessen Schatten mit schwarzer Erde aus Venedig hervorzuheben sei. Für Grün empfiehlt Pozzo die Grundmasse aus Verona. Neapel liefert den Tuffstein für Gelbtöne, Rom die Erde für Schwarz. Rezepte, um Schwarz aus Kohle zu gewinnen: Viele Materialien sind leicht zu verbrennen, Pfirsichsteine, Papier, Weinhefe" (Fernandez, S. 253 f.).
Zum Alltag des zeitgenössischen Betrachters von Kunstwerken gehört die Entschlüsselung der in der Malerei verwendeten Symbole, die auch den niedereren und wenig gebildeten Schichten in den Einzelheiten viel geläufiger sind, als man heute annehmen möchte, und die ihnen den Zugang zu den

Andrea Pozzo (1642–1709), Selbstbildnis.

Bildern erleichtern. Zu den bekanntesten und gängigsten überlieferten Sinnbildern zählen Tiere und Blumen: „... der kleine Hund (catulus) der Treue spiegelte schon im Mittelalter die Beständigkeit des Familienglücks wider. Der kleine Hund, der sich auf dem berühmten Porträt Jan van Eycks zu Füßen des Brautpaares Arnolfini befindet, bezieht sich ebenfalls auf die eheliche Treue. Im Mittelalter ist das Hündchen ... der traditionelle Kompagnon auf dem Sterbebildnis von Frauen ... [Nichtsdestotrotz] muß unterstrichen werden, daß der Hund auch als Symbol der Überladenheit/Prunksucht und der Schamlosigkeit gilt. Schon seit dem 15. Jahrhundert wurden Hunde in zahlreichen Illustrationen des ausschweifenden/wollüstigen Lebens und in Szenen mit schwangeren Mädchen dargestellt.
Die Nelke repräsentiert auch diese Idee von Treue. Im allgemeinen hält der Bräutigam oder die Braut die Blume bei aufrecht stehendem Daumen als Symbol einer dauerhaften Liebe und der Treue. Auf Porträts von Paaren, die schon längere Zeit verheiratet sind, erscheint die symbolische Nelke oft in der Hand des Ehemanns. Auf den Familienporträts repräsentiert diese Blume gleichzeitig den unzerstörbaren Zusammenhalt ... In der Porträtkunst der Renaissance ebenso wie im 17. Jahrhundert übersetzt die Nelke die Idee der ehelichen Treue.
Die Rose war schon seit der Antike die Blume der Liebe par excellence ... Auf unseren Familien- und Brautporträts der Niederländer im 17. Jahrhundert stellen die Rosen auch die Kürze und die Unbeständigkeit der Liebe dar ... Wie die Rose war auch der Apfel seit der Antike Symbol der ehelichen Liebe. In dem Abschnitt des Parisurteils, ist das Faktum ... diese schöne Frucht wegzuwerfen oder anzubieten, erwogen als eine Liebesdeklaration. Aber in einem religiösen Kontext stellt der Apfel immer Versuchung und Sünde dar ... Das Kind, das diese Frucht trägt, ist ohne Zweifel Symbol der Fruchtbarkeit und der Liebe ... [Das] Sujet [der Liebesgärten] hält sich bis in das 18. Jahrhundert mit den *conversations galantes* von Watteau. Diese Traumwelten, in denen Personen auf elegante Weise die Liebe mitten in einer kultivierten Natur darstellen, beinhalten oft einen Brunnen [Fontäne] und zahlreiche Tiere ... Die Fontäne, die einen fixen Platz im Garten der Liebe einnimmt, stellt hier ohne Zweifel die Quelle der puren Liebe dar ... [Ein Papagei symbolisiert übrigens eheliche Enthaltsamkeit!] ... Efeu nahm ebenfalls einen Platz in der Vegetationssymbolik innerhalb der Liebesgärten ein, er hat immer die Rolle des Liebessymbols gespielt ... Die Draperie ist ein immer wiederkehrendes Motiv und drückt in den meisten Fällen ... Grandezza aus. Das Motiv stammt aus der italienischen, besonders der venetischen, Malerei des 16. Jahrhunderts und wurde von Rubens und van Dyck in die barocke niederländische Malerei übernommen. Diese flämischen Künstler haben das Œuvre von Tizian entdeckt ... der oft auf seinen Bildern Personen neben oder vor elegant drapierten Behängen [darstellte], die dem Bild ein feierliches Gepräge geben ...“ (Accordailles, S. 157 ff.).

PLASTIK

Wie die Malerei steht die barocke Bildhauerkunst im Dienst der Architektur, in einer häufig untergeordneten Rolle, dafür aber in um so reichhaltigerem Ausmaß: Sie findet sich am Innen- und Außenbau der Repräsentationsbauten, in der Natur als Garten- oder Parkplastik. Im reichsdeutschen Gebiet kommt der Plastik in Form des Porträts, des Standbilds, des Denkmals oder des Grabmals weniger eigenständige Bedeutung bei, da auch hier das Individuelle dem (ornamentalen) Gesamtkunst-

Links: Palais Schwarzenberg in Wien, Gartenseite: Steinfigur mit bewegter Stoffdraperie vor dem Mittelfeld der Hauptfassade.
Rechts: Sakrale Plastik von Giovanni Giuliani (1663–1744), Skulptur des hl. Rochus als Pilger mit Hündchen.

werk untergeordnet bleibt: als plastische Raum-, Wand-, Decken- und Nischendekoration aus Stein, Stuck oder Gips oder in *beweglicher* kleiner Form als Porzellanplastik. Wobei die Kleinheit oder das vermeintliche Untergehen des einzelnen im gesamten nicht eine geringere Anforderung an die Kunst darstellt, denn mit der Ausführung werden bis zu den kleinsten Details die ersten Künstler betraut.

Die künstlerischen Impulse bei der Bildhauerei gehen ebenfalls von Italien, im speziellen von Rom, aus. Zeugen dieser Entwicklung sind: die in Wien als Bildhauer wirkenden Italiener Giovanni Giuliani (Venedig 1663 – Stift Heiligenkreuz 1744) und Lorenzo Mattielli (gest. 1748 in Dresden) und der Stukkateur Santino Bussi (bei Lugano 1663 – Wien 1737), die sich der Ausgestaltung adeliger Paläste verschreiben. Trotzdem bleibt auch hier – die gesamte Entwicklung betrachtet – die Kirche einer der Hauptauftraggeber.

Dem Gebot der Zeit folgend, strebt man die Verschmelzung von Architektur, Skulptur und Malerei zu einer gesamtkünstlerischen Einheit an – so wie einige Künstler wie Johann Bernhard Fischer von Erlach (Graz 1656 – Wien 1723), Andreas Schlüter (Hamburg oder Danzig um 1664 – St. Petersburg 1714) und Matthias Steinl (um 1644 – Wien 1727) alle drei Berufe in einer Person vereinen. Ein anderes Gesetz der Zeit verlangt von Natur und Kunst, das genaue Gegenteil der Eigenschaften des ursprünglichen Materials zu erreichen: woraus sich für die Plastik als oberstes Vorbild das Erstreben der Natürlichkeit ergibt, so wie für alles Natürliche – wie Bäume und Pflanzen – das Erstarren zu Kunst- und Ornamentalformen gefordert wird. Die Ziele der Bildhauerkunst heißen demnach: Erlangen dynamischer Bewegung der Körper und

Links: Balthasar Permoser, Prinz Eugen als Türkensieger im Belvedere Wien. Der Türkenkopf unter dem Fuß des Prinzen Eugen gilt als Selbstbildnis des Künstlers.
Rechts: Raphael Donner, Detail des Providentia-Brunnens in Wien mit der übergreifenden Figur eines Flußgottes.

höchstmöglicher Naturalismus unter Beibehaltung eines an klassischen Vorbildern angelehnten Schönheitsideals.
Wenn auch die Kunst eine der Architektur untergeordnete Rolle zu spielen hat, so wird sie auf österreichischem Gebiet von bedeutenden Künstlerpersönlichkeiten ausgeübt, die allesamt höchste schöpferische Geisteskraft auszeichnet: der in den Diensten des Prinzen Eugen von Savoyen stehende Balthasar Permoser (Chiemgau 1651 – Dresden 1732) verewigt sich in der Apotheose an seinen Auftraggeber künstlerisch und auch tatsächlich: der Türkenkopf unter dem Fuß des Prinzen gilt als ein Selbstbildnis des Künstlers; Raphael Donner (bei Wien 1693 – Wien 1741) schenkt der Wiener Innenstadt mit seinem Providentia-Brunnen ein die Jahrhunderte überdauerndes Wahrzeichen, wenn auch die umweltgeschädigten Originalfiguren aus Blei 1873 durch Bronzekopien ersetzt werden mußten (die Originale befinden sich seit 1958 im Unteren Belvedere). Balthasar Ferdinand Moll (Innsbruck 1717 – Wien 1785) zeichnet am Übergang zum Rokoko als Verantwortlicher für die Ausführung von sechzehn Prunksärgen in der Kapuzinergruft, unter anderen für den Doppelsarkophag Franz' I. und der Maria Theresia mit den unglaublich lebensnahen Figuren des Kaiserpaares.
Künstlerisch in einer Ausnahmeposition – weil der Einfluß seines manchmal nervös-gereizten kranken Geistes auf das Werk nicht ganz geklärt werden kann – befindet sich der vielleicht genialste, vor allem ausdrucksstärkste Bildhauer seiner Zeit: Franz Xaver Messerschmidt (Wiesensteig in Württemberg um 1736 – Preßburg 1783), der mit seinen *Charakterköpfen* den Rahmen barocker Kunstprogramme sprengt.

DANKSAGUNG

Unter allen Institutionen, die ich während der Entstehungszeit an diesem Werk um Mithilfe bat, haben sich vor allem zwei Grazer Abteilungen verdient gemacht, denen ich an dieser Stelle meinen ganz besonderen Dank aussprechen möchte: das Institut für Kunstgeschichte der Universität Graz, wo mir Frau Dr. Margit Stadlober völlig uneigennützig und hilfsbereit zur Seite stand, und die Steirische Landesbibliothek, wo die Herren Stangl, Schellnegger, Nestel und Wohlmuther sowie Frau Kähling immer unbürokratisch um Lösungsvorschläge bemüht waren. Dank schulde ich auch Frau Mag. Pall vom Volkskundemuseum in Graz, die mich im hauseigenen Bildarchiv arbeiten ließ. Weiters danke ich der kunstgewerblichen Abteilung im Joanneum in Graz, besonders Herrn Wagner, und den Kunsthistorikern der Alten Galerie, Dr. Biedermann, Frau Dr. Rabensteiner und Frau Fermüller für ihre Mithilfe.

Außerordentlich zufriedenstellend gestaltete sich die Arbeit mit dem Kunsthistorischen Museum in Wien, besonders mit Herrn Hofrat Kugler, dem ich hier im speziellen danken möchte. Zuletzt geht mein Dank an die Nationalbibliothek in Wien (an die Herren Steindl und Tobias) und das Fotoarchiv der Nationalbibliothek, wo mir die immer freundliche Frau Jagos hilfreich zur Seite stand.

Zuletzt danke ich meinen Freunden in Wien und Steiermark, die mir jederzeit ihr unerschöpfliches Wissen und ihre privaten Archive zur Verfügung stellen.

Gabriele Praschl-Bichler

VERZEICHNIS DER ABGEKÜRZTEN LITERATUR

Accordailles = Ausstellungskatalog Des Accordailles aux Epousailles. Brüssel 1988.

Alte Fächer = Renate Müller-Krumbach, Alte Fächer. Weimar 1988.

Ariès, Geschichte = Philippe Ariès, Geschichte des privaten Lebens. Von der Renaissance zur Aufklärung. 3. Band. (Hg. Philippe Ariès und Roger Chartrier). Frankfurt am Main 1991.

Barockes Wien = Fred Hennings, Das barocke Wien. 2 Bde. Wien, München 1965.

Beer, Leben = Johannes Beer, Sein Leben, von ihm selbst erzählt. (Hg. Adolf Schmiedecke) Göttingen 1965.

Brunner = Otto Brunner, Staatsbildung und öffentliches Recht Österreichs. Vorlesungsmanuskript des Wintersemesters 1937/38. s. l.

Bürgerhaus = Renate Wagner-Rieger, Das Wiener Bürgerhaus des Barock und Klassizismus. Wien 1957.

Christelius = R. Pater Bartholomeus Christelius S. J., Fürtrefflicher Wittib-Spiegel oder löblicher Lebens Wandel ... Brünn 1694.

Deutsche Bauernstuben = Margarete Baur-Heinold, Deutsche Bauernstuben. Stuttgart 1961.

Dihle = Helene Dihle, Neue Forschungen zur spanischen Tracht, s. l. 1929–1931.

Dirnberger = Franz Dirnberger, Das Wiener Hofzeremoniell bis in die Zeit Franz Josephs. Überlegungen über Probleme, Entstehung und Bedeutung. in: Ausstellungskatalog Das Zeitalter Kaiser Franz Josephs. 2 Bde., Wien 1984.

Dülmen, Hexenwelten = Richard van Dülmen (Hg.), Hexenwelten. Magie und Imagination vom 16.–20. Jahrhundert. Frankfurt am Main 1987.

Ehalt = Hubert Ehalt, Ausdrucksformen absolutistischer Herrschaft. Der Wiener Hof im 17. und 18. Jahrhundert. Wien 1980.

Elias = Norbert Elias, Die höfische Gesellschaft. Untersuchungen zur Soziologie des Königtums und der höfischen Aristokratie. s. l. 1969.

Eßkultur = Ausstellungskatalog Eßkultur vom Mittelalter bis zur Gegenwart. St. Pölten 1983.

Euler = Leonhard Euler, Briefe an eine deutsche Prinzessin über verschiedene Gegenstände aus der Physik und Philosophie. Aus dem Französischen übersetzt. 3 Bde., Leipzig s. a.

Fächer = Ausstellungskatalog Fächer aus vier Jahrhunderten. Tübingen 1983/84.

von Falke = Jacob von Falke, Die Kunst im Hause. Geschichtliche und kritisch-ästhetische Studien über die Decoration und Ausstattung der Wohnung. Wien 1897.

Fernandez = Dominique Fernandez, Das Banquett der Engel. Literarische Barockreise von Rom nach Prag. Freiburg s. a.

Fest- und Wohnräume = Prinz Heinrich von und zu Liechtenstein, Die Dekoration des Festsaales im Wiener Hochbarock. 1650–1730. Dissertation Wien 1947.

Fiedler = Siegfried Fiedler, Grundriß der Militär- und Kriegsgeschichte. Die stehenden Heere im Zeitalter des Absolutismus 1640–1789. Bd. 1. München 1972.

Figurinen = Ausstellungskatalog Figurinen nach alten Schnittbüchern. Linz 1968.

Georgica = Wolf Helmhard von Hohberg, Georgica curiosa das ist „Adeliges Land= und Feldleben“. Bericht und Unterricht auf alle in Deutschland üblichen Land= und Hauswirtschaften. Wien (Nachdruck) 1984.

Geschmiedetes Eisen = Margarete Baur-Heinold, Geschmiedetes Eisen vom Mittelalter bis um 1900. Stuttgart 1963.

Goldmann = Nicolaus Goldmann, Vollständige Anweisung zu der Civil-Bau-Kunst, s. l. 1708.

Goncourt = Edmond und Jules de Goncourt, Die Frau im 18. Jahrhundert. Bern, Stuttgart, Wien 1963.

Granat=Apffel = Prinzessin Eleonora Liechtenstein, Freywillig auffgesprungener Granat=Apffel des christlichen Samariters. s. l. 1701.

Hartung = Fritz Hartung, Deutsche Verfassungsgeschichte vom 15. Jahrhundert bis zur Gegenwart. Stuttgart 1950.

Hausarzneien im Barock = Herta Neunteufel, Hausarzneien im Barock. Aus der Welt der steirischen Hausapotheke. Graz, Wien 1978.

Haußhaltungs=Lexicon = Compendieuses und Nutzbares Haußhaltungs=Lexicon, Worinnen Alle beym Feld=Acker= Garten= und Wein=Bau, Wiesewachs, Holtzungen, Jägerey, Fischerey, Bierbrauen, Vieh=Zucht, und sonst bey dem Haußhalten vorkommende Wörter und Redens= Arten gründlich und deutlich erkläret ... Chemnitz 1740.

Hauß-Vatter = Francisci Philippi Florini, Oeconomus prudens et legalis continvatus Oder Grosser Herren Stands und Adelicher Hauß-Vatter. Nürnberg 1719.

Hörnigk = P. W. von Hörnigk, Österreich über alles, wann es nur will. (1684) Nachdruck Frankfurt am Main 1948.

Hofer = Edith Hofer, Das Besteck – Entstehung, Gebrauch, Gestaltung. Hausarbeit Wien 1982.

Kaessmayer = Erich Kaessmayer, Die bauliche Entwicklung der Wiener Küche. Dissertation Wien 1983.

Katalog Rosenburg = Ausstellungskatalog Adel im Wandel. Politik, Kultur, Konfessionen 1500–1700. Rosenburg 1990.

Khevenhüller = Josef Fürst Khevenhüller, Aus dem Hofleben Maria Theresias. Nach den Memoiren des Fürsten Josef Khevenhüller. (Hg. A. Wolf) s. l. 1858.

Kiesel/Münch = Helmuth Kiesel/Paul Münch, Gesellschaft und Literatur im 18. Jahrhundert. München 1977.

Königliches Dresden = Königliches Dresden. Höfische Kunst im 18. Jahrhundert. München 1990.

Küchelbecker = Johann Basilius Küchelbecker, Allerneueste Nachricht vom Römisch-Kayserl. Hofe Nebst einer ausführlichen Beschreibung der Kayserlichen Residentz-Stadt Wien, und der umliegenden Oerter, Theils aus den Geschichten, theils aus eigener Erfahrung zusammen getragen und mit saubern Kupffern ans Licht gegeben. Hannover 1730.

Lebigre = Arlette Lebigre, Liselotte von der Pfalz. Eine Wittelsbacherin am Hofe Ludwigs XIV. München 1991.

Liebs = Elke Liebs, Das Köstlichste von allem. Von der Lust am Essen und dem Hunger nach Liebe. Zürich 1988.

Löffelholz = Josef Löffelholz, Repetitorium der Betriebswirtschaftslehre. Betriebswirtschaftliches Repetitorium. Beilage zur Zeitschrift für Betriebswirtschaft. Wiesbaden 1975.

Moser = Fridrich Carl von Moser, Teutsches Hof=Recht. 2 Bde. s. l. 1754/55.

Nicolai = Friedrich Nicolai, Beschreibung einer Reise durch Deutschland und die Schweiz in den Jahren 1781–1782. Bd. 2–5, Berlin-Stettin 1784.

NKO (Nürnberger Kleiderordnung) = Eines Hoch Edlen und Hoch=weisen Raths der Stadt Nürnberg Verneuerte Kleiderordnung / und Verboth der Hoffarth / Was nemlichen unter Ihrer Burgerschafft / Inwohnern / Unterthanen und Verwandten / Jedem in seinem Stand / von Manns= und Weibs=Personen / in Bekleidungen und sonstigen / zugelassen oder verbothen ist. s. l. 1693.

Ollapotrida = Joseph Anton Stranitzky, Ollapotrida des durchgetriebenen Fuchsmundi. s. l. 1722.

Pepys = Samuel Pepys, Tagebuch aus dem London des 17. Jahrhunderts. Ausgewählt, übersetzt und herausgegeben von Helmut Winter. Stuttgart 1980.

Pezzl = Johann Pezzl, Skizze von Wien. Graz 1923.

Propyläen = Propyläen Kunstgeschichte. Die Kunst des 17. Jahrhunderts. Frankfurt am Main 1990. op. cit., Die Kunst des 18. Jahrhunderts. Frankfurt am Main 1990.

Residenzen = Renate Wagner-Rieger, Vorlesung Residenzen. Wien 1979.

Rohr = Julius Bernhard von Rohr, Einleitung zur Ceremonial=Wissenschaft der Privatpersonen. s. l. 1728.

Sandgruber = Roman Sandgruber. Bittersüße Genüsse. Kulturgeschichte der Genußmittel. Wien 1986.

Simplicissimus = Hans Jakob Christoph von Grimmelshausen, Der Abentheuerliche Simplicissimus. Stuttgart 1975.

Specimina = Specimina philologiae slavicae. (Hg. Olexa Horbatsch und Gerd Freidhof). Bd. 57. Gudrun Langer, Die Bewertung des Barock in der tschechischen und österreichischen Literaturgeschichtsschreibung des 18. Jahrhunderts. München 1984.

Ständebuch = Christoff Weigels Ständebuch von 1698. Das ist Abbildung der Gemein=Nützlichen Haupt=Stände von allerley Stands=, Ambts= und Gewerbs=Persohnen Meist nach dem Leben gezeichnet und in Kupffer gebracht, auch kurtz, doch gründlich beschrieben von Christoff Weigel. Mit beygeruckter Lehr und mäßiger Vermahnung durch P. Abraham a Santa Clara.

Stampferin = Das Hausbüchl der Stampferin, einer geborenen Dellatorrin, Radmeisterin zu Vordernberg. Mit einer Schilderung des Lebens in einem altsteirischen Gewerkenhause von Marianne von Rabcewicz, einer gegenständlichen und örtlichen Studie neu herausgegeben von Gustav Hackl. Graz 1926.

Steube = Johann Kaspar Steube, Von Amsterdam nach Temiswar. Wanderschaften und Schicksale. (Erstdruck 1791) Berlin 1984.

Stranitzky = s. Ollapotrida

Treue = Wilhelm Treue, Wirtschaftsgeschichte der Neuzeit. 18. und 19. Jahrhundert. Bd. 1. Stuttgart 1973.

Vehse = Eduard Vehse, Geschichte der deutschen Höfe seit der Reformation. Geschichte des preußischen Hofs und Adels und der preußischen Diplomatie. Bd. 3. Hamburg 1851. Geschichte des österreichischen Hofs und Adels und der österreichischen Diplomatie. Bd. 5. Hamburg. 1852.

Vigarello = Georges Vigarello, Wasser und Seife, Puder und Parfum. Geschichte der Körperhygiene seit dem Mittelalter. Frankfurt 1988.

Weigel = s. Ständebuch

Weiskern = Friedrich Wilhelm Weiskern, Topographie von Niederösterreich. 2. Teil. Wien 1769/70.

Willebrandt = Johann Peter Willebrandt, Hist. Berichte und praktische Anmerkungen auf Reisen. (Hg. Gottfried Schütze) Frankfurt 1761.

Das erste Wort = Lotte Borkowski (Hg.), Das erste Wort der Liebe. Bekenntnisse aus sechs Jahrhunderten. Dresden 1932.

Zedler = Johann Heinrich Zedler, Grosses vollständiges Universal-Lexikon aller Wissenschaften und Künste. Halle 1732–1754. 56 Bde. (Graz, Nachdruck 1961).

Zinzendorf = Graf Karl Zinzendorf, Das Tagebuch des Grafen Karl von Zinzendorf. (Hg. Ulrich Harbecke) Bonn 1969.

Zweig = Stefan Zweig, Marie Antoinette. Bildnis eines mittleren Charakters. Hamburg 1983.

BIBLIOGRAPHIE

Philippe Ariès, Geschichte des privaten Lebens. Von der Renaissance zur Aufklärung. 3. Band. (Hg. Philippe Ariès und Roger Chartrier) Frankfurt am Main 1991.

Ders., L'enfant et la vie familiale. Paris 1960.

Ausstellungskatalog Des Accordailles aux Epousailles. Brüssel 1988.

Ausstellungskatalog Adel – Bürger – Bauern im 18. Jahrhundert. Schallaburg 1980.

Ausstellungskatalog Adel im Wandel. Politik, Kultur, Konfessionen 1500–1700. Rosenburg 1990.

Ausstellungskatalog Der steirische Bauer. Leistung und Schicksal von der Steinzeit bis zur Gegenwart. Graz 1966.

Ausstellungskatalog Eßkultur vom Mittelalter bis zur Gegenwart. St. Pölten 1983.

Ausstellungskatalog Fächer aus vier Jahrhunderten. Tübingen 1983/84.

Ausstellungskatalog Figurinen nach alten Schnittbüchern. Linz 1968.

Ausstellungskatalog Johann Bernhard Fischer von Erlach. Graz, Wien, Salzburg 1956/57.

Ausstellungskatalog Gaumenfreuden. Kulturgeschichte des Trinkens dargestellt in der Graphik des 17., 18. und 19. Jahrhunderts. Stift Göttweig 1969.

Ausstellungskatalog Das Hutererhandwerk. Freistadt 1955.

Ausstellungskatalog Des Kaisers Rock. Uniform und Mode am österreichischen Kaiserhof 1800 bis 1918. Schloß Halbturn 1989.

Ausstellungskatalog Niederösterreichisches Barockmuseum Schloß Heiligenkreuz bei Herzogenburg. Wien 1985.

Ausstellungskatalog des Österreichischen Barockmuseums im Unteren Belvedere. 2 Bde. Wien, München 1980.

Ausstellungskatalog Prager Barock. Wien 1989.

Ausstellungskatalog Prinz Eugen und das barocke Österreich. Wien 1986.

Ausstellungskatalog Der Schuh. Die Geschichte seiner Herstellung und seines Gebrauchs. s. l. 1937.

Ausstellungskatalog Uhrenmuseum Wien. Wien s. a.

Ausstellungskatalog Das Wiener Bürgerliche Zeughaus. Rüstungen und Waffen aus fünf Jahrhunderten. Wien 1977.

Ausstellungskatalog Wittelsbach. Kurfürsten im Reich – Könige von Bayern. Vier Kapitel aus der Geschichte des Hauses Wittelsbach im 18. und 19. Jahrhundert. (Hg. Reinhold Baumstark) München 1993.

Ausstellungskatalog Zinn des Barock. Wien, Schloßmuseum Riegersburg 1984.

Abraham à Sancta Clara, Auf, auf, ihr Christen. Wien 1683.

Ders., Judas, der Erzschelm. s. l. 1695.

Ders., Mercks Wienn: 1680. Faksimiledruck, Tübingen 1983.

Ders., Wunderlicher Traum von einem großen Narrennest. Salzburg 1703.

Maurice Ashley, Das Zeitalter des Barock. Europa zwischen 1598 und 1715. s. l. 1968.

Gertrude und Hans Aurenhammer, Das Belvedere in Wien. Bauwerk, Menschen, Geschichte. Wien/München 1971.

Hans Aurenhammer, J. B. Fischer von Erlach. Cambridge, Mass. 1973.

Thomas Barker, Army, Aristocracy, Monarchy: Essays on War, Society, and Government in Austria, 1618–1780. New York 1982.

Margarete Baur-Heinold, Deutsche Bauernstuben. Stuttgart 1961.

Dies., Geschmiedetes Eisen vom Mittelalter bis um 1900. Stuttgart 1963.

Dies., Theater des Barock. Festliches Bühnenspiel im 17. und 18. Jahrhundert. München 1966.

Johannes Beer, Der verliebte Österreicher oder Kurtzweil mit Frauenzimmern. (Hg. Fritz Habeck) Graz 1964.

Ders., Sein Leben, von ihm selbst erzählt. (Hg. Adolf Schmiedecke) Göttingen 1965.

Wolfgang Behringer, Thurn und Taxis. Die Geschichte ihrer Post und ihrer Unternehmen. München, Zürich 1990.

H. A. Berlepsch, Chronik vom ehrbaren Schuhmachergewerk. Nebst einer kurzen Geschichte der vorzüglichen Fußbekleidungen früherer Zeiten. Osnabrück 1966.

Allgemeine deutsche Biographie, 56 Bde. Leipzig 1877.

Lotte Borkowski (Hg.), Das erste Wort der Liebe. Bekenntnisse aus sechs Jahrhunderten. Dresden 1932.

Fernand Braudel, Die Geschichte der Zivilisation. 15. bis 18. Jahrhundert. München 1971.

F. A. Brockhaus, Brockhaus Enzyklopädie. 24 Bde. Mannheim 1987.

Günter Brucher, Barockarchitektur in Österreich. Köln 1983.

Otto Brunner, Adeliges Landleben und europäischer Geist. Leben und Werk Wolf Helmhards von Hohberg 1612–1688. Salzburg 1949.

Ders., Staatsbildung und öffentliches Recht Österreichs. Vorlesungsmanuskript des Wintersemesters 1937/38. s. l.

Anna Coreth, Pietas Austriaca. Österreichische Frömmigkeit im Barock. Wien 1982.

R. Pater Bartholomeus Christelius S. J., Fürtrefflicher Wittib-Spiegel oder löblicher Lebens Wandel ... Brünn 1694.

Dehio-Handbuch. Die Kunstdenkmäler Österreichs. Graz. Wien 1979.

Dass., Tirol. Wien 1980.

Dass., Wien. Wien, München 1954.

Helene Dihle, Neue Forschungen zur spanischen Tracht, s. l. 1929–1931.

Franz Dirnberger, Das Wiener Hofzeremoniell bis in die Zeit Franz Josephs. Überlegungen über Probleme, Entstehung und Bedeutung. in: Ausstellungskatalog Das Zeitalter Kaiser Franz Josephs. 2 Bde., Wien 1984.

Dizionario enciclopedico italiano, 12 vol. Roma 1955.

Franz Adrian Dreier, Venezianische Gläser und *Façon de Venise*. Kataloge des Kunstgewerbemuseums Berlin, Bd. XII. Berlin 1989.

Richard van Dülmen (Hg.), Armut, Liebe, Ehre. Studien zur historischen Kulturforschung. Frankfurt am Main 1988.

Ders. (Hg.), Hexenwelten. Magie und Imagination vom 16.–20. Jahrhundert. Frankfurt am Main 1987.

Hubert Ehalt, Ausdrucksformen absolutistischer Herrschaft. Der Wiener Hof im 17. und 18. Jahrhundert. Wien 1980.

Gloria Ehret, Porzellan. Augsburg 1992.

Norbert Elias, Die höfische Gesellschaft. Untersuchungen zur Soziologie des Königtums und der höfischen Aristokratie. s. l. 1969.

Christian Ritter d'Elvert, Die Bestrafung der böhmischen Rebellion, insbesondere die Correspondenz Ferdinand II. mit dem Fürsten Liechtenstein. Brünn 1868.

The New Encyclopedia Britannica, 29. vol. Chicago et al. 1988.

(Leonhard Euler), Briefe an eine deutsche Prinzessin über verschiedene Gegenstände aus der Physik und Philosophie. Aus dem Französischen übersetzt. 3 Bde., Leipzig s. l.

Jacob von Falke, Die Kunst im Hause. Geschichtliche und kritisch-ästhetische Studien über die Decoration und Ausstattung der Wohnung. Wien 1897.

Helmuth Feigl, Die niederösterreichische Grundherrschaft vom ausgehenden Mittelalter bis zu den theresianisch-josephinischen Reformen. Forschungen zur Landeskunde von Niederösterreich Band XVI. Verein für Landeskunde von Niederösterreich und Wien 1964.

Dominique Fernandez, Das Banquett der Engel. Literarische Barockreise von Rom nach Prag. Freiburg s. a.

Siegfried Fiedler, Grundriß der Militär- und Kriegsgeschichte. Die stehenden Heere im Zeitalter des Absolutismus 1640–1789. Bd. 1. München 1972.

Viktor Fleischer, Fürst Karl Eusebius von Liechtenstein als Bauherr und Kunstsammler. Wien 1910.

Francisci Philippi Florini, Oeconomus prudens et legalis continvatus Oder Grosser Herren Stands und Adelicher Hauß-Vatter. Nürnberg 1719.

Frauen Literatur Geschichte. Schreibende Frauen vom Mittelalter bis zur Gegenwart. (Hg. Hiltrud Gnüg und Renate Möhrmann). Stuttgart 1985.

Pater Mathias Fuhrmann, Historische Beschreibung und kurz gefaßte Nachricht Von der Römisch. Kaiserl. und Königlichen Residenz-Stadt Wien, Und Ihren Vorstädten. Wien 1766.

Anton Reichsritter von Geusau, Kurze Beschreibung der k. k. Haupt- und Residenzstadt Wien in Oesterreich, und besonders des Panorama von dieser Hauptstadt, derselben Vorstädten und umliegenden Gegenden. Wien und Prag 1803.

Michael Goer, *Gelt ist also ein kostlich Werth.* Monetäre Thematik, Kommunikative Funktion und Gestaltungsmittel illustrierter Flugblätter im 30jährigen Krieg. Dissertation Soest 1981.

Nicolaus Goldmann, Vollständige Anweisung zu der Civil-Bau-Kunst, s. l. 1708.

Klaus Gottschall, Dokumente zum Wandel im religiösen Leben Wiens während des Josephinismus. Wien 1979.

Edmond und Jules de Goncourt, Die Frau im 18. Jahrhundert. Bern, Stuttgart, Wien 1963.

Bruno Grimschitz, Wiener Barockpaläste. Wien 1944.

Ders., Johann Lucas von Hildebrandt. Wien 1959.

Hans Jakob Christoph von Grimmelshausen, Der Abentheuerliche Simplicissimus. Stuttgart 1975.

C. Gurlitt, Geschichte des Barock-Stiles, des Rokoko und des Klassizismus. 3 Bde. Stuttgart 1887/89.

Brigitte Hamann (Hg.), Die Habsburger. Ein biographisches Lexikon. Wien 1988.

Handbuch der Hutmacher, Modisten, Damenfilzhutmacher und Strohhuterzeuger, Kunstblumenerzeuger, Federnschmücker und Schirmmacher Österreichs. Wien 1949.

Compendieuses und Nutzbares Haußhaltungs=Lexicon, Worinnen Alle beym Feld=Acker=Garten= und Wein=Bau, Wiesewachs, Holtzungen, Jägerey, Fischerey, Bierbrauen, Vieh=Zucht, und sonst bey dem Haußhalten vorkommende Wörter und Redens=Arten gründlich und deutlich erkläret ... Chemnitz 1740.

Fritz Hartung, Deutsche Verfassungsgeschichte vom 15. Jahrhundert bis zur Gegenwart. Stuttgart 1950.

Vollständige Hauß= und Land=Bibliothec, worinnen der Grund unverfälschter Wissenschaft zu finden ist, deren sich bey jetziger Zeit ein Hof= Handels= Hauß= Burgers= und Land=Mann zu seinem reichlichen Nutzen bedienen kann. Regenspurg zu Statt am Hof 1701.

Eberhard Happel, Kuriositätenbuch. s. l. 1684.

Fred Hennings, Und sitzet zur linken Hand. Franz Stephan von Lothringen. Gemahl der selbstregierenden Königin Maria Theresia und Römischer Kaiser. Wien 1961.

Ders., Das barocke Wien. 2 Bde. Wien, München 1965.

Christina Hofmann, Das spanische Hofzeremoniell von 1500–1700. Erlanger Historische Studien Bd. 8 (Hg. Karl-Heinz Ruffmann und Hubert Rumpel) Frankfurt am Main, Bern, New York 1985.

Das Hausbüchl der Stampferin, einer geborenen Dellatorrin, Radmeisterin zu Vordernberg. Mit einer Schilderung des Lebens in einem altsteirischen Gewerkenhause von Marianne von Rabcewicz, einer gegenständlichen und örtlichen Studie neu herausgegeben von Gustav Hackl. Graz 1926.

Dora Heinz, Meisterwerke barocker Textilkunst. Wien 1972.

Arnold Hirsch, Bürgertum und Barock im deutschen Roman. Eine Untersuchung über die Entstehung des modernen Weltbildes. Frankfurt am Main 1934.

Edith Hofer, Das Besteck – Entstehung, Gebrauch, Gestaltung. Hausarbeit Wien 1982.

Dagmar Hnikova, Böhmisches Glas. Bern und Stuttgart 1974.

Wolf Helmhard von Hohberg, Georgica curiosa das ist „Adeliges Land= und Feldleben". Bericht und Unterricht auf alle in Deutschland üblichen Land= und Hauswirtschaften. Wien (Nachdruck) 1984.

P. W. von Hörnigk, Österreich über alles, wenn es nur will. (1684) Nachdruck Frankfurt am Main 1948.

Wilhelm Karl Prinz von Isenburg, Stammtafeln zur Geschichte der europäischen Staaten. Band 1 und 2. Berlin 1936.

Susi Joos-Renfer/Marie-Louise Portmann/Heinrich Busse, Pathologisch-anatomische Beobachtungen bedeutender Schweizer Ärzte 1670–1720. Basler Veröffentlichungen zur Geschichte der Medizin und der Biologie. (Hg. H. Buess) Basel/Stuttgart 1961.

Erich Kaessmayer, Die bauliche Entwicklung der Wiener Küche. Dissertation Wien 1983.

Henry Kamen, European Society 1500–1700. London 1984.

Josef Fürst Khevenhüller, Aus dem Hofleben Maria Theresias. Nach den Memoiren des Fürsten Josef Khevenhüller. (Hg. A. Wolf) s. l. 1858.

Helmuth Kiesel/Paul Münch, Gesellschaft und Literatur im 18. Jahrhundert. München 1977.

Heinz Kindermann, Theatergeschichte Europas. 1959.

Ernst Klein, Geschichte der deutschen Landwirtschaft im Industriezeitalter. Wiesbaden 1973.

Eines Hoch Edlen und Hoch=weisen Raths der Stadt Nürnberg Verneuerte Kleiderordnung / und Verboth der Hoffarth / Was nemlichen unter Ihrer Burgerschafft / Inwohnern / Unterthanen und Verwandten / Jedem in seinem Stand / von Manns= und Weibs= Personen / in Bekleidungen und sonstigen / zugelassen oder verbothen ist. s. l. 1693.

Brigitte Klesse/Axel von Saldern, 500 Jahre Glaskunst. Sammlung Biemann. Zürich 1978.

Königliches Dresden. Höfische Kunst im 18. Jahrhundert. München 1990.

Wilhelm Kosch, Deutsches Literatur-Lexikon. Biographisches und bibliographisches Handbuch. 4 Bde. Berlin 1949.

Johann Basilius Küchelbecker, Allerneueste Nachricht vom Römisch-Kayserl. Hofe Nebst einer ausführlichen Beschreibung der Kayserlichen Residentz-Stadt Wien, und der umliegenden Oerter, Theils aus den Geschichten, theils aus eigener Erfahrung zusammen getragen und mit saubern Kupffern ans Licht gegeben. Hanover 1730.

Kunstführer Alte Baumaschinen. München, Zürich 1977.

Grand Larousse encyclopédique. 10 vol. Paris 1960.

The Complete Letters of Lady Mary Wortley Montagu. Vol. I. 1708–1720. Edited Oxford, 1965.

Arlette Lebigre, Liselotte von der Pfalz. Eine Wittelsbacherin am Hofe Ludwigs XIV. München 1991.

Prinz Heinrich von und zu Liechtenstein, Die Dekoration des Festsaales im Wiener Hochbarock. 1650–1730. Dissertation Wien 1947.

Prinzessin Eleonora Liechtenstein, Freywillig auffgesprungener Granat=Apffel des christlichen Samariters. s. l. 1701.

Ann Tizia Leitich, Vienna gloriosa. Wien, Hannover, Bern 1963.

Elke Liebs, Das Köstlichste von allem. Von der Lust am Essen und dem Hunger nach Liebe. Zürich 1988.

Literatur und Gesellschaft im deutschen Barock. Germanisch-romanische Monatsschrift, Beiheft 1. Heidelberg 1979.

Die deutsche Literatur in Text und Darstellung: Barock. Bd. 4. Stuttgart 1980.

Josef Löffelholz, Repetitorium der Betriebswirtschaftslehre. Betriebswirtschaftliches Repetitorium. Beilage zur Zeitschrift für Betriebswirtschaft. Wiesbaden 1975.

Franz Loidl, Menschen im Barock. Abraham à Sancta Clara über das religiös-sittliche Leben in Oesterreich in der Zeit von 1670 bis 1710. Wien 1938.

Carolyn Lougée, Le Paradis des Femmes. Women, Salons, and Social Stratification in Seventeenth-Century France. Princeton 1976.

Karl Meier-Lemgo, Die Reisetagebücher Engelbert Kaempfers. Wiesbaden 1968.

Peter Meister/Hermann Jedding (Hg.), Das schöne Möbel im Lauf der Jahrhunderte. Heidelberg 1958.

Fridrich Carl von Moser, Teutsches Hof=Recht. 2 Bde. s. l. 1754–1755.

P. G. Molmenti, La vie privée à Venise depuis les premiers temps jusqu'à la chute de la Republique. Venise 1882.

Wilhelm Mrazek/Waltraud Neuwirth, Wiener Porzellan 1717–1864. Wien s. a.

Renate Müller-Krumbach, Alte Fächer. Weimar 1988.

Gert Nagel, Möbel. Augsburg 1991.

J. W. Nagl/W. Castle: Deutsch-Österreichische Literaturgeschichte. Ein Handbuch zur Geschichte der deutschen Dichtung in Österreich-Ungarn. Wien, 1899–1914. Bd. II.

Herta Neunteufel, Hausarzneien im Barock. Aus der Welt der steirischen Hausapotheke. Graz, Wien 1978.

Waltraud Neuwirth, Porzellan aus Wien. Von du Paquier zur Manufaktur im Augarten. Wien, München 1974.

Friedrich Nicolai, Beschreibung einer Reise durch Deutschland und die Schweiz in den Jahren 1781–1782. Bd. 2–5, Berlin-Stettin 1784.

Samuel Pepys, Tagebuch aus dem London des 17. Jahrhunderts. Ausgewählt, übersetzt und herausgegeben von Helmut Winter. Stuttgart 1980.

Johann Pezzl, Skizze von Wien. Graz 1923.

Karl Ploetz, Auszug aus der Geschichte. Würzburg 1968.

Josef Polisensky, Der Krieg und die Gesellschaft in Europa 1618–1648. in: Documenta bohemica bellum tricennale illustrantia. Bd. 1. Wien, Köln, Graz 1971.

Frederick A. Pottle (Hg.), Boswell on the Grand Tour: Germany and Switzerland 1764. Melbourne, London, Toronto 1953.

Volker Press/Dietmar Willoweit, Liechtenstein – Fürstliches Haus und staatliche Ordnung. Geschichtliche Grundlagen und moderne Perspektiven. München, Wien 1987.

Gabriele Praschl-Bichler, Vom Wiener Ballett. Wien 1989.

Dies., Wien speziell. Architektur des Barock. Wien 1990.

Mario Praz, Der Garten der Sinne. Ansichten des Manierismus und des Barock. Frankfurt am Main 1988.

Propyläen Kunstgeschichte. Die Kunst des 17. Jahrhunderts. Frankfurt am Main 1990. Die Kunst des 18. Jahrhunderts. Frankfurt am Main 1990.

Hans und Marga Rall, Die Wittelsbacher in Lebensbildern. Graz, Wien, Köln 1986.

Oswald Redlich, Weltmacht des Barock. Österreich in der Zeit Kaiser Leopolds I. Wien 1961.

Julius Bernhard von Rohr, Einleitung zur Ceremonial=Wissenschaft der Privatpersonen. s. l. 1728.

Hans Rose, Spätbarock. Studien zur Geschichte des Profanbaues in den Jahren von 1660–1740. Wien 1930.

Roman Sandgruber. Bittersüße Genüsse. Kulturgeschichte der Genußmittel. Wien 1986.

Leopold Schmidt, Volkskunde von Niederösterreich. Horn 1966.

Justus Schmidt, „Die Architekturbücher der Fischer von Erlach". in: Wiener Jahrbuch für Kunstgeschichte. Wien 1934.

Hans Sedlmayr, Über Fischer von Erlach. aus: Der Piper-Bote. 2, 2. München 1925.

Ders., Johann Bernhard Fischer von Erlach. München 1976.

Ders., Österreichische Barockarchitektur 1690–1740. Wien 1930.

Ders., Epochen und Werke. Bd. II. Wien, München 1960.

Edward Shorter, Der weibliche Körper als Schicksal. Zur Sozialgeschichte der Frau. München, Zürich 1982.

Specimina philologiae slavicae. (Hg. Olexa Horbatsch und Gerd Freidhof). Bd. 57. Gudrun Langer, Die Bewertung des Barock in der tschechischen und österreichischen Literaturgeschichtsschreibung des 18. Jahrhunderts. München 1984.

Walter Spiegl, Glas. München 1979.

Michael Stegemann, Antonio Vivaldi. Hamburg 1993.

Steirischer Wortschatz als Ergänzung zu Schmellers Bayerischem Wörterbuch, gesammelt von Theodor Unger, für den Druck bearbeitet und herausgegeben von Dr. Ferdinand Khull. Graz 1903.

Johann Kaspar Steube, Von Amsterdam nach Temiswar. Wanderschaften und Schicksale. (Erstdruck 1791) Berlin 1984.

Joseph Anton Stranitzky, Ollapotrida des durchgetriebenen Fuchsmundi. s. l. 1722.

Alice Strobl, Der Wandel in den Programmen der österreichischen Deckenfresken seit Gran in ihrer Gestaltung. Wien Dissertation 1950.

Maria Szarota, Geschichte, Politik und Gesellschaft im Drama des 17. Jahrhunderts. Bern, München 1976.

Ulrich Thieme/Felix Becker, Allgemeines Lexikon der bildenden Künstler von der Antike bis zur Gegenwart. 37 Bde. Leipzig 1907.

Hans Tietze, Programme und Entwürfe zu den großen österreichischen Barockfresken. in: Jahrbuch der Kunsthistorischen Sammlungen des Allerhöchsten Kaiserhauses. Bd. 30. s. l. 1911.

Ders., Alt-Wien in Wort und Bild. Vom Ausgang des Mittelalters bis zum Ende des 18. Jahrhunderts. Wien 1926.

Wilhelm Treue, Wirtschaftsgeschichte der Neuzeit. 18. und 19. Jahrhundert. Bd. 1. Stuttgart 1973.

Eduard Vehse, Geschichte der deutschen Höfe seit der Reformation. Geschichte des preußischen Hofs und Adels und der preußischen Diplomatie. Bd. 3. Hamburg 1851.

Ders., Geschichte des österreichischen Hofs und Adels und der österreichischen Diplomatie. Bd. 5. Hamburg. 1852.

Georges Vigarello, Wasser und Seife, Puder und Parfum. Geschichte der Körperhygiene seit dem Mittelalter. Frankfurt 1988.

Georg Matthäus Vischer, Topographia Archiducatus Austriae inferioris. s. l. 1672.

Renate Wagner-Rieger, Die Fassade des Wiener Wohnhauses vom 16. bis zur Mitte des 18. Jahrhunderts. Dissertation 1947.

Dies., Vorlesung Residenzen. Wien 1979.

Dies., Vorlesung Der deutsche Schloßbau. Wien 1980.

Dies., Das Wiener Bürgerhaus des Barock und Klassizismus. Wien 1957.

Christoff Weigels Ständebuch von 1698. Das ist Abbildung der Gemein=Nützlichen Haupt=Stände von allerley Stands=, Ambts= und Gewerbs=Persohnen Meist nach dem Leben gezeichnet und in Kupffer gebracht, auch kurtz, doch gründlich beschrieben von Christoff Weigel. Mit beygeruckter Lehr und mäßiger Vermahnung durch P. Abraham à Santa Clara.

Friedrich Wilhelm Weiskern, Topographie von Niederösterreich. 2. Teil. Wien 1769/70.

Leonie von Wilckens, Fest- und Wohnräume vom Barock bis zum Klassizismus. Stuttgart 1963.

Johann Peter Willebrandt, Hist. Berichte und praktische Anmerkungen auf Reisen. Hg. von Gottfried Schütze. Frankfurt 1761.

Wolfenbütteler Forschungen, Sozialer und kultureller Wandel in der ländlichen Welt des 18. Jahrhunderts. (Hg. Ernst Hinrichs und Günter Wiegelmann, Herzog August Bibliothek) Wolfenbüttel 1982.

Hans Wühr, Alte Küchen und Küchengeräte. Darmstadt s. a.

Constant von Wurzbach, Biographisches Lexikon des Kaiserthums Oesterreich, enthaltend die denkwürdigen Personen, welche seit 1750 in den österreichischen Kronländern geboren wurden oder darin gelebt und gewirkt haben. 60 Bde. Wien 1867.

Johann Heinrich Zedler, Grosses vollständiges Universal-Lexikon aller Wissenschaften und Künste. Halle 1732–1754. 56 Bde. (Graz, Nachdruck 1961).

Zeitschrift des historischen Vereins für Steiermark. Jahrgänge LV, LVI und LXX. Graz 1979.

Ernst Zimmermann, Die Erfindung und Frühzeit des Meißner Porzellans. Ein Beitrag zur Geschichte der deutschen Keramik. Berlin 1908.

Graf Karl Zinzendorf, Das Tagebuch des Grafen Karl von Zinzendorf. (Hg. Ulrich Harbecke) Bonn 1969.

Erich Zöllner, Geschichte Österreichs. Wien 1984.

Stefan Zweig, Marie Antoinette. Bildnis eines mittleren Charakters. Hamburg 1983.

PERSONENREGISTER MIT BIOGRAPHISCHEM STENOGRAMM

Es wird darauf hingewiesen, daß bei manchen Personen die Geburts- und Sterbedaten nicht genau überliefert sind, weshalb mitunter Orte oder Jahreszahlen fehlen, manchmal auch die Schreibung eines Familiennamens nicht eindeutig geklärt ist. Artikel über Personen, die nicht während der barocken Epoche lebten und wirkten, wurden – auch bei Vorhandensein reichen Quellenmaterials – bewußt kürzer gehalten. Dasselbe gilt für Artikel über Personen, die im vorliegenden Werk nur selten oder beiläufig angesprochen wurden, oder um wesentliche Textwiederholungen zu vermeiden.

Abraham à Sancta Clara, eigentlich Ulrich Megerle, geb. Kreenheimstetten/Württemburg 1644, gest. Wien 1709, deutscher Prediger; ab 1662 in Wien tätig, Eintritt in das Kloster der Barfüßer-Mönche des heiligen Augustin, wo er sich den Namen Abraham à Sancta Clara erwählt, 1677 Hofprediger Kaiser Leopolds I., 1682 Berufung als Sonntagsprediger nach Graz, 1689 Rückkehr nach Wien, wo er im Laufe der Zeit die Würden des Priors, Propstes und Definitors seines Ordens erhält.

Adelheid Henriette (von Savoyen), geb. 1636, gest. 1676, heiratet 1650 den Kurfürsten Ferdinand Maria von Bayern, Tochter des Herzogs Victor Amadeus von Savoyen und der Prinzessin Christine, Tochter König Heinrichs IV. von Frankreich.

Albemarle, Herzog von, s. Herzog von York.

Albemarle, Herzogin von, s. Herzogin von York.

Alembert, Jean Le Rond d', geb. Paris 1717, gest. ebenda 1783, französischer Mathematiker und Philosoph; gibt gemeinsam mit Diderot ab 1751 den Anstoß zur *Encyclopédie française,* für die er auch zahlreiche Artikel verfaßt. 1754 Mitglied der *Académie française.*

Albergati, Ercole, genannt Zafarano, Bologneser Schauspieler des 16./17. Jahrhunderts; u. a. im Dienst der Familie Gonzaga, für die er Feste und andere Spektakel gestaltet, Erfinder, Erbauer von Szenenmaschinerien und Bühnenbildner.

Albert V. von Bayern, s. Albrecht V.

Albert Kasimir, Herzog von Sachsen-Teschen, geb. Morizburg bei Dresden 1738, gest. Wien 1822, verheiratet sich 1766 zu Schloßhof mit Erzherzogin Marie-Christine, der Lieblingstochter der Kaiserin Maria Theresia, Ritter des Goldenen Vlieses; Sohn König Augusts III. von Polen und der Erzherzogin Maria Josepha, einer Tochter Kaiser Josephs I.; 1761 Feldmarschall-Lieutenant der österreichischen Armee, nach seiner Heirat Statthalter in Ungarn, 1781 k. k. Gouverneur und General-Statthalter der österreichischen Niederlande, 1794 Reichs-Feldmarschall, ab 1801 Vergrößerung des eigenen Palasts auf der Augustiner-Bastei zur Unterbringung der anwachsenden Kunstsammlung, die unter anderem Handzeichnungen von Michelangelo, Raffael und Dürer sowie wertvolle Kupferstiche und Bücher enthält und die später nach ihrem Gründer *Albertina* genannt werden wird.

Albrecht V., Kurfürst von Bayern, geb. München 1528, gest. ebenda 1579, heiratet 1546 Anna, die Tochter Kaiser Ferdinands I. und der Prinzessin Anna, Tochter König Wladislaws V. vom Böhmen; folgt 1550 seinem Vater Wilhelm IV. als Kurfürst von Bayern, unter dem Einfluß seines Schwiegervaters begünstigt er den Orden der Jesuiten, für die er mehrere Kollegien stiftet und die den Protestantismus in Bayern unterdrücken, Begründer der Staatsbibliothek und des Antiquariums (= Antikensammlung).

Altomonte, Martin, eigentlich Hohenberg, geb. in Neapel 1657 als Sohn deutscher Eltern, gest. Stift Heiligenkreuz in Niederösterreich 1745, Maler; 1684 als Hofmaler König Johanns III. Sobieski nach Warschau berufen, dort italianisiert er den Namen der herrschenden Mode gemäß, ab 1703 in Wien tätig, wo er 1707 an der Seite des Freiherrn von Strudel die Leitung der Maler- und Bildhauer-Akademie übernimmt, 1716 Fresken im Unteren Belvedere, ab 1720 in Linz, später Laienbruder in Stift Heiligenkreuz. Kirchenmaler, Schöpfer zahlreicher Deckenfresken (Wien, Sakristei von St. Stephan; Linz, Chor der Stadtpfarrkirche; etc.), Altar- und Tafelbilder.

Amalie Wilhelmine (von Braunschweig-Lüneburg), geb. Lüneburg 1673, gest. Wien 1742, heiratet 1699 Kaiser Joseph I., Tochter des Herzogs Johann Friedrich von Braunschweig-Lüneburg. Nach dem Tod ihres Gemahls, Kaiser Joseph I., drängt Amalie Wilhelmine auf Anerkennung der beiden aus der Ehe mit dem Kaiser stammenden Töchter im Hinsicht auf eine Regentschaft im Sinne der Primogenitur, woraufhin sie die Verkündigung der Pragmatischen Sanktion durch Kaiser Karl VI. auslöst, der die Herrschaft für seine älteste Tochter Maria Theresia durchzusetzen weiß. Nach etlichen politischen Mißerfolgen zieht sich die Kaiserinwitwe 1722 in das von ihr gestiftete Salesianerkloster in Wien zurück.

Anna (von Böhmen), Königin von Böhmen und Ungarn, geb. 1503, gest. 1547, Tochter König Wladislaws V. von Böhmen (als König von Ungarn Wladislaw II.), erbt nach dem Tod ihres Bruders Ludwig 1526 die Kronen beider Länder.

Anna (von Österreich), geb. Prag 1528, gest. München 1590, heiratet 1546 den bayrischen Erbherzog Albrecht (V.), Tochter Kaiser Ferdinands I. und der Königin Anna von Böhmen und Ungarn.

Anna (von Österreich), geb. Cigales bei Valladolid 1549, gest. Badajoz 1580, heiratet 1570 (als seine vierte Gemahlin) König Philipp II. von Spanien; Tochter Kaiser Maximilians II. und der Infantin Maria.

Anne (von Österreich), geb. Valladolid 1601, gest. Paris 1666, heiratet 1615 König Ludwig XIII. von Frankreich; Tochter König Philipps III. von Spanien und der Erzherzogin Margarete von Österreich, ab 1643 übernimmt sie im Namen ihres unmündigen Sohnes, des späteren Königs Ludwig XIV., die Regentschaft in Frankreich; vielleicht in heimlicher Ehe mit Mazarin verheiratet, ihre Regentschaft endet 1661 mit der Großjährigkeit des Sohns, woraufhin sie sich nach Val-de-Grâce zurückzieht, das sie selbst hatte erbauen lassen.

(Maria) Antonie, Fürstin von Liechtenstein – zu der Schenkung aus dem Jahr 1717 (S. 98) paßt unter den vielen Antonien und Maria Antonien nur jene Fürstin (geb. 1687, gest. 1750), eine Tochter des Fürsten Johann Adam Andreas und Nichte der Maria Eleonore (der Autorin des Granat=Apffels), die 1704 einen Grafen Marcus Czobor ehelicht. Daß sie in den Klosteraufzeichnungen von 1717 als Fürstin Liechtenstein aufscheint, hängt möglicherweise mit schlampigen Aufzeichnungen oder einem Nachtrag zusammen oder einfach damit, daß dem Eintragenden die betreffende Dame als Fürstin Antonie Liechtenstein geläufiger war.

August II. (der Starke), als Friedrich August I. Kurfürst von Sachsen (seit 1696), König von Polen (1697–1706 und 1709–1733), geb. Dresden 1670, gest. Warschau 1733, verheiratet sich mit Christine Eberhardine von Brandenburg-Bayreuth (aus der Ansbacher Linie), die getrennt von ihm lebt. 1697 Übertritt zum Katholizismus, um zum König von Polen gewählt werden zu können. Von seinen zahlreichen Mätressen gebiert ihm Aurora von Königsmarck den Grafen Moritz von Sachsen und die Türkin Fatime den Grafen Rutowski.

August III., als Friedrich August II. Kurfürst von Sachsen (seit 1733), König von Polen (ebenfalls seit 1733), geb. Dresden 1696, gest. ebenda 1763, Sohn des vorigen, Gemahl der Erzherzogin Maria Josepha, einer Tochter Kaiser Josephs I., tritt wie sein Vater (1712) zum Katholizismus über, von einer Minderheit zum König von Polen gewählt, kann sich im polnischen Thronfolgekrieg (1733–1735) nur mit Hilfe Rußlands gegen Stanislaus Leszczynski behaupten, überläßt die Regierung in Polen weitgehend seinem Günstling, dem Grafen Heinrich von Brühl.

Aviano, Marco d', eigentlich Carlo Cristofori, geb. Aviano 1631, gest. Wien 1699, Kapuzinerpater und Prediger; 1680 vom Papst als Missionsprediger nach Linz entsandt, ab 1682 in Wien. Als das kaiserliche Entsatzheer im September 1683 zur Schlacht um Wien bereitsteht, liest Marco d'Aviano auf dem Leopoldsberg, der damals Kahlenberg hieß, eine Messe, die den Entscheidungskampf einleitet.

Baldauf, Anna, Modell der *Belle chocolatière* (von J.E. Liotard), geb. 1757, gest. 1815, Kammermädchen im Dienst des Fürsten Liechtenstein, ab 1802 zweite Ehefrau des Fürsten Karl Johann Walter Fürst von Dietrichstein-Proskau-Leslie.

Barry, geborene Marie Jeanne Bécu, verehelichte Gräfin du Barry, geb. Vaucouleurs 1743, gest. Paris 1793, bevorzugte Mätresse König Ludwigs XV. von Frankreich; kommt sehr jung nach Paris, wo sie unter verschiedenen Namen von Liebesabenteuern lebt, schließlich wird sie die Mätresse des Grafen Jean du Barry, dessen Bruder Guillaume sie 1768 heiratet, damit sie Favoritin des Königs werden kann, 1769 offiziell am Hof eingeführt, verfolgt als Geliebte des Königs keine politischen Interessen, nach dem Tod Ludwigs XV. (1774) zieht sie sich zunächst auf ein ihr geschenktes Schloß zurück, wird aber später verhaftet und zum Tod verurteilt (1793 Vollstreckung durch das Revolutionsgericht).

Beer (auch Bähr), Johannes, Pseudonym: Jan Rebhu u. a., geb. St. Georgen im Attergau/Oberösterreich 1655, gest. Weißenfels 1700, Hofmusicus des Herzogs von Weißenfels (Konzertmeister), Musiktheoretiker, Schriftsteller; Verfasser von Schelmenromanen, als Erzähler tritt er das Erbe Grimmelshausens an.

Bianchi, ital. Chemiker – wegen des häufigen Familiennamens und ohne Vornamen nicht zu identifizieren.

Böttger (oder Böttiger), Johann Friedrich, geb. Schleiz 1685, gest. Dresden 1719, Erfinder des europäischen Porzellans, Alchimist im Auftrag des Kurfürsten August von Sachsen (des späteren König Augusts II., des Starken, von Polen); 1704 wird Böttger dem Grafen von Tschirnhaus unterstellt, der seit 1693/94 Schmelzversuche mit großen Brennlinsen zur Herstellung von Keramik durchführt, 1708/09 kann erstmals weißes Hartporzellan hergestellt werden, 1710 Gründung der Porzellanmanufaktur in Meißen, deren Leitung Böttger bis zu seinem Tod innehat.

Boswell, James, geb. Edinburgh 1740, gest. London 1795, Verfasser von (Reise)Tagebüchern; stammt aus einer einflußreichen Familie: sein Vater wird 1749 zum Lord of Auchinleck ernannt, er selbst flieht zunächst den beruflichen Anforderungen, die seine Familie an ihn stellt und vergnügt sich vorzugsweise in London als Lebemann, beendet schließlich das Studium der Rechte und unternimmt zur Vervollkommnung seines Wissens ab 1763/64 eine Europareise, ab 1766 wieder in Edinburgh, wo er als Jurist tätig ist, ab 1768 werden seine Reiseberichte veröffentlicht, er wird Parlamentarier, übersiedelt 1786 nach London, wo er fortan nur noch als Schriftsteller und Biograph arbeitet.

Boucher, François, geb. Paris 1703, gest. Paris 1770, französischer Maler und Theaterdekorateur; 1723 Grand prix de peinture, ab 1727 Studien in Italien, ab 1728 in Rom, 1734 Mitglied, 1739 Professor und 1765 Direktor der Académie française; ab 1734 allegorische und ornamentale Kompositionen sowie chinesische Motive für die Teppichmanufaktur von Beauvais, später auch für die Pariser Gobelinmanufaktur, deren Leitung er zwischen 1755 und 1765 innehat, 1765 peintre du roi, bevorzugte Motive: Schäfer- und Genreszenen, seltener Porträts, seine Frau, Marie Jeanne Buzeau (Heirat 1733), dient Boucher und dem Pastellisten La Tour oftmals als Modell und ist selbst als Kupferstecherin tätig. Außerdem zählt Madame de Pompadour zu den bevorzugt Dargestellten Bouchers.

Boulle (oder Boule), André Charles, geb. Paris 1642, gest. ebenda 1732, französischer Kunstschreiner; nach eigenen Angaben *marqueteur et ébéniste ordinaire du roi*, ab 1669 am königlichen Hof beschäftigt, 1672 Aufträge zur Ausgestaltung der Zimmer der Königin, des Dauphins und der Dauphine sowie der Madame de Maintenon.

Bourdalou, Louis, geb. Bourges 1632, gest. Paris 1704, Jesuitenpater, Prediger (ab 1666); ab 1669 in Paris, wo er unter

zu Ehren auch Colbertismus genannt wird, 1669 Marineminister, Schöpfer einer starken Flotte, Reformator des Steuerwesens, Unterstützer der Zentralisierung der Verwaltung.

Cortès (Cortez), Hérnan (Hernando), geb. Medellin/Estremadura 1485, gest. Castilleja de la Cuesta bei Sevilla 1547, spanischer Eroberer; 1519 Ankunft in Mexiko, wo er den Stützpunkt Veracruz gründet und das Land der spanischen Herrschaft zunächst friedlich unterstellt, ein Aufstand der Azteken (1520) zwingt die Spanier aber zum Rückzug, nach erbitterten Kämpfen erobert Cortès im August 1521 die Hauptstadt und unterwirft wenig später das gesamte Aztekenreich, Kaiser Karl V. ernennt ihn zum Statthalter und Generalkapitän von Neuspanien und erhebt ihn um 1530 zum Marquès del Valle de Oaxaca, weitere Entdekkungszüge führen Cortès nach Honduras und Kalifornien.

Coventry, Sir William, geb. 1628, gest. nahe Tunbridge Wells/Kent 1686, Mitglied der königlichen Armee; folgt dem englischen Hof ins Exil, kehrt 1652 nach England zurück und hilft bei der Restaurierung König Karls II., James, der Herzog von York, macht Coventry zu seinem persönlichen Sekretär, 1661 wird er Parlamentsmitglied, 1662 Mitglied der *Treasury Commission*, berühmter Redner des Unterhauses, durch politische Unstimmigkeiten mit den wechselnden Machthabern gelangt er kurzzeitig in den Tower, woraufhin er keine Ämter mehr annimmt, bleibt aber bis 1679 Mitglied im Parlament, wonach er sich auf einen Landsitz zurückzieht und sich nur noch um Lokalpolitik kümmert.

Creutz, Sophie Albertine, Tochter des preußischen Ministers Ehrenreich Boguslaus von Creutz (Geburtsjahr nicht zu ermitteln, gest. 1733), der 1708 in den Adelsstand erhoben wird – keine weiteren überlieferten Daten.

Cromwell, Oliver, geb. Huntingdon 1599, gest. London 1658, englischer Staatsmann; 1628 ins Unterhaus gewählt, 1640 Mitglied des *Langen Parlaments* und einer der Führer gegen den Absolutismus König Karls I., 1647 gelangt der König in die Gewalt Cromwells und seiner Truppe, 1649 Hinrichtung Karls I. und Bildung der Republik des *Commonwealth of England*, in der Cromwell Vorsitzender des Staatsrats wird, 1651 Sieg über den geflohenen und in England eingedrungenen späteren König Karl II. bei Worcester, 1653 erhält Cromwell durch eine neue Verfassung als *Lord Protector* eine geradezu monarchische Stellung, er lehnt aber 1657 den vom Parlament angebotenen Königstitel ab; große Erfolge als Außenpolitiker, baut eine ozeantüchtige Flotte aus, begründet damit die Weltstellung Englands (1655 Eroberung Jamaicas, 1658 Dünkirchens).

Cuvilliés, François de, geb. Soignies/Provinz Hennegau 1695, gest. München 1768, flämisch-deutscher Baumeister und Dekorateur; kommt mit 13 Jahren als Hofzwerg an den Hof des Kurfürsten Max Emanuels von Bayern, der ihn in München und Paris zum Architekten ausbilden läßt, 1725 Hofbaumeister in München, Vertreter eines phantasievollen, volkstümlichen bayrischen Barock, ab 1738 Veröffentlichung zahlreicher Ornament- und Dekorationsstiche.

Danckerts, Hendrick, geb. wahrscheinlich im Haag um 1625, 1679 noch am Leben, niederländischer Maler und Kupferstecher; 1653 Reise mit dem Bruder Johan nach Italien/Rom, von dort nach England, wo er 1669 für König Karl II. tätig ist.

Descartes, René (latinisiert: Renatus Cartesius), geb. La Haye 1596, gest. Stockholm 1650, französischer Philisoph, Mathematiker und Naturwissenschafter; ab 1618 Kriegsdienst in der Armee von Moritz von Nassau und Maximilians von Bayern, ab 1629 wissenschaftliche Studien in den Niederlanden, Verfasser zahlreicher mathematischer, physikalischer, medizinischer und metaphysisch-philosophischer Werke, 1649 auf Einladung der Königin Christine von Schweden nach Stockholm, wo er vier Monate später verstirbt.

Desing, Anselm, Benediktiner-Pater und Architekt – keine Daten bei Thieme-Becker.

Diderot, Denis, geb. Langres/Département Haute-Marne 1713, gest. Paris 1784, französischer Schriftsteller, Philosoph, Enzyklopädist, Literatur- und Kunsttheoretiker; zunächst als Übersetzer (englisch-französisch) tätig, ab 1746 mit dem Projekt der *Encyclopédie française* betraut, Verfasser zahlreicher Artikel und – gemeinsam mit d'Alembert – Herausgeber des Lexikons, von dem zwischen 1751 und 1780 35 Bände entstehen, ab 1763 Briefkontakt mit Zarin Katharina II. von Rußland, die den in Finanznöten Befindlichen – mehr theoretisch als praktisch – zum bezahlten Verwalter ihrer Bibliothek bestellt, 1773 reist Diderot tatsächlich für wenige Monate nach St. Petersburg, wo er das Schulsystem reformieren möchte, literarische Hauptwerke: *Le Neveu de Rameau, Jacques le fataliste et son maître.*

Dietrichstein, Gräfin, geborene Prinzessin Wolfsthal – keine Daten auszumachen.

Digby, wahrscheinlich Sir Kenhelm Digby, geb. Gayhurst/Buckinghamshire 1603, gest. London 1665, englischer Höfling, Philosph, Diplomat und Wissenschafter unter König Karl I.; von König Jakob I. zum Ritter geschlagen, unterstützt Karl I. gegen die presbyterianischen Schotten (1639/40), geht nach Frankreich, wo er im Duell einen Adeligen tötet, der den englischen König beleidigt hatte, zurück in England wird er im Zuge der Herrschaftsstreitigkeiten 1642/43 gefangengenommen, kehrt nach Haftentlassung wieder nach Paris zurück, wo er seine Hauptwerke *Of the Nature of Bodies* und *Of the Nature of Mans Soule* verfaßt (1644), wieder in England wird er von Königin Henriette Marie zum Kanzler ernannt und nach Rom zu Papst Innozenz X. gesandt, um ihn um Hilfe für die Royalisten im englischen Bürgerkrieg zu bitten, dafür soll er die Konversion König Karl II. erreichen, 1649 wird Digby vom Parlament ins Ausland verbannt, darf aber 1654 wieder in England einreisen, 1660 wird er bei der Restauration als Henriettas Kanzler bestätigt, 1664 aber wegen Unstimmigkeiten von Hof verbannt, er widmet sich fortan nur noch der Literatur und der Wissenschaft.

Diodato, Johannes, armenischer Kaufmann mit einem der ersten Kaffeeausschank-Privilegien in Wien – keine genaueren Daten auszumachen.

Donner, Georg Raphael, geb. Eßling/Wien 1693, gest. Wien 1741, österreichischer Bildhauer; Schüler Giovanni Giulianis, arbeitet in Wien, Salzburg und Preßburg: Figuren für das Treppenhaus in Schloß Mirabell/Salzburg (1726), die Gruppe des heiligen Martin für den Dom zu Preßburg (1733–1735) und die Figuren des Providentia-Brunnens in Wien auf dem Neuen Markt (1737–1739), denen ein sonderbares Schicksal bevorsteht: Die nackt dargestellten Allegorien der Flüsse Enns, March, Traun und Ybbs werden auf Befehl der umstrittenen Keuschheitskommission,

Wiener Karlskirche, in Stift Klosterneuburg, in Melk und im Landhaus in Brünn, Mitglied der Akademien von Bologna und Florenz, Honorarius der Wiener Akademie, in den letzten Lebensjahren Vorstand der liechtensteinischen Gemäldegalerie.

Ferdinand I., Kaiser, geb. Alcalá de Henares bei Madrid 1501, gest. Wien 1564, jüngerer Sohn Philipps des Schönen, des Königs von Kastilien, und Johanna, der Thronerbin der spanischen Königreiche, Bruder Kaiser Karls V., mit dem er zeit seines Lebens in einer krisenhaften Beziehung steht.

Ferdinand II., Kaiser, geb. Graz 1578, gest. Wien 1637, zweiter Sohn Karls II. von Innerösterreich und der Maria von Bayern, 1586 trägt er sich als erster in die Matrikel der neugegründeten Universität Graz ein, nach dem Tod des Vaters 1590 tritt für den minderjährigen Sohn eine Vormundschaftsregierung in Kraft, bis er mit 18 Jahren selbst die Herrschaft in den innerösterreichischen Ländern übernimmt, eifriger Verfechter der Gegenreformation, durch den Tod Kaiser Rudolfs II. in Prag und die sich abzeichnende Kinderlosigkeit seines Nachfolgers Kaiser Matthias, rückt Ferdinand zunehmend in den Mittelpunkt des politischen Interesses, 1618 Aufstand gegen die Herrschaft der Habsburger in Böhmen *(Prager Fenstersturz)*, 1619 Übernahme der Regierung, wechselndes Verhältnis zu seinem kaiserlichen General Waldstein (Wallenstein), den er als vermeintlichen Verschwörer 1634 aus Gründen der Staatsräson ermorden läßt.

Ferdinand III., Kaiser, geb. Graz 1608, gest. Wien 1657, dritter Sohn Kaiser Ferdinands II. und der Maria Anna von Bayern, hochgebilderter Mann, der sieben Sprachen beherrscht und in seiner Jugend kunstvolle Drechslerarbeiten schafft, 1625 König von Ungarn, 1627 König von Böhmen, nach Waldsteins (Wallensteins) Ermordung wird er Oberbefehlshaber der kaiserlichen Truppen, siegt in der Schlacht bein Nördlingen gegen die Schweden und Franzosen, Weiterführung der gegenreformatorischen Ideen seines Vaters, liebenswürdig, pflichtbewußt, hellsichtig, vorbildlicher Familienvorstand, seine drei Ehen (mit Maria Anna von Spanien, gest. 1648; mit seiner Cousine Maria Leopoldine, gest. 1649 und Eleonore Gonzaga) gelten als glücklich, starke wissenschaftliche, literarische und künstlerische Neigungen, verfaßt italienische Gedichte und übersetzt ein Werk von Demosthenes ins Italienische, Sammler von Tizian, Veronese und Rubens, leidenschaftlicher Komponist.

Ferdinand, Erzherzog von Österreich, Sohn der Kaiserin Maria Theresia, s. Ferdinand Karl Anton.

Ferdinand von Bourbon-Parma, geb. Parma 1751, gest. Fontevivo 1802, 1765–1801 Herzog von Parma und Plaisance, Sohn Herzog Philipps und der Louise-Elisabeth, einer Tochter König Ludwigs XV. von Frankreich, verheiratet mit Erzherzogin Marie-Amélie, einer Tochter der Kaiserin Maria Theresia; er leistet dem päpstlichen Hof in Rom steten Widerstand, vertreibt die Jesuiten aus dem Land und schafft die Inquisition ab, von seiner Gemahlin in die Koalitionsverhandlungen gegen Frankreich mitgerissen, erkauft er 1796 den Frieden von Bonaparte, kann aber 1801 nicht verhindern, daß Frankreich ihm den Tausch von Parma gegen die Toskana aufzwingt, welcher Handel bis zu seinem aber Tod nicht zustande kommt.

Ferdinand I., König (seit 1816) von Neapel-Sizilien, geb. 1751, gest. 1825, Sohn König Karls III. von Spanien und der Marie Amalie, Tochter des Kurfürsten Friedrich August II. von Sachsen, heiratet in erster Ehe Maria Karolina, eine Tochter der Kaiserin Maria Theresia, und in zweiter Ehe Lucia Migliaccio.

Ferdinand Karl Anton, Erzherzog von Österreich, geb. Wien 1754, gest. Wien 1806, vierter Sohn der Kaiserin Maria Theresia, Generalgourverneur der österreichischen Lombardei; verheiratet sich 1771 mit Maria Beatrix von Este und lebt fortan in Mailand als Nachfolger des Großvaters seiner Frau, das Paar ist bei der Bevölkerung wegen seiner Wohltätigkeit und Herzlichkeit besonders beliebt und führt eine glückliche und von Liebe erfüllte Ehe, 1794 wird Ferdinand anläßlich des Kriegs zwischen Frankreich und Österreich zum Kommandanten der italienischen Armee ernannt, nach den Siegen Napoleons muß er 1796 Mailand fluchtartig verlassen, nimmt dann seinen Wohnsitz im Belvedere in Wien und in Wiener Neustadt, im Frieden von Campoformido (1797) werden die Lombardei und Modena an die neugeschaffene Cisalpinische Republik abgetreten, die Güter des Erzherzogs werden nur unter der Bedingung zurückerstattet, wenn sie innerhalb dreier Jahre verkauft werden, die Erbländer seiner Frau mütterlicherseits werden in den Verträgen nicht mehr erwähnt, nach dem Tod seines Schwiegervaters 1803 wird Ferdinand für seine Gemahlin Erbe von deren Ansprüchen, die aber im Laufe der Kriegswirren von 1805 rechtlich nicht mehr zum Tragen kommen.

Ferdinand Maria, Kurfürst von Bayern, geb. München 1636, gest. Schleißheim 1679, Sohn des Kurfürsten Maximilian I., aus dessen zweiter Ehe mit Maria Anna, einer Tochter Kaiser Ferdinands III. und der Maria Anna, Tochter Herzog Wilhelms V. von Bayern, eifriger Betreiber des Katholizismus, bemüht sich, durch merkantilistische und Verwaltungsmaßnahmen die Folgen des Dreißigjährigen Kriegs zu beseitigen, sehr frankreichfreundliche Politik, heiratet 1650 Adelheid Henriette, Tochter des Herzogs Victor Amadeus I. von Savoyen und der Christine, Tochter König Heinrichs IV. von Frankreich.

Ferdinand Maria, Prinz von Bayern, geb. Brüssel 1699, gest. München 1738, kaiserlicher Feldmarschall, Sohn des Kurfürsten Max II. Emanuel, aus dessen zweiter Ehe mit Therese Kunigunde, einer Tochter Johann III. Sobieski, König von Polen, und der Marie Kasimire Luise de la Grange, Bruder des Kurfürsten Karl Albrecht, des späteren Kaisers Karl VII., verheiratet mit Maria Anna Karoline von Pfalz-Neuburg, Tochter Philipp Wilhelm Augusts und der Maria Anna Franziska von Sachsen-Lauenburg.

Fersen, Hans Axel Graf von, geb. Stockholm 1755, gest. ebenda 1810, schwedischer Marschall; Dragoneroffizier der schwedischen Garde, 1779 Oberst des französischen Regiments Königliches Bayern, gern gesehener Gast in Versailles, wo er längere Zeit lebt und eine große Verehrung für Königin Marie-Antoinette hegt, anläßlich der Flucht nach Varennes begleitet Fersen die königliche Familie als Kutscher verkleidet bis nach Bondy, nach der Verhaftung des Königs flieht er nach Belgien, und kehrt – nach etlichen mißglückten Versuchen, der Königin in irgendeiner Form zu helfen – nach Schweden zurück, wo er ein unglückseliges Dasein fristet: bei der Bevölkerung sehr unpopulär geworden, verdächtigt man ihn, Prinz Christian Augustus von Augustenburg vergiftet zu haben, während der Beisetzungsfeierlichkeiten des Prinzen wird er von der Menge gelyncht, ohne daß ihm jemand zu Hilfe eilt.

Feuchtmayer (auch Faichtmayr oder Feichtmayr), Joseph Anton, geb. Linz 1696, gest. Mimmenhausen/Salem 1770, Bildhauer und Stukkateur; Hauptmeister einer eigenen deutschen Spielart des Rokoko, tätig für die Abteikirche in Weingarten, Ausstattung des Schlosses in Meersburg, ab 1766 Arbeiten für die Zisterzienserkirche Salem, Hauptwerk: Gesamtausstattung der Kirche in Birnau (1748–1757)/Bodensee.

Fischer von Erlach (um 1700 geadelt), Johann Bernhard, geb. Graz 1656, gest. Wien 1723, österreichischer Baumeister; Begründer der spätbarocken deutschen Baukunst, 1670–1674 und 1684 Ausbildung in Rom, ab 1693 im Dienst des Erzbischofs von Salzburg, wo in der Folge die Dreifaltigkeitskirche, die Kollegienkirche und Schloß Klesheim entstehen, ab 1693 erste Beschäftigungen mit Schloß Schönbrunn in Wien (Baubeginn 1697, später aber unter Kaiserin Maria Theresia durch Nicolaus Pacassi verändert), Architekturlehrer des späteren Kaisers Joseph I., 1697/98 Stadtpalais des Prinzen Eugen in der Himmelpfortgasse, 1705 Oberaufsicht über die kaiserlichen Bauten unter Kaiser Joseph I., 1708–1714 Böhmische Hofkanzlei, künstlerisches Hauptwerk: die Karlskirche in Wien (ab 1716) und die 1722 begonnene Hofbibliothek, die beide von seinem Sohn vollendet werden, Verfasser einer ersten universalen Architekturgeschichte (veröffentlicht 1721).

Fischer von Erlach (Freiherr ab 1735), Joseph Emanuel, geb. Wien 1693, gest. ebenda 1742, Hofarchitekt (1722) in Wien, wo er hauptsächlich die Bauten seines Vaters zu Ende führt, 1722 Einrichtung einer *Feuermaschine* (Dampfmaschine) im Park des Palais Schwarzenberg; eigene Werke: Reichskanzleitrakt der Hofburg (1726–1730) sowie die Winterreitschule (1729-1735); seine künstlerische Bedeutung liegt im Festhalten und Fortbilden des Spätstils seines Vaters.

Florini, Francisci Philippi (latinisiert: Florinus, Franciscus Philippus), gest. um 1703, dokumentiert sich durch die Herausgabe (1702) des Werkes *Oeconomus prudens et legalis* als Schriftsteller landwirtschaftlicher Literatur, wahrscheinlich handelt es sich um ein Pseudonym des Pfalzgrafen Franz Philipp von Sulzbach.

Franquin, General-Adjutant der österreichischen Armee – wahrscheinlich ist die Namensschreibung falsch überliefert, mit dieser Schreibung sind keine Daten auszumachen.

Franz I. (Stephan), Kaiser, Herzog von Lothringen, Großherzog von Toskana, Gemahl der Habsburger-Erbin Maria Theresia, geb. Nancy 1708, gest. Innsbruck 1765, Sohn des Herzogs Leopold von Lothringen und der Prinzessin Elisabeth Charlotte von Orléans; kommt 1723 im Alter von 15 Jahren an den Wiener Hof, 1732 von Kaiser Karl VI. zum Statthalter von Ungarn ernannt, 1736 Heirat mit Maria Theresia, gemeinsam mit seinem Bruder Karl Teilnahme am Türkenkrieg in Ungarn, 1738/39 Reise in die Toskana, die Franz Stephan gegen das Herzogtum Lothringen eingetauscht hatte, 1740 Tod Kaisers Karls VI., woraufhin Maria Theresia die Regierungsgeschäfte übernimmt und ihren Gemahl zum Mitregenten ernennt, 1745 gelingt die Wahl Franz Stephans zum Kaiser, sehr geschickter Wirtschafter, läßt landwirtschaftliche Mustergüter auf seinen Herrschaften errichten, baut eigene Majolika- und Baumwollfabriken auf, verwaltet auch die Güter seiner Frau, übernimmt 1763 die Oberleitung der Staatschuldentilgung und die Sanierung der durch Kriege zerrütteten Staatsfinanzen, betreibt naturwissenschaftliche Studien, sammelt mit Geschäftssinn Mineralien (Juwelen), Gobelins und Münzen, gestaltet mit Mitarbeitern den Park von Schönbrunn und den Botanischen Garten und läßt auf seine Kosten die Menagerie in Schönbrunn erbauen und einrichten, seine Geschäftstüchtigkeit bringt ihm zuletzt so viel Gewinne ein, daß sein Nachfolger Josef II. zwölf Millionen Gulden seiner Erbschaft dem Staat zur Tilgung von Schulden schenken kann, aus restlichen sechs Millionen gründet Kaiserin Maria Theresia den habsburgischen Familienfonds, der bis zum Jahr 1919 bestehen bleibt.

Franz I., Herzog von Lothringen, geb. 1517, gest. 1545, verheiratet mit Prinzessin Christine, einer Tochter König Christians II. von Dänemark.

Franz II. (als römisch-deutscher Kaiser) oder Franz I. (als Kaiser von Österreich), geb. Florenz 1768, gest. Wien 1835, ältester Sohn Kaiser Leopolds II. und der Maria Ludovica von Bourbon-Spanien, starkes Interesse für Kunst, Literatur, Musik und Botanik, allerdings nicht mit staatsmännischer Schöpferkraft ausgezeichnet, herzlicher Familienmensch, 1792 König von Ungarn und König von Böhmen, 1804 österreichischer Kaiser.

Franz II., König von Frankreich, geb. Fontainebleau 1544, gest. Paris 1560, ältester Sohn König Heinrichs II. und der Katharina Medici, heiratet 1558 Maria Stuart, die Tochter König Jakobs V. von Schottland.

Friedrich II. (der Große), König in Preußen (ab 1740), König von Preußen (1772), geb. Berlin 1712, gest. Potsdam 1786, intellektuell, musisch hochbegabt, Aufklärergeist, gerät durch die strenge militärische Erziehung, die sein Vater ihm angedeihen läßt, in Konflikt mit diesem, flieht 1730 nach England, welches Unternehmen scheitert, der an der Flucht beteiligte Freund Friedrichs, von Katte, wird hingerichtet, Friedrich selbst in die Festungshaft nach Küstrin geschickt, die erzwungene Verlobung mit Elisabeth Christine von Braunschweig-Bevern beendet 1732 die Haftstrafe, 1736–1740 Aussöhnung mit dem Vater; nach dem Tod Kaiser Karls VI. fällt der mittlerweile zum König in Preußen gewordene Friedrich in Schlesien ein (Schlesische Kriege 1740–1742 und 1744–1745), um das Land für Preußen zu gewinnen, beginnt 1756 den Siebenjährigen Krieg, in dessen wechselvollem Verlauf er sich als hervorragender Feldherr erweist, 1759 Niederlage in Kunersdorf, im Frieden mit Österreich werden ihm die Vorkriegsterritorien zuerkannt – Preußen steht ebenbürtig neben Österreich, 1772 Gewinnung des Netzegebietes in der ersten polnischen Teilung: nennt sich fortan König von Preußen; zentralisiert die Verwaltung, schafft Wirtschaftsmonopole und eine straffe Steuerpolitik, eifriger Merkantilist, fördert die Landwirtschaft und die innere Besiedlung (siedelt mehr als 57.000 Familien an), läßt zahlreiche Kanale erbauen, 1763 Landschulreglement, verbessert die Lehrerbildung und das Volksschulwesen.

Friedrich (Frederik) IV., König von Dänemark und Norwegen, Herzog von Schleswig und Holstein, geb. Kopenhagen 1671, gest. Odense 1730, Sohn König Christians V.; beginnt 1700 den Krieg mit Polen und Rußland (Zweiter Nordischer Krieg) gegen König Karl XII. von Schweden, der mit Sieg und Landgewinn endet, schafft 1702 die Leibeigenschaft ab.

Friedrich August I. Kurfürst von Sachsen, s. August II. (der Starke), König von Polen.

Friedrich August II. Kurfürst von Sachsen, s. August III., König von Polen.

Friedrich Wilhelm I., König in Preußen (seit 1713), geb. Cölln/Berlin 1688, gest. Potsdam 1740, Sohn König Friedrichs I. in Preußen und der Prinzessin Sophie Charlotte von Hannover, lehnt die sich nur in der Repräsentation erschöpfende Hofhaltung seines Vaters ab, Betonung seiner Ideen liegt auf der Arbeit des Königs im Kabinett, sehr pflichtgetreu, sucht wegen des geringen Landbesitzes von Preußen Ausgleich und Stütze in einem wohl organisierten Heer, erhält nach dem Zweiten Nordischen Krieg 1720 das schwedische Vorpommern einschließlich Stettin, führt die Besteuerung des Adels ein, beginnt die Bauernbefreiung, investiert riesige Summen in die innere Kolonisation, die barocken Bauten, die er errichten läßt, sind Zweckbauten, schafft einen Lehrstuhl für Kameralwissenschaften.

Fux (oder Fuchs), Johann Joseph, geb. Hirtenfeld/Graz 1660, gest. Wien 1741, österreichischer Komponist und Musiktheoretiker; 1698 kaiserlicher Hofkomponist, 1715 Hofkapellmeister, 1725 Lehrbuch des Kontrapunktes (*Gradus ad Parnassum*), liegt musikalisch zwischen dem italienisch-neapolitanischen und einem Wiener Stil, komponiert Opern (*Julio Ascanio*, 1708; *Constanza e fortezza*, 1723), Oratorien und ungefähr 80 Messen.

Galilei, Galileo, geb. Pisa 1564, gest. Arcetri/Florenz 1642, italienischer Mathematiker, Physiker und Philosoph; 1589 Professor der Mathematik an der Universität von Pisa, 1592 Professor in Padua, 1610 Hofmathematiker und Hofphilosoph des Großherzogs von Florenz, findet die Gesetze des Fadenpendels, baut das in Holland erfundene Fernrohr nach und verbessert es, entdeckt die Berglandschaft am Mond und 1611 die Sonnenflecken, tritt öffentlich für das heliozentrische System gemäß Kopernikus ein, was ihm eine langwierige Auseinandersetzung mit der katholischen Kirche einbringt, daraufhin wird seine Lehre von Papst verboten, 1632/33 Prozeß mit der Kirche, der mit einem Abschwören Galileis und einer unbefristeten Verurteilung endet, Galileis Geschichte gewordene Antwort darauf: „Und sie bewegt sich doch (die Erde)!", die folgende Haftstrafe büßt er zumeist in seinem Landhaus bei Florenz ab; große Bedeutung erhält Galileis Werk auch durch die verwendete italienische Sprache (anstatt des Lateins, das damals für wissenschaftliche Traktate üblich ist) und den präzisen Stil, der sich vom zeitgenössichen Pathos durch klare und nachvollziehbare Formulierungen abhebt.

Genlis, Stéphanie Félicité du Crest de St. Aubin, Gräfin de G., geb. Champcéri/Bourgogne 1746, gest. Paris 1830, französische Schriftstellerin; heiratet im Alter von 16 Jahren den Grafen Charles Brulart de Genlis, 1770 Ehrendame am französischen Hof der Herzogin von Chartres, später Gouvernante ihrer Kinder, für die sie sehr originelle Erziehungsmethoden erfindet; zunächst Sympathisantin der Revolution flieht sie dann doch deren Auswüchsen (nach England, Belgien, in die Schweiz und nach Deutschland, um 1802 wieder nach Frankreich zurückzukehren), Bonaparte setzt ihr eine Jahrespension aus und ernennt sie zur Inspektorin des Volkschulwesens, trotz zahlreicher literarischer Werke, die sie veröffentlicht, erfährt sie ihren größten Ruhm durch die Herausgabe ihrer Lebenserinnerungen (1825).

Geusau, Anton Ferdinand Reichsritter von, geb. Hochstädt in Bayern 1746, gest. Wien 1811, Beamter und Geschichtsschreiber; ab 1769 in Wien, wo er zunächst für den Verleger Johann Trattner arbeitet, ab 1787 beim Wiener Magistrat tätig, 1789–1793 erscheint sein Hauptwerk, die vierbändige *Geschichte der Haupt- und Residenzstadt Wien.*

Giuliani, Giovanni, geb. Venedig 1663, gest. Stift Heiligenkreuz/Niederösterreich 1744, Bildhauer; zu Beginn der neunziger Jahre in Wien, arbeitet ab 1694 in Heiligenkreuz am Hochaltar, an zwei Seitenaltären und weiteren plastischen Werken, außerdem ist er an der Innenausstattung zahlreicher Wiener Paläste beteiligt (um 1705/06 Skulpturen im Wiener Stadtpalais Liechtenstein in der Bankgasse und im Palais des Prinzen Eugen in der Himmelpfortgasse, 1707/09 Sandstein-Skulpturen des Gartenpalais Liechtenstein in der Roßau, 1712/13 wahrscheinlich Treppenhausfiguren im Palais Daun-Kinsky auf der Freyung); Lehrer Georg Raphael Donners.

Gobelin, französische Färberfamilie, in deren Haus die 1601 gegründete Teppichmanufaktur übersiedelt, 1662 erwirbt Colbert die Fabrik im Auftrag des Königs und richtet dort auch das Atelier der königlichen Möbelmanufaktur ein.

Goldoni, Carlo, geb. Venedig 1707, gest. Paris 1793, klassischer italienischer Lustspieldichter; studiert zunächst Rechtswissenschaft, beginnt aber schon bald mit dem Verfassen von Satiren und Theaterstücken, erste Triumphe 1734 mit *Belisario,* trotz großer Erfolge – 1753 entstehen *Der Diener zweier Herren* und *Mirandolina* – muß Goldoni wegen Zwistigkeiten Italien verlassen, er geht 1762 nach Paris, wo er das italienische Theater leitet, von Venedig verabschiedet er sich melancholisch mit den Stücken: *Einer der letzten Karnevalsabende in Venedig* und *Trilogie der Sommerfrische* (beide 1762), 1765 wird er an den Hof nach Versailles berufen, wo er die Kinder König Ludwigs XV. im Italienischen unterrichtet, als Schauspieldichter kann er in Frankreich erst nach einigen Jahren Fuß fassen, wirtschaftlich ist er nicht mehr zu retten, er stirbt verarmt, da ihm der letzte Arbeitgeber und finanzielle Auffänger (König Ludwig XVI.) durch die Guillotine genommen worden war. Goldonis literarischer Wert liegt in der künstlerischen Neuschöpfung (des Stegreifspiels) der *Commedia dell'arte,* deren Handlung er um psychologische Motivation und wirklichkeitsnahe Charakterzeichnungen erweiterte.

Goncourt, Brüder, Edmonde (geb. Nancy 1822, gest. Champrosay/Département Essone 1896) und Jules (geb. Paris 1830, gest. ebenda 1870) Huot de G., französische Schriftsteller (verfassen ihre Werke meist gemeinsam); aus vermögender adeliger Familie stammend, zählen sie zu eifrigen Sammlern von Kunstobjekten und beschäftigen sich nebenbei – auf historisches Quellenmaterial gestützt – mit dem Verfassen von kunst- und kulturhistorischen Studien über das 18. Jahrhundert, dem sie sich besonders verbunden fühlen; Werke: *Portraits intimes du XVIII. siècle, L'art du XVIII. siècle, Les maîtresses de Louis XV., La femme au XVIII. siècle.*

Gran, Daniel de G. oder Gran della Torre, geb. Wien 1694, gest. St. Pölten 1757, österreichischer Maler; Ausbildung bei Sebastiano Ricci in Venedig und bei Francesco Solimena in Neapel, einer der bedeutendsten Repräsentanten der österreichischen barocken Freskomalerei; Werke: Hochaltarbild in der Stiftskirche Lilienfeld, Fresken im Palais Schwarzenberg (1724–1728, die am Ende des Zweiten Weltkriegs beinahe völlig zerstört wurden), 1727 Kammermaler, Arbeiten für den kaiserlichen Hof, 1730 Deckenfresko im Prunksaal der Hofbibliothek, Fresken im Landhaussaal in Brünn (1734/35), 1736/37 Entwurf des Hochaltars der Karlskirche, Fresken in der Wallfahrtskirche auf dem Sonntagberg (1738/39), in der Schloßkapelle von Schönbrunn (1744) und im Kaisersaal des Stifts Klosterneuburg (1749).

Grimmelshausen (auch: von Gelnhausen und viele andere Pseudonyme), Hans Jakob Christoph von G., geb. Hessen 1622, gest. Renchen/Baden 1676, Schriftsteller; ab 1636 im Dienst der sächsischen und kaiserlichen Armee, 1667 bischöflich straßburgischer Schultheiß (Gemeindevorsteher) in Renchen, nebenbei arbeitet er an Erzählungen und Sittenschilderungen, hinterläßt ein umfangreiches literarisches Werk, als unübertroffenes Hauptwerk gilt *Der abenteuerliche Simplicissimus,* ein episches Bilderbuch des Dreißigjährigen Kriegs, das unter dem literarischen Einfluß des spanischen Schelmenromans entsteht.

Gryphius (eigentlich: Greif), Andreas, geb. Glogau/Schlesien 1616, gest. ebenda 1664, bedeutendster deutscher Dramatiker des 17. Jahrhunderts; 1638–1644 philologische und naturwissenschaftliche Studien in Leiden, Freundschaft mit dem pfälzischen Herrscherhaus, 1644 Aufenthalt in Frankreich und Italien, erste Gedichtbände, 1650 Syndikus der Stände des Fürstentums Glogau; Werke: *Peter Squenz* (1658), *Horribilicrifbrifax* (1663), *Carolus Stuardus* (1657) und Gedichte (Kirchhofs-Gedanken, 1656). Gryphius bringt in seiner Lyrik das Vergänglichkeitsbewußtsein seiner Zeit zum Ausdruck.

Guarinoni, Hyppolitus, Arzt und medizinischer Schriftsteller zu Beginn des 17. Jahrhunderts, Architekturdilettant; Studium der Medizin in Padua, wird Arzt des von adeligen Damen geleiteten Stifts Hall im Inntal/Tirol, Verfasser der *Greuel der Verwüstung menschlichen Geschlechts* (1610) – ein populär-medizinisches Werk; als Architekt entwirft er die Pläne der Kirche in Volders/Tirol.

Giuglielmi, Gregorio, geb. Rom 1714, gest. St. Petersburg 1773 (wahrscheinlich vergiftet), italienischer Maler; arbeitet zunächst in Rom an den Fresken des Hospitals San Spirito und in der Kirche der Dreieinigkeit, 1753 Dresden, 1755 Wien, wo er die Malarbeiten an der Decke der Akademie der Wissenschaften (nach einem Programm Pietro Metastasios) sowie den Plafond der kleinen Galerie in Schönbrunn (plus einer anderen Decke und der Kuppeldecke eines Pavillons) übernimmt, in Berlin Malereien in der Universität (1764).

Gustav II. Adolf, König von Schweden (seit 1611), geb. Stockholm 1594, gefallen bei Lützen 1632, Sohn König Karls IX. und dessen zweiter Gemahlin Christina von Holstein; im Alter von 17 Jahren übernimmt er einen schwierigen Thron, der innerhalb der Familie von einer älteren Linie beansprucht wird, er kann sich als Amtsinhaber durchsetzen und auch innerhalb seiner Regentschaft viele Erfolge buchen, Schöpfer zahlreicher Reformen, die die Großmachtpolitik Schwedens im 17. Jahrhundert festigen, Verfechter einer Zentralverwaltung, Initiator einer neuen Rechtsprechung und einer Heeresreform (Verbesserung der Ausbildung und Bewaffnung der Untertanen bei Verzicht auf ein Söldnerheer), zielstrebiger Förderer der Wirtschaft, 1628 Eingreifen in den Dreißigjährigen Krieg, trotz anfänglicher Schwierigkeiten trägt er etliche Siege über die kaiserlichen Truppen davon, bis er bei Lützen in einer Schlacht gegen Waldstein (Wallenstein) fällt.

Haake, Johann Christoph Friedrich von – keine Daten auszumachen.

Halley, Edmond, geb. Haggerston/London, gest. Greenwich 1742, englischer Mathematiker und Astronom; Professor der Geometrie in Oxford, 1720 königlicher Astronom und Direktor der Sternwarte Greenwich, 1679 Sternkatalog des südlichen Sternenhimmels, 1705 Bestätigung der Wiederkehr des nach ihm benannten Kometen (mit einer Umlaufzeit von 76 Jahren), weist 1718 die Eigenbewegung der Fixsterne nach.

Hals, Frans, geb. Antwerpen zwischen 1580 und 1585, gest. Haarlem 1666, niederländischer Maler; Porträtist von wohlhabenden Bürgern, Pastoren, Gelehrten ebenso wie von Bauern und Soldaten, Charakterschilderer des Erfolgsmenschen wie der zerstörten Existenz, Gruppenbilder (mit denen er die Reihe der Schützenbilder fortsetzt) und einige wenige Genrebilder, bezieht durch Mimik und Gesten der Dargestellten – die meist große Lebensfreude ausstrahlen – den Betrachter in die Szene mit ein, berühmtestes Einzelmodell: René Descartes.

Harsdorfer, Arzt? – nicht zu identifizieren.

Hartmann von Liechtenstein, geb. 1613, gest. 1686, verheiratet mit Gräfin Sidonia Elisabeth Salm-Reifferscheidt (gest. 1686).

Hayberger, Johann Gotthard – keine Daten auszumachen.

Heinrich II., König von Frankreich, geb. St. Germain-en-Laye 1519, gest. Paris 1559, verheiratet sich 1533 mit Katharina Medici, zahlreiche Liebschaften, unter anderem mit Diane de Poitiers, verunglückt bei einem Turnier tödlich.

Heinrich V., König von England (seit 1413), geb. Monmouth 1387, gest. Vincennes 1422; 1420 wird sein Erbanspruch auf die französische Krone anerkannt, der durch die Heirat mit Katharina, der Tochter König Karls VII. von Frankreich gefestigt wird.

Hildebrandt, Johann Lucas von (1720 nobilitiert), geb. Genua 1668, gest. Wien 1745, österreichicher Baumeister; dient zunächst in der kaiserlichen Armee als Ingenieur und Festungsbauer, Bekanntschaft mit dem Prinzen Eugen in Piemont, wo er als Feldingenieur tätig ist, 1698 kaiserlicher Rat in Wien, 1701 kaiserlicher Hofingenieur, 1723 Erster Hofbaumeister; 1657–1710 Erweiterung der Kapuziner-Gruft, 1697–1704 Palais Schwarzenberg, 1708 Übernahme des von Johann Bernhard Fischer von Erlach begonnenen Stadtpalaisbaues des Prinzen Eugen, 1714–1716 Unteres Belvedere, 1719 Stift Göttweig, 1721–1723 Oberes Belvedere, 1721–1727 Schloß Mirabell in Salzburg (später verändert).

Hörnigk (auch: Hornich oder Horneck), Philipp Wilhelm von H., geb. bei Mainz oder in Frankfurt am Main um 1638, gest. Passau 1714, Nationalökonom und Archivar; 1661 Abschluß des Studiums der Rechte, danach in Wien, tätig, 1690 im Dienst des Fürstbischofs von Passau, wird als dessen Geheimer Rat in den Freiherrenstand erhoben, veröffentlicht verschiedene – unter anderem historische – Schriften, 1684: *Österreich über alles, wann es nur will,* ein frühes Werk der Nationalökonomik, das die österreichische Staatsverwaltung bis in das 19. Jahrhundert beeinflußt.

Hösli, Heinrich, Beamter in Schloß Waldstein/Steiermark – keine Daten auszumachen.

Hohberg (auch: Hochberg), Wolf Helmhard Freiherr von, geb. Ober-Thumnitz 1612, gest. Regensburg 1688, Schriftsteller; Grundherr zu Ober-Thumnitz und Süßenbach in Oberösterreich, beginnt früh eine vielseitige literarische

Tätigkeit, in den zwanziger und dreißiger Jahren des 17. Jahrhunderts im Kriegsdienst, widmet sich später dem Landbau auf seinem Gut, als Protestant im Zug der Gegenreformation in eine schwierige Lage versetzt, verkauft 1664 seine Güter und zieht nach Regensburg, bedeutendstes Werk: *Georgica curiosa* (1682).

Hohenem(b)s, Marcus Sitticus (auch: Marx Sittich) IV. Graf von, geb. um 1574, gest. Salzburg 1619, Erzbischof von Salzburg; strenger Kirchenfürst, energischer Verfechter der Gegenreformation, verbessert das Unterrichtswesen in Salzburg, bestellt Benediktinermönche zu Lehrern, Stifter des Gymnasiums St. Peter in Salzburg (1617), das sein Nachfolger Graf Paris Lodron zur Universität erhebt, Erbauer des Lustschlosses Hellbrunn.

Hooke, Robert, geb. Freshwater/Isle of Wight 1635, gest. London 1703, englischer Physizist; entdeckt das Gesetz der Elastizität, 1655 Konstruktion einer Luftpumpe, veröffentlicht als erster genaue Zeichnungen des Marses, 1665 Professor der Geometrie im Gresham College, Studien und Illustrationen der Kristallstruktur der Schneeflocken, erkennt die Wellentheorie des Lichts.

Huygens, Christiaan, geb. Den Haag 1629, gest. ebenda 1695, niederländischer Mathematiker, Physiker, Astronom und Uhrenbauer; lebt lange Zeit zurückgezogen als Privatgelehrter, bringt 1657 ein Lehrbuch der Wahrscheinlichkeitsrechnungen heraus, ab 1655 Bau von Mikroskopen und Fernrohren, den Großteil seines Lebenswerkes widmet er der Verbesserung der Pendeluhr, 1666 Berufung an die neugegründete *Académie des sciences* nach Paris, wo er als eifriger Protestant bis 1681 unter dem Schutz Colberts lebt, 1681 Rückkehr nach Den Haag.

Innozenz X. (Gimbattista Pamfili), geb. Rom 1574, gest. ebenda 1655, Papst und bedeutender Kunstförderer.

Isabella/Elisabeth (von Bourbon), geb. Fontainebleau 1603, gest. Madrid 1644, erste Gemahlin König Philipps IV. von Spanien, Tochter König Heinrichs IV. von Frankreich und der Maria Medici; als Elfjährige wird sie mit dem zehnjährigen spanischen Kronprinzen Philipp verheiratet und an den Hof nach Madrid entsandt, große Begeisterung für Kunst, Literatur und Theater, erst in späteren Jahren zunehmendes Interesse für die Politik, wobei sie die unsichere Herrschaft ihres Gemahls energisch unterstützt.

Isabella (von Parma), geb. Buen Retiro bei Madrid 1741, gest. Wien 1763, erste Gemahlin Kaiser Josefs II., Tochter des Herzogs Philipp von Parma und der Prinzessin Elisabeth von Frankreich, einer Tochter König Ludwigs XV., verfaßt eigene Kompositionen und Gedichte, sehr sportlich, beschäftigt sich mit Mechanik und dem eben modern werdenden Automatenbau, intelligent und melancholisch.

Jadot, Jean Nicolas, Baron de Ville-Issey, geb. Lunéville 1710, gest. Ville-Issey bei Commercy 1761, lothringischer Architekt; Hofarchitekt Herzog Franz Stephans von Lothringen, des späteren Kaisers Franz I., der ihn in den dreißiger Jahren zum Oberaufseher seiner toskanischen Güter erennt, nach der Krönung Franz Stephans zum Kaiser wird er nach Wien berufen, 1750 Hofbauinspektor; Hauptwerk: Akademie der Wissenschaften (ab 1753), die er aber wegen Streitereien nicht zu Ende führt.

Jakob (James) II., zunächst Herzog von York und Albemarle, Bruder König Karls II. von England und dessen Amtsnachfolger (1685–1688), als Jakob VII. König von Schottland, geb. London 1633, gest. St. Germain-en-Laye 1701, zweiter Sohn König Karls I., wird im Bürgerkrieg von 1646 gefangengenommen, flieht 1648 ins Ausland, unter der Regierung seines Bruders Generalbefehlhaber der englischen Flotte im Seekrieg gegen die Niederlande, tritt zum Katholizismus über; als er als König die Rekatholisierung betreibt, beruft das Parlament 1688 Wilhelm von Oranien (später König Wilhelm III.), den Schwiegersohn Jakobs II. nach England, er selbst flieht, nachdem er vom englischen Parlament für abgesetzt erklärt worden war, nach Frankreich, wo ihn der französische König in St. Germain-en-Laye aufnimmt.

Johann Adam, Fürst von Liechtenstein, geb. 1656, gest. 1712, 1694 Ritter des Goldenen Vlieses, verheiratet mit Fürstin Erdmuth Theresia Dietrichstein, Sohn des Fürsten Karl Eusebius L. aus dessen Ehe mit Fürstin Anna Beatrix Dietrichstein, Begründer der liechtensteinischen Gemäldegalerie, für die er das Gartenpalais in der Roßau errichten läßt, Erbauer der Wiener Vorstadt Liechtenthal, großer Förderer der Wirtschaft, des Bankenwesens, der Landwirtschaft und aller moderner Methoden, die damit im Zusammenhang stehen.

Johann Wilhelm, Kurfürst von der Pfalz, Herzog von Jülich und Berg, geb. Düsseldorf 1658, gest. ebenda 1716, Sohn des Kurfürsten Philipp Wilhelm von der Pfalz aus dessen zweiter Ehe mit Elisabeth Amalia Magdalena von Hessen-Darmstadt, wird gegen den Willen seiner Mutter von Jesuiten erzogen und in der Folge ein eifriger Betreiber der Gegenreformation, heiratet in erster Ehe (1678) Maria Anna Josepha, eine Tochter Kaiser Ferdinands III. und der Eleonore Gonzaga, in zweiter Ehe (1691) Anna Maria Luisa Medici.

Johanna (von Aragonien), die Wahnsinnige, Königin von Kastilien (1504), geb. Toledo 1479, gest. Tordesillas 1555, Tochter Ferdinands von Aragonien und der Isabella von Kastilien, heiratet 1496 Philipp den Schönen, Mutter Kaiser Karls V.

Joseph I., Kaiser, geb. Wien 1678, gest. Wien 1711, Sohn Kaiser Leopolds I. aus dessen dritter Ehe mit Eleonore von Pfalz-Neuburg, hervorragendes musikalisches Talent (Flötenspieler), Drang zur Reformierung des erstarrenden Regierungssystems seines Vaters, weshalb er gerne junge, talentierte Männer mit bedeutenden Posten bedenkt, wie etwa Prinz Eugen von Savoyen, setzt in Schlesien eine Bauernbefreiungsreform durch, verfügt über starkes dynastisches Selbstbewußtsein und einen eifrigen Expansionswillen, vor allem in Richtung Italien, Förderer von Kunst und Musik.

Josef II., Kaiser, geb. Wien 1741, gest. Wien 1790, König von Böhmen und Ungarn, ältester Sohn der Kaiserin Maria Theresia und Kaiser Franz' I., 1760 Heirat mit Prinzessin Isabella von Parma, 1765 zweite Eheschließung mit Maria Josefa von Bayern, ab 1765 – nach dem Tod seines Vaters – Mitregent mit seiner Mutter, lange Reisen durch Europa, wo er für spätere Reformen und Verbesserungen Anregungen bezieht und schon in den sechziger Jahren Einfluß auf die Einschränkung der feudalen Dienstleistungen (Robot) nimmt, zieht im Zug seiner Expansionspolitik selbst in Feld (Annexion Galiziens 1772, der Bukowina 1775 und des Innviertels 1779), vereinfacht das Hofzeremoniell auf ein von der Gesellschaft gefordertes Minimum, öffnet dem Volk die kaiserlichen Gärten in Wien (1766), schafft die Folter ab, errichtet mit dem Hof- und Burgtheater ein *deutsches Nationaltheater*. Nach dem Tod der Mutter weitreichende Kirchenreform: Toleranz der Protestan-

von Khevenhüller (gest. 1764), verheiratet sich 1764 mit Marie Christine Gräfin Thun, die bis zum Tod der Kaiserin Maria Theresia die Würde einer Hofdame innehat; Staatsmann, 1750 k. k. Kämmerer, 1756 außerordentlicher Gesandter und bevollmächtigter Minister am königlich-dänischen Hof, 1764 Rückkehr nach Wien, k. k. Oberst-Stallmeister, 1767 Vliesritter, bevorzugter Freund und Berater Kaiser Josefs II., der ihn auf seinen zahlreichen Auslandsreisen begleitet.

Katharina (von Valois), geb. Paris 1401, gest. Bermondsey Abbey/London 1437, seit 1420 Gemahlin König Heinrichs V. von England.

Katharina (Medici), geb. Florenz 1519, gest. Blois 1589, Tochter Lorenzos II. M., heiratet 1533 König Heinrich II. von Frankreich, den Sohn Franz' I.

Kepler, Johannes, geb. Weil (der Stadt) 1571, gest. Regensburg 1630, Astronom und Mathematiker; 1594 Lehrer der Mathematik an der evangelischen Stiftsschule von Graz, Mathematiker der steirischen Landesregierung, 1600 im Zug der Gegenreformation aus Graz vertrieben, siedelt nach Prag über und wird Assistent von Tycho Brahe, These von 1621: eine von der Sonne ausgehende Kraft verursacht die Planetenbewegungen in Ellipsenform, in deren einem Brennpunkt die Sonne steht; 1611 Mathematiker in Linz, nach dem Sieg der Gegenreformation in Linz bricht Kepler zu Reisen auf und tritt später in den Dienst des Grafen Waldstein (Wallenstein).

Khevenhüller, Joseph, erster Fürst seines Geschlechts, geb. 1706, gest. Wien 1776, Sohn des Grafen Sigismund Friedrich Khevenhüller aus dessen Ehe mit Gräfin Ernestine Leopoldine Rosenberg; heiratet 1728 Gräfin Karolina Maria Augustina Metsch, 1739 wirklicher Geheimer Rat, 1740 außerordentlicher kaiserlicher Gesandter am polnischen und kursächsischen Hof zu Dresden, 1742 Obersthofmeister, dann Oberstkämmerer und Obersthofmarschall, Ritter des Goldenen Vlieses, wird von seinem Schwiegervater adoptiert und führt in Zusammenlegung der Linien ab 1751 den Doppelnamen Khevenhüller-Metsch, 1763 Erhebung in den Reichsfürstenstand, Chronist seiner Zeit: *Aus dem Hofleben Maria Theresias.* Nach den Memoiren des Fürsten Khevenhüller-Metsch.

Kingston, Herzog von, Vater der Lady Mary Montagu – keine genaueren Daten auszumachen.

Kinsky, Philipp Joseph Graf – aus der Menge der gleichzeitigen Philipps und Josephs nicht zu identifizieren.

Kleiner, Salomon, geb. Augsburg 1700, gest. Wien 1761, Vedutenzeichner und Kupferstecher.

Königsegg-Erps, Josèphe Gräfin von – wegen der in der Familie häufig vorkommenden Maria Josephas und Josephas nicht zu identifizieren.

Kokorskova, Kammerfräulein am Wiener Hof – keine genauen Daten auszumachen.

Kol(t)schitzky, Georg Franz, geb. in Polen oder Armenien 1640, gest. Wien 1694, Kaufmann (im Ost- und Südosthandel tätig) und Kurier Kaiser Leopolds I.

Küchelbecker, Johann Basilius – keine Daten auszumachen.

Küsel, Melchior, geb. 1626, gest. 1683, Augsburger Kupferstecher, Schüler Mathias Merians d. Ä., heiratet 1649 dessen Tochter, ab 1655 für den Münchner Hof tätig, Aufenthalte in Wien, zahlreiche Buchillustrationen.

Laurig(in), Maria Barbara, eine Tochter der Stampferin, der Radmeisterin aus Vordernberg.

Lebrun, Charles, geb. Paris 1619, gest. ebenda 1690, französischer Maler; 1638 Hofmaler, 1640 Aufträge von Richelieu für die Dekoration der Wand- und Deckengemälde in Vaux-le-Vicomte, 1642–1645 Aufenthalt in Rom, 1648 an der Gründung der *Académie Royale de peinture et sculpture* mitbeteiligt, ab 1661 Ausstatter in Versailles, 1662 Erster Hofmaler, 1663 Generalinspektor der königlichen Sammlungen und Direktor der königlichen Gobelinmanufaktur, 1664 Direktor der Akademie, 1666 im Auftrag Colberts Begründer der *Académie de France* in Rom, künstlerisch repräsentiert Lebrun die Prachtmalerei.

Leeuwenhoek, Antonie van, geb. Delft 1632, gest. ebenda 1723, niederländischer Naturforscher; fertigt mehr als 200 Mikroskope mit bis zu 72facher Vergrößerung an, um zahlreiche biologische Objekte untersuchen zu können (entdeckt und erforscht die Einzeller, Bakterien, die roten Blutkörperchen, die Querstreifen der Muskulatur und die menschlichen Spermien).

Leibniz, Gottfried Wilhelm, geb. Leipzig 1646, gest. Hannover 1716, Mathematiker und Philosoph; 1672–1676 Parisaufenthalt, knüpft dort Freundschaften mit dem Grafen Tschirnhaus und mit Huygens, bei einem Londonaufenthalt Bekanntschaft mit Hooke, 1673 Aufnahme in die *Royal Society,* 1675 Erfindung einer Rechenmaschine, Bibliothekar und Hofrat am kurfürstlichen Hof von Hannover, erforscht 1685 die Geschichte des Welfenhauses, um dessen dynastischen Anspruch auf den Thron von England zu untermauern (Georg Ludwig wird tatsächlich 1714 als Georg I. König von England), 1691 Bibliothekar in Wolfenbüttel, 1700 mit Unterstützung der Königin Sophie Charlotte Begründer der Societät der Wissenschaft in Berlin, zu deren Präsident er auf Lebenszeit bestellt wird, 1712–1714 Aufenthalt in Wien, wo er 1713 zum Reichshofrat ernannt wird.

Leopold I., Kaiser, geb. Wien 1640, gest. ebenda 1705, Sohn Kaiser Ferdinands III. aus dessen erster Ehe mit Maria von Spanien, heiratet 1666 in erster Ehe die zweite Tochter König Philipps IV. von Spanien, Margarita, was unter anderem zum Spanischen Erbfolgekrieg führt (die zweite Ehefrau wird Claudia Felicitas von Tirol, die dritte Eleonore von Pfalz-Neuburg – letztere die Mutter der beiden als Kaiser aufeinanderfolgenden Söhne Joseph I. und Karl VI.); Leopold hat während seiner Regentschaft mit großen Spannungen von Seiten der Ungarn zu kämpfen, die durch den Krieg mit dem Osmanischen Reich verstärkt werden, sie erreichen ihren Höhepunkt mit der Belagerung Wiens durch die Türken im Jahr 1683, der Kaiser mobilisiert Entsatztruppen aus dem Reich (die er der Leitung seines Schwagers, Herzog Karl V. von Lothringen unterstellt) und gewinnt die Unterstützung des Polenkönigs Johann Sobieski, wobei in der Folge Wien nicht nur gerettet wird, sondern die kaiserlichen Verbündeten – mittlerweile unter der Führung des Prinzen Eugen – die Türken zurückschlagen und Siebenbürgen unterwerfen, im Inneren betätigt sich Kaiser Leopold I. als absolutistischer Herrscher und Weiterführer gegenreformatischer Ideen, wobei Kleriker wie der Prediger Marco d'Aviano großen Einfluß auf ihn gewinnen, Leopold gründet Universitäten in Innsbruck, Olmütz und Breslau; der Kaiser gilt als das bedeutendste unter den Habsburger Musiktalenten und Komponisten, seine Oper *Il lutto dell'universo* steht noch heute auf den Programmen barocker Musikveranstaltungen.

Leopold II., Kaiser, Großherzog von Toskana (ab dem Tod des Vaters, Kaiser Franz I., im Jahr 1765), geb. Schönbrunn bei

Luther, Martin, geb. Eisleben 1483, gest. ebenda 1546, deutscher Reformator, Priester und Theologe; Professor an der theologischen Fakultät von Wittenberg, schlägt 1517 die 95 Thesen über die Kraft des Ablasses (als Protest gegen den Verkauf der Seligkeit gegen Geld) an die Schloßkirche zu Wittenberg an, die den Beginn der Reformation bezeichnen, daraufhin gerät Luther in Konflikt mit Rom und mit dem Kaiser, was 1521 die Bannbulle des Papstes Leo X. und die Reichsacht Kaiser Karls V. zur Folge hat, aus Freundschaft mit Luther nimmt der Kurfürst von Sachsen den Rebellen gegen den Katholizismus auf der Wartburg in Schutzhaft, wo er beginnt, das Neue Testament in Deutsche zu übersetzen (1534 vollendet), als Zeichen der Loslösung vom Katholizimus heiratet er 1525 die frühere Nonne Katharina von Bora.

Maehl, Jakob, Weber und Schulmeister – keine genaueren Daten auzumachen.

Maintenon, Françoise d'Aubigné, Marquise de (1674), geb. Niort 1635, gest. St. Car 1719, Mätresse und spätere Gemahlin König Ludwigs XIV. von Frankreich, heiratet 1652 den Dichter Scarron, ab 1669 Erzieherin der Kinder Ludwigs XIV. aus dessen Verbindung mit Madame de Montespan, während dieser Tätigkeit macht sie die Bekanntschaft des Königs und erlangt seine Gunst, 1684 heiratet sie ihn – nach dem Tod seiner Gemahlin – in heimlicher Ehe, Gründerin des Internats in St. Cyr (1686) für mittellose adelige Mädchen.

Mancini, Maria, geb. Rom 1639, gest. Pisa 1715, Nichte des Kardinals Mazarin und Jugendgeliebte des französischen Königs Ludwigs XIV., wird später Ehefrau des römischen Fürsten Colonna.

Margarete (von Frankreich), geb. St. Germain-en-Laye 1553, gest. Paris 1615, heiratet 1572 den aus Navarra stammenden, späteren König Heinrich IV. von Frankreich, Tochter König Heinrichs II. von Frankreich und der Maria Medici.

Margarete (von Österreich), geb. Graz 1584, gest. im Escorial 1611, Gemahlin König Philipps III. von Spanien und Portugal (als Philipp II.), Tochter Erzherzogs Karl II. von Innerösterreich, starkes Interesse an herrschaftlicher Verantwortung, die allerdings durch ränkeschmiedende Günstlinge des Königs im Keim erstickt werden.

Margarita Maria Teresa (von Spanien), geb. Madrid 1651, gest. Wien 1673, erste Gemahlin Kaiser Leopolds I., Tochter König Philipps IV. von Spanien und der Habsburgerin Maria Anna, 1666 im Alter von 14 Jahren Hochzeit per procurationem in Spanien, 1669/70 veranlaßt Kaiser Leopold I. – beeinflußt durch die überaus strenge Frömmigkeit seiner Gemahlin – die Vertreibung der Juden aus Wien.

Marggraf, Andreas Sigismund, geb. Berlin 1709, gest. ebenda 1782, Apotheker und Chemiker; 1738 Mitglied der Akademie der Wissenschaft, 1754 Vorsteher des ehemaligen Laboratoriums, 1760 Direktor der physikalischen Klasse der Akademie, weist 1747 den Gehalt des Zuckers in der Runkelrübe nach – diese Entdeckung bildet den Ausgangspunkt der Rübenzuckerindustrie.

Maria ..., s. auch Marie.

Maria (von Schottland = Maria Stuart), geb. Linlithgow 1542, gest. Fotheringhay 1587, heiratet 1558 König Franz II. von Frankreich, nach dessen Tod sie 1561 nach Schottland zurückkehrt, Tochter König Jakobs V. und der Herzogin Maria von Guise, katholische Gegenspielerin der Königin Elisabeth von England.

Maria (von Spanien), geb. Madrid 1528, gest. Villamonte in Spanien 1603, Gemahlin Kaiser Maximilians II., Tochter Kaiser Karls V. und der Isabella von Portugal, schenkt ihrem Gemahl im Laufe einer sehr glücklichen Ehe 16 Kinder.

Maria Amalie, geb. Wien 1701, gest. München 1756, Gemahlin des bayrischen Kurfürsten Karl Albrecht, späterer Kaiser Karl VII., Tochter Kaiser Josephs I. und der Amalie Wilhelmine von Braunschweig-Lüneburg, für sie wird von François Cuvillés dem Älteren das Jagdschloß Amalienburg im Nymphenburger Park errichtet, Maria Amalie holt die Barmherzigen Schwestern zur Krankenpflege nach München, dotiert sie mit 40.000 Gulden und läßt ein geistiges Exerzitiienhaus errichten, gegen Ende ihres Lebens gerät sie in den Ruf der Bigotterie.

Maria Amalie (Amélie), geb. Wien 1746, gest. Prag 1804, Gemahlin Herzog Ferdinands von Bourbon-Parma und Piacenza, eines Enkels König Ludwigs XV. von Frankreich, Tochter der Kaiserin Maria Theresia, große Herrscherfähigkeiten, die sich in der schwierigen Zeit der Napoleonischen Kriege bewähren.

Maria Anna (von Bayern), geb. München 1574, gest. Graz 1616, erste Gemahlin (1600) Erzherzog Ferdinands von Innerösterreich (nachmaliger Kaiser Ferdinand II.), zweite Tochter Herzog Wilhelms V. (des Frommen) und der Renata von Lothringen.

Maria Anna (von Bayern), geb. München 1660, gest. Versailles 1690, heiratet 1680 den Dauphin Ludwig, einen Sohn König Ludwigs XIV. von Frankreich, Tochter des Kurfürsten Ferdinand Maria von Bayern und der Henriette Adelheid von Savoyen.

Maria Anna (von Österreich, spanisch auch: Mariaña de Austria), Königin und Regentin, geb. Wiener Neustadt 1634, gest. 1696 Madrid, zweite Gemahlin des beinahe 30 Jahre älteren Königs Philipp IV. von Spanien, Tochter Kaiser Ferdinands III. und der Infantin Maria von Spanien, führt zehn Jahre lang – vom Tod ihres Gemahls bis zur Volljährigkeitserklärung ihres Sohnes mit 14 Jahren (laut Testamentsbeschluß des Vaters) – die vormundschaftliche Regierung in Spanien und behält auch später Einfluß auf die spanische Politik.

Maria Anna (von Österreich), Königin, geb. Linz 1683, gest. Lissabon 1754, Gemahlin König Johanns V. von Portugal, Tochter Kaiser Leopolds I. aus dritter Ehe mit Eleonore von Pfalz-Neuburg, erbt die hochmusikalische Begabung des Vaters, erhält eine solide musikalische Ausbildung und wirkt – vor allem als Tänzerin – bei zahlreichen barocken Opernaufführungen des Wiener Hofs mit, im Alter von 25 Jahren heiratet sie König Johann V. von Portugal, als er 1742 vom Schlag getroffen wird, führt sie – von Ratgebern unterstützt – acht Jahre lang die Regierungsgeschäfte.

Maria Anna (von Österreich), geb. Wien 1718, gest. Brüssel 1744, Gemahlin Herzog Karls von Lothringen, des späteren kaiserlichen Statthalters der Niederlande, Tochter Kaiser Karls VI. und der Elisabeth Christine von Braunschweig-Wolfenbüttel, Schwester der Kaiserin Maria Theresia.

Maria Anna (von Pfalz-Neuburg), geb. Schloß Benrath/Düsseldorf 1667, gest. Guadalajara 1740, zweite Gemahlin König Karls II. von Spanien, Tochter des Kurfürsten Philipp Wilhelm von Pfalz-Neuburg und dessen zweiter Ehefrau Elisabeth Amalie Magdalena von Hessen-Darmstadt.

Marie Antoinette (eigentlich: Maria Antonia von Österreich), geb. Wien 1755, gest. (hingerichtet) Paris 1793, Gemahlin König Ludwigs XVI. von Frankreich, Tochter der Kaiserin Maria Theresia, als verschwenderische Frau in das von Umbrüchen bedrohte Frankreich gesandt, hat Marie Antoinette als *Österreicherin* wenige Chancen akzeptiert zu werden, noch weniger, in die politischen Geschicke einzugreifen, wozu sie ihre Mutter und ihr Bruder, Kaiser Josef II., ständig ermuntern, in immer stärker werdende Intrigen verwickelt, nimmt man sie 1792 gemeinsam mit ihrer Familie gefangen, woraufhin das Herrscherpaar innerhalb weniger Monate wegen Hochverrats hingerichtet wird.

Marie Christine, geb. Wien 1742, gest. Wien 1798, Gemahlin des Herzogs Albert-Kasimir von Sachsen-Teschen, Lieblingstochter der Kaiserin Maria Theresia, starke künstlerische Begabung – hervorragende Malerin, von ihrem Bruder, Kaiser Josef II., mit ihrem Gemahl zu Statthaltern der Niederlande berufen, nach ihrem Tod gibt Herzog Albert bei Canova ein Marmor-Denkmal in Auftrag, das sich bis heute in der Wiener Augustiner-Kirche befindet.

Martinelli, Domenico, geb. Lucca 1650, gest. ebenda 1718, Architekt; zunächst aber Geistlicher (Priesterweihe 1673), 1678 Romaufenthalt – Zeichen- und Architekturstudien, Mitglied der Academia San Luca, 1690 Venedig- und Wienaufenthalte, wo er für die Familien Harrach, Kaunitz und Liechtenstein tätig ist, später wieder Reisen nach Rom, Deutschland und in die Niederlande, ab 1716 in Lucca.

Martinitz, Jaroslaw Borita, Baron, geb. 1582, gest. 1649, Politiker und Diplomat; 1603 kaiserlicher Rat, 1609 Hofmarschall, um 1620 Statthalter in Böhmen, als eifriger Katholik wird der für die kaiserliche Partei auftretende Baron Martinitz bei der Versammlung der protestantischen Stände am 13. 5. 1618 aus dem Fenster des Prager Schlosses geworfen, nur leicht verletzt flieht er verkleidet, das Land, seine Güter werden konfisziert, die er später – unter neuen politischen Vorzeichen – wieder zurückerhält, 1623 abermals Hofmarschall, 1628 Obersthofmeister des Königreichs Böhmen, 1621 Erhebung in den Reichsfürstenstand.

Mat(t)ielli, Lorenzo, geb. Vicenza, gest. Dresden 1748, Bildhauer; ab 1712 in Wien, wo er 1714 zum Hofbildhauer ernannt wird und für den Kaiser und den Fürsten Schwarzenberg arbeitet, 1714/17 Bildwerke für Stift Melk, 1725/30 Plastiken für die Karlskirche in Wien, 1728/29 Herkulesgruppe für den Reichskanzleitrakt der Wiener Hofburg, 1730 Engelsgruppe am Portal der Michaelerkirche, 1731 Atlanten für Stift Klosterneuburg, 1737 Dresden (ab 1738 im Hofdienst), 1744 Hofinspektor der antiken und modernen Statuen ebenda.

Maulbertsch (auch: Maulpertsch), Franz Anton, geb. 1724 Langenargen am Bodensee 1724, gest. Wien 1796, Maler und Radierer, 1739 Wien, 1741 Schüler van Schuppens an der Akademie, 1752/53 Altarbild in der Piaristenkirche, 1759 Mitglied der Akademie, 1765 Decke der Pfarrkirche in Schwechat, 1770 Rat und Professor der Wiener Akademie, außerdem Mitglied der Akademie und Hofkabinettmaler in Preußen, Aufträge führen ihn nach Mähren, Dresden, Innsbruck und Prag (1794), hinterläßt eine große Zahl von Zeichnungen, Ölskizzen, Fresken und Altarbildern.

Maximilian I., Kaiser, geb. Wiener Neustadt 1459, gest. Wels 1519, verheiratet sich 1477 in erster Ehe mit Maria, Erbin von Burgund, und 1492 mit Bianca Maria Sforza, Sohn Kaiser Friedrichs III. und der Prinzessin Eleonore von Portugal.

Maximilian II., Kaiser, geb. Wien 1527, gest. Regensburg 1576, heiratet 1548 Maria, Tochter Kaiser Karls V. und Schwester König Philipps II. von Spanien, Sohn Kaiser Ferdinands I. und der Königin Anna von Böhmen und Ungarn.

Maximilian I., 1598 Herzog, 1623 Kurfürst von Bayern, geb. München 1573, gest. Ingolstadt 1651, heiratet in erster Ehe Elisabeth Renata, Tochter Herzog Karls II. von Lothringen und der Klaudia, Tochter König Heinrichs II. von Frankreich, in zweiter Ehe Maria Anna, Tochter Kaiser Ferdinands II. und der Maria Anna, Tochter Herzog Wilhelms V. von Bayern, Gründer der katholischen Liga, die er seinem Vetter, Kaiser Ferdinand II., gegen die aufständischen Protestanten in Böhmen zur Verfügung stellt, 1623 pfälzische Kurwürde, innenpolitisch bricht Maximilian die Macht der Landstände, er schafft eine ausgezeichnete Landesverwaltung, ein schlagkräftiges Heer und eine Gesetzessammlung, Förderer der Künste wie aller merkantilistischen Maßnahmen, Erbauer der Residenz in München.

Maximlian II. Emanuel, Kurfürst von Bayern, geb. München 1662, gest. ebenda 1726, heiratet 1685 in erster Ehe Erzherzogin Maria Antonia, Tochter Kaiser Leopolds I. und der Margarete Theresia, Tochter König Philipps IV. von Spanien, in zweiter Ehe Therese Kunigunde, Tochter König Johanns III. Sobieski von Polen und der Marie Kasimire Luise de la Grange, zeichnet sich in den Türkenkriegen als Verbündeter Kaiser Leopolds I. aus, 1691 Statthalter der spanischen Niederlande.

Maximilian III. Joseph, Kurfürst von Bayern, geb. München 1727, gest. ebenda 1777, heiratet 1747 Maria Anna Sophie, Tochter König Augusts III. von Polen und der Erzherzogin Maria Josefa, einer Tochter Kaiser Josephs I., Begründer der Akademie der Wissenschaften in München (1759).

Mazarin (eigentlich: Mazarini), Jules (Giulio), Herzog von Nevers (seit 1659), geb. Pescina in den Abruzzen 1602, gest. Vincennes 1661, französischer Staatsmann und Kardinal; tritt 1624 der päpstlichen Armee bei, später Diplomat der Kurie, 1634/36 Sondernuntius in Paris, ab 1640 in französischen Diensten, 1641 Kardinal, nach Richelieus Tod überträgt ihm König Ludwig XIII. die Leitung des Ministerrats, starke außenpolitische Tätigkeit, eifriger Sammler von Kunstwerken und Büchern.

Merian, Matthäus, geb. Basel 1593, gest. Schwalbach 1650, Kupferstecher, Verleger und Buchhändler; arbeitet in Oppenheim für den topographischen Verlag Johann Dietrich de Brys (vor allem Landschaften), heiratet um 1618 Maria Magdalena de Bry (wahrscheinlich Tochter oder Nichte des vorigen), 1619 Auflösung der Verlags in Oppenheim wegen des Kriegs, Merian geht nach Basel, 1620/24 eigene Werkstatt, 1625 Übernahme eines Teils des nach Frankfurt übersiedelten de Bryerschen Verlags, der den Vertrieb aller europäischen Kupferdrucke in Büchern und für Einzelblätter hat, diese gesammelten Drucke bilden das Vorlagematerial für das topographische Werk Merians, von dem er nur einen geringen Teil selbst geschaffen hat, 1649 *Topographia Provinciarum Austriacarum.*

Messerschmidt, Franz Xaver, geb. Wiesensteig bei Geislingen in Württemberg 1736, gest. Preßburg 1738, Bildhauer; Neffe des bayrischen Hofbildhauers Johann Baptist Straub, 1750/52 in Graz bei seinem Onkel, dem Bildhauer Philipp Jacob Straub, ab 1752 Studium an der Akademie in Wien, Schüler Raffael Donners, 1757 Stuckverschneider im Wiener Zeughaus, 1765 Romaufenthalt, Rückkehr nach Wien 1765 oder 1766, 1769 Aufnahme in die Akademie, wird wegen gestör-

Munsterus, Sebastian – keine genaueren Daten auszumachen.

Neumann, (Johann) Balthasar, geb. Eger 1687, gest. Würzburg 1753, Architekt; Beginn der Ingenieurslaufbahn in der fränkischen Kreisartillerie, 1718 mit den fränkischen Truppen in Österreich und Ungarn, wahrscheinlich bei der Befestigung von Belgrad tätig, 1719 Oberingenieur oder *premier architecte* und fürstbischöflicher Baudirektor in Würzburg, 1720 Beginn der Arbeiten an der Würzburger Residenz, 1723 Studien in Paris in Zusammenhang mit der Residenz, heiratet 1725 Eva Engelberta, die Tochter des Geheimen Rats Franz Ignaz Schild, 1729 Obristleutnant und Baudirektor in Bamberg, 1730 Wien (Entwürfe für den Umbau der Hofburg), 1731 Lehrstuhl an der Universität in Würzburg für Zivil- und Militärbaukunst, 1741 Oberst, 1747 Bauinspektor des Domkapitels zu Würzburg, 1743/72 Wallfahrtskirche Vierzehnheiligen in Oberfranken, 1745/52 Benediktinerkloster Neresheim.

Newton, Sir (seit 1705) Isaac, geb. Woolsthorpe bei Grantham 1643, gest. Kensington 1727, englischer Mathematiker, Physiker und Astronom; formuliert 1666 die Gravitationsgesetze, 1669 Professor der Mathematik in Cambridge, 1672 Mitglied der *Royal Society*, legt 1686 die drei Axiome der Mechanik fest, 1689 Vertreter der Universität Cambridge im Parlament, 1699 Vorsteher der königlichen Münze in London, 1703 Präsident der *Royal Society*, Begründer der klassisch-theoretischen Physik, Entdecker der Zusammensetzung des weißen Lichts aus den Spektralfarben.

Nicolai, Christoph Friedrich, geb. Berlin 1733, gest. ebenda 1811, Schriftsteller und Verleger; 1784 Mitglied der Akademie der Wissenschaften in München und ab 1799 in Berlin, 1759 gemeinsam mit Gotthold Ephraim Lessing Herausgeber der *Briefe, die neueste Litteratur betreffend*, kulturhistorisch bedeutendes Werk: *Beschreibung einer Reise durch Deutschland und die Schweiz im Jahre 1781* ... in zwölf Bänden (erschienen 1783-96).

Oppenheim(er), Samuel, geb. in der Pfalz um 1635, gest. Wien 1703, Kriegsfactor, Bankier, Hofjude (im Besitz eines kaiserlichen Schutzbriefs), Vertrauensmann des Prinzen Eugen; ausschließlich im Dienst der kaiserlichen Finanzpolitik tätig, beliefert das Heer und den Hof, welche Lieferungen oft mit Hilfe abenteuerlicher Transaktionen finanziert werden, 1683 Verhaftung wegen des Verdachts, falsche Rechnungen gelegt zu haben, wird vor Abschluß der Untersuchungen wieder freigelasen, da er als einziger Kaufmann die notwendigen Hilfslieferungen für den Türkenkrieg zu leisten imstande ist, mit Oppenheimers Tod bricht das gesamte Finanzsystem zusammen, der Konkurs des Hauses Oppenheimer im Jahr 1706 hat auch den Staatsbankrott zur Folge.

Ospel, Anton, geb. 1677, gest. Wien 1756, Architekt; Studien in Rom, Aufenthalte in Portugal und Barcelona, später unter Kaiser Leopold I. in Wiener Hofdiensten, 1715 Stuckhauptmann in Wien; Werke: 1731/32 bürgerliches Zeughaus, Palais Wilczek (Herrengasse 5) und Billiottesches Stiftungshaus (Singerstraße 19), alle in Wien.

Palladio, Andrea, geb. Vicenza 1508, gest. ebenda 1580, Architekt; auf sein klassisches Werk beziehen sich die meisten nachfolgenden Architekturen zurück (besonders in den Epochen des Barock und des Klassizismus).

Paquier, Claudius Innocentius du, geb. in Trier in der zweiten Hälfte des 17. Jahrhunderts, gest. Wien 1751 oder 1760, Begründer und Besitzer der ersten Wiener Porzellanmanufaktur (Privileg per 1718); übergibt 1744 über die Vermittlung der Kaiserin Maria Theresia das in finanziellen Schwierigkeiten befindliche Unternehmen an die Ministerial-Banko-Hofedeputaion, dem er bis zu seinem Tod aber noch als besoldeter Direktor vorsteht.

Pascal, Blaise, geb. Clermont-Ferrand 1623, gest. Paris 1662, französischer Religionsphilosoph, Mathematiker und Physiker; 1640 Werk über die Kegelschnittlehre, ab 1641 Arbeiten an einer Rechenmaschine, 1654 mystische Erleuchtung, woraufhin er sich in das Kloster Port Royal zurückzieht.

Pepys, Samuel, geb. London 1633, gest. Clapham (heute London) 1703, hoher Verwaltungsbeamter in der britischen Admiralität und Schriftsteller; Hauptwerk: das in selbsterfundener Geheimschrift verfaßte, nicht zur Veröffentlichung bestimmte Tagebuch der Jahre 1660–1669, das 1825 entziffert und daraufhin veröffentlicht wird.

Permoser, Balthasar, geb. Kammer bei Otting im Chiemgau 1651, gest. Dresden 1732, Bildhauer; um 1633 Lehre in Salzburg, um 1670 in Wien tätig, 1675 Italien (Venedig und Rom), 1689 Hofbildhauer des Kurfürsten Johann Georg III. von Sachsen, 1721 Ablieferung der Plastik *Apotheose des Prinzen Eugen* in Wien, unter dem Einfluß des Kurfürsten Friedrich August I. von Sachsen und in Zusammenarbeit mit Daniel Pöppelmann (1662-1736) Schöpfer des Dresdner Zwinger-Stils.

Pezzl, Johann, geb. Mollersdorf in Bayern 1756, gest. um 1838 oder 1823, philosophischer, topographischer und belletristischer Schriftsteller, lebt ab 1785 in Wien als Sekretär des Fürsten Kaunitz, 1791 in der Chiffrekanzlei beschäftigt; bedeutendstes und witzigstes Werk: *Skizze von Wien* (1786/90).

Philipp I., der Schöne, Landesherr in den niederösterreichischen Territorien ab 1493/94, 1506 Königgemahl Johannas von Aragonien und Kastilien, geb. Brügge 1478, gest. Burgos 1506, ältester Sohn Kaiser Maximilians I. und der Maria von Burgund.

Philipp II., König von Spanien, als König von Portugal Philipp I., geb. Valladolid 1521, gest. im Escorial 1598, Sohn Kaiser Karls V. und der Isabella von Portugal.

Philipp III., König von Spanien, als König von Portugal Philipp II., geb. Madrid 1578, gest. ebenda 1621, Sohn König Philipps II. und dessen vierter Gemahlin Anna von Österreich.

Philipp IV., König von Spanien, als König von Portugal Philipp III., geb. Valladolid 1605, gest. Madrid 1665, Sohn König Philipps III. und der Margarete von Österreich, von seinen Söhnen überlebt ihn nur der beim Tod des Vaters vierjährige Carlos, der spätere König Karl II., mit dem die spanische Linie der Habsburger erlischt.

Philipp V., König (1700–1724) von Spanien, geboren als französischer Prinz aus dem Haus Bourbon, Herzog von Anjou, geb. Versailles 1683, gest. Madrid 1746, Sohn des Dauphin Ludwig (gest. 1711), Enkel König Ludwigs XIV., verheiratet in erster Ehe mit Marie Luise von Savoyen (1688–1714), in zweiter Ehe mit Elisabeth Farnese.

Philipp Wilhelm, Pfalzgraf und Herzog von Pfalz-Neuburg, Herzog von Jülich und Berg, Kurfürst von der Pfalz, geb. Neuburg an der Donau 1615, gest. Wien 1690, heiratet 1642 in erster Ehe Anna Katharina Konstanze (1619–1651), die Tochter König Sigismunds III. von Polen aus seiner Ehe mit Erzherzogin Konstanze, einer Tochter Erzherzog Karls von Österreich, und 1653 in zweiter Ehe Elisabeth Amalia Magdalena (1635–1709), Tochter des Landgrafen von Hessen-Darmstadt und der Sophie Eleonore, Tochter des Kurfürsten von Sachsen.

Philipp Wilhelm August von Pfalz-Neuburg, geb. Neuburg an der Donau 1668, gest. Reichstadt in Böhmen 1693, Sohn des Kurfürsten Philipp Wilhelm aus dessen zweiter Ehe mit Elisabeth Amalia Magdalena, heiratet 1690 Anna Maria Franziska, die Tochter von Herzog Julius Franz von Sachsen-Lauenburg und der Hedwig von Pfalz-Sulzbach, einer Tochter des Pfalzgrafen Christian August.

Pius IV. (eigentlich: Giovanni Angelo Medici), Papst, geb. Mailand 1499, gest. Rom 1565.

Place, Michael de la, per 1689 Tragsesselkonzessionist in Wien.

Pöllnitz, Karl Ludwig, Freiherr von, geb. Issum im Kurkölnischen 1692, gest. Berlin 1775, natürlicher Nachkomme König Wilhelms I. von Oranien, Spielgefährte und Mitschüler des Thronprätendenten Friedrich Wilhelm, Autor der *Saxe galante;* ab 1710 weitreichende Reise durch Europa, wo er sich als Spieler und Zechpreller einen schlechten Leumund verschafft, wegen anhaltender finanzieller Schwierigkeiten beginnt er in den dreißiger Jahren des 18. Jahrhunderts mit der Massenherstellung von Schrifttum, 1734 erscheint *La Saxe galante,* worin die Liebesheldentaten Augusts des Starken verherrlicht werden, den größten finanziellen Erfolg erzielt er 1734 mit der Herausgabe seiner Memoiren, die sich aus Reisebriefen, Kunstnotizen und Gesellschaftsberichten zusammensetzen, 1735 Kammerherr Friedrich Wilhelms, für die Höfe von Wien und Dresden als Spion tätig, 1740 vom neuen König zum Oberzeremonienmeister ernannt, mit dem er ständig in Streitereien verwickelt ist, stirbt hochverschuldet.

Poleni, Marchese Giovanni, geb. Venedig 1685, gest. Padua 1761, Mathematiker, Erfinder und Techniker; erforscht die Systeme der Barometer und Thermometer, Professor für Astronomie und Meteorologie in Padua (1709), ab 1715 Professor der Physik, stellt Nachforschungen über die Hydraulik an, beschäftigt sich weiters mit Navigationstechnik und Archäologie.

Pomis, (Giovanni) Pietro de, geb. Lodi 1569, gest. Graz 1633, Maler, Architekt und Medailleur; lernt bei Tintoretto in Venedig, 1588/95 Hofkammermaler Erzherzog Ferdinands von Tirol, nach dessen Tod in derselben Stellung bei Erzherzog Ferdinand von Innerösterreich (dem späteren Kaiser Ferdinand II.), 1601 Militäringenieur im Gefolge Erzherzog Ferdinands, 1615 Festungsingenieur der innerösterreichischen Grenzfestungen, 1619 Begründer der Malerkonfraternität in Graz und gewählter Vorstand, 1607/11 Kirche und Kloster der Minoriten in Graz, 1614 Baubeginn des Mausoleums neben dem Grazer Dom für Kaiser Ferdinand II., zahlreiche Gemälde und Altarbilder in Graz.

Pompadour, Marquise de, geborene Jeanne Antoinette Poisson, geb. Paris 1721, gest. Versailles 1764, heiratet 1741 den Unterfinanzpächter Charles Guillaume Le Normand d'Étioles (gest. 1790), von dem sie sich im Jahr 1745 offiziell trennt, nachdem sie in den Rang der Favoritin König Ludwigs XIV. von Frankreich aufgenommen wird, bedeutende Stellung am Hof als Förderin von Kunst und Literatur, veranlaßt die Errichtung der Porzellanmanufaktur in Sèvres, politisch geringe Bedeutung.

Poussin, Nicolas, geb. Villers-en-Vexin bei Les Andelys in der Normandie 1594, gest. Rom 1665, Maler, Hauptmeister der frühklassizistischen Malerei; 1624 Rom, 1640/42 Aufenthalt in Paris, dann bis zu seinem Lebensende beinahe ausschließlich in Rom, malt vorzugsweise Allegorien und Szenen der klassischen Mythologie.

Pozzo (auch: Pozzi), Andrea, geb. Trient 1642, gest. Wien 1709, Maler, Architekt und Kunstschriftsteller; 1665 Laienbruder der Gesellschaft Jesu in Mailand, Studienreisen nach Genua, Venedig und Rom (Porträts, Fresken und Scheinarchitektur), 1702 Berufung nach Wien durch Kaiser Leopold I., ab 1703 Umbau der Jesuitenkirche (Alte Universitätskirche), wo er auch die Gewölbefresken schafft, 1704/07 Deckenfresken im liechtensteinischen Gartenpalais.

Prandtauer (auch: Prandauer oder Prantauer), Jakob, geb. Stanz in Tirol 1660, gest. St. Pölten 1726, Baumeister; lernt das Maurerhandwerk bei Georg Asam in Schnann in Tirol, ab 1689 Bildhauer in St. Pölten, heiratet 1692 Elisabeth Maria Remberger, eine gräfliche Kammerzofe, 1700 Baumeister, ab 1701 im Dienst des Abts Berthold Dietmayr von Stift Melk, welches Kloster Mittelpunkt seines künstlerischen Schaffens wird, 1712 Vollendung der Kirche der Karmelitinnen in St. Pölten, 1706/28 Wallfahrtskirche am Sonntagberg bei Seitenstetten und ab 1708 Arbeit am Chorherrenstift St. Florian und Herzogenburg bei St. Pölten.

Raitenau, Wolf(gang) Dietrich von, geb. Schloß Lochau bei Bregenz 1559, gest. Salzburg 1617, ab 1587 Erzbischof von Salzburg; Sohn eines kaiserlichen Obersten und einer Gräfin von Hohenems, strenger Verfechter des Katholizismus, erhebt sich im Salzkrieg gegen Berchtesgaden und Bayern, woraufhin er 1611 von Herzog Max gefangengenommen, zum Verzicht gezwungen und von seinem Nachfolger Mark Sittich Graf von Hohenems bis zu seinem Tod auf der Festung Hohensalzburg in Haft gehalten wird.

Raleigh (auch: Ralegh), Sir (ab 1585) Walter, geb. Hayes Barton (City Devon) um 1554, gest. (hingerichtet) London 1618, englischer Seefahrer, Entdecker und Schriftsteller; als Günstling der Königin Elisabeth I. von England unternimmt er zahlreiche Raub- und Entdeckungsfahrten nach Übersee, 1600 Gouverneur der Kanalinsel Jersey, unter König Jakob I. 1603 wegen Hochverrats festgenommen, verfaßt während der Haftzeit eine Weltgeschichte (*The History of the World,* 1614), 1616 freigelassen, aber nicht begnadigt, auf Veranlassung König Jakobs I. 1618 hingerichtet.

Rambouillet, Catherine de Vivonne, Marquise de R., geb. Rom um 1588, gest. Paris 1665, ihr Pariser Salon im Hotel de Rambouillet ist mondäner Treffpunkt von Dichtern, Gelehrten und Aristokraten, er gilt als Modell für alle späteren Salons.

Rembrandt (eigentlich: R. Harmensz van Rijn, geb. Leiden 1606, gest. Amsterdam 1669, niederländischer Porträt- und Landschafts-Maler, Zeichner und Radierer; Studien in Amsterdam und Leiden, heiratet 1634 Saskia Uylenburgh (gest. 1642), Erwerb eines aufwendigen Hauses (heute: Rembrandt-Museum), um 1649 arbeitet Hendrickje Stoffels als Magd im Haus, mit der Rembrandt später in eheähnlichem Verhältnis zusammenlebt, nach dem Bankrott des Malers im Jahr 1656 betreibt sie mit Rembrandts Sohn Titus (1641–1668) einen Kunsthandel, von seinen Schulden wird sich der Maler bis zu seinem Lebensende nicht mehr erholen, die letzten Lebensjahre verbringt er zurückgezogen in hoher Schaffenskraft, farblich beschränkt er sich ab den fünfziger Jahren auf Braun- und wenige Rottöne; Hauptwerke: Die Anatomie des Dr. Tulp (1632, Den Haag-Mauritshuis), Saskia (1643) und Der Mann mit dem Goldhelm (um 1650, Urheberschaft heute bestritten, beide in Berlin-Dahlem).

Renate (von Lothringen), geb. Nancy 1544, gest. München 1602, Gemahlin Herzog Wilhelms V. von Bayern, Tochter Herzogs Franz I. von Lothringen und der Prinzessin Christine von Dänemark.

Richelieu, Armand-Jean du Plessis, Herzog von R., geb. Paris 1585, gest. ebenda 1642, französischer Staatsmann und Kardinal; 1607/08 Bischof von Lucon in der Vendée, Vertreter des Klerus bei den Generalständen, 1616 Staatssekretär der Maria Medici, von 1624 bis zu seinem Tod Erster Minister im Staatsrat, hinterläßt ein *Politisches Testament*, das die Beseitigung der militärischen und politischen Sonderstellung der Hugenotten, die Entmachtung des Hochadels sowie die Befreiung Frankreichs aus der spanisch-österreichisch-habsburgischen Umklammerung vorsieht; Begründer der *Académie française* (1635).

Römer, Ole (Olaf oder auch Olaus), geb. Arhus 1644, gest. Kopenhagen 1710, dänischer Astronom; 1672–1681 Mitglied der Pariser Akademie, dann Professor der Mathematik und Leiter der Sternwarte sowie Bürgermeister der Stadt Kopenhagen, konstruiert den ersten Meridiankreis.

Rohr, Julius Bernhard von, geb. Schloß Elsterwerda in Kursachsen 1688, gest. Leipzig 1742, Kameralist und Schriftsteller; ab 1710 wissenschaftliche Abhandlungen kameralistischen Gedankenguts, um 1713 Aufnahme am hannoveranischen Hof, 1714 Beisitzer der magdeburgischen Stifts- und Erblandsregierung, 1717 außerordentliches Votum dafür, 1726 dasselbe Amt in der Niederlausitz, 1713 herzoglicher Landkammerrat, 1732 Domherrenstelle im Kapitel zu Merseburg, erwirbt 1720 ein Landgut zwischen Dresden und Meißen, wo er Weinbau, Gärtnerei und Feldbau betreibt, heiratet 1739 die bürgerliche Anna Rebekka Köhlerin; Hauptwerke: *Compendieuse Haushaltungsbibliothek* (1716), *Einleitung zur Ceremonial=Wissenschaft der Privatpersonen* (1728), *Einleitung zur Ceremonial=Wissenschaft der großen Herrn* (1729), *Obersächsisches Hauswirtschaftsbuch* (1722).

Roman, Barbara, genannt die *Schmauswaberl* – keine genaueren Daten auszumachen.

Rossi, Domenico Egidio, Architekturmaler und Architekt aus Fano in Italien; erste Erwähnung als Architekturmaler im Dienst des Grafen Hermann Jakob Czernin und seiner Gemahlin, einer geborenen Gräfin Maria Josephine Slawata, in Prag, 1692 Ausbau des gräflichen Palastes auf dem Hradschin, 1693/94 in Wien tätig, heiratet 1695 die Salzburgerin Anna Maria Stifter, im selben Jahr Architekturmalereien in Schloß Schönbrunn in Wien, 1697 im Dienst des Markgrafen Ludwig Wilhelm von Baden, ab 1708 wieder in Italien.

Rottmayr, Johann Michael, Freiherr R. von Rosenbrunn (ab 1704), geb. Laufen an der Salzach 1654, gest. Wien 1730, österreichischer Maler; Ausbildung in Venedig (von um 1675 bis 1687), 1690 fürsterzbischöflicher Hofmaler in Salzburg, ab 1696 in Wien, Schöpfer zahlreicher hellfarbiger Fresken, bedeutender Vertreter der spätbarocken Malkunst im süddeutschen Raum; Hauptwerke: Fresken in der erzbischöflichen Residenz und in der Kollegienkirche in Salzburg (1710–1722), in der Peterskirche in Wien (1714), in der Stiftskirche von Melk (1716–1722), in der Wiener Karlskirche (1725–1730) und in der Stiftskirche in Klosterneuburg (1729/30).

Rubens, Peter Paul, geb. Siegen 1577, gest. Antwerpen 1640, flämischer Maler; 1600 in Italien im Dienst Herzog Vincenzos von Gonzaga in Mantua, 1609 Heirat mit Isabella Brant (1591–1626), Hofmaler des spanischen Statthalterpaares in Antwerpen, zahlreiche Tätigkeiten am französischen, englischen und spanischen Hof, unter anderem auch als Diplomat, nach dem Tod seiner Frau heiratet er 1630 die 16jährige Helene Fourment, ab 1635 Aufenthalt auf seinem Landschlößchen Steen bei Antwerpen, Schöpfer religiöser, geschichtlicher, mythologischer und allegorischer Bilder, Porträts und Landschaften, Jagdbilder für Kurfürst Maximilian I. von Bayern, Medici-Zyklus (1622–1625, Paris Louvre), Ildefonso-Altar (um 1630–1632) und das Pelzchen (um 1638, beide Wien, Kunsthistorisches Museum), Lehrer van Dycks.

Salm-Reifferscheidt, Sidonia Elisabeth Gräfin, geb. 1623, gest. 1688, Gemahlin Hartmanns von Liechtenstein.

St. Michel, Elisabeth, geb. 1640?, gest. 1669, Ehefrau des Samuel Pepys.

Sandwich, Lord = s. Montagu, Lord Edward.

Scamozzi, Vincenzo, geb. Vicenza um 1552, gest. Venedig 1616, italienischer Baumeister und Architekt, Architekturtheoretiker im Sinn des palladianischen Klassizismus; Hauptwerke: zahlreiche Paläste in Vicenza, vollendet Palladios Teatro Olimpico in Vicenza und San Giorgio Maggiore in Venedig, 1606/07 Entwurf für den Salzburger Dom, der aber zuletzt von Santino Solari ausgeführt wird.

Schlüter, Andreas, geb. Danzig? um 1660, gest. St. Petersburg 1714, deutscher Bildhauer und Baumeister, ab 1681 in Warschau nachweisbar (Ausstattung des Schlosses Wilanów), 1694 Berufung nach Berlin, 1695–96 Studienreisen nach Prag, Wien, Italien und Frankreich, 1697–700 Reiterdenkmal des großen Kurfürsten (heute im Ehrenhof von Schloß Charlottenburg), Prunksarkophag des preußischen Königspaares Sophie-Charlotte und Friedrich I. (1705–1713) im Berliner Dom, ab 1698 Um- und Anbauten am Berliner Stadtschloß, 1702–1704 Direktor der Akademie der Künste, 1713 Berufung durch den Zaren nach St. Petersburg, wo seine Planungen aber unausgeführt bleiben.

Schmidt, genannt „Kremser Schmidt", Martin Johann, geb. Grafenwörth in Niederösterreich 1718, gest. Stein 1801, österreichischer Maler und Radierer; nimmt das venezianische Kolorit und das rembrandtsche Hell-Dunkel zum Vorbild, große Bedeutung als österreichischer Altarmaler des 18. Jahrhunderts, Deckenfresken in Stift Dürnstein (1755) und in der Pfarrkirche in Krems an der Donau (1785).

Slavata, Franziska von – keine genaueren Daten auszumachen.

Solari(o), Santino, geb. Verna bei Lugano 1576, gest. Salzburg 1646, italienischer Baumeister, Architekt und Bildhauer; 1612 Hof- und Dombaumeister in Salzburg, wo er mit dem Dom (1614–1628) sein Hauptwerk schafft (unter Benutzung von Plänen Vincenzo Scamozzis), weiters Schloß Hellbrunn (1615) und Palais Lodron (1631), beide in Salzburg.

Sorbait, Paul Ritter von (auch: de Sorbait), geb. Montblyart im Hennegau 1624, gest. Wien 1691, Arzt.

Stampfer, Hans Adam, gest. 1695, Radmeister aus Vordernberg in der Steiermark; bringt es als Gewerke (Eisen-, Kup-

Mathematiker, Naturwissenschafter und Technologe; Bildungs- und Studienreisen nach England, Frankreich und Italien, knüpft auf seinen Reisen Kontakte mit Colbert, Huygens und Leibniz, stellt zahlreiche Versuche mit Brennspiegeln und Brennlinsen zur Erzeugung hoher Temperaturen an, 1700 Herstellung von rotem Porzellan, 1706 gelingt ihm gemeinsam mit Böttger erstmals die Erzeugung des weißen Porzellans; Begründer der deutschen Philisophie der Frühaufklärung.

Urban VIII. (eigentlich: Maffeo Barberini), geb. Florenz 1568, gest. Rom 1644, Papst; im Dreißigjährigen Krieg Stellung gegen Habsburg und pro Frankreich; Förderer der Künste (unter ihm nimmt Gian Lorenzo Bernini eine bedeutende Rolle ein).

Vallière, Louise de la, Mätresse König Ludwigs XIV. von Frankreich – eigenartigerweise keine genauen Daten auszumachen.

Vermeer van Delft, Jan (auch: van der Meer, genannt V. van Delft), geb. Delft 1632, gest. wahrscheinlich ebenda 1675, niederländischer Maler; Schöpfer von ruhe- und lichtdurchfluteten Einzel- oder Gruppendarstellungen im Innenraum; Hauptwerke (schwer datierbar): Die Briefleserin und Die Spitzenklöpplerin (beide Paris – Louvre), Mädchen mit der Perle (Den Haag – Mauritshuis), Allegorie der Malerei (Wien – Kunsthistorisches Museum).

Vivaldi, Antonio, geb. Venedig um 1678, gest. Wien 1741, italienischer Geiger und Komponist; 1714 Kapellmeister der Markuskirche in Venedig und Leiter des dortigen Konservatoriums, Schöpfer der selbständigen Konzertform (Solokonzert mit Orchester), Komponist zahlreicher Concerti, Sonaten, Opern und geistlicher Musik, Schöpfer der *Vier Jahreszeiten.*

Vitruv (eigentlich: Vitruvius Pollio), Militärtechniker und Ingenieur unter den Kaisern Cäsar und Augustus, verfaßt zwischen 33 und 14 vor Christus zehn Bände: *De architectura,* ein theoretisches Werk über die Baukunst, das allen nachfolgenden Architektengenerationen als anregendes Nachschlagewerk dient.

Wallenstein (eigentlich: Wald(en)stein), Albrecht Eusebius Wenzel von, Herzog von Friedland (1625) und Mecklenburg (1627), Fürst von Sagan (1627), genannt *der Friedländer,* geb. Hermanic bei Arnau in Nordböhmen 1583, gest. (ermordet) Eger 1634, Feldherr des Dreißigjährigen Kriegs; ab 1604 in militärischen Diensten der Habsburger, tritt als Protestant 1606 zum Katholizismus über, heiratet 1609 die Witwe Lucretia von Vickov (gest. 1614), die ihm reiche Grundherrschaften in Mähren hinterläßt, stellt 1618 eigene Truppen zur Erweiterung des kaiserlichen Heeres auf, heiratet 1623 in zweiter Ehe Gräfin Isabella Katharina Harrach, beruflich befehligt er mittlerweile als Generoberst und Feldhauptmann ein Heer von 40.000 Mann, ideell setzt er sich für die absolutistische Monarchie unter Wahrung religiöser Toleranz ein, was ihm am spanisch-österreichischen Hof viele Feinde verschafft, 1630 wird er offiziell seiner Ämter enthoben, führt aber in der Folge auf eigene Faust Schlachten des Dreißigjährigen Kriegs weiter, 1634 kaiserliches Patent, in dem er des Hochverrats bezichtigt wird, auf der Flucht zu Bernhard von Weimar in Eger erstochen.

Walther, Georg Christoph – keine Daten auszumachen.

Weigel, Autor – keine Daten auszumachen.

Wilhelm III. von Oranien, König von England, geb. Den Haag 1650, gest. London 1702; 1674 Erbstatthalter der Niederlande, 1677 Heirat mit Maria Stuart, Tochter König Jakobs II. von England, 1688 landet er mit Truppenmacht in England und wird mit Jakobs Flucht durch Parlamentsbeschluß englischer König.

Wilhelm V., Herzog von Bayern (1579–1598), genannt der *Fromme,* geb. Landshut 1548, gest. Schleißheim 1626, verheiratet sich 1568 mit Renata von Lothringen.

Wilhelmine Friederike Sophie (von Preußen), geb. Berlin 1709, gest. Bayreuth 1758, heiratet den Markgrafen Friedrich von Ansbach-Bayreuth, den Begründer der Universität Erlangen (1743), Tochter König Friedrich Wilhelms I. von Preußen, Lieblingsschwester König Friedrichs II., des Großen. Verfaßt Erinnerungen an ihre Kindheit und Jugend am Hof König Friedrich Wilhelms I. in französischer Sprache.

Wolfgang Wilhelm von der Pfalz, geb. Neuburg an der Donau 1578, gest. Düsseldorf 1653, heiratet 1613 Magdalene, Tochter Herzog Wilhelms V. (des Frommen) von Bayern und der Renata, Tochter von Herzog Franz I. von Lothringen und der Prinzessin Christine von Dänemark.

Zedler, Johann Heinrich, Verleger, Herausgeber des umfangreichsten Nachschlagewerks des 18. Jahrhunderts.

Zeiller, M. – nicht zu identifizieren.

Zinzendorf – ohne Vornamen nicht auszumachen.

Zuc(c)alli (auch: Zugalli), Enrico (Johann Heinrich), geb. Roveredo um 1642, gest. München 1724, italienischer Baumeister; 1673 bayrischer Hofbaumeister, vollendet die Theatinerkirche in München und baut Schloß Nymphenburg aus; Hauptwerk: Schloß Schleißheim (1704–um 1719), 1709 Umbau des Klosters Ettal.

Anm.: Kaiser = Römischer Kaiser und deutscher König

BILDNACHWEIS

SW-ABBILDUNGEN

Landesmuseum Joanneum, Abteilung Alte Galerie, Graz: 8, 15, 44, 75, 80 (links), 100 (unten), 107, 108, 121 (rechts), 124 (oben), 159

Bildarchiv der Österreichischen Nationalbibliothek, Wien: 10, 11, 12, 13, 14, 17, 19, 22, 23, 27, 28, 29, 31, 33, 34, 35, 36, 38, 39, 40, 41, 42, 43, 46, 47, 50, 51, 52, 55, 56, 57, 59 (rechts), 60, 61, 62, 63, 67, 68, 71, 72, 73, 74, 77, 78, 80 (rechts), 81, 83, 86, 87, 90, 91, 92, 93, 95, 99, 101, 103, 104, 109, 111, 115, 117, 119, 122, 123, 124 (unten), 125, 126, 128, 129, 130, 131, 132 (unten), 133, 135, 136 (links), 138, 139, 141, 142, 143, 145, 146, 147, 148, 150, 151, 154, 157, 158, 161, 163, 166, 167, 170, 172, 173, 174, 175, 176, 178, 179, 180, 181, 183 (oben), 186 (oben), 188, 189 (unten), 190, 191, 193, 194, 195, 198, 199, 200, 202, 203, 204, 206, 207, 210, 212, 213, 214, 217, 218, 219, 220, 221, 222, 228, 229, 230, 231, 233, 236, 237, 238 (oben), 240, 241, 242, 243, 244, 247, 248, 249, 250, 251, 252, 254, 255, 257, 258, 259, 261, 262, 263

Kunsthistorisches Museum, Wien: 56 (links)

Archiv Verlag Styria, Graz: 112, 183 (links), 186 (unten), 187

Privatbesitz: 63 (unten), 100 (oben)

FARBABBILDUNGEN

Umschlagbild Vorderseite: Canaletto, Lobkowitzplatz, Kunsthistorisches Museum, Wien

Umschlagbild Rückseite: Jan Steen, Die verkehrte Welt, Kunsthistorisches Museum, Wien

Kunsthistorisches Museum, Wien: 20/21, 24, 37, 48, 49, 68, 69, 76, 79, 85, 88, 89, 93, 96, 98, 99, 102, 105, 108, 113, 114, 116, 127, 136, 144, 148, 149, 168, 169, 177 (oben), 184/185, 192/193, 197, 201, 208, 245, 256

Bildarchiv der Österreichischen Nationalbibliothek, Wien: 57, 65, 77, 78, 203, 235, 253

Institut für Kunstgeschichte, Universität Graz, Frau Dr. Stadlober: 152/153, 183, 184, 188, 190, 263

Privatbesitz: 8, 24, 38, 39, 46 (unten), 52, 53, 68, 120, 121 (links), 132 (oben), 142, 146 (links), 155, 160, 171, 172, 177 (unten), 189, 215

Die Deutsche Bibliothek – CIP-Einheitsaufnahme

Alltag im Barock / Gabriele Praschl-Bichler. – Graz ; Wien ;
Köln; Verl. Styria, 1995
(Edition Kaleidoskop)
ISBN 3-222-12317-9
NE: Praschl-Bichler, Gabriele

Graphische Gestaltung: Franz Hanns, Wien
Lithographie: Reproteam Graz
Gesamtherstellung: Medienhaus Styria, Graz
ISBN 3-222-12317-9